四川省委党校智库蓝皮书

四川区域协调发展实践研究

中共四川省委党校（四川行政学院）课题组　组编

图书在版编目（CIP）数据

四川省委党校智库蓝皮书：四川区域协调发展实践研究 / 中共四川省委党校（四川行政学院）课题组组编. -- 北京：国家行政学院出版社，2025.3. -- ISBN 978-7-5150-3011-1

Ⅰ.F127.71

中国国家版本馆 CIP 数据核字第20256B6T71号

书　　名	四川省委党校智库蓝皮书
	——四川区域协调发展实践研究
	SICHUAN SHENGWEI DANGXIAO ZHIKU LANPISHU
	——SICHUAN QUYU XIETIAO FAZHAN SHIJIAN YANJIU
作　　者	中共四川省委党校（四川行政学院）课题组　组编
责任编辑	陈　科　陆　夏
责任校对	许海利
责任印制	吴　霞
出版发行	国家行政学院出版社
	（北京市海淀区长春桥路6号　100089）
综 合 办	（010）68928887
发 行 部	（010）68928866
经　　销	新华书店
印　　刷	中煤（北京）印务有限公司
版　　次	2025年3月第1版
印　　次	2025年3月第1次印刷
开　　本	170毫米×240毫米　16开
印　　张	21.5
字　　数	310千字
定　　价	98.00元

本书如有印装质量问题，可随时调换，联系电话：（010）68929022

前　言

高质量推进区域协调发展是习近平总书记始终牵挂的一件大事。党的十八大以来，习近平总书记高瞻远瞩、统揽全局，亲自谋划、亲自部署、亲自推动了一系列重大国家战略，特别是亲自擘画成渝地区双城经济圈建设重大战略，赋予"一极两中心两地"目标定位，持续推动建立健全区域协调发展体制机制，为新时代区域协调发展注入强劲动能。

四川省委从习近平总书记关于区域协调发展的总体谋划中找准定位、前瞻布局，聚焦破解发展不平衡问题，下好区域协调发展"一盘棋"，持续推进四川现代化建设，在省委十二届二次全会上提出要以"四化同步、城乡融合、五区共兴"作为总抓手，统揽四川现代化建设全局。在随后召开的省委十二届三次、四次、五次、六次全会上，持续对健全区域协调发展体制机制、抓好城乡融合区域协调发展等方面提出要求、作出部署，进一步凸显"五区共兴"发展战略在四川区域协调发展中的重要地位。2022年以来先后出台《关于支持攀枝花高质量发展建设共同富裕试验区的意见》《关于支持川中丘陵地区四市打造产业发展新高地加快成渝地区中部崛起的意见》等十余项区域协调发展指导意见或具体措施，推动区域协调发展取得显著成效。

进一步加强区域战略协同集成，开展区域重大战略引领高质量发展相关研究，是助力改革不断深化的应有之义。党校作为党思想理论战线的重要方面军，承担着为党献策的重要职责，如何以中国式现代化引领四川现代化建设，开展高水平推动区域协调发展研究，是我们必须主动回答的重大时代课题。为深入贯彻落实习近平总书记关于区域协调发展的重要论述，深入学习贯彻习近平总书记对四川工作系列重要指示精神，四川省委党校以智库建设为抓手组织开展系列研究，于2024年编写了这本《四川省委党校智库蓝皮书——四川区域协调发展实践研究》。

  本书紧密结合省委系列重要指导文件和省情实际，充分考虑不同地区禀赋条件和发展基础差异，深入分析四川区域协调发展的现状和工作中存在的堵点难点，围绕着力建强现代化成都都市圈，壮大次级增长极、培育新兴增长极，推动成都平原、川南、川东北、攀西、川西北五大片区特色发展，推动欠发达地区跨越发展等方面提出优化区域协同发展路径对策，为推动四川实现更高水平区域协调发展贡献智慧和力量。

目录 CONTENTS

关于坚持以成渝地区双城经济圈建设为总牵引构筑四川区域协调发展新格局的报告   001

  一、改革开放以来四川贯彻落实党中央区域协调发展战略的实践综述   001

  二、新时代四川区域协调发展战略提出的背景   009

  三、四川推进区域协调发展的做法及成效   011

  四、四川推进区域协调发展面临的困难和挑战   018

  五、四川推进区域协调发展的实践启示   020

  六、进一步促进区域协调发展的工作建议   022

关于成都加快打造国际消费中心城市的报告   030

  一、成都加快打造国际消费中心城市具有坚实基础   030

  二、成都加快打造国际消费中心城市的典型做法   033

  三、全球范围内国际消费中心城市的经验借鉴   039

  四、成都加快打造国际消费中心城市面临的挑战   044

  五、成都加快打造国际消费中心城市的对策建议   050

关于绵阳发挥科技城优势　加快建成川北省域经济副中心的报告   059

  一、绵阳推动建设川北省域经济副中心的做法成效   060

  二、绵阳推动建设川北省域经济副中心的特色亮点   073

  三、绵阳推动建设川北省域经济副中心的主要问题   078

  四、绵阳推动建设川北省域经济副中心的对策建议   087

关于宜宾泸州组团建设川南省域经济副中心的报告　　097
  一、宜宾泸州组团建设川南省域经济副中心的推进现状与经验做法　　098
  二、宜宾泸州组团建设川南省域经济副中心的发展困境与现实挑战　　106
  三、宜宾泸州组团建设川南省域经济副中心的对策建议　　112

关于加快推进南充达州组团培育川东北省域经济副中心的报告　　122
  一、南充达州组团培育川东北省域经济副中心的总体情况　　122
  二、南充达州组团培育川东北省域经济副中心的难点与挑战　　132
  三、国内部分城市组团发展的实践做法　　142
  四、南充达州组团培育川东北省域经济副中心的对策建议　　147

关于川中丘陵地区四市打造产业发展新高地、加快成渝地区中部崛起的报告　　154
  一、川中四市打造产业发展新高地、加快成渝地区中部崛起的重要意义　　155
  二、川中四市打造产业发展新高地的主要做法　　157
  三、川中四市打造产业发展新高地取得的成效　　161
  四、川中四市打造产业发展新高地存在的堵点　　168
  五、川中四市打造产业发展新高地的对策建议　　174

关于乐山高质量发展　加快提升区域中心城市能级的报告　　181
  一、乐山加快提升区域中心城市能级的总体部署和做法亮点　　181
  二、提升乐山区域中心城市能级面临的约束条件　　195
  三、加快提升乐山区域中心城市能级的对策建议　　204

关于广安深化改革开放　探索高质量发展新路子的报告　　215
  一、广安深化改革开放探索高质量发展新路子的总体情况　　215

二、广安深化改革开放探索高质量发展新路子的特色亮点　　218

　　三、广安深化改革开放探索高质量发展新路子存在的堵点、难点　　230

　　四、广安深化改革开放探索高质量发展新路子的对策建议　　236

关于攀枝花高质量发展　建设共同富裕试验区进展的报告　　245

　　一、攀枝花高质量发展建设共同富裕试验区的总体情况　　245

　　二、攀枝花高质量发展建设共同富裕试验区的亮点做法　　247

　　三、攀枝花高质量发展建设共同富裕试验区面临的主要问题　　258

　　四、进一步推进攀枝花高质量发展建设共同富裕试验区的对策建议　　266

关于加快推进四川省革命老区脱贫地区民族地区盆周山区振兴发展的报告　　276

　　一、四川省加快"四类地区"振兴发展采取的主要措施　　277

　　二、四川省"四类地区"振兴发展取得的成绩与经验　　286

　　三、四川省"四类地区"振兴发展面临的机遇和挑战　　291

　　四、四川省加快"四类地区"振兴发展的原则和建议　　296

关于39个欠发达县域托底性帮扶十条措施落实情况的报告　　303

　　一、39个欠发达县域托底性帮扶措施落实工作的进展　　303

　　二、39个欠发达县域托底性帮扶措施落实工作的成效概览　　308

　　三、39个欠发达县域托底性帮扶措施落实工作的基本经验　　315

　　四、39个欠发达县域托底性帮扶措施落实工作的问题与对策建议　　320

后　记　　332

关于坚持以成渝地区双城经济圈建设为总牵引构筑四川区域协调发展新格局的报告

一、改革开放以来四川贯彻落实党中央区域协调发展战略的实践综述

新中国成立以来，我国区域经济发展战略经历了"均衡（1949—1978年）—非均衡（1979—1990年）—协调（1991年以后）"的演进过程。[①]改革开放前，四川经济社会发展主要服从国家总体战略的需要，尤其是"三线"建设的需要，基本上没有提出独立的省域发展战略。[②]改革开放后，国家战略的调整和各项政策的落地实施，有力推动了我国从传统计划经济体制向市场经济体制转型，党中央也给予地方更多发展空间。在此背景下，四川结合发展实际，在不同时期作出了不同的区域发展战略部署，这些战略既一脉相承又不断深化拓展，对全省经济平稳健康发展起到了积极作用。改革开放以来，四川制定的关于区域协调发展的战略大致分为三个阶段：第一阶段，改革开放初至重庆直辖前，先后实施了"依托两市、发展两线、开发两翼、带动全省"等发展战略。第二阶段，重庆直辖后至党的十八大前，先后实施了"依托一点、构建一圈、开发两片、扶持三区""成都平原

[①] 段娟：《从均衡到协调：新中国区域经济发展战略演进的历史考察》，《兰州商学院学报》2010年第6期。

[②] 戴宾：《改革开放以来四川区域发展战略的回顾与思考》，《经济体制改革》2009年第1期。

+攀西""五大经济区、四大城市群""一主、三化、三加强"等发展战略。第三阶段,党的十八大以来,相继实施了"多点多极支撑""一干多支、五区协同""四化同步、城乡融合、五区共兴"等区域发展战略。

(一)第一阶段:改革开放初至重庆直辖前

党中央在这一时期促进区域协调发展的部署分为两个阶段,1979—1990年,主要实施区域非均衡发展战略;1991—1998年,开始启动区域协调发展战略。主要体现在4个五年计划中:"六五"计划(1981—1985年),对经济布局和区域发展战略进行重大调整,由均衡发展战略转向非均衡发展战略,通过发挥沿海地区的优势来带动内地经济进一步快速发展。"七五"计划(1986—1990年),明确东部—中部—西部地区非均衡发展战略,其中东部地区是加快发展,中部地区是实行有重点的发展,西部地区是做好进一步开发的准备,通过先发地区带动后发地区,最终实现共同富裕。"八五"计划(1991—1995年),指导原则是:"统筹规划、合理分工、优势互补、协调发展、利益兼顾、共同富裕",对外开放进一步扩大和"沿边开放"战略的实施,为中西部地区的经济发展提供政策环境。制订"八七扶贫攻坚计划",鼓励中西部地区大力发展乡镇企业。[①]"九五"计划(1996—2000年),提出专设"促进区域经济协调发展"部分,按照"统筹规划、因地制宜、发挥优势、分工合作、协调发展"的原则处理好全国各个地区之间的关系。[②]1997年,党的十五大明确提出,发挥各地优势,推动区域经济协调发展。四川认真落实党中央决策部署,制定了一系列区域协调发展战略。

1.重点发展成都—重庆的"两点式"发展战略

1983年、1984年,重庆、成都分别获批全国经济体制综合改革试点城市;1983年和1989年,重庆、成都分别被批准为全国计划单列市,获得相

[①] 肖金成:《区域发展战略的演变与区域协调发展战略的确立:新中国区域发展70年回顾》,《企业经济》2019年第38卷第2期。
[②] 段娟:《从均衡到协调:新中国区域经济发展战略演进的历史考察》,《兰州商学院学报》2010年第6期。

当于省一级的经济管理权限；1991年，重庆、成都设立国家级高新技术开发区；1997年以前，成都、重庆一直是四川重点发展的两个中心城市。[①]

这一发展战略的思路与四川区域空间结构的演进历程基本吻合，进一步强化了成都、重庆两个中心城市的集聚能力，省域内的人口和产业、资本、技术等资源纷纷向两市集中，成渝两市得到了率先发展，为以后四川及成渝地区的发展奠定了"双核"型空间结构的基本构架。

2. "一线、两翼"发展战略

20世纪80年代中后期，市场机制对资源配置的基础作用逐渐显现，全省经济发展开始呈现均衡化和分散化的趋势。在此背景下，四川提出了"一线、两翼"发展战略，即江油—成都—峨眉山为"一线"，攀西、川南地区为"两翼"。

"一线"，从江油经成都到峨眉山一线，把绵阳、德阳、广汉、成都、眉山、夹江等11个县市串联起来，形成四川中部的一条经济轴。这一发展战略是新中国成立以来四川工业产业"沿铁路干线重要节点实施点轴布局"的延续。此时，四川在制定区域经济发展战略时，开始关注点、线空间要素与区域发展的关系，以及城镇节点、交通轴线对生产力布局和省域经济发展的影响。

"两翼"，重点是利用攀西、川南两个地区的资源优势，加快开发和建设，发展新兴工业城市，使攀西、川南成为四川的主要工业基地之一。这一发展战略反映了四川逐渐形成"立足资源优势，培育新兴工业基地，促进区域经济发展"的战略思路，开始注重培养自身优势和特色产业。

3. "依托两市、发展两线、开发两翼、带动全省"发展战略

1995年，四川提出"依托两市、发展两线、开发两翼、带动全省"的区域经济发展战略，即依托成都、重庆两个中心城市，发展"江油—峨眉山""成都—重庆"沿线经济，开发重庆以东的"川东一翼"和包括攀西、川南在内的"川西南一翼"，带动全省经济协调发展。

[①] 戴宾：《改革开放以来四川区域发展战略的回顾与思考》，《经济体制改革》2009年第1期。

这一发展战略实质上是对改革开放以来四川区域经济发展战略的一次系统总结和全面梳理，标志着四川更加注重全省经济的协调发展，区域发展战略的思路开始由考虑若干重点区域向整体谋划全局转变，以中心城市带动区域发展的思路更加明晰，宝成、成渝两条生产力布局最为集中的发展轴线得到进一步重视，发展成渝经济带的思路也初见雏形。

（二）第二阶段：重庆直辖后至党的十八大前

1999年以后，党中央开始全面实施区域协调发展战略。党的十五届四中全会正式提出西部大开发战略。2000年12月，颁布《关于实施西部大开发若干政策措施的通知》。2007年10月，党的十七大报告明确提出，要继续实施区域发展总体战略，深入推进西部大开发。2003年，党中央从全面建设小康社会全局出发，中共中央、国务院印发了《关于实施东北地区等老工业基地振兴战略的若干意见》。2004年，首次提出中部崛起战略。2006年4月，发布《关于促进中部地区崛起的若干意见》。2008年，东部率先启动转型升级战略。2010年，提出实施区域发展总体战略。重庆直辖后，四川区域协调发展战略迎来新的调整变化。

1. "依托一点、构建一圈、开发两片、扶持三区"发展战略

1997年3月，重庆市成为直辖市，四川行政区划发生重大调整，成都成为四川唯一的中心城市。在这一背景下，四川于同年9月制定《四川省国民经济跨世纪发展战略》，提出"依托一点、构建一圈、开发两片、扶持三区"的区域经济发展战略思路。即依托成都，加快成都平原经济圈建设，推动全省经济的快速增长；加快攀西和川南地区资源开发，使其成为四川重要的农产品生产基地和新兴工业基地；扶持、加快丘陵地区、盆周山区和民族地区经济发展。

这一发展战略是根据四川行政区划调整的现实情况，对"依托两市、发展两线、开发两翼、带动全省"发展战略的一次修正调整，反映了四川在制定区域发展战略时开始考虑自然地理条件对区域发展的促进作用，开始考虑中心城市对区域经济活动的组织功能、城镇的集聚规模与发展水平的影响，初步体现了以城市群为空间载体培育区域增长极的思路，进一步

确立了成都引导和带动全省经济社会发展的核心地位，对推动成都经济圈在经济增长、经济体制改革、结构调整、对外开放、城市建设等方面走在前列发挥了重要作用，在一定程度上促进了四川经济新一轮的快速增长。

2. 加快成都平原和攀西两大地区发展战略

2000年，省委七届七次全会通过《关于抓住西部大开发机遇加快发展的意见》，明确提出调整区域经济结构，实现全省区域经济协调发展。该意见在1997年提出的"依托一点、构建一圈、开发两片、扶持三区"区域经济发展战略的基础上，更加明确提出"加快成都平原和攀西两大地区发展"的区域经济发展战略。成都平原地区要以高新技术产业为主导。攀西地区要重点抓好水电开发，提高特种钢生产水平，搞好钒钛、稀土综合利用，综合开发国土资源，大力发展生态经济，发展速度要超过全省平均水平。民族地区要突出抓好特色农牧业、生态工程、基础建设、旅游、优势矿产和水能资源开发，以发展教育为重点，加快科技、文化、卫生等社会事业的发展，发展速度力争接近或达到全省平均水平，人民生活基本实现小康。丘陵地区、盆周山区要优化农业结构，大力发展经济作物和养殖业；加大工业结构调整力度，开发利用天然气等优势资源，发展饮料、食品、轻纺、化工、建材等特色产业；加快农业剩余劳动力的转移，开拓劳务市场，扩大劳务输出。

这一发展战略全面服从党中央关于西部大开发的重大战略部署，从区位上将全省区域划分为成都平原地区、攀西地区、民族地区、丘陵地区和盆周山区四类区域，并结合各区域的发展实际、地理条件和资源禀赋等情况因地制宜，既各有侧重又突出重点，在发展特色经济的同时，进一步调整区域经济结构，推动全省区域经济协调发展。

3. "五大经济区、四大城市群"发展战略

2006年，四川通过《四川省国民经济和社会发展第十一个五年规划纲要》，提出发展"成都、川南、攀西、川东北、川西北五大经济区，重点发展成都平原、川南、攀西、川东北四大城市群"的区域发展战略。主要内容是：努力把成都建成西南地区"三中心两枢纽一基地"及西部大开发的战略高地；促进攀枝花、绵阳、自贡和南充加快发展，有条件地向特大城市迈进；推动内江、泸州、宜宾、乐山、德阳、达州和遂宁建成大城市；坚持走集聚型城市发展之路，努力构建成都平原、川南、川东北及攀西城市群，发挥其在全省经济社会发展中的主体和带动作用。

这一发展战略首次提出五大经济区，体现了经济布局、人口分布、资源环境三位一体的空间均衡原则，结合资源条件、地理区位和发展潜力，明确了各区的功能定位、发展定位、产业和城市的引导方向，重点突出了大中城市及其空间聚合在区域发展中的核心作用，非均衡的空间集中区域协调发展战略思路也更加清晰，为后来的"五区协同"和"五区共兴"奠定了基础。

4. "一主、三化、三加强"发展战略

2007年12月，省委九届四次全会提出了四川经济跨越发展的总体要求和基本思路，即坚持"一主、三化、三加强"发展战略，以工业强省为主导，大力推进新型工业化、新型城镇化、农业现代化，加强开放合作、科技教育、基础设施建设，到2020年全省人均生产总值比2000年翻两番以上，接近或达到当年全国水平。

这一发展战略进一步明确了四川省域经济发展的着力重点，细化了实现跨越发展的实施路径，再次肯定了重点打造"四大城市群"的重要性，把推进工业化作为全省加快发展的核心战略，把建立城镇体系作为新的经济增长极，在扩大增量中调整优化结构、在加快发展中促转变、在加快转变中谋发展，有力推动四川迈入工业化城镇化的加速期、建设西部经济发展高地的攻坚期、全面建设小康社会的关键期。

（三）第三阶段：党的十八大以来

党中央继续实施区域发展总体战略。2013年9月和10月，习近平总书记先后提出共建"丝绸之路经济带"和"21世纪海上丝绸之路"的重大倡议。2014年2月，习近平总书记听取京津冀协同发展工作汇报，强调实现京津冀协同发展。2015年3月，经国务院授权，多部门联合发布《推动共建丝绸之路经济带和21世纪海上丝绸之路的愿景与行动》。2016年1月，

习近平总书记主持召开推动长江经济带发展座谈会；9月，《长江经济带发展规划纲要》正式印发。2017年3月，国务院《政府工作报告》正式提出研究制定粤港澳大湾区城市群发展规划；10月，党的十九大将区域协调发展战略列为新时期七大发展战略之一。2019年，中共中央、国务院印发《粤港澳大湾区发展规划纲要》；9月，习近平总书记主持召开黄河流域生态保护和高质量发展座谈会，就黄河流域生态保护和高质量发展提出四个方面意见；12月，中共中央、国务院印发《长江三角洲区域一体化发展规划纲要》。2020年1月3日，党中央作出推动成渝地区双城经济圈建设、打造高质量发展重要增长极的重大决策部署；5月，中共中央、国务院印发《关于新时代推进西部大开发形成新格局的指导意见》。2021年10月，中共中央、国务院印发《成渝地区双城经济圈建设规划纲要》，提出"把成渝地区双城经济圈建设成为具有全国影响力的重要经济中心、科技创新中心、改革开放新高地、高品质生活宜居地"的战略定位。2024年8月，习近平总书记主持中共中央政治局会议，审议《进一步推动西部大开发形成新格局的若干政策措施》。进入新时代，以国家战略为牵引，四川区域协调发展进入了新篇章。

1. "多点多极支撑"发展战略

2013年5月，省委十届三次全会提出，坚持和深化历届省委治蜀兴川思路，实施"多点多极支撑、'两化'互动城乡统筹、创新驱动"为核心内容的"三大发展战略"。"多点"，就是做强市（州）经济梯队，通过五年时间的努力，力争有一批市（州）经济总量超过2000亿元，有一批市（州）经济总量超过1500亿元。"多极"，就是做大区域经济板块，实施成渝经济区和天府新区区域规划，培育"四大城市群"、发展"五大经济区"，形成支撑四川发展新的增长极。同时，发展壮大县域经济，推动民族地区、革命老区、贫困地区跨越发展。

这一发展战略旨在破解一直以来全省各市（州）之间竞争大于合作的难题，侧重推动各区域板块竞相发展，做大区域经济总量，变"一枝独秀"为"百花齐放"、变"单极支撑"为"多极支撑"，既是破解四川区域结构不合理现状，促进全省区域协调发展、同步全面建成小康社会的根本途径，也是凝聚区域发展合力、增强四川发展动能的必由之路，对激励调动各方面积极性，构建全域协调持续发展新格局和推动四川多点突破、多极共兴、全域小康具有重大意义。

2. "一干多支、五区协同"发展战略

2018年6月，省委十一届三次全会提出实施"一干多支"发展战略，构建"一干多支、五区协同"区域发展新格局。"一干"即支持成都加快建设全面体现新发展理念的国家中心城市，充分发挥成都引领辐射带动作用；"多支"即打造各具特色的区域经济板块，推动环成都经济圈、川南经济区、川东北经济区、攀西经济区竞相发展；"五区协同"即强化统筹，推动成都平原经济区、川南经济区、川东北经济区、攀西经济区、川西北生态示范区协同发展，推动成都与环成都经济圈协同发展，推动"三州"与内地协同发展，推动区域内各市（州）之间协同发展。

这一发展战略是对"多点多极支撑"发展战略的进一步深化和完善，顺应了国家发展大势和区域经济发展规律，顺应了"一带一路"倡议、长江经济带战略、新一轮西部大开发战略等的实施，在做大区域经济总量的基础上，更加注重区域板块间的协同发展，形成各具特色、竞相发展的区域发展新格局，进一步重塑了四川经济地理，初步构建起"1+5+5+2"区域协同发展政策支撑体系，对于解决区域发展不平衡、城乡差距较大、产业趋同明显、互联互通不足等问题产生了积极作用。

3. "四化同步、城乡融合、五区共兴"发展战略

2022年11月，省委十二届二次全会提出，要以成渝地区双城经济圈建设为总牵引，以"四化同步、城乡融合、五区共兴"为总抓手，统揽四川现代化建设全局。"四化同步"即推动新型工业化、信息化、城镇化、农业现代化在时间上同步演进、空间上一体布局、功能上耦合叠加。"城乡融合"即统筹推动新型城镇化和乡村振兴，加快形成以城带乡、以工促农，城乡共同繁荣的新局面。"五区共兴"即根据四川省不同区域发展水平和产业特点制定差异化政策，高水平推动区域协调发展，促进成都平原经济区、川南经济区、川东北经济区、攀西经济区和川西北生态示范区协同共兴。

这一战略中的"五区共兴"是"五区协同"的延续和升级，通过五大经济区共同发展和兴盛，进一步破解发展不平衡的难题，助推四川现代化建设大步向前进。"五区共兴"不是简单要求各地区在经济发展上达到同一水平，而是推动五大片区更加紧密地联系和融合，优势地区领先发展，五大片区特色发展，通过先发带后发，全面提升区域发展能力，形成各有优势、各具特色、相互促进的区域发展新格局。

综上可以看出，四川区域发展战略随着每个阶段的发展形势不断有新的修改调整，从最初探索发展中心城市到"发展五大经济区""五区协同发展""五区共兴"，历届省委制定的区域发展战略是一脉相承、一以贯之的，体现了省委一张蓝图绘到底、与时俱进谱新篇的坚强定力和信心决心。

二、新时代四川区域协调发展战略提出的背景

党的十八大以来，习近平总书记先后4次到四川考察，不断赋予四川新的战略定位和时代重任。2013年5月，习近平总书记到芦山地震灾区关心四川民族区域重建与发展。2018年春节，习近平总书记看望慰问四川各族干部群众，强调"推动城乡区域协调发展，优化现代化经济体系的空间布局"，明确城乡区域协调的重要性。2022年6月，习近平总书记指出要统筹推进对外开放和区域合作，加强与重庆等周边省份和京津冀、长三角、粤港澳等重点地区合作，为四川区域协调发展明确了路径。2023年7月，习近平总书记更加鲜明地指出，四川是我国发展的战略腹地，在国家发展大局特别是实施西部大开发战略中具有独特而重要的地位，赋予了四川"两高地两基地一屏障"和"一极一源"的使命任务。

2023年12月，在北京举行的中央经济工作会议再次强调"要优化重大生产力布局，加强国家战略腹地建设"。《四川省国土空间规划（2021—2035年）》也明确指出"四川省地处长江上游、西南内陆，是我国发展的战略腹地，是支撑新时代西部大开发、长江经济带发展等国家战略实施的重要地区"。党的二十届三中全会也强调要建设国家战略腹地和关键产业备

份。习近平总书记、党中央作出的一系列重要指示都表明新时代四川在全国发展中的战略定位和时代使命，也对四川区域协调发展提出了更高要求。

（一）推进区域协调发展是落实国家区域协调发展战略、区域重大战略和主体功能区战略的必然举措

区域协调发展是我国长期以来指导地区经济社会发展的基本方针和国家战略。尤其是党的十八大以来，党中央先后作出了一系列区域协调发展的战略规划。党的十九大将区域协调发展上升为国家战略。中共中央、国务院出台的《关于建立更加有效的区域协调发展新机制的意见》提出，要建立更加有效的区域协调发展新机制。党的二十大更加重视促进区域协调发展，强调要深入实施区域协调发展战略。

中国区域发展版图呈"四极"支撑，北有京津冀，南有粤港澳，东有长三角，在广袤的西部则有成渝地区双城经济圈。四川的区域协调发展是落实国家区域协调发展战略的重要选择，推进成渝地区双城经济圈建设，提升成都发展能级，增强次级增长极对川东北、渝东北、川南、渝西的区域带动力，建成实力雄厚、特色鲜明、动能强劲的双城经济圈，对于发挥四川省在西部大开发新格局中的重要作用具有重要意义。

（二）推进区域协调发展是破解全省发展不平衡问题的现实需要

四川地域广阔、地缘差异明显，自然禀赋和发展基础差别较大，在某种程度上决定了发展不平衡是四川最大的省情，协调发展不足是四川发展中存在的主要问题之一。当前，区域经济发展分化态势十分明显，发展动力极化现象也日益突出，部分区域发展面临较大困难，经济资源和人员优势仍有持续向大城市及城市群集聚的趋势，"成都一城独大"问题有待进一步破解，革命老区、脱贫地区、民族地区、盆周山区等在发展中仍面临诸多困难和制约。

四川需要进一步优化提升区域协调发展水平，缩小地区差距，促进共同富裕，要有更多层级、更多区域主体参与，推动经济、社会、生态及空间的全面协同、区域联动。"五区共兴"是根据四川省情，根据不同区域发展水平和产业特点制定的差异化政策，既能推动优势地区更好发展，又能更好地保护生态功能区，加快欠发达地区发展速度，缩小地区发展差距，高水平推动四川区域协调发展。

（三）推进区域协调发展是谱写中国式现代化四川新篇章的题中之义

四川作为全国经济大省，承担着"两高地两基地一屏障"和"一极一源"的使命任务，在国家发展大局特别是推进中国式现代化进程中具有独特而重要的地位，在维护国家安全、稳定和经济社会发展等方面发挥着举足轻重的作用，四川必须建好建强国家战略大后方，实现四川高质量发展。

四川区域协调发展作为新征程上推进四川现代化建设的抓手，既集中攻坚解决当前最现实最紧迫的发展不平衡等问题，又助力四川在全国大局中找准定位，锚定长远战略目标稳扎稳打，用自身发展的确定性对冲外部环境的不确定性，谱写中国式现代化四川新篇章。

三、四川推进区域协调发展的做法及成效

（一）成都平原经济区辐射带动作用不断增强

成都平原经济区以成都平原为中心，包括成都、德阳、绵阳、遂宁、乐山、雅安、眉山、资阳8个市，总共涵盖68个县（市、区），总面积达到8.7万平方千米。从2023年发布的数据来看，经济区人口总数超4200万人，接近全省人口的一半，实现地区生产总值37056亿元，占全省比重超过六成，经济发展水平整体呈现较好态势。近年来，经济区充分审视发展定位，积极把握发展大势，极核主干作用和辐射引领作用不断增强。

1. 新型城镇化发展示范建设加速推进

成都平原经济区把加快推进新型城镇化作为着力重点，加快城市综合交通网络建设，全面提升城市的综合承载能力和服务功能。农业转移人口市民化激励机制不断健全完善，农村资源要素活力持续激发，以实施农村"厕所革命"为重点，下大力气开展村庄清洁、绿化及生活污水治理等行动，农村人居环境治理取得新成效，宜居宜业的和美乡村画卷正在徐徐展开。乡村振兴推进有力，聚焦重点领域，全面发力，采取坚定措施，推动

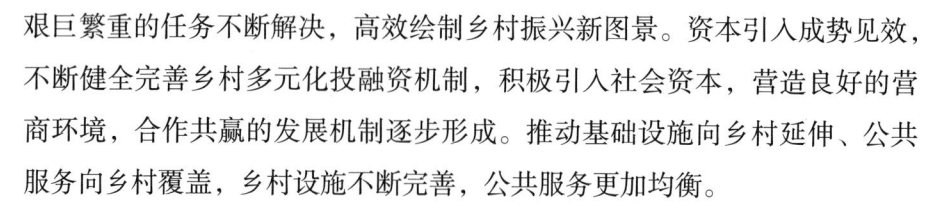

艰巨繁重的任务不断解决，高效绘制乡村振兴新图景。资本引入成势见效，不断健全完善乡村多元化投融资机制，积极引入社会资本，营造良好的营商环境，合作共赢的发展机制逐步形成。推动基础设施向乡村延伸、公共服务向乡村覆盖，乡村设施不断完善，公共服务更加均衡。

2. 区域创新共同体建设成势见效

以实施创新驱动发展战略为载体，积极主动承接国家战略科技布局，全国一流的科技创新策源地不断涌现。成都高标准建设西部（成都）科学城，启动建设太行实验室，引聚120余家国家级科研机构、创新平台。绵阳高度重视科技研发费用投入，始终保持全国前列、全省首位，2023年，绵阳在中国城市科技创新竞争力百强中排名第17位，获评"全国十大最具科技创新潜力城市"，并在2023全国先进制造业百强市中排名第66位，[①] 46项重大科技成果成功在绵转化落地。德阳获评"中国装备科技城"，建设成渝装备制造等中试研发平台20个。遂宁坚持把发展科技创新作为主要工作思路，积极融入成渝中线科技创新走廊，"一带一路"联合实验室、英创力创建创新联合体建设有力。乐山积极筹建长三角太阳能光伏技术创新中心四川分中心，加快建设晶硅光伏创新发展区。眉山大力发展国家高新技术企业，培育各类大中小科技企业280余家。雅安积极参与攀西战略资源创新开发试验区建设，推动建设转化平台和中试熟化基地。资阳创建省市级科技创新平台38个，2项省科技进步奖一等奖成果在资阳落地转化。

3. 高端产业聚集区建设效果显著

产业结构和产业布局对整个经济区发展具有重要作用，经济区重点聚焦现代工业体系，积极进行转型升级，把电子信息、装备制造、生物医药、航空航天、先进材料等作为主导产业，持续用力打造产业集群。比如，绵阳市前瞻部署新一代信息技术（6G）、空天、氢能、前沿新材料等未来产业。大力发展数字经济，以打造具有影响力的数字高地为目标，积极探索数字产业发展新模式。又如，成都以国家数字经济创新发展试验区建设为

---

① 《四大关键词看绵阳科技创新动力澎湃》，绵阳市政府网站，https://www.my.gov.cn/mysrmzf/c100003/202405/f1f28c541af7460c99c75acf1ff749b9.shtml。

引领，建成西南最大人工智能计算中心，聚焦"芯屏端软智网"等核心产业和5G、超高清视频、区块链等新兴产业，建设具有国际竞争力的数字产业集群。

4. 国际消费中心建设力度空前

坚持高端化和大众化并重，营造多层次消费场景，"天府消费"美誉度和吸引力不断增强，国际范、中国韵、巴蜀味氛围越发浓厚。成都积极建设综合性国际消费中心城市，2023年，成为第二个社会消费品零售总额突破1万亿元的省会城市，川酒、川茶、川菜等产品消费市场不断扩大。依托8个市级高端文旅项目，共同打造精品旅游线路，一批符合国际标准的研学旅游基地开发建设，消费新业态、新模式持续培育推广。

5. 开放门户枢纽功能日趋明显

完善对外开放大通道，共同打造开放合作大平台，打造对外开放新前沿和参与国际竞争新基地。天府、双流国际机场国际航空枢纽地位不断提升，搭建"通道+物流+产业"供应链综合服务平台，西部陆海新通道区域物流组织中心加速打造，中欧班列（成都）提质扩容，稳定开行南向铁海联运班列，中国（四川）自由贸易试验区成都天府新区片区、成都青白江铁路港片区建设有力。

（二）川南经济区打造全省经济增长第二极迈步坚实

川南经济区包括内江、自贡、宜宾、泸州四市，涵盖28个县（市、区），总面积达3.5万平方千米。川南四市准确把握发展大势，抢抓发展机遇，乘势而上，发挥川渝滇黔接合部的地位优势，主动承担南向开放门户枢纽作用，携手打造四川经济增长第二极。

1. 产业竞争新优势加快塑造

川南经济区四市坚持立足特色优势，壮大现有规模，不断推动资源要素向优势产业集中集聚，主导产业的核心竞争力、影响力持续增强，区内现代产业体系呈现梯度互补、相互融合态势。比如，宜宾锚定"建设现代化区域中心城市"目标，以加快建成世界级优质白酒产业集群为重点，"中国五粮浓香白酒核心产区"品牌效应不断彰显；世界一流动力电池产业集

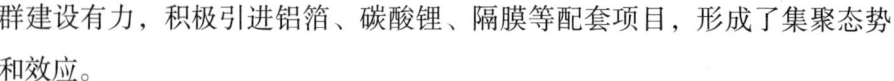

群建设有力,积极引进铝箔、碳酸锂、隔膜等配套项目,形成了集聚态势和效应。

2. 区域创新共同体深度融合

区内协同创新平台持续搭建,创新资源要素有效集聚,产业创新力度空前有力,创新体制机制不断完善,经济区创新水平不断提升。比如,自贡立足自身实际,创新实施"融圈强极、工业强市、文旅兴市、城乡融合"四大发展战略,持续释放高质量发展新动能新优势,特别是在新能源、新型化工、无人机及通航三个千亿级产业集群布局方面,超前谋划、科学实施,不断转变发展思路。又如,内江将"做大工业、做强物流、美乡优城、共同富裕"作为工作总抓手,聚力发展"页岩气+""钒钛+""甜味+""装备+"和电子信息、生物医药产业。

3. 协同开放新格局不断推进

经济区积极融入"一带一路"建设、长江经济带发展和成渝地区双城经济圈建设,把发展开放型经济作为重点工作,不断聚合西部陆海新通道、长江黄金水道等优势,对外开放合作水平不断提高。比如,泸州以"四化同步推进、城乡深度融合、'一体两翼'齐飞"为工作总抓手,聚焦"产业提质倍增、城乡融合发展"工作主题,充分发挥白酒核心原产地和浓酱双优的独特优势,以泸州老窖和郎酒为重点,持续加强同圈内兄弟市宜宾携手共建世界优质白酒产业集群,豪能汽车差速器总成生产基地、新康意预涂膜和基材生产线等项目建成投产,页岩气千亿立方米级产能基地等加快建设。

(三)川东北经济区振兴发展势头良好

川东北经济区地处川渝陕甘接合部,成渝地区双城经济圈建设腹地,位于重庆、成都和西安三大都市圈的经济地理中心,包含南充、达州、广安、广元、巴中5个市,辖34个县(市、区),国土面积6.4万平方千米,占全省国土总面积的13.2%。川东北五市坚持用好红色、绿色、特色三大资源,大力发展农产品精深加工、生态康养和红色文化旅游,加快打造川陕革命老区振兴发展示范区和绿色产业示范基地。

1. 围绕制造业构建现代产业体系

强化成渝地区双城经济圈北翼地区先进材料、汽摩配件等产业协作，南充、达州组团做强制造业，南充推动建设汽车汽配、化工轻纺、食品医药三个千亿级产业集群；达州大力推动天然气、锂钾等优势资源就地转化，打造能源化工、新材料、农产品加工三大千亿级产业集群。广安以先进制造业为主导，专班推动"四个百亿"项目，广元以铝基新材料为主导产业，聚力打造中国绿色铝都。巴中大力培育文旅康养和食品饮料、生物医药、新能源新材料"1+3"主导产业，促进与渝东北地区一体化发展。

2. 围绕特色自然文化资源发展康养文旅产业

南充加快创建国家文化和旅游消费示范城市，推动印象嘉陵江旅游度假区争创省级旅游度假区，深化天府旅游名县名牌建设，开展古蜀道资源发掘、保护、利用，持续擦亮三国文化、春节文化、丝绸文化等名片。达州加强精品景区景点建设，大力发展城市景观游、城郊休闲游、数字文旅游，推进传统特色文化、文体活动与旅游深度融合，做响"巴风賨韵·水墨达州"文旅品牌。支持创建天府旅游名县和省级文旅产业融合发展示范区。广安做响"小平故里行·华蓥山上居·嘉陵江畔游"亮丽名片，做实邓小平故里景区红色文化和文博产业，着力建设世界级旅游目的地。广元深度挖掘蜀道文化、三国文化、红色文化、武则天名人文化底蕴，依托气候宜人、景区集聚等独有康养禀赋，聚力建设大蜀道国际文化旅游目的地和康养度假胜地。巴中立足"红色+绿色"资源优势，培育发展文旅康养首位产业，组建光雾山诺水河文旅融合发展示范区，打造文旅产业突破发展新兴增长极。

3. 围绕通道建设大抓枢纽经济

南充着力打造国家立体综合交通物流枢纽；达州瞄准东出北上国际陆港枢纽定位；广安实施同城融圈交通三年大会战，建设重庆都市圈北向综合交通枢纽；广元聚力打造全国性综合交通枢纽和成渝地区北向重要门户枢纽；巴中实施三轮"交通大会战"，基本形成全国主要城市3小时、川东北城市2小时便捷高效的交通圈。

（四）攀西经济区转型升级步伐加快

攀西经济区包括攀枝花市和凉山彝族自治州2个市（州），下辖22个县（市、区），区域面积约6.8万平方千米，拥有丰富的矿产资源和得天独厚的自然条件。该区立足生态优势、资源优势、区位优势，擦亮国家战略资源创新开发试验区金字招牌，加快推动安宁河流域高质量发展，探索建设共同富裕试验区。

1. 战略资源创新开发优势明显

两地发挥资源优势，聚力发展钒钛产业，加快新赛道产业布局，实施制造业智能化改造数字化转型，推进产业绿色低碳发展。2023年，凉山州工业总产值达1329.9亿元，会理12.5万吨阴极铜、西昌埃普诺30万吨硅碳负极新材料等90个项目开工建设，德昌腊巴山、盐源大坝梁子等一批风电项目投产发电，西昌钢钒公司入选工信部智能制造示范工厂揭榜单位；攀枝花市出台世界级钒钛产业基地建设方案，安宁新材料6万吨能源级钛合金材料全产业链等11个重点项目开工建设，攀钢高端钛及钛合金用海绵钛扩能等12个项目竣工投产，东区钒钛产业集群获评全国中小企业特色产业集群，钒钛高新区有色金属产业集群上榜国家创新型产业集群。

2. 安宁河流域高质量发展稳步推进

制定《安宁河流域高质量发展规划（2022—2030年）》，发挥西昌核心引领作用，推进冕宁、喜德、西昌、德昌、米易河谷主轴一体发展，打造盐源、仁和、盐边、会理、会东、宁南协同发展带，构建"一核一轴一带"空间发展格局，统筹新型城镇化和乡村振兴发展、大力发展现代优质高效农业、加快绿色低碳优势产业集聚发展、打造国际阳光康养旅游目的地、畅通南向开放大走廊、加强生态保护和安全保障、共建共享美好幸福家园七项重点任务，推动安宁河流域成为带动攀西经济区特色发展的重要引擎、支撑全省高质量发展的重要增长点。

3. 共同富裕试验区建设扎实开局

顶层设计基本成形，构建起了系统完备的政策架构体系、组织领导体系、工作落实体系和共同富裕监测评价指标体系。创新探索共富路径，大力实施区域协同共富、强村富民、"消底提低扩中"等"六大行动",开展乡村、城区、城乡融合三类共富单元打造,设立共富专项资金和"攀枝花慈善奖",建成"零碳村庄""幸福邻里""共富农场"等共富基本单元和场景20个,攀枝花市所辖县(区)人均GDP最高与最低的倍差缩小至1.89,城乡居民人均可支配收入之比缩小至2.08,年收入1万元以下家庭动态"清零",三口之家年收入超过10万元的占比提高1个百分点。①

(五)川西北生态示范区绿色发展特色鲜明

川西北生态示范区涵盖甘孜藏族自治州及阿坝藏族羌族自治州全域,总面积约23.3万平方千米,生态地位突出,自然资源富集,在全省生态安全格局中具有重要战略地位。该区两州严格落实生态示范区功能定位,坚持生态优先、绿色发展,筑牢长江黄河上游生态屏障,努力走在全国民族团结进步示范州前列。

1. 生态保护修复有力有效

两地强化生态环境保护,大力整改环保督察反馈问题,严格落实湖长制、林长制,深入推进长江十年禁渔计划,全面清退长江经济带小水电;强化生态系统修复,统筹山水林田湖草沙系统治理,实施水土保护、地灾治理、矿山修复等重点生态工程,高质量建设大熊猫国家公园,2024年,甘孜州出台《建设"天府森林四库"甘孜行动方案》,建成青藏高原、黄河流域生态保护和高质量发展项目32个、完成投资3亿元。完成营造林76.73万亩,建成生态景观廊道161千米,培育乡土彩叶树种17.9万株。实施雅砻江、大渡河流域山水林田湖草沙综合治理项目16个、完成投资6.14亿元。防沙治沙、退化草原治理、鼠虫害防治、湿地植被恢复共712.5万亩,面积均居全省第一。②阿坝州常态有效保护天然林5580万亩、天然草原4718万亩、湿地883万亩、古树名木1295株;国家重点保护野生动植物保护率达

---

① 《2024年政府工作报告——在攀枝花市第十一届人民代表大会第四次会议上》,攀枝花市政府网站,http://www.panzhihua.gov.cn/zwgk/gzbg/10063858.shtml。
② 《政府工作报告(州十三届四次人代会)》,甘孜州政府网站,https://www.gzz.gov.cn/qtfdxxzfgzbg/article/634882。

95%，栖息地保存率达100%。①

2.绿色低碳发展有声有色

两地坚定践行"绿水青山就是金山银山"理念，突出"两山转化、绿色示范"，加快建设国际生态文化旅游目的地、现代高原特色农牧业基地和国家重要清洁能源基地。文旅产业欣欣向荣，大力推动全域旅游，持续培育壮大世界级、国家级文旅品牌，高质量举办各类节会赛事，2024年，两地共接待游客超1亿人次，实现旅游收入超1000元。农特产业提质增效，大力发展特色果蔬、高原畜牧等有机产业集群，持续提升农牧产品精深加工能力，加快构建高原特色农牧业产业新体系。生态工业积厚成势，稳步推进清洁能源开发，水电站、光伏项目、锂产业竞相发展，全球最大、海拔最高的水光互补柯拉光伏电站一期、全省最大的新型储能祝桑红星光伏电站投产发电，全国在建装机容量最大的孟底沟水电站开工建设；大力实施技改升级项目，统筹推动"飞地"与"州内"园区扩能增效，"飞地"园区高端制造承载力、州内园区产业转移吸纳力有效提升。

四、四川推进区域协调发展面临的困难和挑战

（一）在推动落实上用力不均

"五区共兴"战略实施以来，五大区域在经济社会发展水平上"落差"依然比较大。成都平原经济区在经济要素集聚方面存在明显优势，"虹吸"效应致使四川资源共享率较低、配置失衡，区域经济发展差距不仅长期存在，还具有不断扩大的非协调态势，导致周边地区不同程度出现经济"塌陷"。五大经济区借成渝地区双城经济圈建设"东风"，把握大格局、抢抓大机遇、推动大发展的力度不一，未能充分享受区域发展红利。时至今日，成渝双城经济圈呈"哑铃式"结构，成都、重庆双核强势，"圈"内外其他市（州）融圈、接链、进群步伐不够紧迫，且经济分化未有明显改观。部

---

① 《阿坝州十三届人大第四次会议政府工作报告》，阿坝州政府网站，https://www.abazhou.gov.cn/abazhou/c101939/202503/163d1a6dbd594712ad574a982a71d7c9.shtml。

分区域走向了中心城市"一城独巨",而其他城市依旧陷入发展困境,制约了经济发展潜力的充分发挥。

(二)在组团发展上各自为战

目前,省内五大经济区域尚未完全建立健全有效解决区域协同创新发展难题的相关体制机制,在合作机制与沟通模式等方面还存在随意性和不确定性,缺乏统一技术标准与机制体系。经济区域间要素双向流动仍面临多重制约,区域合作容易陷入反复磋商的"拉锯战",存在地方保护主义、本位主义,沟通成本高、协调周期长,区域合作整体性、协调性不足等问题,长期合作难以为继。尤其在吸引区域外部人才、投资等方面,政策制定"各自为战"的现象时有发生,各区域为招商引资纷纷出台大量政策而忽略这些政策之间是否相互冲突,从而导致无序竞争。此外,同质化的产业结构会导致地区间在资源分配上出现竞争,从而限制了各地"组团"协作发展的空间和动力。

(三)在产业布局上同质竞争

地方保护和区域壁垒在一定程度上仍然存在,资源的有限性使地区产业竞争性大于关联性和互补性,地区间产业同质化发展、低水平重复建设等问题仍然突出。部分关键产业、产业链关键环节分布过于集中,一些地区产业布局与资源环境的匹配性不足,差别化的区域产业政策亟待完善。一些城市资源禀赋、经济体量比较相似,目前产业发展阶段也大致相当,制造业结构逐渐趋同,呈现较为明显的同质化竞争发展趋势,产业链分工协作和错位发展程度不高。比如南充、达州两市产业结构相似,均未形成集群发展优势,招商引资程度增加,使两地政府在招商引资方面竞争大于合作。

(四)在政策落地上成效不彰

分析五大经济区政策制定发现,整体呈现发文量偏少、落地性不高等问题。其中,意见、决定等"意见类"政策占比较多,协议、方案等"实施类"政策相对较少,且政策缺少操作性、规范性;支持性政策"含金量"不够高,权限下放不够,在省级层面,以战略协议居多。在跨市合作和具体政策的出台上缺乏积极性,政策尚未深入税收、资金等发展层面,特别是在组团培育上仍然受行政区划的限制,难以形成产值、税收、统计共享的机制,按行政区竞争的思维无法改变,大市场、大统计、大税收等关键核心问题仍未彻底解决,在现有以 GDP 为主的考核体系下,各地必然面临行政区划的单边利益与组团培育的多边利益的"两难"。

五、四川推进区域协调发展的实践启示

(一)推动区域协调发展要培育新质生产力

生产力理论是马克思主义经典理论,区域协调发展是高质量发展的必然要求,高质量发展需要新的生产力理论来指导。发展新质生产力既是创新命题也是改革命题,因地制宜发展新质生产力,推动区域协调发展,必须向改革要动力、向创新要活力,切实推动各类生产要素创新性配置,让先进优质生产要素向发展新质生产力顺畅流动。新质生产力与传统生产力有质的区别,是对传统生产方式的颠覆性变革,要求在劳动者、劳动资料、劳动对象上全面创新,实现生产力驱动方式、作用方式、表现方式的全方位变革。当前,四川经济发展还存在产业体系不优、市场机制不活、协调发展不足、创新水平不高等问题。推动区域协调发展必须坚定地用新的生产力理论指导四川发展实践,以加快发展新质生产力为高质量发展塑造新动能新优势,以更大力度推动四川发展方式、发展动力、发展领域、发展质量变革。这需要破除地区之间的利益樊篱和政策壁垒,以体制机制创新打通堵点卡点,重构新型生产关系;需要充分发挥科技创新的牵引作用,以发展方式创新推进全面绿色转型,坚持科技创新和科技成果转化同时发力,加快构建富有四川特色和优势的现代化产业体系。

(二)推动区域协调发展要保持战略定力

习近平总书记深刻指出:"不平衡是普遍的,要在发展中促进相对平衡,这是区域协调发展的辩证法。"[1] 区域协调发展不是整齐划一,不是齐

---

[1] 《必须把质量问题摆在更为突出的位置》,《人民日报》2020 年 12 月 17 日。

步走，而是要在结合各地自身发展实际的基础上，立足各地优势，寻求一种动态平衡、相对平衡。当前，发展不平衡不充分依然是四川最大的省情实际，产业体系不优、市场机制不活、协调发展不足、开放程度不深等问题仍然存在，实现区域协调发展不可能一蹴而就，必然是一个长期过程，需要保持战略定力，久久为功。促进区域协调发展，要找准在全省大局中的战略定位，制定科学、合理和可行的发展战略，不断优化产业布局，加强基础设施建设，推动科技创新；要立足自身资源条件、地理位置、发展特色，不断调整完善区域规划与政策；要加强与区域内有关市（州）的协作联系，以要素的合理流动和高效集聚带动区域协调发展，形成主体功能明确、优势互补、高质量发展的区域经济布局。只有不断健全区域协调发展体制机制，不断完善促进区域协调发展的各项举措，才能加快形成统筹有力、竞争有序、绿色协调、共享共赢的区域协调发展新机制。

（三）推动区域协调发展要坚持守正创新

党的二十大报告指出："必须坚持守正创新。我们从事的是前无古人的伟大事业，守正才能不迷失方向、不犯颠覆性错误，创新才能把握时代、引领时代。"守正与创新不可分割、不可偏废，是一个有机的整体，双方在相互统一中推动事物不断向前发展。一方面，守正是创新的前提、基础和保障，区域协调发展是一项涉及方方面面的系统工程，如果无视省情民意和发展基础，一味地大干快上、贪大求全，就会背离循序渐进缩小区域间发展差距的初衷，甚至偏离谱写中国式现代化四川新篇章的正确前进方向。另一方面，创新是守正的完善、发展和趋势，面对快速变化的发展环境，如果墨守成规、思想僵化、故步自封，不及时对僵化的、陈旧的、过时的事物进行彻底革命，必将一潭死水、止步不前。推进区域协调发展，既要守住完整、准确、全面贯彻新发展理念这条发展正道，又要进一步全面深化改革，紧跟时代步伐，顺应实践发展，突出问题导向，聚焦制约区域协调发展的问题困难，想新招、蹚新路、开新局，树立起支持创新、鼓励实验、接受失败的正确导向。

六、进一步促进区域协调发展的工作建议

（一）锚定历史方位扛起使命担当，奋力将宏伟蓝图变为美好现实

一直以来，从三线建设到筑牢长江黄河上游生态屏障，从西电东送到成渝地区双城经济圈建设，四川始终沿着党中央不断赋予的新的战略定位奋力前行。2023年7月，习近平总书记来川视察时指出，四川是我国发展的战略腹地，在国家发展大局特别是实施西部大开发战略中具有独特而重要的地位。这是习近平总书记对四川发展指引的新方向，锚定了治蜀兴川新征程的发展定位，并要求四川成为高质量发展的重要增长极和新的动力源。2024年1月，国务院在对《四川省国土空间规划（2021—2035年）》的批复中明确指出，"四川省地处长江上游、西南内陆，是我国发展的战略腹地，是支撑新时代西部大开发、长江经济带发展等国家战略实施的重要地区"，这是四川战略腹地定位得到国家认可的标志。

如何建设好战略腹地？党中央也指明了方向。2023年12月，中央经济工作会议首次提出"优化重大生产力布局，加强国家战略腹地建设"，随后2024年国务院《政府工作报告》中再次强调这是未来工作的重点。2024年7月，党的二十届三中全会通过的《中共中央关于进一步全面深化改革、推进中国式现代化的决定》中又明确提出"建设国家战略腹地和关键产业备份"。由此可以看出，四川建设战略腹地需从优化重大生产力布局和关键产业备份等方面入手。

1. 优化重大生产力布局方面

每一次重大生产力的优化与调整都是国家发展安全的需要，四川要以成渝双城经济圈建设为牵引，摆脱单纯依靠资源开发的发展手段，将科技创新作为突破点，持续增强集聚转化各类高端要素资源的能力，因地制宜发展新质生产力，进一步培育优质产业基础。比如，支持绵阳发挥科技城优势，加快建成川北省域经济副中心，依托在绵大院大所对核技术、强激光、磁性材料等领域的科研优势，大力发展创新产业，抢抓国家"东数西算"工程重大发展机遇，大力建设区域大数据中心等新型数字基础设施，

实施"一产业链一首席科学家"机制，采用"产业功能区＋龙头企业＋高校院所"模式，形成"基础科学研究—科技成果转化—产业创新升级"全链条创新体系，从研发、设计、生产、管理、服务等全生命周期推动企业行业全链条"触网"升级；支持宜宾泸州培育锂电材料和动力电池制造业创新中心；乐山推动制造业数字化、网络化、智能化转型，促进数字技术与制造业融合发展，建设新型数据中心；南充、达州实施大院大所"聚源兴川"行动，南充建设边缘数据中心，支持达州建设全国一体化算力网络成渝国家枢纽节点城市内部数据中心和数字经济产业园。

2. 关键产业备份方面

借助独特的地理区位条件、丰富的战略资源优势、雄厚的产业发展基础、强劲的科技创新能力、独特的人文精神禀赋，努力打造国家战略腹地核心承载区，积极争取更多的关键产业备份项目落地。提高承接备份产业和企业的能力，研究制定关键产业备份工作专项规划，明确关键产业备份项目招引方向和目标对象、重点布局区域及保障政策，主动对接沿海地区产业新布局，建设一批关键零部件、关键材料、关键设备等产业备份基地。提升产业链供应链韧性和安全水平，针对断产、断供、禁运等应急情况，提前布局备份产品研发和生产能力承接，重点提升产能保供恢复能力和产业柔性生产能力，持续着力打造自主可控、安全可靠的产业链、供应链。

（二）主动对接融入重大国家战略，全面赋能区域高质量发展

党的十八大以来，党中央在尊重国土空间开发保护规律的基础上，以"一盘棋"的思想实施了京津冀协同发展、长江经济带发展、粤港澳大湾区建设、长三角一体化发展、黄河流域生态保护和高质量发展等一系列重大区域战略，同时结合区域发展实际提出"一带一路"倡议、新时代西部大开发、西部陆海新通道建设等与四川密切相关的国家重大战略。作为国家区域发展战略中的重要一环，四川需在发展中主动作为，积极对接国家战略，围绕新旧动能做强县域转换，兼并推进"存量提升"与"增量突破"，促进优势产业高端化、传统产业新型化、新兴产业规模化，既在自我发展中实现新突破，又实现与各个国家重大战略的高质量对接。

1. 持续深化产业对接

在已经形成的六大优势产业基础上，发挥四川41个工业门类齐全的有利条件，不断加强与其他区域的沟通联系，高水平承接产业转移。比如，在航空航天领域，不断加强与上海民用大飞机、珠海通用航空等的深度合作；在新能源汽车领域，立足锂矿、动力电池等产业优势，加强与珠三角、长三角等汽车基地合作；在先进材料领域，不断推进精深加工环节建设；在电子信息领域，注重从关键原材料、市场销售等方面，加强本地企业扶持和培育；在重大装备制造领域，充分发挥二重、东电等骨干企业优势，加强与江苏、浙江等先发地区的合作，切实提升装备产品成套能力、原材料配套能力，加快推进四川新质生产力发展。

2. 持续深化科技对接

充分利用四川科技资源优势，围绕平台联建、联合攻关、成果转化等方面，与东部地区开展全面合作，以弥补四川在基础研究、科技成果转化等方面的不足。比如，在重点领域关键技术联合攻关方面，通过积极争取国家将航空与燃机、光电与集成电路、钒钛稀土材料、新能源与智能汽车等重点领域平台建设布局在四川，从而增强东部沿海等地区与四川开展产业合作的积极性和可能性；深入实施"聚源兴川"行动，通过与珠三角、长三角等地区共建技术转移平台等方式，共同推进解决以上地区因产业支撑、资源环境承载能力弱等造成的科技创新成果转换不足的问题，加快推动科技成果转化落地；持续深化科技体制改革，优化完善人才培养机制，推动各地组建技术创新中心、创新联合体，加快完善科技转化服务体系。

3. 持续深化市场平台对接

继续扩大四川在物流运输、用工成本、工商业水电气价格等综合成本方面的比较优势，通过打造比其他中西部地区更具优势的综合成本"洼地"，不断增强市场吸引力。不断扩大对外合作路径，进一步增强与京津冀、粤港澳等地区政府、行业组织、企业对接的主动性，不断加强与上述地区在新质生产力发展方面的沟通、协调、协作，比如绵阳、南充、达州、宜宾、泸州等地可充分发挥与重庆、成都两地的距离优势，深度对接重庆、成都产业配套，深化与滇中、黔中、长江中游等城市群在文化旅游、商贸物流、特色农产品等领域的合作；强化与长江中游城市群在生态环境保护、制造业转型升级、口岸物流等领域协作，支持与浙江等相关地区建立产业合作结对关系，共建产业园区、飞地园区；通过举办国际交流活动等，深化国际友城合作，谋求在国际贸易、跨国供应链等领域合作，支持建设国际（地区）合作园区。

（三）系统推进特色发展与协同发展

2018年2月，习近平总书记来川视察时指出，四川要健全区域协作的体制机制和政策体系，打造各具特色的区域经济板块，推动各区域共同繁荣发展。这就要求我们因地制宜推动五大片区特色发展，发挥长处弥补不足，不断缩小五大片区间整体实力差距。

1. 支持五大片区错位发展

根据五大片区功能定位，在政策制定、财政支持、培植优势产业等方面给予大力支持。成都平原经济区瞄准高质量发展活跃增长极、科技创新重要策源地、内陆改革开放示范区、大都市宜居生活典范区战略定位，以成都市加快打造国际消费中心城市为牵引，以特色优势产业和战略性新兴产业为主攻方向，打造电子信息、装备制造万亿级产业集群，培育发展生物医药、航空航天、先进材料、食品饮料等千亿级产业集群。川南经济区瞄准川、渝、滇、黔接合部区域经济中心，现代产业创新发展示范区，四川南向开放重要门户，长江上游绿色发展示范区战略定位，大力推动特色产业错位发展，协同共建川南渝西融合发展试验区，联合打造西部陆海新通道和长江经济带物流枢纽。川东北经济区瞄准川、渝、陕、甘接合部区域经济中心，东向北向出川综合交通枢纽，川陕革命老区振兴发展示范区，绿色产业示范基地战略定位，以工业为主引擎，加快构建现代化产业体系。攀西经济区瞄准国家战略资源创新开发试验区、全国重要的清洁能源基地、现代农业示范基地、国际阳光康养旅游目的地战略定位，加快推动实现共同富裕。川西北生态示范区瞄准国家生态文明建设示范区、国际生态文化旅游目的地、现代高原特色农牧业基地、国家重要清洁能源基地战略定位，

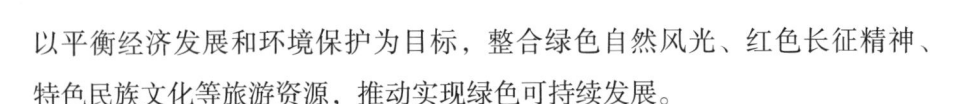

以平衡经济发展和环境保护为目标，整合绿色自然风光、红色长征精神、特色民族文化等旅游资源，推动实现绿色可持续发展。

2. 持续强化区域协同联动发展

通过加快构建市域互通、县际互联、乡镇畅达的交通路网，联合共建开放服务平台，深化区域中心城市相邻地区组团发展等方式，加强与内江、自贡及渝西地区在开放通道建设、产业链供应链协作联动等方面的合作，聚力打造优势产业集群，不断增强区域竞争力。持续加强区域中心城市与重庆、成都的联动，通过加快构建市域互通、县际互联、乡镇畅达的交通路网，联合共建开放服务平台，深化区域中心城市相邻地区组团发展等方式，在交通运输方面，发挥基础性、先导性、服务性功能，推动区域一体协同联动发展，不断增强区域竞争力。比如，建设成达万高铁，九寨沟至绵阳、成都至峨眉高速公路等，推动成雅、成温邛等成都放射线高速公路扩容，提升成都平原联动四区能力；在川西北生态示范区，建设青海久治至马尔康、川主寺至汶川高速公路等；在攀西经济区，建设昭通至西昌、金口河至西昌、攀枝花至盐源等高速公路；在川东北经济区，建设汉巴南铁路和镇巴至广安、绵阳至苍溪至巴中高速公路广陕高速扩容等项目；在川南经济区，建设古蔺至金沙、泸州至古蔺等高速公路，构建西部陆海新通道。

3. 推动行政区与经济区适度分离

习近平总书记指出，"着力加大对协同发展的推动，自觉打破自家'一亩三分地'的思维定式，抱成团朝着顶层设计的目标一起做"①。要打破行政壁垒，通过最大公约数来解决不同行政区划资源的合理配置问题，推动经济区与行政区适度分离改革，应当在经济区范围内成立跨行政区的管理机构，适度分离部分行政区职能，赋予更高的经济发展权限，构建以经济区为主体的经济发展模式，设置的管理机构应当具备对经济区内各行政单位的目标管理考核权限，以及整个经济区范围内产业发展、项目布局的统

---

① 《打破自家"一亩三分地"思维定式》，《人民日报》（海外版）2014年2月28日。

筹规划权限，解决区域内各行政区之间产业结构雷同和发展模式照搬等问题。探索以经济区为资源配置最重要的平台，破除行政区划对城市群协同发展的制约，构建起若干新的体制机制，赋予经济区独立的财税管理权限，确保对辖区内行政属地不同的项目提供统一的产业政策、招商政策、税收政策。比如重大项目按照产业链、供应链的比较优势错位竞争、差异布局，通过产业链使不同行政区划的经济按照经济区的规律来进行优化配置。探索制定地区生产总值等指标的初步分算方法，按照"存量收益由原行政辖区各自分享、增量收益五五分成"的原则制定利益分配方案，探索跨省投资、成本分担、利益共享的新模式。

（四）改革创新推动区域协调发展

深入实施"五区共兴"区域协调发展战略，要打破"一亩三分地"的思维定式，抱团朝着顶层设计的目标一起做，形成区域协调发展共同体。除了建立有效的党委和政府"一把手"层面的定期会晤、联席会议等制度化协调机制外，更要做到规划衔接、政策一体、部门联动，通过联动协同工作机制的充分整合，有效缩小发展差距、贯通产业链条、重组区域资源。

1. 创新建立对接推进机制，在更大范围复制和推广双城经济圈建设成果

目前，在国家顶层设计方面，已经形成《成渝地区双城经济圈建设规划纲要》，在"协同发展"方面，明确了"促进双圈互动两翼协同"。2024年1月，国务院批复了《四川省国土空间规划（2021—2035年）》，作为首部"多规合一"的省级总体规划，提出要根据不同区域发展水平和产业特点制定差异化发展政策，推动优势地区更好发展、生态功能区更好保护、欠发达地区加快追赶，促进五大片区协同共兴。建立区域协同发展新机制的关键和重点，是构建协同一体的城市群空间体系、区域产业协作和转移机制，特别是针对交界地区的统一规划、统一政策、统一管控等，真正形成目标同向、措施一体、优势互补、互利共赢的协同发展新格局。

2. 探索建立共享共建机制，推进全方位的深度开放和务实合作

构建地区性资源共享机制，从共享链的角度整体优化区域资源共享体系，在区域内、区域间建立互惠互利的合作关系，从整体上实现利益共享最大化。比如，基于各自优势产业、资源禀赋及国家战略导向，共同制定宜宾—泸州经济副中心发展总体战略规划，确立可操作、可量化、可考核的共同发展目标，涵盖经济增长率、产业结构优化、创新能力指标、生态环境、社会福祉等，确保指标全面反映经济副中心建设的综合成效。创新"飞地经济"合作机制，坚持政府引导、市场运作、优势互补、合作共赢，平等协商、权责一致，改革创新、先行探索，创新合作机制和政策供给，力争在重点领域和关键环节取得突破。探索建立对口合作机制，在对口支援的基础上，进一步探索和创新发达地区与欠发达地区的资源共享机制，变支援为共享、变输血为造血，加强教育、科技、人才等帮扶力度，促进对口支援从单方受益为主向双方受益进一步深化。推动水、土、大气污染联防联控，健全和完善生态保护利益补偿机制，坚持"谁受益、谁补偿"原则，探索市场化的生态保护补偿机制，促进毗邻地区和重点流域上下游地区之间建立环境保护和经济发展相协调的制度体系，提高共商共治共享水平。

3. 充分发挥市场化跨区域合作机制作用，形成区域间"开放"利益共同体

进一步清理废除妨碍统一市场和公平竞争的各种规定和做法，清除各种显性和隐性的市场壁垒，促进生产要素跨区域有序自由流动。探索建立区域产业转移引导制度和区域产业链条上下游联动机制。完善产业协作体系，创新各类园区管理模式和运行机制，支持在市（州）毗邻地区合作共建产业园区，及时推广成功模式和做法。探索建立毗邻市（州）发展规划衔接机制，支持和鼓励在县域交界地区开展区域一体化发展试点。按照优势互补、互利共赢的原则，推进资源要素统筹配置、优势产业统筹培育、基础设施统筹建设、生态环境统筹治理。支持开展多层次的区域合作，鼓励创新区域合作的组织保障、规划衔接、利益协调、激励约束、资金分担、信息共享、政策协调和争议解决等机制。加快推进区域市场一体化工作，利用好市场导向和利益调节机制，为建设全国统一大市场夯实基础。健全产业合作利益分享机制，提高园区、企业、项目配套协作水平，实现产业有序转移和优化布局。

（课题组成员：胡聪、张维、唐一瑄、陈杰、曹健、王伟、张飞菲、薛枫、郭士博）

关于成都加快打造国际消费中心城市的报告

2019年国务院印发《关于培育建设国际消费中心城市的指导意见》，明确提出要培育建设一批具有全球影响力的国际消费中心城市。2020年党的十九届五中全会提出，要"全面促进消费，培育国际消费中心城市"，2022年党的二十大报告明确"着力扩大内需，增强消费对经济发展的基础性作用"，2024年党的二十届三中全会进一步要求"合理增加公共消费，积极推进首发经济"，将建设国际消费中心城市作为增强消费基础作用的重要载体。国际消费中心城市不仅是对接全球消费市场、吸引国内外消费者的枢纽和平台，更是引领一国乃至全球消费创新的制高点。

四川省委、省政府贯彻落实党的二十大精神，深入学习贯彻习近平总书记对四川工作系列重要指示精神，2023年7月，省委、省政府专门出台《关于支持成都加快打造国际消费中心城市的意见》（以下简称《意见》），提出支持成都用好国内国际两个市场、两种资源，增强对全球消费市场的集聚带动能力和资源配置能力，打造世界文创名城、旅游名城、赛事名城和国际美食之都、音乐之都、会展之都，加快建设蕴含天府文化特色、彰显公园城市特质、引领国际时尚的国际消费中心城市，为全面建设社会主义现代化四川提供有力支撑。

一、成都加快打造国际消费中心城市具有坚实基础

（一）人口会聚，潜能无限

成都人口规模巨大，结构多样。2015—2023年，8年时间成都人口增

长了约1000万人，2023年末常住人口2140.3万人，比2022年末增加13.5万人，增长0.6%。其中，城镇常住人口1722.9万人，常住人口城镇化率80.5%，比2022年末提高0.6个百分点。成都是全国第四个超过2000万人的超大型城市，同时辐射带动四川8374万人、西部省份近4亿人口的消费。早在2019年，成都外籍商旅人士就已达69万人，常住外国人1.74万人，往来外籍人员数量位居中西部城市之首。成都被称为"领馆第三城"，截至2023年底共有23家外国领事机构，领馆数量仅次于上海和广州。

（二）经纬交织，信息畅达

成都被确定为"国际性综合交通枢纽城市"，坐拥天府国际机场、双流国际机场两大航空口岸，2023年，包含双流国际机场、天府国际机场的成都航空枢纽全年旅客吞吐量7492.4万人次，同比增长141%。随着世界大学生夏季运动会、世界科幻大会、国际乒联混合团体世界杯等的举办，成都成为全球热门航空目的地之一。除旅客吞吐量井喷外，2023年全年共完成航班起降53.8万架次，同比增长92.2%；货邮吞吐量77.1万吨，同比增长26.1%。在飞定期全货运航线达28条，初步构建起通达全球重要经济体和地区的航空货运航线网络，继续保持良好的增长态势。成都消费市场对内辐射着西部地区近4亿人口的国内市场，对外则连接东南亚、中亚和欧洲等拥有15亿人口的国际消费市场，其作为国际消费中心城市的作用将持续增强。

成都深入贯彻落实制造强国、数字中国等战略，持续推动信息基础设施"天地一体"发展，不断推进数字经济与实体经济深度融合。

（三）历史积淀深厚，文化引领突出

成都拥有约4500年文明史，拥有包括古蜀文化、三国文化等深厚历史文化。成都鲜明的城市熊猫IP，每年吸引游客约2000万人次。作为"千年商都""宜居城市""公园城市""休闲之都"，成都具备建设国际消费中心城市的深厚底蕴。根据《2023年中国城市夜间经济发展报告》，成都位列国内夜间经济十大城市第二。另外，成都享有"天府之国""休闲之都""国际美食之都""医美之都"等美誉。据统计，2023年成都大型演唱会举办数量位居全国第四，仅次于上海、北京和广州，被誉为"中国文创第三城""中国动漫游戏第四城""中国电影第五城"。

（四）市场规模突破万亿元，消费特质显著

成都市场消费规模持续扩大。2023年成都社会消费品零售总额（以下简称"社消零"）首次突破万亿元大关，在15个副省级城市中排名第三；同比增长10.0%，增幅高于全国、全省平均水平；与首批国际消费中心试点城市相比，仅次于上海（12.6%），见表1。2024年1—7月，成都市实现社会消费品零售总额5896.6亿元，同比增长2.1%。按经营单位所在地分，城镇消费品零售额5665.4亿元，同比增长2.0%；乡村消费品零售额231.2亿元，同比增长4.0%。按消费类型分，餐饮收入1188.4亿元，同比增长6.5%；商品零售额4708.2亿元，同比增长1.0%，整体市场消费规模进一步扩大。

表1　成都与首批国际消费中心试点城市2023年社消零完成情况[①]

城市	社消零总额（亿元）	增速（%）
成都	10001.6	10.0
北京	14462.7	4.8
上海	18515.5	12.6
广州	11012.6	6.7
天津	未公布	7.0
重庆	15130.3	8.6

消费结构多元化升级。2023年，成都限上企业（单位）消费品零售额实现4961.3亿元，同比增长8.1%。从消费领域来看，汽车、油品、餐饮三大领域占据"大半江山"，其中汽车零售规模超过1500亿元、限上餐饮收入超过400亿元，分别同比增长10.7%、29.2%，是拉动消费增长的中坚力量。从商品类别来看，近七成限上商品类值实现增长，消费升级类商品增势较好，其中金银珠宝类时尚商品持续高速增长，增速达45.5%；服装鞋帽针纺

[①] 数据来源：根据成都市统计局数据及相关城市统计局官网数据整理。天津未公布社会消费品零售总额的具体数值，仅披露了增速情况。

织品、家用电器和音像器材类商品分别同比增长15.0%、11.6%。

线上消费持续活跃。2023年，成都网络零售额同比增长18.8%，实物型网络零售额增长10.3%，分别高于社消零整体增速8.8个、0.3个百分点。[①] 尤其是限上企业（单位）通过互联网实现的餐饮收入增长88.4%，高于限上餐饮收入增速59.2个百分点。2023年亿元以上网络零售企业11家，近五成企业零售额实现两位数增长，其中朴朴超市增长近80.0%。

二、成都加快打造国际消费中心城市的典型做法

2024年2月，成都市政府出台《成都市加快打造国际消费中心城市实施方案》。该方案明确成都将实施消费新高地建设、消费新空间打造、消费新场景塑造、消费新模式培育、消费新格局构建和消费新环境营造六大工程，将加快构建十大消费场景激发消费动力，把打造成德眉资"1小时消费出行圈"作为重点任务推进。

（一）不断聚力培育，促成消费新高地建设

1. 首店经济和首发活动

根据成都零售商协会与上海中商数据《2023年度成都首店经济发展报告》，2023年成都首店总量达到813家，稳居全国城市第三，仅次于上海和北京。成都对首店经济发展给予了大力支持，通过制定优惠政策、提供资金支持、加强宣传推广等措施，积极吸引国内外知名品牌在成都开设首店。

2. 逐步完善国际贸易服务体系

成都不断完善国际供应链服务体系，推动"四港六中心"物流枢纽及空港保税区建设。目前，天府国际空港综合保税区项目一期已通过竣工验收，作为四川省首个空港型综合保税区，该项目将极大提升天府国际机场的口岸服务功能和产业集聚效应。成渝两地共同参与川渝自贸试验区协同开放示范区建设，两地海关创新实现"电子口岸卡"业务跨关区通办，服务川渝2000余家跨区域进出口企业，单次业务办理时间压缩2/3以上。

---

① 数据来源：映潮科技《成都2023年1—12月电子商务数据分析报告》。

3. 持续提升国际知名度和影响力

成都市的入境游客年接待量逐年增长，国际知名度和影响力不断提升。根据四川出入境边防检查总站的数据，截至2024年6月30日，成都航空口岸共有269万余人次、2万余架次航班出入境，较上年同期分别增长292%和222%，外国人入出境45.8万余人次，较上年同期增长572%。近年来，涉及成都的国际媒体报道数量呈上升趋势，不乏《纽约时报》、BBC等知名媒体的深度报道。在社交媒体平台上，成都的官方账号在Twitter、Meta（原名Facebook）等社交平台上的粉丝数量持续增加。同时，成都市与法国蒙彼利埃市、美国菲尼克斯市等城市都有着密切的合作关系。

（二）完善空间建设机制，探索资源综合利用新模式

1. 构建"一圈一区一带"消费空间格局

成都着手编制《成都市消费空间布局专项规划》，打造城市时尚文化消费圈、田园林盘农耕消费区和龙门山等生态消费带。

2. 建设标志性商圈街区

推动建设春熙路商圈、交子公园商圈，助力成都IFS、成都SKP获评全国示范智慧商圈、智慧商店。构建"2+3+28"商圈体系，以196个大型商业项目、超1630万平方米优质零售物业为载体，赋能商圈发展。2023年，14座商业综合体销售额超过20亿元，4座进入全国商场销售额排名20强。2024年上半年，春熙路商圈客流量超过1.2亿人次，实现营业额499.3亿元，新引进各类首店55家，这使其所在的锦江区社会消费品零售总额连续20年排名成都市各区（市、县）第一。交子公园商圈优化消费场景与业态突出商业活动营造，聚焦客群偏好导向，实现消费增量。提档升级特色商业步行街63条，其中万象城商业步行街等8条街区获评省级步行街改造提升试点街区。

3. 激发田园林盘的消费潜力

2024年4月，四川省农业农村厅正式发布《"天府粮仓·百县千片"建设行动方案（2024—2026年）》，旨在驱动全省范围内超过100个县（市、区）打造千余个集高标准、高水准、高质量于一体的集中连片粮油产区，

每片面积达千亩以上，旨在实现高产目标。

4. 提升龙门山等生态消费带品质

成德眉资四市共同编制出台《成都都市圈龙门山龙泉山旅游业协同发展规划（2023—2030年）》，构建"两城引领、两带联动、五区（带）先行、一环串联"的发展格局。围绕共建龙门山国际山地度假旅游带的发展定位，依托都江堰世界遗产旅游名城，串联发展沿线的旅游城镇和重要旅游片区，形成龙门山"一城、七镇、五区、一带"旅游目的地体系。

（三）创新培育，引导消费场景升级提质

1. 川酿佳肴消费场景

成都承办商务部"中华美食荟"启动仪式及配套活动，评选发布101家市级"天府名店"、71名市级"天府名厨"，69家餐厅上榜"米其林指南"，19家餐厅上榜"黑珍珠餐厅指南"。2024年1—7月实现餐饮收入1188.4亿元，增长6.5%。

2. 余音绕蓉消费场景

2023年，成都音乐产业产值突破560亿元，同比增长12%；全年开展音乐演出4000余场，票房收入9亿元。通过规划建设四川戏剧特色街，提质升级成都川剧艺术中心等场馆的方式，强化成都作为"音乐之都"的形象。

3. 今夜无眠消费场景

通过创建国家级夜间文化和旅游消费集聚区，并推出"夜游锦江"等品牌活动，成都的夜间经济实现了持续增长。数据显示，在2023年国庆、中秋"双节"期间，夜游锦江片区共接待游客37.61万人次。此外，成都东郊记忆打造的"不夜天府"消费场景，依托其20万平方米的工业遗址空间，创新性地发展成为文创音乐、时尚潮购、演艺会展及旅游美食的消费目的地。2023年，该区域接待了国内外游客共计610万人次，营业收入同比增长超过了50%。

4. 熊猫家园消费场景

成都大熊猫繁育研究基地是全球最大的大熊猫繁育研究机构，尤其是对于"花花"形象的成功推广，吸引了线上线下、国内外数以亿计的流量。

数据显示，2023年国庆、中秋"双节"期间，"花花"所在的成都大熊猫繁育研究基地门票销量同比增长了9倍，每日"观花"人数达到1.6万人，场面热闹非凡，实现了满场状态，同时，"成都大熊猫"这一关键词的搜索量也同比增长了677%。

5. 天府文旅消费场景

成都推出的"新十二月市"系列活动，以传统文化为主线脉络开展"月月种草"提振消费。2023年，成都旅游消费加速恢复，推出"到成都街头走一走"系列文旅活动，全年游客接待总量2.8亿人次，同比增长80%，全面恢复至2019年的水平；实现旅游总收入3700亿元，恢复至2019年的八成。2024年成都市文旅市场继续保持快速增长、质量提升的良好势头，1—6月游客接待量超1.3亿人次，同比增长超16%；实现旅游收入同比增长超18%。

6. 和美乡村消费场景

成都通过创新"特色古镇、川西林盘与农业园区（景区）"的融合模式，有效提振了乡村消费，为乡村振兴注入了强劲动力。以龙泉驿区的欢乐田园为例，它是集农业观光、生态旅游及休闲娱乐功能于一体的综合性主题公园，提供了多样的农事体验项目、儿童游乐设施，以及丰富多彩的文化活动。

7. 会展博览消费场景

成都通过开展名展（会）、名馆、名企、名业培育行动，积极申办和举办各类会展，筹办糖酒会、西博会、中欧经贸洽谈会等重大展会，取得良好社会经济效益，第108届全国糖酒会客流总量363万人次，带动服务业增收81.5亿元。高质量举办中国网络视听大会、成都国际车展等重大展会1058场。

8. 运动赛事消费场景

成都积极申办高级别国际赛事，获得了"世界赛事名城"的美誉。2023年，成都圆满举办了世界乒乓球团体锦标赛、世界大学生夏季运动会等一系列国际顶级赛事，中超比赛的上座率稳居全国首位，而"金牌球市"

也在"成都雄起"的热烈加油声中重新闪耀蓉城。据统计，2023年成都共举办了60项国际及国内重大体育赛事。

9. 公园绿道消费场景

成都规划建设16930千米全球最长的天府绿道体系串联绿地水系、森林、湖泊河流、乡村田园，形成完整的生态网络。截至2024年3月，成都已累计建成各级绿道超7000千米、各类公园1500余座，建成区绿化覆盖率提升至44.7%。天府绿道串联了数十座公园、景区和公共空间，出现"公园＋体育""公园＋书店""公园＋文创"等新消费场景。

10. 教育医疗消费场景

教育消费场景涵盖了高等院校的建设与国际学校的引进、职业教育与培训的推动，以及教育综合体与卖场的打造。以教育综合体为例，成都汇聚了各类教育机构、文化书店、科技体验馆等丰富资源。医疗消费场景则包括综合医疗与专科医疗服务、社区医疗与康复医疗服务，以及医疗美容与健康旅游项目。同时，通过打造具有特色的健康旅游项目，成都成功吸引了大批国内外游客。

（四）创新培育，促成消费新模式借势发展

1. 电子商务平台的建设与发展

成都市通过与阿里巴巴、京东等知名电商平台合作，推广成都特色产品，加速布局新零售，"O2O＋社区"等非接触式消费新模式快速发展，培育引进定制服务平台、企业。同时，成都鼓励本土企业自建电子商务平台，通过线上线下的有机融合，实现销售渠道的多元化。

2. 直播带货新兴业态的崛起

通过直播带货，成都的特色文化和商品得以更广泛地传播，提升了城市的知名度和文化影响力。2023年，成都市实现社会消费品零售总额10001.6亿元，同比增长10.0%，增速分别比全国（7.2%）、全省（9.2%）高2.8个、0.8个百分点。其中，12月实现社会消费品零售总额965.2亿元，同比增长6.1%。2023年，全市限上企业（单位）实现商品零售额4555.3亿元，同比增长6.6%，其中通过互联网实现的商品零售额1444.1亿元，同比

增长6.7%。从商品类别来看，服装鞋帽针纺织品类零售额同比增长15.0%，家用电器和音像器材类零售额同比增长11.6%，汽车类零售额同比增长10.7%，石油及制品类零售额同比增长3.7%，粮油食品饮料烟酒类零售额同比增长3.6%。

3. 跨境电商平台的打造与合作

成都作为西部重要的陆航口岸，积极响应"一带一路"倡议，打造跨境电商平台，推动成都特色产品走向世界。跨境电商平台不仅为成都市带来了更多的商业机会和发展空间，还为消费者提供了更加丰富的购物选择和便捷的购物体验。

4. 引导绿色消费与创新支持

成都积极倡导绿色低碳的生活方式，推动绿色产品的销售和使用，引导消费者购买节能环保产品。目前，成都成功创建国家级绿色商场25家。同时，倡导餐桌文明，开展"绿色消费、低碳生活"创新实践活动，深入餐饮企业宣传《成都市餐饮业厉行节约反对浪费行为规范》，评定绿色餐饮示范门店198个。

（五）消费资源共建共享，打开消费新格局

1. 加强成德眉资"1小时消费出行圈"建设

成都依托交通枢纽优势，积极推进成德眉资四市之间"1小时消费出行圈"的建设。通过优化高速铁路、城际铁路及城市轨道交通网络，大幅降低了四地居民往来的时间成本，为高频次、短途的消费出行提供了极大便利。

2. 完善成渝消费合作机制

成都与重庆签署《成渝地区双城经济圈消费同城化发展框架协议》，在优化消费环境、打造特色消费品牌、加强市场监管协作等方面达成共识，两地联合印发《成渝地区双城经济圈建设商务协同工作要点》，发布"2023成渝双城核心商圈指数"，强化"成渝双核消费"IP形象，共建具有巴蜀特色的国际消费中心城市。

(六)政策引领,营造有吸引力的消费环境

1. 推进服务机制创新

制发实施服务业扩大开放综合试点工作方案,确立7类运行机制,制定6张清单,形成"重点任务+落地区域+示范项目+对口服务"格局,123项改革任务实施率超过80%。出台完善营商环境综合改革政策6.0版"数字强化赋能",累计出台906项改革举措,首次在大型赛事集中推广境外个人入境移动支付服务。离境退税"即买即退"创新应用"预填单模式",退税商品销售额近4500万元,全市离境退税商店320家,数量仅次于北京、上海。开通国际地区航线131条,"双国际机场"2024年上半年完成旅客吞吐量4227.55万人次,同比增长22.2%,构建"7+5"国际铁路货运及铁海联运大通道。

2. 做好基础政策保障

成都市通过简化行政审批流程、缩短审批时限等措施,显著提高了审批效率。为此,成都市设立了"一站式"政务服务中心,推行"一窗受理、集成服务"的模式。为了降低企业的经营成本,成都市实施了包括减免企业所得税、增值税,以及降低社保费率等减税降费政策。此外,成都市还为符合条件的企业提供了税收优惠,出台了一系列优惠的人才引进政策,包括提供住房补贴、子女教育优惠等内容。

三、全球范围内国际消费中心城市的经验借鉴

为便于分析借鉴国际消费中心城市的典型经验,特选取纽约、巴黎、伦敦、东京、新加坡五个国际消费中心城市,并从塑造自身独特文化品牌、彰显公园城市特质、引领国际时尚潮流及创新升级传统商业模式四个视角展开分析。

(一)塑造自身独特文化品牌

1. 东京

东京的文化品牌建设不仅体现在对传统日本文化的传承上,也展现在对现代科技、时尚和艺术的融合中。东京建设文化品牌的一些典型做法如

下。第一，传统与现代的融合。东京巧妙地将传统日本文化与现代科技相融合，创造出独特的文化氛围。例如，浅草地区的浅草寺和仲见世商店街，不仅展现了日本的传统宗教文化，还通过各种传统艺能和饮食文化吸引游客。与此同时，涩谷和秋叶原作为现代科技与流行文化的中心，以动漫、游戏和科技产品闻名，体现了东京的创新精神。第二，节日与庆典的文化展示。东京通过各种节日和庆典活动，如樱花节、新年参拜、夏日烟火大会等，向世界展示了日本的文化特色和季节性传统。

2. **纽约**

纽约被称为"世界的十字路口"，这种多元文化背景为纽约提供了丰富的艺术和文化素材。第一，艺术与文化产业的蓬勃发展。纽约百老汇的戏剧表演、苏豪区的画廊、大都会艺术博物馆、现代艺术博物馆等世界级文化机构，共同构成了纽约的文化生态系统。第二，标志性地标与城市符号。纽约的标志性建筑和景点，如自由女神像、帝国大厦、中央公园、时代广场等。第三，创新与科技的融合。随着科技公司和创业企业的涌入，纽约成为数字媒体、金融科技和创意技术的中心。第四，城市规划与公共艺术。纽约的城市规划强调公共空间的利用和公共艺术的展示，如高线公园、洛克菲勒中心的公共艺术装置等，不仅美化了城市环境，也增强了市民和游客的文化体验。

3. **伦敦**

伦敦在建设其城市文化品牌的过程中，采取了一系列全面且深入的策略。第一，政策与规划。伦敦政府将文化发展视为城市规划的关键组成部分，制定了一系列政策来支持文化艺术的繁荣。例如，《伦敦计划》(*The London Plan*)将文化发展列为城市规划的重点，确保文化设施和活动有空间发展。第二，文化遗产保护。伦敦极为重视其丰富的文化遗产，对历史建筑、古迹、博物馆和艺术馆进行保护和修复，如大英博物馆、泰特现代美术馆、莎士比亚环球剧场等。第三，文化创意产业的支持。伦敦积极推动文化创意产业的发展，为艺术家、设计师、作家等创意人才提供空间和资源，建立了多个创意产业园区，如伦敦东区的肖尔迪奇（Shoreditch）。

(二)彰显公园城市特质

1. 新加坡

新加坡被誉为"花园城市",其作为公园城市的建设成果得益于经过深思熟虑的规划和持续不断的努力。第一,长远规划与政策支持。新加坡政府早在20世纪60年代就提出了"花园城市"愿景,将绿化作为城市规划的核心部分。第二,多层次绿化。新加坡的绿化覆盖了从地面到空中,包括屋顶绿化、垂直绿化和高架桥绿化等立体绿化方式。第三,自然保护区和公园网络。新加坡建立了广泛的自然保护区和公园网络,如滨海湾花园、新加坡植物园、裕廊湖花园等。第四,严格的城市绿化标准。新加坡设有严格的绿化标准和管控机制,如"绿线"政策,确保开发项目中包含一定比例的绿化空间。第五,生态修复与生物多样性保护。新加坡注重生态系统修复和生物多样性保护,通过"生态天桥"等项目,连接被道路分割的自然区域,保障野生动物的迁徙路径。

2. 东京

东京在处理人口密度与自然环境的关系上采取了一系列具有创新性和前瞻性的做法,特别是在打造"公园城市"概念方面。第一,利用有限空间创造绿地。由于东京土地资源稀缺,利用有限的空间(如屋顶花园、小型社区公园、街道边的绿化带,以及学校和办公大楼的空地)。例如,涩谷宫下公园是在城市密集区域中建造的垂直绿化空间。第二,公共交通与绿地网络的整合。东京的公共交通系统十分发达,城市规划将绿地与主要的交通节点结合起来,形成了一张由车站和主要活动节点构成的空间网。第三,历史与自然的融合。东京在城市规划中保留了许多历史遗迹和自然景观,如皇居外苑、上野公园、代代木公园等。第四,多功能公园设计。东京的公园设计不仅考虑美观和休闲功能,还兼顾了防灾、生态、教育和社区服务等功能。例如,一些公园设有紧急避难设施,在地震等自然灾害发生时可以作为避难场所。第五,公私合作模式。东京市政府与私营部门合作,共同投资和管理公园绿地。例如,索尼在银座打造的绿色公园就是公私合作成功案例。

3. 巴黎

巴黎在建设公园城市的过程中，采取了一系列综合性措施。第一，历史与现代的融合。巴黎的公园城市规划尊重城市的历史遗产，同时引入现代设计理念。奥斯曼时期的规划在19世纪末创建了宽敞的林荫大道和大型公园，如布洛涅森林和万森森林。第二，增加城市绿地。巴黎致力于增加城市内的绿地面积，包括新建和翻新公园，以及在屋顶、阳台和街道上种植绿色植被。例如，巴黎市长安妮·伊达尔戈提出的"巴黎呼吸"计划。第三，城市农业与食品自给。巴黎推动城市农业的发展，鼓励在城市空间种植蔬菜和水果。市政府设立了"巴黎农业"计划。第四，绿色基础设施。巴黎投资建设绿色基础设施，如绿色屋顶和墙面，以改善城市微气候，减少热岛效应。此外，巴黎还通过"巴黎绿色走廊"项目，连接城市内的绿色空间，形成生态网络。

（三）引领国际时尚潮流

1. 巴黎

巴黎作为全球公认的"时尚之都"，尤其是在巧妙结合历史文化遗产与现代文化元素方面表现出色。第一，强化时尚教育与研究。巴黎拥有众多世界著名的时尚学院，比如法国高等服装设计学院（ESMOD）和法国时装学院（IFM）。第二，举办国际时装周。巴黎时装周作为全球四大时装周之一，每年在春秋两季各举办一次，吸引了来自世界各地的媒体代表、时尚买家及业界精英人士。第三，保护与传承高级定制。法国政府非常重视高级定制这一独特的时尚形式，它代表了极致的手工艺和创新设计。第四，时尚与艺术的融合。巴黎充分利用博物馆、画廊等文化场所举办各种时尚展览。例如，卢浮宫、蓬皮杜中心等著名艺术机构经常举办与时尚相关的展览。

2. 纽约

纽约作为全球公认的"文化之都"，尤其是在多元文化与现代时尚元素结合方面表现突出。第一，纽约时装周。纽约时装周作为全球四大时装周之一，每年于春秋两季各举办一次，与巴黎、米兰、伦敦齐名，是全球时尚界的一项重大盛事。第二，商业与时尚的结合。纽约的第五大道和SOHO等地区是高端零售业的集中地，不仅汇集了全球各大奢侈品牌的旗舰店，还有许多独立设计师的工作室和精品店。第三，多元文化的融合。纽约是一个由来自世界各地的人口组成的多元化城市，不同的文化背景和生活方式激发了设计师的无限想象，使纽约的时尚设计更加独特且充满活力。

3. 东京

东京作为全球知名的"动漫之都"，特别是在将动漫文化与时尚元素相结合方面表现出色。第一，街头时尚文化。东京的原宿、涩谷等区域是日本街头时尚的发源地，吸引了全球年轻人的目光。这些地区的街头文化不仅体现在独特的服饰搭配上，还包括音乐、艺术和生活方式等多个方面。第二，动漫与时尚的联动。东京是动漫产业的重镇，动漫角色和流行文化元素经常被融入时尚设计中，形成了独特的风格。设计师从动漫作品中汲取灵感，创造出兼具视觉冲击力和文化内涵的时尚单品。第三，设计师的国际推广。东京支持本土设计师参加国际时装周，提升他们的国际知名度。

（四）创新升级传统商业模式

1. 东京

例如，东京台场地区的维纳斯城堡是一个模仿欧洲街道的室内购物中心，它的建筑设计和装饰风格模仿了18世纪的欧洲，为顾客提供了仿佛置身异国的购物体验。又如，位于市中心的汐留地区是集办公、住宅、商业、娱乐于一体的综合性区域，通过立体连通的方式将不同功能的空间有机结合起来。汐留的成功在于它较好地解决了区域内的交通互联问题，为居民和访客提供了便利。除此之外，东京还有一些社区友好型商业设施，它们通常位于居民区内，不仅提供日常生活所需的商品和服务，还经常组织社区活动，增强了社区凝聚力。

2. 纽约

纽约作为全球最重要的商业中心之一，在升级传统商业模式与探索非标商业方面积累了丰富的经验。第一，纽约市内的许多地区定期会出现弹出式商店，这些商店往往短期租赁，销售季节性商品或试水新产品。弹出式商店提供了一个低成本、高灵活性的商业试验场,同时也为消费者带来新鲜感和惊喜。第二,传统商业更新。时代广场是纽约最著名的地标之一,但原有设计已无法满足现代商业和市民活动的需求。纽约通过重新设计公共空间、增加行人友好设施,以及引入更多的绿色空间和艺术装置,使时代广场更加适合步行和休闲活动。

3. 伦敦

伦敦作为全球领先的国际大都市之一,政府在引入非标商业元素、进行传统商业更新方面有着丰富的实践案例。第一,弹出式商店。如位于肖尔迪奇的 Boxpark 是一个由集装箱改建而成的弹出式购物中心,吸引了许多初创企业和独立设计师入驻,售卖时尚服饰、艺术品、手工艺品等商品。第二,共享办公空间。像 WeWork 这样的共享办公空间在伦敦非常普遍,不仅提供了灵活的工作环境,还促进了不同行业之间的交流与合作。第三,市场改造。如博罗市场最初以销售新鲜农产品为主,现在不仅有传统的农产品摊位,还有来自世界各地的美食摊位、餐馆和咖啡馆。第四,历史建筑活化。如圣潘克拉斯火车站内的圣潘克拉斯万丽酒店,原址是一座维多利亚时期的火车站建筑,这个项目不仅保护了历史遗产,还为游客提供了一个兼具历史氛围与现代舒适度的住宿选择。

四、成都加快打造国际消费中心城市面临的挑战[1]

通过对四川省商务厅国际经济贸易研究所、成都市商务局、成都市服务研究院等单位的调研并结合相关消费数据,参考借鉴全球范围内国际消费中心城市的有益经验,成都在国际消费引领力、消费品牌国际影响力、消费设施竞争力、消费综合服务能力和消费制度保障力等方面仍面临较大挑战。

(一)国际消费引领力不够强

成都凭借移动互联网与短视频的发展,消费资源集聚能力突出,为打造国际消费中心城市奠定了良好基础。但是,成都在国际消费引领方面与

---

[1] 本报告"挑战""对策"部分数据与内容来源于四川省商务厅国际经济贸易研究所、成都市商务局、成都市服务研究院等调研单位提供的材料。

国际消费中心城市的要求存在一定差距。

1. 消费市场结构均衡性差

成都经济增长长期保持在合理区间，各类新型消费快速增长，消费市场发展动力充足，但要增强国际消费引领力，消费市场规模还需进一步扩大。2023年，成都实现社会消费品零售总额10001.6亿元，比上年增长10.0%，但仅有北京的69.2%、上海的54.0%，消费发展与国内领先的国际消费中心城市相比，还有一定的差距。同时，成都区域发展不充分不平衡，"5+2"区域集中了全市62.8%的社会消费品零售总额、55.6%的游客接待量。从外来消费上看，传统五区成为外来消费流入的主要目的地，约占总额的80%，消费市场结构均衡性仍有待优化。

2. 消费进口贸易结算规模较小

消费品进口贸易有利于促进境外消费回流，将国际商品消费带来的就业、税收等溢出效应留在国内，带动进口贸易上下游产业链发展，促进外贸进出口平衡。近年来，成都进口市场规模持续扩大，进口消费成为消费升级的重要驱动力量。但一些典型进口品牌消费，如星巴克、瑞士名表及太古里、SKP等高端商场入驻品牌一级代理商大多注册地在上海、北京，对全市进口消费落地数据贡献较小，2023年纳统消费品进口额仅占进口总额的4.0%，结算规模有待进一步扩大。

3. 进出口口岸与市场链接成效低

进出口口岸和产业、贸易之间的融合链接是实现区域经济发展的重要手段之一。进出口口岸作为连接内外贸易和产业市场的纽带，与市场互动融合，能够促进产业升级和贸易便利化。2023年，成都濛阳市场批发销售的进口水果达30万吨，货值近100亿元，但归集市进口贸易规模不足1亿元，成农批、银犁等专业市场与市指定口岸、消费市场的融合互动、对接转化成效尚不明显。

（二）消费品牌国际影响力不够高

品牌具备强大的时尚引领和消费实现功能，品牌附着的符号价值能够吸引不同的消费群体，引导社会文化潮流演进。消费品牌影响力既是品牌在市场上产生的认可度和号召力，也是品牌实力的重要体现。目前，成都消费品牌国际影响力仍不够高、客户黏性不足且知名度易受国际品牌冲击影响。

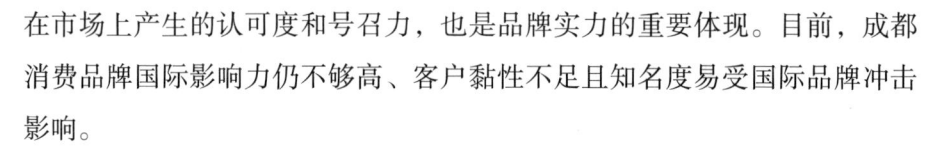

1. 文化资源转化为品牌的能力较弱

作为历史文化名城，成都有着深厚的历史文化底蕴，拥有包括巴蜀文化、三国文化、美食文化、熊猫文化等丰富的文旅资源，但目前转化为消费资源的能力较弱，尚未将这些丰富的历史文化资源转化为具有市场吸引力的文化产品和服务，缺乏高端、时尚、有影响力的文化品牌统摄布局。基于蜀锦、蜀绣、漆器、瓷胎竹编等非遗技艺开发的产品，目前存在品类单一、品质参差不齐、品牌知名度较低等问题，文化企业的海外市场营销渠道有限，难以顺利进入国际主流市场。

2. 全市知名品牌缺乏国际显示度

近年来，火锅、川菜等成都餐饮品牌已成功"走出去"，但总体上成都品牌国际化步伐仍显缓慢，数量有限，且缺少具有国际影响力的知名品牌，特别是能带动线下消费的高端零售消费品牌及个性化、时尚化的消费新业态。同时，本土知名品牌在国际市场上的认知度较低，很多国际市场的消费者对于本土品牌的认知及接受度有限，与国内消费者对成都本土品牌的认知度相比存在一定差距。2024年，成都共69家餐馆入选米其林，较北京、上海分别少36家、79家。川派家居等成都优势产业领域，尚缺乏全国层面的头部企业，品牌显示度和市场占有率还有待提升。

3. 蓉城老字号缺少国际品牌传播

蓉城老字号在海外经营、国际化业务和国际品牌传播方面仍有较大发展空间，多数老字号品牌尚处于消费者认知度低的状态，且客户群体偏老龄化。老字号品牌创新不足，消费市场优势尚未转化为消费品牌优势，没有形成在全国乃至世界范围知名的"成都造"特色品牌，与长沙孵化的"文和友""茶颜悦色"等新消费品牌相比，缺乏首创性和独特性。一些老字号因店铺设计与产品包装陈旧，加之品类单一、欠缺"线下+线上"推广能力，即便消费者对品牌有一定了解，也很难引起持续关注、多次消费。

同时，一些存量商业综合体、旅游古镇、创意集市、夜市汇聚的本土消费资源，甚至新晋的网红品牌，存在产品同质化、体验感不佳等问题。

（三）消费设施竞争力不够大

国际消费中心城市至少应具备消费的国际性、多样性及便利性等特征。在打造国际消费中心城市的过程中，成都面临商业布局结构、配套商圈体系及国际到达便利度等设施建设方面的问题。

1. 商业布局结构需优化

近年来，成都加快打造天府文化新场景、川派美食新场景、文体旅融合新场景等具有全球美誉度的消费场景，但受消费品市场有效供给不足、与市场需求契合度相对不高、引领性市场主体支撑不够等影响，消费繁荣度与北京、上海、深圳等城市的差距还十分明显。具体来看，一是成都缺少具有较高吸引力的文旅IP产品和旅游演艺，与国际上有较高知名度、美誉度的旅游城市还有差距。例如，旅游总收入不足重庆的一半，居民人均消费支出、人均旅游消费支出远低于杭州、上海、深圳、广州、北京、苏州、南京等城市。二是成都与北京、上海等城市相比，与总部企业发展密切相关的贸易便利化、扩大金融开放等领域的制度创新不足，跨国公司全球总部、国内重点企业全国总部或功能型总部较为缺乏，开放型经济发展质效总体不高。具体而言，成都的服务业增加值不足北京、上海、广州、深圳的70%；进口总额远不及北京、上海、苏州超万亿元的水平；社会消费品零售总额与已达到万亿元规模的上海、北京、重庆、广州相比，仍存在较大差距。

2. 缺乏多元化商圈体系

成都商圈集中在一两个片区很难形成整体优势，造成国际消费中心城市商圈体系不稳定。目前，国际品牌、首店首发、离境退税店等过多集中在春熙路商圈，占全市奢侈品门店数量75%以上、离境退税店90%以上，但春熙路盐市口片区商业衰退现象严重，商圈亟须提质更新；交子商圈特色不突出、整体规模较小；蓉北商圈、西博城商圈仍在建设阶段；空港新城商圈尚在规划中；郊区新城商圈则更多以打造购物中心、步行街或旅游小镇等方式，推动商业载体建设，在吸引消费能力上亟须提高。因此，缺乏多元化商圈体系（尤其是标志性商圈），严重制约了成都打造国际消费中心城市。

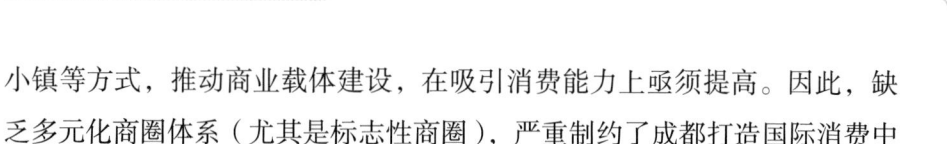

3. 国际到达便利度有待提升

成都推动实现法兰克福、伦敦、墨尔本等重要航线复航和塔什干航线新开通，持续巩固拓展"西进欧洲、北上蒙俄、东联日韩、南拓东盟"通道网络体系，稳步提升国际铁路枢纽承载能力和集疏能级。但在国际旅客到达便利度方面，成都与国际消费中心城市相比，还存在显著的差距，地铁、公交没有针对国际游客的一日卡、多日卡等便捷的交通出行方式，出租车、网约车缺乏多币种支付方式、国际游客租车自驾旅游服务基本上是空白的，国际机场便捷换汇服务也不充分。同时，成都市公共交通发展不平衡，成都公共汽车营运线路数量、45分钟公交服务能力占比分列国内第7位、第5位，公共汽车营运线路数量不及北京、重庆、上海的88%。这些都制约着国际游客首选成都作为入境目的地。

（四）消费综合服务能力不够足

打造国际消费中心城市，需要有充足的综合服务能力。目前，成都打造国际消费中心城市面临交往平台能级低、专业人才不足等消费综合服务制约问题。

1. 成熟平台企业规模小

打造国际消费中心城市需要培养一批国际性较强的进出口平台企业来支撑，成熟平台企业数量过少或规模参差不齐，都会严重制约国际化水平。阿里国际统计，四川2023年通过平台B2B出口货值超110亿元，但由于本地成熟的外贸综合服务企业较少，进出口业务均通过上海、深圳等沿海口岸货代企业代理，留存本地贸易数据占比仅为9.6%。

2. 国际交往平台能级低

国际消费中心城市是一个集聚、整合、配置全球消费资源的大平台，从全球著名的国际消费中心城市来看，巴黎时装周、伦敦诺丁山狂欢节、纽约翠贝卡电影节、洛杉矶奥斯卡金像奖晚会每年吸引了大量世界游客、专业人士集聚。成都虽然在世界城市排名中持续跃升，但其高能级的国际性展会、国际性赛事、国际性颁奖晚会等与上海、北京、广州相比，仍有差距。中国西部国际博览会是中国西部地区参与共建"一带一路"的重要平台，成都是中国西部国际博览会的永久会址，但与上海的进博会、广东的广交会相比，平台辐射能级还较低。

3. 外贸专业人才数量少

在具备国际化平台企业与高能级交往平台基础之上，打造国际消费中心城市还需要有一批结构合理、高水平的外贸专业人才。据调研，未来3年成都地区国际物流与供应链产业岗位需求数量将以年均11%左右的速度增长，在机场、综保区等进出口业务集中区域，已出现报关员等相关岗位紧缺问题。外贸高端专业人才稀缺是限制因素之一，这主要是由于成都自主培养外贸专业人才的基础较薄弱。同时，缺乏强劲的市场竞争力，很大程度上限制了外贸专业人才队伍的快速发展，故人才引进优惠政策力度有待加大。

（五）消费制度保障力不够实

国际消费中心城市需要有效的消费制度供给。成都在打造国际消费中心城市过程中面临企业政策获得感、市场监管成效、生态产品价值等消费制度保障有效供给问题。

1. 企业政策获得感不明显

良好的营商环境能够为企业经营提供充实有效的制度保障，适商政策落实与否直接关系到企业的获得感，而企业政策获得感直接影响其是否持续投资经营及具体投资方向。据调研，成都消费领域的一些企业认为，具有较高行业针对性的政策不足，已出台的具体政策落实不到位，以产业政策落地、行业补贴发放、人才政策落实等为代表的行业支持类政策的推进与落地较缓慢。

2. 市场监管政策较为滞后

新型消费领域的行业监管、市场准入等政策存在不确定性，亟须依法以更加开放包容的心态，鼓励新型消费相关企业设立与创新，依法推动部分行业监管由事前"牌照资质类"向事后"运营规范类"的适度转变。这种监管转变需要依法展开，特别是平衡新型消费行业发展与传统消费行业之间的监管规则差异化、平衡新型消费行业与生态环境保护的协调关系。此外，监管手段往往滞后于新业态新模式发展。成都面临消费模式的不断创新，而现有监管手段较为滞后，数据资源管理较为分散，监管资源尚未实现合理分配，各部门之间也存在职能交叉情况，导致监管存在真空地带、市场主体违约失信频发，以及责任落实不到位等问题，进而无法有效保护消费者的合法权益。

3. 生态产品价值缺乏转化

"绿水青山就是金山银山。"这是生态产品价值转化的总指引，需要充实有效的制度供给来保障落实。我国已在福建、海南等地设置生态产品价值实现先行区、试验区，在贵州、浙江、江西、青海等省份开展生态产品市场化先行试点；国家发展改革委推进建立生态产品价值实现机制，发展生态产品价值核算制度、供需制度和市场经营开发制度；财政部开展研究生态价值和生态补偿机制，探索相应财政政策机制；自然资源部总结并发布了福建南平森林银行、重庆森林覆盖率达标地区和不达标地区间直接交易等典型区域生态产品价值实现案例。[1] 目前，成都公园城市生态产品价值实现工作处于探索阶段，尚未形成有效的指导机制来引导市场主体及相关部门高效参与和推动此进程。另外，借鉴其他地区经验也需经历一个系统梳理的过渡阶段。

五、成都加快打造国际消费中心城市的对策建议

结合上述现实挑战，成都应当集中精力提升消费国际引领力、消费品牌国际影响力、消费设施竞争力、消费综合服务能力和消费制度保障力。

（一）着力提升消费国际引领力

成都已踏入"消费万亿俱乐部"，但面对国际知名度不足与消费国际引

---

[1] 董战峰等：《"绿水青山就是金山银山"理念实践模式与路径探析》，《中国环境管理》2020年第5期。

领力有待加强的现状，需采取多维策略来提升国际地位和消费引领效能。

1. 优化均衡消费市场结构

优化均衡消费市场结构，推动消费升级，鼓励高品质、个性化、绿色健康的消费模式。优化零售业结构，吸引更多国内外知名品牌，扶持本土特色品牌，丰富商品种类与服务体验。提升消费场所的环境和服务质量，比如打造智慧商场、主题街区，提升消费者的购物体验和娱乐性。发挥成都丰富的文化旅游资源优势，打造精品旅游线路，举办国际性文化节庆活动，吸引国内外游客，促进旅游消费。开发具有地方特色的旅游商品和纪念品，增加旅游消费的附加值。加速线上线下融合，推动电子商务、直播电商、社交电商等新型零售模式的均衡发展。利用大数据、人工智能等技术优化供应链管理，提升物流效率，降低运营成本，精准营销，更好满足消费市场需求。针对"5+2"区域高度集中的现状，采取措施促进消费资源适度向其他区域拓展。通过政策引导和资金扶持鼓励在非中心城区发展特色商圈、购物中心和文化旅游项目，提升这些区域的消费吸引力和服务水平，逐步缩小区域间消费差距。

2. 扩大消费进口贸易结算规模

成都进口规模逐年扩大，但消费结算规模仍有较大提升空间。为此，一是优化进口商品结构，引入更多高质量国际品牌和高质量商品，特别是在国内市场有较大缺口的消费产品，如特种汽车、智能电子产品、健康保健品、高端化妆品、时尚服饰等。二是建设高档次的商业综合体、购物中心和特色商业街区，提供现代化、国际化的零售空间，满足高端品牌对店铺位置、形象展示的高标准要求，吸引高端商业品牌落户成都。三是提升贸易便利化水平，活用RCEP等自由贸易协定的优惠政策，简化通关流程、缩短清关时效、降低贸易成本。加强成都海关、税务等部门的沟通协作，为进口企业提供"一站式"服务，提高贸易结算效率。四是积极打造进口贸易平台，通过举办进口商品博览会、供应链对接会等大型活动，为供需双方搭建直接交流的平台，以促进交易撮合与机会达成。同时，建设进口商品展示交易中心，提供集线下体验和线上购买于一体的服务，增加进口商品的市场曝光度。

3. 推动进出口口岸市场融合协同

进出口口岸不仅是国际消费中心城市对外展示的窗口，更是衡量城市国际化水平和综合竞争力的核心指标之一。促进指定口岸与专业市场的融合协同，可从以下方面进行发力。一是完善基础设施建设，加强指定口岸的基础设施建设，包括信息化平台、检验检疫设施、仓储物流体系等，确保货物快速通关及高效流转到专业市场，同时提升专业市场的硬件设施，使之适应现代贸易需求。二是推动指定口岸与专业市场之间的信息共享平台建设，实现报关、检验、物流等数据的实时交换，减少信息孤岛，提高交易透明度和效率，利用"单一窗口"系统简化流程、加快货物放行速度。三是培育特色产业，结合指定口岸的特色和优势，如特定商品进口指定监管场地，在专业市场内培育相关特色产业，形成产业集聚效应，吸引国内外商家入驻。

（二）积极提升消费品牌国际影响力

打造国际消费中心城市关键在于拿出"人无我有、人有我优"的品牌，并让这个品牌打动消费者。因此，消费品牌影响力关系到成都在国际消费中心城市中的价值链地位和整体竞争力。

1. 做强天府文化消费品牌

加强系统谋划，制定考古发掘研究规划，构建全域文化遗产保护传承体系，在制度化刚性约束中更好延续天府文化根脉。积极参与中华文明探源工程，深入发掘古蜀文化、三国遗迹、南丝路古道等一批古遗址，提档升级金沙遗址博物馆、武侯祠、杜甫草堂、薛涛纪念馆等一批历史文化精华品牌，加快建设东华门考古遗址公园等一批文化地标，创新推进川剧、蜀锦、蜀绣等一批非遗传承。大力实施历史名人文化传承创新工程，办好天府文化研究院，系统推进李冰、司马相如、文翁、诸葛亮、杜甫等历史名人和典籍作品研究，阐发蕴含其中的思想内涵及当代价值。创建国家文化和科技融合示范基地，提升古蜀文化、三国文化、大熊猫文化等特色文化IP影响力，将文化资源优势转化为文化创意优势，推动文创与城市文化、历史相融相生。高起点建设世界旅游名城，发挥旅游业"一业兴、百业旺"的乘数效应，全面推动巴蜀文化旅游走廊建设，推出更多核心旅游线路和产品。建立与国际友城、国际智库等常态化交流合作机制，高水平办好世界文化名城论坛·天府论坛等重大品牌活动，支持鼓励川剧戏曲、精品舞剧等出境展演展示，促进文化在交流互鉴中博采众长、推陈出新。

2. 推广知名品牌全球营销

加大"成都造""四川造"知名品牌的全球营销推广力度。高度重视主动发展和维持全球领先的现代化大都市产业体系在成都建设国际消费中心城市方面的基础性作用。深挖文化有效供给巨大潜力，特别是在与消费者日常生活密切相关的各种高质量品牌产品领域，创造和树立一批高科技和历史文化相融合的标志性、引领性成都品牌，以优质供给带动消费升级。积极培育和打造一批体现人类科技创新前沿的现代化、高科技终端消费品牌产品，将"成都高端制造"作为成都形象的新定位和新内涵。培育消费领域"小巨人"和"隐形冠军"企业群，支持市场主体孵化"成都造"首店、新品、首秀等活动。引导老字号企业发掘利用成都市特色文化元素，培育具有国际影响力的知名品牌。

3. 推动老字号转变新形象

实现传统转"新"，升级消费潜能。聚焦老字号转"新"发展，积极开展"老字号嘉年华""国潮消费季"等老字号专场直播、中华老字号展、国潮秘境等以"老字号、新国潮"为主题的促消费活动；编印《成都老字号宣传手册》，充分利用国际赛事和大型音乐、展会等契机，宣传和推广成都老字号传统文化，激发老字号消费潜力。鼓励百年老字号在保留品牌传统核心业务的基础上，不断开拓新的文创品牌系列，瞄准都市文艺青年目标消费群体的需求，推出系列文创产品与新空间。此外，开发蕴含城市元素、蜀韵文化符号、时尚潮流的定制化、个性化城市形象衍生宣传品。

（三）有效提升消费设施竞争力

消费设施的竞争力直接影响消费市场规模和消费增长空间。成都加快打造国际消费中心城市需在商业布局、标志性商圈数量、交通互联等方面集中发力。

1. 开展差异化商业布局

成都应立足区域条件开展差异化商业布局。一是统筹都市级、区域级、社区级消费布局，结合成都人口和客群区域分布特征，不断提升人口高密度和客群高集聚区域商业设施的国际影响力、区域辐射力、消费引领力；加快补齐人口快速集聚区域商业设施缺口短板，通过创新开发模式等方式来推动现有商业设施提质升级；推动人口净流出区域打造特色化、差异化的消费场景，以带动本地消费、吸引外来消费。二是提升国际国内消费客流吸引力和转化力，一方面通过促进实体商业数字化转型、支持实体商业升级品牌业态等方式，丰富消费供给、拓延消费渠道，增强成都消费的客流吸引力；另一方面通过转变运营方式、主题策展、营销推广等方式，激发游客消费潜力、延长游客停留时间，提升客流转化力。三是增强本地消费能力、释放外地消费潜力，聚焦成都本地消费水平增长潜力大、本地消费外流多的现状，通过提高居民人均收入、强化消费场景供给等方式，进一步增强居民消费能力和本地消费意愿，释放本地消费潜力、促进外溢消费回流，持续营造良好的消费环境，扩大外地消费增量。

2. 增加标志性商圈数量

成都应充分发挥文化优势，构建具有成都特色和全球竞争力的标志性商圈，深度打造"音乐+旅游""演出+旅游""赛事+旅游"等融合业态。一是持续打造国际化高能级商圈，提质升级春熙路商圈、交子公园商圈，高标准建设西博城、蓉北、天府空港商圈，全面推动业态创新、设施改造、品牌集聚、功能升级，形成零时差对接国际时尚潮流、即时性服务国际消费群体的成都消费影响力。二是持续吸引国际品牌来蓉集聚，依托春熙路、交子公园、蓉北、西博城等核心商圈，吸引国内外知名品牌企业在成都设立品牌首店、旗舰店、概念店、体验店，打造全场景体验中心和服务中心，开展新品首发、首秀、首展等活动。三是持续擦亮"三城三都"品牌，深挖古蜀文化等天府文化资源，依托公园绿道等公园城市特质，融合大熊猫、三国、金沙、美食、川剧等特色元素，建设天府文化、川派美食、文旅融合新场景的标志性商圈，培育一批世界级旅游精品、国家AAAA级以上景区。

3. 增强对外交通互联度

成都应以国际门户枢纽建设为契机，不断提升对外交通互联水平、优化消费软硬件环境。一是提升城市通达能力，深化"两场一体"协同高效运营，建设国际航空客货运战略大通道，持续拓展"7+5"国际铁路及铁海联运大通道，强化"四港六中心"物流枢纽体系建设，全面拓展亚蓉欧（洲）国际班列的覆盖范围，不断提升全球消费品中转集疏和国际旅客会聚通达能力，形成"买全球卖全球"的消费网络体系。二是完善商品流通体系，依托成都国际铁路港综合保税区、"一带一路"商品展示交易中心等打造进出口商品集散和交易中心；依托天府新区进口贸易促进创新示范区建设，创新跨境电商新模式，扩大重点商品和服务进口便利度；与跨国企业共同建设面向泛欧泛亚的国际物流供应链，搭建高效、柔性、低成本的国际消费供应链体系。三是优化进出境流程手续，在现有144小时过境免签政策基础上，争取川渝144小时过境免签政策联动，在成都机场实施24小时过境免边免检手续，为重大国际会议、赛事等活动参加人员提供出入境便利。四是不断优化和提升国际游客到达的便利度，提供方便快捷的换汇服务、公共交通便捷服务和国际游客租车自驾服务等。

（四）持续提升消费综合服务能力

消费综合服务能力是打造国际消费中心城市"软实力"的重要途径，可以通过孵化国际进出口平台企业、培育高能级国际交往平台、强化涉外专业性人才供给等来提升服务力。

1. 孵化国际进出口平台企业

一是系统培养一批国际性较强的进出口平台企业，特别是本地成熟的外贸综合服务企业，为推进国际消费中心城市建设提供大平台基础。二是全链条培育国际进出口平台企业，为打造国际大平台企业提供上下游消费产业链。

2. 培育高能级国际交往平台

一是打造集聚、整合、配置全球消费资源的高能级国际性展会、国际性赛事，提升国际知名度，定期吸引大量世界游客、专业人士集聚。比如，提升中国西部国际博览会平台辐射能级，打造成都世界园艺博览会特色，加大羽毛球汤尤杯赛事举办前后宣传力度。二是科学提升国际化活动的综合服务能力，打造国际化的成都特色消费服务体系。三是加强景区商圈、交通枢纽、酒店民宿等场所多语种标识标牌建设，提升国际化服务水平。四是培育一批国际化直播电商平台，加大中国消费品对外宣传力度，分阶段进驻线上国际交往平台。

3. 强化涉外专业性人才供给

一是自主培养外贸商务人才，加大人才引进优惠政策力度。例如，提升教育水平吸引全世界优秀人才，确保成都成为科技水平较高的城市，助推知识和技术密集型产业发展；培养进出口业务集中区域报关员等相关岗位工作人员。二是系统推进国际化人才培育机制，引导教育科研培育机构对国际化人才的重点培育。比如，建设"外语+N"课程模块，把外语与学科专业结合，培育跨学科外贸服务人才；建立健全涉外法治人才培育机制，培育一批区域国别法治人才基地。三是适度扩大科研单位国际化，增加吸引国际优秀人才到成都留学或工作。

（五）全面提升消费制度保障力

良好的消费制度保障有利于增强消费者的信心，促进企业的健康发展，预防和解决消费纠纷，维护社会稳定。成都在打造国际消费中心城市进程中可从以下三个方面提升消费制度保障力。

1. 优化营商环境助力企业发展

成都应始终坚持把优化营商环境作为激发市场主体活力和社会创造力、推动高质量发展的重要抓手，主动对标先进城市加大营商环境改革力度。一是强化各类生产要素有效供给。例如，在人才方面，动态发布成都人才目录，升级"蓉漂青年人才驿站"及青年创新创业"一站式"服务平台，探索建立成渝地区人才职业资格互认机制；在土地方面，推进社会投资项目"用地清单制"改革，将已开展的考古勘探、地质灾害等评估事项和古树名木、人防工程等建设条件并联审查意见形成用地清单并交付用地单位，提升评估的科学性、精准性和论证深度；在资金方面，支持高新技术和专精特新企业跨境投融资，推广担保项下远期结售汇模式，加大小微企业首贷、续贷、信用贷投放力度，做好中小微企业全流程融资服务；在数据方面，有序开放公共管理和服务机构部分公共数据，支持企业依法依规获取数据要素，鼓励数据服务平台探索先用后付、按收益分成的服务模式。二是有效减轻市场主体经营负担。例如，规范市政公用服务价外收费，加强水、电、气、通信、有线电视等市政公用服务价格监管，全面落实非电网直供电电价政策，督促商务楼宇管理人等及时公示宽带接入市场领域收费项目；清理规范行业协会商会收费，推动各级各类行业协会商会公示收费信息；持续开展违法违规涉企收费专项整治，切实降低企业经营成本。三是完善精准主动的对企服务。例如，提升"蓉易享"平台建设应用成效，建设惠企政策查询申报公示的统一服务入口，实现企业对惠企政策一网查询、一键申请、一次办理；优化政策制定、审批和兑付流程，完善"面对面"政企沟通对话、协商交流常态化机制，健全优质企业积极参与政策制定机制。

2. 完善市场监管保障消费权益

一是明确新型消费领域行业监管与市场准入政策，依法鼓励新型消费领域相关企业的设立与创新，依法推动部分行业监管由事前"牌照资质类监管"向事后"运营规范类监管"的适度转变。二是针对消费模式创新，全面完善监管手段，包括合理分配监管资源、适度集中数据资源管理等，明确部门职能交叉衔接责任清单。三是加强市场主体违约失信责任落实力度，确保市场主体责任担当，充分保护消费者合法权益。四是依法保障双休日、8小时工作外休息时间等业余时间，以确保能够参与消费的消费者基数，为国际消费提供充实的国内消费基础。五是定期对标世界银行《全球营商环境报告》、世界知识产权组织《全球创新指数》、商务部《国际消费中心城市评价指标体系（试行）》等国内外权威指标，增优势、补短板，优化服务业对外开放水平、便利化水平、创新政策环境等综合保障制度。

3.健全生态产品价值转化机制

以"两山"理论为指引,优化新质生产力绿色发展模式,健全生态产品价值转化机制。一是借鉴巴黎、东京等发达地区先进经验,加强成都公园城市生态产品价值实现工作,为国际消费提供生态基盘。二是全面引导绿色低碳消费,深度推广新能源汽车,推进实施老旧汽车置换新能源汽车补助政策,推动家电"以旧换新"绿色智能家电下乡,增加大宗商品领域绿色消费。三是系统推动流通绿色转型,在购物中心、商超、菜市等行业开展"限塑禁塑",积极培育绿色消费市场,推行餐饮消费"光盘行动"餐厨垃圾减量化。四是加强生态环境政策研究机制,推动"绿水青山就是金山银山"实现机制的智库建设,特别是深化法治保障机制。五是继续加强生态环境宣传的深度和广度,让公众参与到生态产品价值转化过程中,感受生态环境对促进国际国内消费的功能价值。

(课题组成员:吴涛、刘明全、刘田原、向志虹、白杨、尤强林、蒋佶良、刘星廷、吴倩)

关于绵阳发挥科技城优势加快建成川北省域经济副中心的报告

绵阳是党中央、国务院批准建设的中国唯一科技城，是四川第二大经济体，高水平建设中国（绵阳）科技城是党中央、国务院作出的重要决策部署。习近平总书记对绵阳科技城建设多次作出重要指示，对科技城发展寄予殷切期望。2024年6月，习近平总书记在全国科技大会、国家科学技术奖励大会、两院院士大会上强调"完善区域科技创新布局，强化央地协同联动，打造具有全球影响力的创新高地"。党的二十届三中全会通过的《中共中央关于进一步全面深化改革、推进中国式现代化的决定》（以下简称《决定》）在"构建支持全面创新体制机制"部分对"深化科技体制改革"作出系统部署，绵阳科技城再次迎来了新的发展契机。党中央、国务院亲切关怀，成立了由23个国家部委组成的绵阳科技城建设部际协调小组，先后召开14次会议，研究推进科技城建设。四川省委、省政府《关于支持绵阳发挥科技城优势加快建成川北省域经济副中心的意见》（以下简称《意见》）明确指出："支持绵阳做大经济总量、提升发展质量，做强军工特色优势，提高汇聚创新要素吸引力，全面增强产业竞争力、综合承载力、辐射带动力，在服务国家实现高水平科技自立自强上勇当排头兵，在推动成渝地区双城经济圈建设上争做主力军，加快建成川北省域经济副中心，为全面建设社会主义现代化四川提供有力支撑。"绵阳市委八届五次全会紧紧围绕中央和省委决策部署，在坚持省委赋予加快建成川北省域经济副中心定位的基础上，立足绵阳现代化建设现实需要，自加压力、跳起摸高，审议并通过了《中共绵阳市委关于深入学习贯彻党的二十大精神 坚持创新引

领 实施"五市战略"加快建设中国科技城全力打造成渝副中心的决定》（以下简称绵阳市委八届五次全会《决定》），明确了绵阳加快建设中国科技城、全力打造成渝副中心的奋斗目标。

一、绵阳推动建设川北省域经济副中心的做法成效

省委、省政府支持绵阳发挥科技城优势，加快建成川北省域经济副中心，既是对绵阳的信任和关怀，也是对绵阳的激励和鞭策。绵阳认真贯彻落实这一重大决策部署，坚持创新引领、深化务实举措，推动副中心建设取得阶段性进展。近年来，绵阳市坚定以习近平新时代中国特色社会主义思想为指导，深入学习贯彻党的二十大精神和习近平总书记对四川工作系列重要指示精神，全面落实党中央、国务院和省委、省政府决策部署，坚持创新引领，深入实施科技立市、产业强市、开放活市、人才兴市、生态美市"五市战略"，加快建设中国科技城、全力打造成渝副中心。

（一）全力以赴拼经济搞建设，经济综合实力提档升级

高质量发展是全面建设社会主义现代化国家的首要任务。《意见》提出，要支持绵阳做大经济总量、提升发展质量；明确到2027年，绵阳要建成川北省域经济副中心，经济综合实力显著增强。当前，绵阳坚持以新发展理念引领改革，深化供给侧结构性改革，全力以赴拼经济搞建设；塑造发展新动能新优势，实现经济综合实力提档升级。

一是做大经济总量，巩固第一梯队。绵阳GDP在省内排名第二，是四川第二大经济体、成渝地区第三大经济体。近年来，绵阳经济社会发展驶入快车道，经济综合实力不断增强，主要经济指标增速长期保持在全省前列。2023年，绵阳实现地区生产总值4038.73亿元、增长8.0%，增速位居全省第一；规模以上工业增加值增长8.4%；全社会固定资产投资增长8.0%，增速位居全省第三；社会消费品零售总额1822.36亿元、增长11.5%，总量与增速均位居全省第二；地方一般公共预算收入增长26.2%。[①] 绵阳2024年

---

① 数据来源：绵阳市委办公室。

的生产总值为4344亿元，GDP增速达到7%，高于全国、全省平均水平。

二是提升全省经济占比，优化产业结构。近年来，绵阳GDP占全省比重不断提升，从2019年的6.13%到2022年的6.39%，再到2023年的6.72%，2024年数据与2023年相当。产业结构不断优化，"两降一升"趋势明显。由以往的"二、三、一"逐渐向更合理的"三、二、一"结构转化。2011—2024年，一产、二产比重整体上处于下降趋势，三产比重整体处于上升趋势，由2011年的39.2%调整到2023年的50.7%和2024年的50.3%，产业结构优势较为明显。

三是提升城市影响力，增强县域经济发展动能。2023年绵阳在中国百强城市排行榜中列第84位，较2022年提升2位，位居四川省地级市第一，2024年排位提升到第75位。同时，县域经济发展动能持续增强，涪城区位列"2024赛迪百强区"第57位（相较于2023年的第59位提升2位），江油市位列"2024赛迪百强县"第85位（相较于2023年的第89位提升4位）；镇域经济发展支撑有力，6个乡镇入选"2024镇域经济500强暨中部100强、西部100强"，为全省最多（全省10个镇入围，绵阳上榜6个镇，相较于2023年新增4个），占全省3/5。

（二）把科技创新作为立市之基，创新活力有效激发

党的二十届三中全会指出，教育、科技、人才是中国式现代化的基础性、战略性支撑。必须深入实施科教兴国战略、人才强国战略、创新驱动战略，统筹推进教育科技人才体制机制一体化改革，健全新型举国体制，提升国家创新体系整体效能。《意见》指出，绵阳要做强军工特色优势，提高汇聚创新要素吸引力，在服务国家实现高水平科技自立自强上勇当排头兵，在推动成渝地区双城经济圈建设上争做主力军。绵阳坚持把创新作为引领发展的第一动力，坚持以教育为重要抓手，深入实施科技立市、人才强市重要战略，因地制宜发展新质生产力，加快塑造绵阳高质量发展新动能新优势。

1. 大力发展教育事业，筑牢科技发展人才支撑

《意见》提出，绵阳要着力建设教育副中心，争创基础教育综合改革实验区，促进职业教育提质培优。近年来，绵阳始终致力于办好人民满意的教育，坚持把教育当作最大的民生，放在优先发展的战略位置，努力提升教育优质均衡的水平、不断扩大优质教育资源、提升内涵建设水平，成效凸显。

一是义务教育扎实推进。绵阳深化义务教育学区制治理，结合县域内片区划分情况合理划分学区，分片区联动集团化办学或建设优质学校发展共同体，促进义务教育优质均衡发展。

二是普通高中教育省内领先。绵阳基础教育影响力和吸引力辐射西部乃至全国，建成省级示范性普通高中18所，占比53%，处于全省领先水平。近年来，绵阳积极探索形成具有绵阳特色的拔尖创新人才培养机制，推动全市普通高中优质内涵发展。

三是高等教育稳步提升。绵阳现有高等教育院校15所，在绵高校所数和全日制在校生人数（17.2万人）居全省地市级第1位，处于全国同类城市第一方阵，为科技城建设提供了丰富的人才储备。

2. 全力实施科技立市战略，促创新提能级，中国特色社会主义科技创新先行区建设取得突破性进展

绵阳始终心怀"国之大者"，自觉服务于国家高水平科技自立自强，在科技创新和科技成果转化上同时发力，创新活力有效激发，创新能级持续提升，入选全国十大最具科技创新潜力城市。

一是夯实科技基础，壮大战略科技力量。绵阳拥有我国唯一的核武器研制生产基地——中国工程物理研究院，建成全球第二大风洞群的中国空气动力研究与发展中心，有国家级科研院所18家，国家重点实验室、企业技术中心等创新平台25家，各类专业技术人才26.9万人，全社会研发经费（R&D）投入强度位居全国前列。在核、空气动力、激光等领域技术居世界一流水平，在航空发动机、二次雷达、特种电源系统等领域技术居国内领先水平，是我国战略科技力量集中的代表性城市。

二是活跃科技创新要素，增大创新潜力。绵阳建有川渝首家总行级科创企业金融服务中心——绵阳科技银行、科创基金集聚区、沪深北交易所绵阳资本市场服务基地、科创基金小镇、院士（专家）小镇和四川省首家国有人才集团——绵阳科技城人才发展集团。2024年，绵阳在中国城市科技创新竞争力百强榜中从上一年的第17位提升至第15位，继续入选全国十大最具科技创新潜力的城市。

三是壮大科技创新主体规模，提升核心竞争力。截至2023年底，绵阳拥有高新技术企业超930家、国家级专精特新"小巨人"企业40家、制造业单项冠军企业（产品）5家（个），数量均居四川省第2位。2家企业入选中国企业科技创新竞争力百强，九洲集团入选国务院国资委"创建世界一流专精特新企业"名单。

3. 创新体制机制，促进科技成果转化提速升级

绵阳坚持在推进科技创新和科技成果转化上同时发力，促成X-FLASH放疗技术等重大科技成果在绵转化，首台"绵阳造"国产医用回旋加速器于2024年2月28日落地肯尼亚，首批"绵阳造"锂离子充电电芯发往瑞典，长虹获批"2023年中国智能科学技术最高奖"，中国特色社会主义科技创新先行区建设取得实质性进展。

一是改革完善科技体制，打破成果转化体制机制障碍。绵阳深入推进"云上大学城""云上科技城"建设，通过"云端"链接全国乃至全球的科技创新资源，通过人才联合培养、技术联合攻关，打造"买全球、卖全球"的科技创新大市场。创新实施"科技顾问""科技助理"制度，出台《支持科技助理开展科技创新工作十条政策措施》。发布《关于进一步支持科技创新十条政策（试行）》，设立10亿元科技创新资金，发展龙头企业牵头、高校和科研院所支撑、各类创新主体相互协同的创新联合体。出台《绵阳市加快推动科技成果转化的若干措施》《绵阳市科技人才评价改革试点实施方案》，完善科研人员职务发明成果权益分享机制。创建国家科创金融改革试验区，设立川渝首家总行级科创金融服务中心、2家科技支行、17家科技金融服务中心等一批科技专营机构，建成运营"科创基金聚集区"，入驻金融机构12家，管理基金35支，规模约300亿元，有力推动"科技—产业—金融"良性循环。

二是依托本地大院大所，促成科技成果在绵转化落地。绵阳依托中物院二所、一所、十所，西科大、中心医院等成立涪江实验室，围绕放射性同位素与药物、核医疗设备研制及其临床转化应用开展基础研究、应用研究、关键核心技术研究等。院所、企业高水平运营先进技术研究院、航空动力科创中心、光子技术研究院、机器人产业技术研究院等新型研发机构，2023年引进各类高水平创新团队、自建实体研发机构、孵化引进实体企业超过30个，先进技术研究院、光子技术研究院、机器人产业技术研究院3家机构成功备案为省级新型研发机构。

三是完善创新平台体系，打造高质量成果转移转化示范区。绵阳坚持围绕战略性新兴产业链和未来产业链部署创新链，培育壮大创新平台，推动创新平台提档升级。截至目前，绵阳战略性新兴产业和未来产业领域建成国省市级重点实验室、工程技术研究中心等创新平台109个，功能完善、结构合理的创新平台体系初步形成。同时，绵阳以打造科技成果转化平台为重点，加快科技城新区、游仙高新区省级成果转移转化示范区建设，高水平建设区域成果转化承载地。

4. 推行人才新政，以高水平人才助力高质量发展

绵阳将始终坚持人才是"第一资源"，不断升级人才政策、做强人才平台、优化人才服务，在构建全方位、全要素、全周期的人才服务生态上持续加力，让各类人才各尽所能、各展所长、各显风采。

一是招才引智实现新突破。2023年，绵阳新引进高层次和急需紧缺人才3万余名，兑付人才发展专项资金2.1亿元。国家科技领军人才创新驱动中心（绵阳）启动建设。聘请122名科技城招才引智大使，采取"带岗上门、带编进校"等方式，开展"以才引才＋资本引才＋上门引才"活动200余场次。

二是育才用才取得新成效。2023年绵阳加大领军型人才培养力度，选拔首批学术技术带头人50名、技术能手113名，新增博士后科研流动站3个、省级院士（专家）工作站1个。充分发挥高校人才培养主阵地作用，在绵高校学生达16.4万人。引导企业与中高职院校"订单式"培养技能人才5000余名。

三是人才环境得到新改善。2023年,绵阳组建规模3亿元的人才股权投资基金。科技城人才安居工程深入实施,持续兑现引进人才安居补助,新建成高品质"拎包入住"人才公寓1000余套。建成科技城人才之家、科技城人才网。发放科技城人才卡1535张,为高端人才提供一站式综合服务。

(三)把产业作为强市之本,经济发展稳中提质

党的二十大、四川省委十二届三次全会、绵阳市委八届六次全会先后作出推进新型工业化的工作部署。党的二十届三中全会指出,要催生新产业、新模式、新动能,发展以高技术、高效能、高质量为特征的生产力;要加快推进新型工业化,培育壮大先进制造业集群,推动制造业高端化、智能化、绿色化发展。《意见》要求,绵阳要全面增强产业竞争力、综合承载力、辐射带动力,聚焦建设国家新型工业化产业示范基地,加快发展特色优势产业,持续做强产业集群、做优数字经济、促进园区提档升级、梯度培育制造业企业。绵阳在贯彻实施《意见》过程中,聚焦推进新型工业化,突出工业当先、制造为重,坚定不移实施产业强市战略,坚持创新引领,集聚各方资源,强化支撑保障,形成工作合力,加快抢占产业新赛道,聚力实现新突破,不断塑造绵阳高质量发展新动能、新优势。

1. 聚焦顶层设计,构建产业"四梁八柱"

党的二十届三中全会提出,要完善新一代信息技术、人工智能、航空航天、新能源、新材料、高端装备、生物医药、量子科技等战略性产业发展政策和治理体系,引导新兴产业健康有序发展。绵阳坚决贯彻落实党中央全会精神,着力建设制造强市,确立"三年攻坚、五年倍增"目标,大力发展智能机器人、核技术等八大战略性新兴产业,推进数字经济与制造业深度融合,构建"4+8+1"工业发展新格局。研究出台《深入推进新型工业化若干政策措施(试行)》和新型显示、先进材料、智能机器人等专项政策,加快编制《绵阳市新型工业化中长期发展规划(2024—2035)》等,加快形成同新质生产力更相适应的生产关系,促进各类先进生产要素向发展新质生产力集聚,大幅提升全要素生产率。

2. 聚焦集群强链，促进产业提质倍增

绵阳印发四大特色优势产业提质倍增行动计划，进一步明确存量提升、增量培育目标任务，梳理18条重点细分产业链技术链图谱，指导各地有的放矢地推进产业发展和精准招商，壮大产业集群。加快打造国、省、市产业矩阵，建设一批特色鲜明、竞争力强、显示度高的产业集群。前瞻布局未来产业，推动空天产业等尽快成势见效。

3. 聚焦载体建设，推动园区提质增效

绵阳深入实施"园区提质""企业满园"行动，开展"镇园之宝"培育等"七大攻坚"，出台"园区10条"，建立"1+1+N"政策支撑体系。现有12个工业园区，集聚规上工业企业1457家、集聚度超80%，园区规上工业总产值占全市比重达90%。绵阳高新区入围2023全国园区高质量发展百强、2023先进制造业百强园区名单，绵阳工业园获评四川省高端人才产业园，三台工业园获评"全国纺织服装产业示范园区"，安州高新区获批第二批成渝地区双城经济圈产业合作示范园区。

4. 聚焦梯度培育，壮大优质企业群体

企业是科技创新的主体，培育壮大科技领军企业、加强企业主导的产学研深度融合、构建促进专精特新重要企业发展壮大机制是深化全面创新体制机制改革的重要内容。绵阳修订《绵阳市重点企业"服务绿卡"管理办法》，实施《绵阳市重点工业企业梯次培优行动计划》等。支持企业专注细分领域精耕细作，新培育一批制造业单项冠军和专精特新"小巨人"企业等，推动大中小企业融通发展，构建多层次立体企业生态。新增创新型中小企业283家、国家级专精特新"小巨人"企业4家、省级专精特新中小企业79家。

（四）建设高品质宜居宜业城市，辐射带动能级不断提高

城市是我国经济、政治、文化、社会等方面活动的中心。党的二十届三中全会《决定》强调"坚持人民城市人民建、人民城市为人民"，并对城市工作作出战略部署。《意见》要求，聚焦建设高品质宜居宜业城市，优化提升空间功能布局，全面提升辐射带动能级，不断提高城市承载能力，推

动县域经济高质量发展，推进城乡融合发展。绵阳在贯彻《意见》过程中，坚持持续提升城市功能与品质，促进绿色转型，推进城市治理现代化，在更高水平上赋能城市发展，努力打造宜居宜业的现代化城市。

1. 扎实推进城乡融合发展，强重点促均衡，城乡建设齐头并进

城乡融合发展是中国式现代化的必然要求。党的二十届三中全会提出，必须统筹新型工业化、新型城镇化和乡村全面振兴，促进城乡共同繁荣发展。绵阳持续用力强县活镇兴村，加快推进城乡融合区域协调发展，不断释放城乡经济活力，让改革发展成果更好惠及城乡居民。

一是持续提升中心城区功能品质。2023年，绵阳中心城区建成区面积增加6.35平方千米。三江体育公园等一批城市公园建成开园，新建城市绿道5.5千米、"口袋公园"50个，城镇老旧小区改造开工452个，完成棚户区（城市危旧房）改造5399套，既有住宅增设电梯开工476部。更新改造燃气、供水、排水管道超1400千米，整治城市内涝点105处。入选国省级完整社区建设试点4个。

二是不断提高县域综合实力。2023年，绵阳全市县域范围内地区生产总值超3200亿元。涪城区、江油市分别列全国百强县（区）第59位、第89位。三台县连续5年、游仙区连续2年获评全省县域经济发展先进县。安州区获评天府旅游名县。仙海区成功创建国家体育旅游示范基地。入选全国镇域经济500强暨西部50强2个，镇域投资竞争力全国500强暨西部50强5个，首批国家农业产业强镇4个，第二批省级百强中心镇2个。[1]

三是大力实施乡村振兴战略。全市投入资金20亿元实施乡村振兴八大专项行动，获评全省乡村振兴先进市。成立绵阳乡村振兴学校，培养本土优秀人才近千人。坚持"四个不摘"，对防止返贫监测对象全部落实帮扶措施。认真贯彻全省39个欠发达县域托底性帮扶工作推进会精神，落实托底性帮扶"十条措施"，扎实推进"4+1+2"结对帮扶工作。

---

[1] 数据来源：绵阳市统计局。

2. 持续增进民生福祉，解民忧暖民心，人民群众幸福指数不断提高

在发展中保障和改善民生是中国式现代化的重大任务。绵阳坚持以人民为中心的发展思想，推动政策向民生聚焦、财力向民生倾斜、服务向民生覆盖，克服财政收支压力，民生支出占一般公共预算支出比重达68.3%。

一是持续兜牢民生底线。2023年，绵阳城镇新增就业5.3万人，超额完成省定目标。建好零工市场，促进灵活就业11万余人次。全民参保计划深入实施，医疗救助市级统筹全面实现。全年保障城乡困难群众183.1万人次。上调城乡居民最低生活保障和特困人员基本生活标准，调整幅度为历年来最大。健全住房保障体系，多渠道筹集保障性租赁住房8190套（间）。

二是全面发展社会事业。2023年，绵阳开工新建、改扩建公办幼儿园9所、义务教育学校40所。举办各类群众体育赛事活动100余场次，公共体育场馆开放服务群众超105万人次。健康绵阳建设持续推进，疾病防控体系更加健全，居民主要健康指标全省领先。

三是持续激活文旅吸引力。中国式现代化是物质文明和精神文明相协调的现代化。绵阳拥有国家级大熊猫公园、自然保护区、水利风景区、地质公园、森林公园、湿地公园等17座，建成全国乡村旅游重点村2个，A级旅游景区37个。绵阳拥有17万余个文化类资源，其中国省级重点文物保护单位91处，国省级非遗项目49项，获"中国优秀旅游城市"称号。原创音乐剧《将进酒》在全国巡演48场，入选"国家艺术院团演出演播季"活动；纪录片《李白》等8部作品荣获省精神文明建设"五个一工程"奖和群星奖。

3. 深化协调联动，系统推动县域经济一体化高质量发展

一是聚力机制与评价协同发力，强化县域经济发展顶层设计。绵阳制定出台《关于实施"六大行动"推动县域经济高质量发展的意见》，从产业培育提速、城乡建设攻坚等方面提出27项具体工作举措。制定强化产业支撑、强化要素保障等四个方面细化支持县域经济发展的政策措施。创新建立县域经济高质量发展综合绩效评价办法和评价指标体系，对县域经济高质量发展成效突出和进步显著的县（市、区）给予奖励，极大地促推了全市抓县域经济的积极性和成效。

二是聚力人口与功能集成叠加，释放县域经济发展内需潜能。绵阳深入推进以人为核心的新型城镇化，把吸引农村剩余劳动力向县城集中与发展现代服务业相融合，充分释放内需潜能。壮大县城发展能级，实施县城精修细补十项民生工程。推动服务业提档升级，深入实施服务业赋能融合计划，推动生产性服务业向专业化和价值链高端延伸、生活性服务业向高品质和多样化升级。提升公共服务实力，围绕农业转移人口市民化，持续提升县城公共服务。

三是聚力宜居与宜业相得益彰，提升县域经济发展农业效益。绵阳以新型工业化带动农业现代化，促进农村一、二、三产业融合发展，提高农业综合效益和附加值，加快建设宜居宜业和美乡村。实施农产品精深加工，大力推进省级农产品加工园和区域性农产品集中加工区建设。促进农文旅深度融合，通过做精特色IP、做实融合发展、做强基础支撑，推动农文旅融合高质量发展。整合资金20亿元推进乡村振兴八大专项行动，发展壮大农村特色产业，培育省级示范村50个。

四是聚力资源与要素综合保障，激活县域经济发展强劲动能。绵阳统筹抓好"硬设施"和"软环境"，提升对县域经济支撑保障能力。夯实基础设施，实施农田水利设施建设三年行动。优化营商环境，在四川率先成立市、县两级民营经济发展促进中心，召开民营经济高质量发展大会，兑现惠及民营经济市场主体的政策措施，营造尊商重企的浓厚氛围。

4. 全力实施生态美市战略，重治理促转型，生态底色更加鲜明亮丽

中国式现代化是人与自然和谐共生的现代化。绵阳牢固树立和践行"绿水青山就是金山银山"理念，大力实施"生态美市"战略，以更大力度抓好生态环境保护工作，加快推进美丽绵阳建设，以高品质生态环境支撑高质量发展。

一是扎实推进污染防治攻坚。绵阳出台了大气污染防治18条硬措施、臭氧污染防治36条措施和颗粒物污染防治26条措施。严格落实河湖长制，系统推进"三水共治"，国省考核断面水质优良比例、县级及以上集中式饮用水水源地水质达标比例稳定在100%。"无废城市"建设扎实推进，土壤环境质量总体稳定。

二是持续改善自然生态环境。绵阳严格落实林长制，新一轮大规模绿化绵州行动深入实施。协同推进生物多样性保护，获批建设中国大熊猫保护研究中心绵阳基地。加强古树名木保护管理，梓潼古柏王获评"全国最美柏木"，翠云廊古柏群、药王谷辛夷花古树群获评"全国最美古树群"。

三是稳步推进绿色低碳转型。制定《绵阳市"十四五"节能减排工作实施方案》，启动优化"四大结构"三年行动。2023年，完成循环经济领域国家级试点示范项目验收和8个省级园区循环化改造示范试点终期验收。新增国家级绿色工业园区2个、国省级绿色工厂7家。绵阳入选全国系统化全域推进海绵城市建设示范城市。

5. 深入推进重大风险防范化解，保安全守底线，高质量发展和高水平安全实现良性互动

绵阳以"时时放心不下"的责任感和"风险无处不在"的危机感，全力防风险、保安全、护稳定，发展和安全实现动态平衡、相得益彰。

一是安全形势总体稳定。绵阳坚持防火、防汛、地灾、应急一体化研判、一体化调度、一体化落实。建立市、县安委会"双主任"制度，推进市、县两级安办实战化运行。深入开展重大事故隐患专项排查整治2023行动和安全隐患大排查大曝光大整治行动。在全省率先出台城乡居民自建房安全管理规定。成功应对15次强降水天气过程，实现无人员伤亡、无重大险情发生。创建国家食品安全示范城市通过省级初评。

二是防范化解重大风险取得积极成效。绵阳开展防范和处置非法集资"全力攻坚、决胜全年"专项整治行动，非法集资存量案件得到有效化解。防范处置上市公司退市风险。出台促进房地产市场平稳健康发展18条措施。全市地方政府债务风险总体可控。

三是持续深化社会治理创新。建成"i绵阳·爱家园"基层智慧治理平台，以信息化手段为群众解难。开展矛盾纠纷大起底大排查大化解，中央"治重化积"专项工作交办案件全部办结。获评全国市域社会治理现代化试点合格市。新创建省级城乡社区治理试点示范镇（街道）4个、社区14个。

（五）加快建设西部陆海新通道，开放合作水平不断提升

党的二十届三中全会指出，开放是中国式现代化的鲜明标识。《意见》提出，要聚焦建设西部陆海新通道重要枢纽，大力提升开放合作水平。绵阳在贯彻《意见》过程中，深入实施开放活市战略，以完善陆海空交通基础设施为重要抓手，积极融入"一带一路"，打造良好营商环境，优化开放布局、提升开放质量，不断塑造发展新动能新优势、激发新活力。

1. 推动交通互联互通，铺设副中心畅通路径

一是推进铁路建设，客货运量取得突破。绵阳正努力构建形成"十字形"铁路框架，客运量常年稳居全省第2位。中欧班列"成渝号"（绵阳）常态化运行，2023年开行首趟回程班列，进出口总额13亿元。皂角铺铁路物流基地成为绵阳车务段管内中欧班列日均发送量最大的"明星车站"，年货运量远期规模可达1000万吨。

二是拓展高速通道，通车里程全省领先。绵阳全市高速公路规划总里程达到1223千米，形成"2环9射9联"布局，通车里程成为全省首个突破700千米的地级市，实现县县通高速。2022年、2023年新增通车里程蝉联全省第一。目前，全市重点乡镇、产业园区基本实现半小时上高速的目标。

三是完善民航网络，省内"航空第二市"地位稳固。绵阳初步构建起覆盖全国主要区域、经济发达城市和重要旅游城市的航线网络，年旅客吞吐量最高达416万人次，居全省地级市第1位，成功跻身全国机场50强。绵阳重视发展通用航空和低空经济。北川通用机场建成投用，首条低空目视通道和无人机试飞空域获批，成为全省民族地区首个A1类通用机场。

四是升级国省干线，区域联系更加紧密。近年来，绵阳通过平武G665龙安至水晶改建工程等40个国省干线项目的实施，有效提升了绵阳县域内干线通道服务水平、山区公路"生命线"抗灾能力和交通服务国防建设能力。

五是改善农村公路，"毛细血管"更加畅通。绵阳通过加快推进城际通道、城镇过境入口路段建设，疏通城镇交通瓶颈，重点乡镇和产业园区半小时内上高速比例达100%。目前，全市农村公路共2.2万千米，全市、乡、镇通三级及以上公路比例达到85%，建制村通等级路比例达到100%，自然村组通硬化路比例达到73%，省、部"十四五"目标任务提前完成。

2. 坚持开放活市，积极服务和融入新发展格局

一是打通"动脉"，开放通道加速扩宽。绵阳坚持"开放活市"战略，开放发展不断实现跨越，货物贸易进出口额由2013年的174亿元，增加到2022年的269亿元，增幅达55%。2024年上半年，全市外贸进出口达147.5亿元，同比增长24.8%；其中出口100.6亿元，同比增长42.5%；与共建"一带一路"国家进出口总值62.2亿元，超出2022年全年总额。

二是串联"纽带"，开放平台能级跃升。绵阳积极参与中国（四川）自由贸易试验区协同改革先行区、川渝合作示范区建设，先后获批绵阳综合保税区、四川自贸区协同改革先行区、中德创新产业合作平台、服务外包城市、外贸转型基地等国家、省级平台12个，数量位居全省前列；绵阳每年精心组织100余户企业参加进口博览会、广交会等国际展会50余场，交易团成交额均居全省前列。通过强招引、优存量，外商直接投资金额和外资企业注册数持续提升，2024年，外商直接投资（FDI）到资10452万美元，增速3.12%，高于全国全省平均水平；全市新设外资企业35家、增速25%，截至目前，全市外资企业总数达237家。

三是畅通"循环"，开放发展脉搏强劲。绵阳天虹丝绸创新探索出"万企兴万村"行动样板，推动蚕桑现代农业园区跑出"加速度"。目前，"绵阳造"产品市场占有率全球前三的有22种。全市进出口实绩企业总数达315家，年进出口额过亿元的企业达34家，民营企业进出口占比超过一半。全市累计对外投资达15.8亿美元，规模位居全省地级市第一。

3. 持续优化营商环境，充分激发发展新活力

坚持需求导向、问题导向和目标导向，持续打造"有需必应、无事不扰"的营商环境品牌，以政务服务高效率换取经济社会大发展。

一是全力打造利企惠商的投资环境。深入实施"暖企"行动，把支持服务民营经济发展放在突出位置，发挥好民营经济发展促进中心作用，刚性落实国省关于支持民营经济发展的政策措施，及时回应解决企业诉求，支持各类市场主体不断壮大。

二是全力打造完善优良的配套环境。不断完善基础设施建设，优化城市道路网络功能和级配结构，推动公用设施、建筑、水电管网等传统基建数字化改造升级，持续推进园区标准厂房建设、土地"清闲促建"等重点工作，不断提升城市发展的承载能力。

三是全力打造高效便捷的政务环境。纵深推进"放管服"改革，按照"审批最少"要求，依法依规"减、并、放"，确保该放的放彻底、放到位。同时，进一步建立健全工作机制，改善优化涉企服务，推出19条措施，通过提升企业需求回应时效、减少对企业生产经营干扰、优化企业全生命周期服务等举措，强力打造"有需必应、无事不扰"的营商环境。

四是全力打造服务周到的金融环境。面对企业发展的资金难题，绵阳市积极探索科技金融新模式，为企业提供多元化的金融产品和服务。着力集聚一批运营能力强、服务水平高、市场影响大的金融机构，打造与经济社会发展相适应的现代金融组织体系，做大做强金融产业，持续优化金融政策环境、信用环境、法治环境、人才环境。

二、绵阳推动建设川北省域经济副中心的特色亮点

（一）以建设科技创新先行区为引领推进高质量发展

绵阳有千面，但科技创新是绵阳最硬核的支撑面和最鲜明的底色面。绵阳坚持以建设中国特色社会主义科技创新先行区为引领，加快发展新质生产力，扎实推进高质量发展。2022年7月，国务院办公厅出台指导性文件，支持绵阳科技城建设具有全国影响力的中国特色社会主义科技创新先行区，明确科技城建设"科技体制机制改革先行区、成渝地区双城经济圈创新高地"等战略定位，赋予了绵阳新的历史使命。国防军工是绵阳一张响亮的名片，也是绵阳"先行先试"的重要依据：一是绵阳大院大所多，布局有中国工程物理研究院、中国空气动力研究与发展中心等18家国家级科研院所，拥有25家国家级创新平台；在川两院院士有67位，其中30位工作在绵阳，几乎占据"半壁江山"；绵阳聘用16名院士担任科技顾问，走在

全国前列。二是绵阳战略科技力量雄厚,"神舟""嫦娥"、天宫一号等大国重器成功发射背后皆有"绵阳造"护航的身影。指导文件的出台对打破科技创新体制机制不当阻碍、有效激发创新活力、持续提升创新能级具有重要意义。

推进科技创新和产业创新深度融合。绵阳坚持在推进科技创新和科技成果转化上同时发力,立足科技城独特的科技资源优势,想方设法破解科研与生产"两张皮"现象,推动更多科研"成果"加快变成产业"成品"、发展"结果",加速把科技资源优势转化为经济发展优势,探索以科技创新推动经济高质量发展的路子。绵阳着力构建以"用"为导向的科技成果转化体系,加快建设中国(绵阳)科技城中试服务公共平台,常态化发布成果应用场景机会清单,促进产品验证试验和技术迭代升级,把绵阳建设成为最新科技成果示范应用的"试验场"。同时,坚持畅通科技创新供需两端,着力打通科技成果转化"最后一公里",坚持需求导向和市场化、产业化发展方向,创新实施"科技助理""科技顾问"制度,通过院所、高校、企业专家的技术指导和"牵线搭桥",促进企业技术需求与院所高校科研成果精准对接,努力把"沉睡"的科技资源转化为现实生产力。例如,四川玖谊源粒子科技有限公司通过承接中物院核技术,在绵阳市政府亲切关怀和鼎力支持下,成功自主研发生产国内首台医用回旋加速器,2021年首台运用于绵阳市中心医院,2023年该产品占据国内新增市场的30%,并成功出口肯尼亚。

(二)"五市战略"引领绵阳加快建成副中心

2022年12月,绵阳市委八届五次全会提出,要大力实施科技立市、产业强市、开放活市、人才兴市、生态美市战略,真抓实干、担当奋进,加快建设中国科技城、全力打造成渝副中心,在全面建设社会主义现代化国家新征程上奋力谱写绵阳发展新篇章。绵阳市委八届五次全会《决定》指出,将科技创新作为立市之基,以建设国家科技创新先行区为引领,大力实施创新驱动发展战略,培育壮大高质量发展核心优势;将产业发展作为强市之本,进一步做优产业布局、做实产业园区、做强主导产业、做全产业链条、做响品牌品质，不断提升产业核心竞争力、整体实力和现代化水平，筑牢高质量发展关键支撑；将全域开放作为活市之源，以大开放促进大发展，塑造立体全面开放新态势，在更高层次、更大范围集聚资源要素，走好高质量发展必由之路；将人才作为兴市之要，全面升级"引育留用"人才工作体系，打造高素质人才队伍，加快建设国防科工人才高地，汇聚高质量发展智慧力量；将绿色生态作为美市之魂，坚定不移走生态优先、绿色发展之路，筑牢长江上游生态屏障，打造人与自然和谐共生的美丽家园，夯实高质量发展绿色本底。

"五市战略"着眼现代化建设的大势，从五个维度指出了绵阳现代化建设的重大使命、重要地位和现实考量，系统回答了绵阳现代化建设的重大问题。实施科技立市战略，是绵阳服务国家高水平科技自立自强的使命要求，要始终把科技创新作为核心价值，加快建设国家科技创新先行区；实施产业强市战略，是绵阳巩固经济长期向好势头、提升在全国经济版图地位的现实所需，要始终把实体经济作为着力重点，加快建设现代化产业体系；实施开放活市战略，是绵阳在更大范围集聚资源要素、保持经济社会发展动力活力的必由之路，要始终把扩大开放作为动力源泉，加快建设内陆开放新高地；实施人才兴市战略，是事关绵阳未来发展的长远大计，要始终把招贤纳才作为长远大计，加快建设创新人才集聚地；实施生态美市战略，是维护国家生态安全、满足群众需求的必然选择，要始终把绿色生态作为鲜明底色，加快建设高品质生活宜居地。"五市战略"明确了绵阳现代化建设的重要原则、着力重点、路径选择和目标取向，构成了绵阳现代化建设的基本框架，为绵阳现代化建设指明了努力方向、提供了重要遵循。

（三）"云上两城"链接创新资源

2022年4月，绵阳市探索建设"云上两城"——"云上大学城"和"云上科技城"，从构想、建设，到产生可视化合作成果在绵落地，总共花了不到8个月时间。"云上两城"坚持"不求所有、但求所用"，持续深化与国内外科研院所、高等院校、知名企业、顶尖团队的交流合作，着力打造"买全球、卖全球"的科技创新大市场，更加便捷高效汇集全球创新资源。注

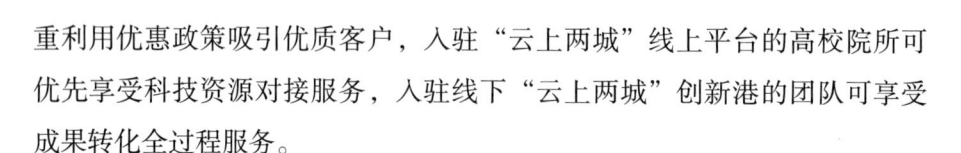

重利用优惠政策吸引优质客户，入驻"云上两城"线上平台的高校院所可优先享受科技资源对接服务，入驻线下"云上两城"创新港的团队可享受成果转化全过程服务。

绵阳正依托"云上两城"打造共通共用、共建共享的协同创新平台。"云上大学城"通过运用信息技术，构建虚实结合的"云上"交流平台，以创新为引擎、项目为载体、机制为保障、政策为支撑，让来自高校的顶尖科学家、高层次人才、高水平创新团队关注绵阳、会聚绵阳。"云上科技城"广泛汇聚创新资源，依托绵阳30名"两院"院士、18家国家级科研院所、15所高等院校、超200家国省级创新平台、上万家创新型企业等科技优势，将更多创新资源在云上集聚，链接全国乃至全球，打造立足绵阳、服务四川、辐射西南、连通国际的科技资源集聚中心和科技服务创新平台，实施高效便捷的招院引所、招商引资、招才引智。2024年，"云上两城"新增上海交大等4所高校入驻，引进斯坦福曹笑之团队、浙江大学叶志镇院士团队等15个团队；截至2024年末，入驻高校及团队分别达36所、40个，入驻高校和团队在绵合作项目累计超过200项，组织大学生在绵实习实训4000余人次，发布关键核心技术攻关需求及科技成果1000余项，成功攻克热容X射线CT球管、超宽带低反射环行器产品技术等一批"卡脖子"问题，"买全球、卖全球"的科技创新大市场建设取得新的进展。

（四）科技"两会"拓展合作"朋友圈"

举办中国（绵阳）科技城国际科技博览会（以下简称"科博会"）和中国（绵阳）科技城科技创新大会（以下简称"科技创新大会"）是绵阳展示科技城建设成果、拓展科技合作"朋友圈"的重要平台和载体。

科博会创立于2013年10月，由科技部和四川省人民政府共同主办，是国家全面创新改革试验工作交流、国际国内军民融合展示交流、国际国内科技成果与科技人才展示交流、国家科技信息及政策和项目发布、高新技术和战略性新兴产业投资促进平台。科博会每年举行一届，除2020年受疫情影响停办，现已成功举办十一届。第十一届科博会以"科技引领·创新转化·开放合作"为主题，创新办展办会模式，亮点纷呈、成果丰硕：一是聚焦科技前沿，吸引中科院等30余家科研院所，清华、北大等10余所高校，美国特斯拉等22家大型跨国企业，华为等150余家国内知名高新技术企业，携3000余件"高精尖"展品参展。二是加强引资引智，举办投资推介暨集中签约仪式，集中签约科技合作类协议6个，产业项目101个、金额1024.89亿元，签署人才项目合作协议15个，绵阳市政府与上海交大签订校地合作协议。三是开展各项科技类论坛活动和交流活动，包括4项国家级活动、7项省级活动，国省重量级活动较往届大幅增加。四是深化国际合作，邀请印度尼西亚作为主宾国，举办"印尼商品周"、产业合作对接会等活动。当前，科博会已成为彰显军民融合特色的国际性知名会展品牌，成为绵阳主动服务国家对外开放合作大局、深化国际交流合作、面向世界展示中国（绵阳）科技城形象魅力的重要窗口。

在市委、市政府全面领导和高度重视下，5月29日举行的2024年科技创新大会，以"创新驱动发展·智能引领未来"为主题，再次锚定科技创新这一关键变量，传递出绵阳站在服务"国之大者""省之大计"的高度，大力实施"科技立市"战略，坚持在推进科技创新和科技成果转化上同时发力，向科技创新要新质生产力、要核心竞争力，坚决承担起建设中国特色社会主义科技创新先行区的光荣使命和服务国家高水平科技自立自强的时代重任的坚定决心和信心。会上发布了核聚变反应堆氚工厂技术工程规模演示平台设计建造与试验等达到国际领先水平的"十大科技进展"，新一代凝胶固态高比能锂硫电池等技术领先的"十大创新产品"，中久大光等创新能力突出的"十大创新企业"，同步举办中国（绵阳）科技城投资推介会暨最新科技成果对接会、科技外交官绵阳行、涪江科技汇、云上技术交易会4项活动，以及最新科技成果及人工智能创新展，西北工业大学党委书记李言荣、中国人工智能学会党委书记赵春江等5名院士出席，科技日报社、中国国际科学技术合作协会、华为、科大讯飞等单位及厦门等友好城市科技主管部门共1500余名嘉宾参加活动。通过高规格举办科技创新大会，充分展现全市深入实施"科技立市"战略的重大成果，推动科技创新工作更好支撑经济社会高质量发展，进一步擦亮中国科技城"金字招牌"。

三、绵阳推动建设川北省域经济副中心的主要问题

党的二十届三中全会对进一步全面深化改革、推进中国式现代化问题作出系统部署，鲜明提出"健全推动经济高质量发展体制机制""构建支持全面创新体制机制"等核心内容。站在新起点上的绵阳，正处于滚石爬坡的攻坚期、转型升级的闯关期、功能转换的关键期。深刻领会全面把握党的二十届三中全会精神，对标三中全会提出的300多项改革举措，绵阳如何紧跟形势廓清未来改革的路径，如何坚持以发展新质生产力为重要着力点，如何充分挖掘用好科技资源富集、创新能力突出、产业基础坚实、生态环境优美等优势，如何因地制宜发展新质生产力，如何奋力在高质量发展上赢得战略主动等，均为绵阳贯彻落实《意见》——发挥科技城优势、建成川北省域经济副中心提出了更高的要求。

（一）政策保障有待高位推动和加快落地

《意见》提出，支持绵阳加快建成川北省域经济副中心、聚焦建设成渝副中心；在保障方面要加强组织实施、深化放权赋能、强化要素保障。对标《意见》要求，目前绵阳仍需要更强有力的政策保障并加强冲锋突围力度。

1."双副中心"目标有待强势推进

"加快建成川北省域经济副中心"作为绵阳各项工作的重要牵引，是绵阳高质量完成《意见》确定的目标任务，更是给予了绵阳"勇当排头兵"的期许。全力打造"成渝副中心"是《意见》对绵阳"在推动成渝地区双城经济圈争做主力军""聚焦建设成渝副中心，全面提高辐射带动能级"的期许，更是绵阳在坚持省委赋予的"川北省域经济副中心"基础上主动争先作为的定位。"双副中心"的建设任务和目标相辅相成、互为支撑，在关注"双翼差异"的同时更要注重"双翼齐飞"。当前，绵阳加快建成"川北省域副中心"的目标正逐步实现，但是离打造"成渝副中心"还有一定差距。首先，经济增长极作用和经济领先优势还需更加明显。绵阳经济总量相较于成都差距较大，相较于宜宾、德阳等城市优势偏小，辐射带动周

边区域经济协调发展效果不显著。其次,发展质效和财政表现未充分体现副中心优势地位。2023年绵阳一般公共预算收入总额仅为201.47亿元,占GDP比重4.9%,省内排名第五,低于宜宾、泸州等城市。再次,城市发展活力还有待激发。截至目前,绵阳中心城区建成区面积196平方千米、常住人口165万人,[①]距离"300平方千米、300万人口"的Ⅰ型大城市目标仍有较大差距,城市扩张和发展潜力仍有极大空间。最后,协同创新效能亟待提高。与成都的天府国际技术转移中心、新谷国际创新中心、成都商务国际科创中心已建成投用且面向全球孵化相比,绵阳涪江实验室、绵阳·中关村信息谷创新中心等平台整体市场化、专业化程度相对较低,在成渝共建具有国际影响力的科创中心方面贡献力、支撑力作用亟待增强。

2. 政策配套有待尽快落地

目前在政策方面,仍未形成以省委、省政府若干意见为统领,行业支持政策为支撑的政策体系,支持绵阳建成川北省域经济副中心建设的政策合力有待聚力增强。当前针对全市经济社会发展的政策仍以地市层面为主,省级配套指导内容、行业支持政策和权限下放不足。全省推动成渝地区双城经济圈建设暨推进区域协同发展领导小组已发布《推动绵阳发挥科技城优势加快建成川北省域经济副中心2024年工作要点》,明确各项年度目标和省直有关部门工作责任,目标任务多、涉及部门广,但多以"指导性""支持性"规定为主,由工作要点深化为具体落实政策较为滞后、尚待完善。省级层面《川渝九地共建美丽涪江 打造美丽中国建设示范样板框架协议书》《川渝地区人力资源产业园协同发展战略合作框架协议》《推进检查检验结果互认合作协议书》等战略协议较多,内容以"指导性""研究性"为主。针对绵阳实施前瞻性战略性重大科技项目引领带动、绵阳科技发展的财政支持和引领性前沿技术攻关突破等方面的保障支撑亟待增加,军民协同创新制度性瓶颈亟待突破,在国、省级平台活动中对绵阳重点产业的推介力度还需持续用力。

---

① 数据来源:绵阳市经济合作局《绵阳市情简介(2024年)》,绵阳市经济合作局网站,http://jhj.gov.cn/mysjjhzj/c101881/202404/719363f74bf44475b620649974f69cb.shtml。

3. 要在"一批省域副中心城市"中拨得头筹仍面临新旧问题

习近平总书记在2024年4月召开的新时代推动西部大开发座谈会上指出,"大力推进成渝地区双城经济圈建设,积极培育城市群,发展壮大一批省域副中心城市"。国务院关于《四川省国土空间规划（2021—2035年）》的批复明确,"坚持'川渝一盘棋',加强成渝地区双城经济圈建设,成为带动西部高质量发展的重要增长极和新的动力源"。绵阳位于环成都经济圈,但从空间区位来看,绵阳略微偏离了联动成渝双核的区域主轴,在未来双核经济圈的发展过程中,尤其在主轴上的基础设施走廊建设、产业转移承接等方面直接受惠程度较低。从区域交通联动发展来看,绵阳在区域交通网络中有被边缘化的客观风险,与四川省中部、西部和南部等城市相比,绵阳交通枢纽功能的发展建设仍然略显滞后。对标中央和省委对绵阳发展的新定位新要求,绵阳当前的转型升级和潜能发挥力度亟待加强。据不完全统计,目前国家批复和各省（自治区）确立的省域副中心,涉及17个省（自治区）的40个城市。[①] 云南曲靖市、广西柳州市等12个城市GDP占所在省（自治区）比重超过10%,其中,贵州遵义市所占比重超过20%,达22%,处于首位,江西赣州市等13个副中心城市GDP在各自省（自治区）所占比重在10%~20%。但目前绵阳仅占全省的6.72%,经济首位度亟待大力提升。当前,绵阳的"领头羊"作用发挥不足,"势力范围"拓展不广,还未影响优化四川城市梯次发展格局,科技优势尚未扩大为更高等级服务和产品供给辐射全省乃至全国。

（二）聚焦建设"中国特色社会主义科技创新先行区"面临新的挑战

当前,省委、省政府要求举全省之力推动科技创新先行区建设,《意见》明确提出,"要聚焦建设中国特色社会主义科技创新先行区,一体推进科技创新和科技成果转化"。为此,中共绵阳市委深入贯彻《意见》要求,在2024年6月绵阳市委八届八次全会上通过了《关于以建设中国特色社会

---

① 数据来源：《中国经济周刊》,根据各地发布的国民经济和社会发展统计公报等公开资料整理。

主义科技创新先行区为引领 加快发展新质生产力扎实推进高质量发展的决定》，明确提出将"到2035年，基本建成中国特色社会主义科技创新先行区"作为绵阳高质量发展的引领性目标，然而，绵阳在实现这一引领性目标过程中还面临新的挑战。

1. 国家战略科技力量承载力有待提升

国家重大科技基础设施是推动重大科技创新的利器，是打造创新高地的强大内核，更是提升区域科技创新能力的辐射中心。作为中国唯一的科技城，中国（绵阳）科技城列《科技城百强榜（2023）》全国第8位、西部第1位，入选全国十大最具科技创新潜力城市，但"人造太阳"、超算中心等大科学装置和"国之重器"等国家重大科技基础设施仍较多地布局在成都，绵阳直接承担或参与国家重大战略实施和重点领域安全能力建设的重大项目数量偏少。2024年5月，天府产业技术研究院在绵阳揭牌建成，机构建设有待持续加强，目前与成都、重庆产研院创新协同效应尚不显著，关键领域核心技术攻关、科技成果转化、在绵中小企业技术创新等现实需求有待加快满足发展要求。目前，首批4家国家级实验室天府实验室均落地成都并进入实体化运行阶段，涪江实验室尚未进入天府实验室序列，仅作为对标国家实验室的"预备队"，取得重大开创性原始创新成果数量不足。

2. "云上两城"有待扩容提质

绵阳"云上两城"基本建成，但目前规模较小，境外突破力度不足，平台需要进一步扩容提质，以吸引更多国内外知名高校和顶尖创新创业团队入驻，推动更多科技成果在绵阳落地。当前，"云上两城"已经开启运行，但离高效运营仍有差距，科技成果转化未实现爆发式增长，科创基金小镇入驻金融机构数量不足、管理基金数目有待增加。"云上两城"加速了高端科技资源汇集利用，但吸引资源入绵后的支持政策力度不够、与入驻院校和团队的"一对一"精准对接还需加强，特别是与全球高水平科研院所、高等院校和知名企业、顶尖创新创业团队的合作力度仍待深入，科技创新资金增设力度仍需加强，科技供给还需多维度、多渠道加大。

3. 参与成德绵国家科技成果转移转化示范区建设力度不够

2018年10月，四川省人民政府办公厅发布《关于印发成德绵国家科技成果转移转化示范区建设实施方案的通知》，提出以成都知识经济圈等创新资源集聚区为重点，建设覆盖成德绵地区的科技成果转移转化共同体。从近年整体情况来看，创新要素流动不强，市场化改革举措不够，示范区建设力度仍显不足。绵阳科技创新力量仍主要集中在军工单位和院所，在绵国防科研院所军工任务饱和、经费充足，市场化需求相对偏少，绵阳军民科技协同创新和军民融合成果转化在一定程度上影响了成都、德阳和绵阳的协同发展，导致三地科技创新协同合作交流深度不够。绵德对成都"借势借力"不够，重大专项科技成果转化仅集中在国家新药创制专项领域，缺乏其他示范性转移转化项目带动，协同创新对产业协同发展的引擎作用不够突出。绵德两地平台载体承载服务能力与企业承接能力有待增强，对成都的技术转移和科技成果吸纳能力有限；绵德两地重点园区、重点平台载体未形成区域联动聚集效应，对中西部地区科技创新和成果转化辐射引领作用不足。

4. 军民协同创新的体制机制有待突破

当前，绵阳的军民融合发展仍以国家布局的国防科研单位为主，靠市场主导模式或政府主导模式开展的协同创新较少。绵阳虽然搭建了军民两用技术再研发和转移转化平台，但相对于军民融合市场化、商品化的需求依然有很大的差距。绵阳境内绝大多数军工单位是"三线建设"时期内迁单位，最初的行政归属均不在绵阳市政府，如中国工程物理研究院是国务院直属的计划单列科研单位，中国空气动力研究与发展中心隶属中国人民解放军军事科学院，因此地方政府难以根据军民融合实际需求和经济需要对其进行有效管理，体制机制创新改革难度大。除此之外，该系统内科研—行政的复合管理体制也在一定程度上影响了军民高效协同。

（三）产业体系建设力度和创新力度有待加强

《意见》明确，聚焦建设国家新型工业化产业示范基地，加快发展特色优势产业。对标《意见》要求，绵阳现代化产业体系还有待进一步优化，以科技创新推动产业创新力度仍需加强,创新链产业链亟待深度融合。

1. 工业发展规模、水平和带动作用需迈向更高水平

2023年绵阳工业增加值虽突破1200亿元,但仍落后于成都(5148亿元)、宜宾(1496亿元)、德阳(1279亿元),居全省第4位。绵阳现有规上工业企业1400家,分别低于成都(4408家)、德阳(1499家),居全省第3位。与其他省份省域经济副中心城市相比,绵阳规模以上工业企业"多而不强",工业企业能级较低,工业企业利润总额、流动资产指标排名靠后,普遍存在数字化设备设施配置率低、数字技术应用不广不深、数据要素化程度低、网络和数据安全防护不够等问题,以科技创新引领产业创新力度不够。新型工业化与信息化、城镇化、农业现代化同步发展不够,未充分发挥其核心和纽带作用。

2. 构建现代化产业体系的步伐有待加快

近年来,绵阳的产业结构由以往的"二、三、一"逐渐向更合理的"三、二、一"结构转化。2023年,全市战略性新兴产业和未来产业产值突破1200亿元,新型显示、连接器及传感器、生物医药及医疗装备产业占总量的64%,其他产业链占比不足40%。尤其是作为未来产业的6G和前沿新材料产业,目前处于起步谋划阶段,尚无企业布局和谋划6G、前沿新材料研发工作。与先进省份省域经济副中心城市相比,绵阳第一产业占比依旧偏高,均高于江苏、山东和浙江的经济副中心城市,也高于广东汕头和珠海。第二产业占比偏低,现代服务业发展层次不高,现代产业体系与省域副中心城市发展要求不相匹配。高端制造业和现代服务业尚未形成规模效应,产业升级和转型的任务依然艰巨。

3. 产业生态系统尚待完善

绵阳的优势创新主体是科研院所,但知识创新与企业创新不平衡,呈现"大科技小产业"的特征。绵阳主导产业、特色产业影响力不够,国防科技工业资源富集优势未充分转化成"大产业"。产业链条延伸、产业集群成链不足,存在缺链、短链、断链现象。"链主"企业主动开放资源与上下游中小企业开展协同创新意识不够。制造业整体处于产业链和价值链的中低端环节，缺少"叫得响"的产业名片，电子信息、先进材料等优势产业还未进入国内第一方阵。从基础来看，绵阳作为中国唯一的科技城，拥有我国唯一的核武器研制生产基地——中国工程物理研究院、全球第二大风洞群的中国空气动力研究与发展中心等国家级科研院所，对于投资、高精尖人才等各方面的要求较高，很难在短时间内复制。优势产业吸引一些配套性产业集聚，但创造新的优势产业难度较大。龙头企业和产业链上下游的中小企业在创新能力提升和技术突破上的协作不够，导致其强大的研发和技术创新能力未辐射到中小企业，产业链进一步壮大受限。

（四）经济第二城发展质效期待跨越式提升

《意见》明确，到2027年，建成川北省域经济副中心。经济综合实力显著增强，地区生产总值超过6000亿元、占全省比重进一步提高，年均增速比全省高1个百分点以上，成为成渝地区重要增长极和发展动力源。对标《意见》要求，绵阳经济增长极作用还有待增强，经济领先优势需明显提升，要持续加大对全省经济总量的贡献。

1. 经济体量仍需持续做大

绵阳市在2023年的经济总量首次突破4000亿元，达到4038.73亿元，成为四川省除成都外，第一个上4000亿元台阶的市（州）。但不可否认，其经济总量与成都（2.21万亿元）差距巨大，与山东、江苏、浙江等省份的省域经济副中心相比仍存在一定差距。2023年，绵阳地区生产总值仅占全省比重的6.72%，而部分先进省份的省域经济副中心城市约占所在省份的10%，如烟台占山东的比重为11%，宁波占浙江的比重为19.9%。[①] 此外，2023年绵阳市以8.0%的同比增速，排在21个市（州）增速榜的首位，比2022年的增速提高了3%，增速比全省高2个百分点，这一表现再次证明了绵阳经济的强劲增长势头和经济活力潜力。但与此同时，也应意识到当前和今后一段时期将要面对更加复杂严峻的宏观环境和多重困难叠加对经济社会带来的风险挑战。

---

① 数据来源：根据各城市发布的国民经济和社会发展统计公报整理。

2. 人口经济集聚能力仍需培育发挥

高质量发展是在拥有数量优势基础上催生量变继而发生质变的过程，地区经济动能的释放仍然依赖人口，城市的发展本质核心都是靠人。2023年，我国常住人口城镇化率达到66.16%，成都为80.5%，绵阳为68.7%，成都常住人口为2140.3万人，绵阳常住人口为491.1万人，绵阳的常住人口城镇化率略高于全国平均水平，常住人口及城镇化率和成都相比仍有较大差距。绵阳已拥有各类专业技术人才26.9万人，人才资源总量超80万人，应更大程度发挥人口活力优势，从而带动人口黏性的增加。

（五）副中心区位辐射带动能级亟须全面增进

《意见》提出，聚焦建设成渝副中心，全面提高辐射带动能级。对标《意见》要求，绵阳的区域链接力仍需大力提升，成渝副中心战略支点城市地位彰显不足，与成都、重庆协同发展态势不明显，区域辐射带动能力亟待增强。

1. 区域辐射带动能力释放不充分

绵阳虽有着川北其他城市无可比拟的地理优势，但区域发展仍处于内生型状态和要素集聚阶段，在做大做强自身经济发展的同时尚未出现显著的扩散效应，因而也未能充分发挥资源在省内乃至国内快速流动的辐射带动作用。当前成渝双城经济圈仍处于"哑铃式"结构发展阶段，绵阳作为中间极的副中心城市发展还需提速加劲，进一步拓展经济地理腹地。绵阳拥有丰富的教育、医疗、文旅等资源，产业体量持续做大但产业业态不优，产业结构和产业层次仍待优化，资源挖掘转化、品牌特色打造、宣传营销推广等方面统筹整合不够，对外没有形成统一响亮的"金字招牌"。受成都和重庆"两极独大"结构的深刻影响，绵阳的教育医疗、消费文旅和金融服务等资源的虹吸作用持续存在。加之受知名品牌不高和业态同质化发展的影响，绵阳的优势资源在区域发展中未能较好实现相对均衡和差异化配置，尚未形成一定数量的集聚区和较大的影响力，客观上辐射川渝陕甘能力有限。

2. 区域协同发展力度有待加强

《成渝地区双城经济圈建设规划纲要》明确，建设西部（成都）科学城、西部（重庆）科学城、中国（绵阳）科技城，实质上确立了"金三角"般的创新空间布局。《关于进一步支持西部科学城加快建设的意见》提出，西部（成都）科学城、重庆两江协同创新区、西部（重庆）科学城、中国（绵阳）科技城为先行启动区，共建西部科学城。但由于成渝（兴隆湖）综合性科学中心、创新示范区、天府实验室和国字号创新平台大多布局在成都和重庆两地，创新要素集聚优势较绵阳更为显著。当前，绵阳尚未出台专项配套政策措施用于指导协同打造成渝绵"创新金三角"，川渝第三城作用发挥有待进一步增强。

3. 区域联动大开放模式尚未形成

对标世界科技城会发现，普遍都具有高度的创新环境和开放生态等特质。高度开放的合作环境才能吸引创新创业的各类资源，形成并发挥区域集聚优势。当前，绵阳与成渝地区双城经济圈其他市州联动开放力度不够、合作层次不深，合作环境有待优化。与成都、重庆、德阳等地在区域规划、功能区协同发展、外贸人才交流等方面合作也需要进一步深化。合作共建的产业示范区处于起步阶段，融合共享发展有待进一步提升。

（六）西部陆海新通道重要枢纽建设亟待全面提速

《意见》提出，聚焦建设西部陆海新通道重要枢纽，大力提升开放合作水平。对标《意见》要求，绵阳的开放程度有待立体化加深，开放合作空间需进一步拓展，综合立体运输大通道亟待建成，内部路网和对外通道需全面高效畅通。

1. 贸易规模仍需进一步增加

近年来，进出口贸易总额虽然持续增长，引进和利用外资也有所增加，但总量偏小、结构不优等问题仍然突出，外延式扩张、粗放式增长的现状并没有得到根本改变。2023年，绵阳货物进出口总额（包括转口贸易）285.78亿元，出口额203.52亿元，增长36.4%；进口额82.26亿元，下降9.6%，进出口总额仅占四川省国际贸易额的2.9%，外贸水平远远低于珠海、烟台、宁波等先进省份省域经济副中心城市。从贸易类型来看，传统劳动密集型产品如纺织纱线等初级产品、低附加值劳动密集型产品比重仍然较大，该产品与沿线一些国家具有较高的相似性，贸易互补性不强，高附加值和高新技术产品出口还有待增加，在国际市场上缺乏竞争优势。

2. 对外开放平台建设仍需持续推进

2023年，绵阳市跨境电商交易额为20.3亿元，跨境电商进出口交易规模低于成都、泸州和德阳，跨境电商产业生态有待完善，具备国际供应链服务的市场主体偏少，供应链金融、创意设计、法律诉讼、知识产权等配套服务尚待完善。绵阳综合保税区、中国（绵阳）跨境电商综合试验区、中国（绵阳）科技城会展中心、中国科技城（绵阳）国际多式联运物流园区等平台对外开放程度仍需加强，平台功能需要进一步优化拓展，平台服务效率和配套质量仍有提升空间，尚未形成具有世界影响力的原始创新策源地。

3. 现代化高质量综合立体交通网亟待完善

绵阳地处西南内陆，不沿边、不靠海，距离出海（境）口岸距离过长。绵阳地形地貌以丘陵和山地为主，道路建设和运营成本相对较高，致使过桥过路费较高，增加了物流企业运输成本，招引外向型项目、企业较为困难。在西部陆海新通道构建中，绵阳地处西部陆海新通道主通道和辐射延展带的连接处，但枢纽地位彰显不足。目前，对外通道仍存在瓶颈，铁路缺乏东向大通道，暂无250千米/小时以上高速铁路，交通运输服务能力有待提升，对外直连成都等方向的快速通道有待尽快提升和改善。

四、绵阳推动建设川北省域经济副中心的对策建议

在坚持新时代西部大开发战略的重大历史机遇下，在发挥科技城优势加快建成川北省域经济副中心的规划目标下，绵阳的建设发展肩负着成为成渝地区重要增长极和发展动力源、建成中国特色社会主义科技创新先行区、成为西部陆海新通道重要枢纽等多重使命。

（一）以高效能体制机制为供给，发挥制度"策源地"作用

加强顶层规划布局，提升政策支持的精准度和资源配置的科学性，有

效杜绝政策"碎片化"现象，系统、精准、有效地提升绵阳综合发展能级。

1. 完善科技工作统一领导体制

优化制度设计，充分发挥科技城优势。加强战略规划、政策措施、重大任务、科研力量、资源平台、区域创新等方面的统筹，构建协同高效的决策指挥体系和组织实施体系，凝聚推动科技创新的强大合力。通过联席会议研究解决发展政策实施、体制机制创新、平台搭建、资金扶持等关键问题。联合省内外高创新能力城市智库共同成立发展研究院并组建顾问团，对绵阳发展建设中面临的重点难点问题提供战略决策参考。统筹推进国家创新体系建设和科技体制改革，研究审议国家科技发展重大战略、重大规划、重大政策。统筹布局国家实验室等战略科技力量，统筹解决科技领域战略性、方向性、全局性重大问题，研究确定国家战略科技任务和重大科研项目，统筹协调军民科技融合发展。

2. 优化重大科技创新组织机制

统筹强化关键核心技术攻关，推动科技创新力量、要素配置、人才队伍体系化、建制化、协同化。发挥政府在重大科技创新中的组织作用，通过揭榜挂帅、赛马制等科研项目组织实施方式的创新，寻找最佳的项目承担单位和团队，形成关键核心技术攻关的强大合力。推动科技创新力量、要素配置、人才队伍体系的"三化"体系化，形成相互联系、相互作用的系统，提升整体效能建制化、组织化、制度化、体制化，提高稳定性、规范性和效率性协同化。不同组织、个体、系统之间相互配合实现共同目标和任务。

（二）以高水准科技发展为抓手，建立科技"先行区"优势

科技创新是绵阳鲜明的城市底色，绵阳的今天因科技而兴，明天也必定因创新而盛。绵阳要加快构建一流融合发展科技创新生态，健全"政产学研金服用"合作长效机制和研用一体化机制，着力营造有活力、自生长且高质量的科技创新生态系统，强化经济社会发展内生动力，提升绵阳科技发展的示范带动作用。

1. 加快打造"买全球、卖全球"的科技创新大市场

第一，打造全球性的技术交易平台。打造面向全球，集高端前沿科技成果发布推介、供需对接、交流洽谈和宣传展示于一体的交流合作平台，持续构建技术交易生态圈，建设具有全球影响力的科技成果转化和技术交易高地。

第二，积极搭建科技"供需桥梁"。引进世界级大学、研究机构创办高水平办学机构、实施高品质合作项目，共建特色学院和绵阳分院。采用"产业功能区＋龙头企业＋高校院所"模式，持续开展产教融合，促进高端创新资源和高水平科研活动汇聚，促进人才等科技要素汇聚。全面对接成都、重庆和其他区域共建"飞地园区"。

第三，推动科技成果跨域转化。形成产业反哺科技研发的长效机制，探索跨区域项目和共建园区各项经济指标统筹核算整合机制，在项目、平台、资源、税收等方面共享知识经济增长红利。必要时敢于打破行政边界、破除要素流动壁垒，在更高层次统筹整合资源，提升辐射和联动能力，真正实现更大范围的同频共振。

2.打造科技成果转移转化新高地

第一，健全企业主导的产学研深度融合机制。发挥企业创新决策、研发投入、科研组织和成果转化的主体作用，发挥绵阳在核医疗健康、激光技术应用、机器人等领域的先进优势，围绕产业转型升级目标，通过大型龙头企业关键技术的突破和成果转化的落地，实现对中西部地区科技成果转化的辐射和引领作用。由政府、大型企业、高校等主体共建新型研发机构，形成电子信息、先进材料、装备制造等行业研发中心，采用优势产业研究所加盟制，有效整合绵阳现有的研究所、技术中心、企业、高校优势学科等创新资源。

第二，强化概念验证、中试验证平台建设。针对高校、企业等机构对科技成果定价、评估、分配、入股和技术交易、研发试验、资金等需求，构建起集交流合作、技术研发、中试孵化、技术交易等多功能于一体的综合性、高能级的科技成果转化承载平台。加大对高校院所开展科技成果中试产业化实验的资金和场地支持。鼓励和引导高校院所与企业合作共建概念验证中心和中试验证中心。强化科技成果转化政策支持。完善首台

（套）、首批次、首版次应用政策，并加大政府采购自主创新产品力度。

第三，健全科技金融服务体系。以国家级科创金融改革试验区建设为契机，大力发展科技金融，健全科技金融服务体系，充分激发创新创造活力。设立科技金融专项资金，鼓励发展股权投资，提升政府股权投资机构的市场生存力和竞争力。加快培养复合型人才。既要有"懂技术、知产业、通周期"的科技金融人才，又要形成"懂资本、懂规则、懂市场"的企业科创人才。提高企业信息透明度和行业信息公开性，形成信用数据共享机制，完善科创企业的估值体系。优化鼓励创业、宽容失败的创业投资生态环境，构建科创企业行业风险判断标准，牢牢守住不发生系统性金融风险底线。

3.夯基垒台巩固深化军民协同创新

第一，完善军民协同专司机构设置。管理出效益，管理出战斗力，管理出创新力。在现有机构基础上，整合设立集管理与服务于一体的专司部门，紧密追踪科技发展新趋势、了解新兴领域技术研发难题，定期发布重大研究课题，通过项目招投标，聚力攻坚，搭建交流沟通平台，推动跨区域、跨行业、跨部门、跨军地的协同创新，谋求长期、稳定、共赢的发展。

第二，健全军民协同创新促进机制。高标准打造西部军民科技协同创新示范区，统筹推动军工技术成果推广应用、先进适用民用技术向军用转移，力求产生更大的国防与经济溢出效应。搭建军地院地产学研常态对接平台，完善军地深度对接、改革联合推进、规划政策联动等工作运行机制，促进军地常态化对接，积极争取国家授权国防科研院所、央属军工集团参与科技城重大改革和经济发展。积极筹措军民协同创新所需资金，精准扶持军民融合科技创新项目。

第三，强化军民协同创新工作激励机制。创新设置专项军民融合科技进步奖，设立扶持军民协同创新中小型项目研发基金，扶持中小型军民融合育苗项目。新兴领域军地协同创新，通常会伴随较高的技术风险、市场风险和诸多不确定性，在创新资源有限的条件下，需要良好的军地协同创新生态予以支撑。通过政府引导、军地合作、科研机构参与等多种形式，挖掘全社会科技创新潜力，促进军地各类创新资源有效集聚，推动新兴领域快速突破发展瓶颈。通过军地联合宣传推广、典型示范应用等方式，培育市场需求，加速新兴领域创新成果转化，为新兴领域建设发展提供源源不断的动力。

（三）以高质量产业体系为引领，夯实产业"排头兵"基础

要坚持产业强市不动摇，建设富有绵阳特色和优势的现代化产业体系，筑牢高质量发展产业支撑。以发展新质生产力为重要着力点，牢牢抓住产业创新这一关键载体，紧紧围绕发展新质生产力布局产业链，聚焦"智改数转"，进一步加快促进创新链产业链深度融合。

1."强链补链延链"促进产业创新发展

第一，坚持以园区为载体做强工业。加快建成国家级新型工业化产业示范基地。围绕四大特色优势产业、八大战略性新兴产业和四大未来产业的产业体系，持续优化园区主导特色产业布局。

第二，围绕产业链部署创新链、围绕创新链布局产业链。依托在绵大院大所在核技术、强激光、磁性材料等领域的科研优势，大力发展创新产业，加快推进核医疗健康产业园、激光技术应用产业园、机器人智能制造产业园、无人机产业园建设，着力打造富有绵阳特色、具有核心竞争力的创新产业集群。

第三，推动形成"链主"企业引领、骨干企业支撑、中小企业协作的产业链发展模式。努力占据头部供应链、主段产业链和高端价值链，形成产业链上下游有机衔接的高质量全链条产业发展模式。做好龙头企业与中小企业配套发展专项规划，探索建立上下游企业互相参股的利益捆绑模式，打造分工合作、互融共生的一体化产业组织新模式。坚持前瞻性、颠覆性技术创新，大力发展核医疗、光伏储能、机器人等优势产业。

第四，坚持以"三品"为引领做优农业。扎实推进质量强农行动，依托现代农业园区提质增效切实扭转农业"传统化"现象，促进农业农村以创新为主导的新质生产力发展。推动科技服务、金融服务、现代物流等生产性服务业向专业化和价值链高端延伸，推动商贸、文化、旅游等生活性服务业向高品质和多样化升级。

2."智改数转"加快产业转型升级

第一,加快产业数字化转型。利用数字技术应用对传统产业进行全方位、全角度、全链条的改造,引导传统企业开展生产换线、设备换芯、产品换代,打造一批"数字领航"企业、智能制造示范工厂和优秀场景,提高全要素生产率和产业核心竞争力。抢抓国家"东数西算"工程重大机遇,加快建设区域大数据中心等新型数字基础设施。

第二,推动企业行业全链条"触网"升级。依托绵阳龙头企业,围绕电子信息、先进材料、装备制造等特色优势产业,从研发、设计、生产、管理、服务全生命周期采用5G+工业互联网模式改造,从供应商、生产者到消费者充分对接,整合产业链上下游、打通生产与消费。开展核医疗、光伏储能、机器人典型示范应用场景打造。

第三,加强原始创新和关键核心技术攻关。突破产业发展基础技术、颠覆性技术等"卡脖子"问题,不断推进智能化在研发设计、生产制造、物流仓储、经营管理、售后服务等关键环节的深度应用,推动向产业链高端、价值链关键迈进。依托机器人、无人机、空天等新兴产业加快智能产品布局,大力招引智能交通、智能医疗、智能种养、智能服务机器人等领域终端企业来绵布局。围绕智能制造转型的需求,面向不同行业,重点培育一批专业性强、行业特色明显的智能制造系统集成服务商,夯实智造服务支撑。

3."串线成面"助力产业能级提升

第一,依托产业功能园区,打造新产业阵地。重点围绕战略性新兴产业建设一批新质生产力园区,以战略性新兴产业和未来产业为新技术、新业态、新模式产生的主阵地,支撑引领产业发展进入"新赛道"、稳步进入"快车道"。鼓励关联企业或配套企业集中发展,组建专业的运营管理公司,为园区配套企业提供专业化服务,打造具有绵阳特色的配套基地,在服务本地企业的同时辐射到全国甚至全球市场。

第二,加快实施"一产业链一首席科学家"机制。高水平建设产业研究院、产业创新联盟等新型研发机构,打通"研发—工程化—产业化"创新链条。探索通过"双向飞地"等方式，推进与长三角、珠三角及海外区域合作，提升绵阳产业示范基地发展质量，提高产业园区集聚发展水平。

第三，依托"创业苗圃（众创空间）+孵化器+加速器"全链条孵化平台，加大科技企业孵化力度。依托"云上两城"，招引与绵阳战略性新兴产业和未来产业发展相匹配的知名高校院所和高水平创新团队来绵创新创业，贯通"实验室"与"生产线"，链接全国、全球一流高校资源，合作项目快速"拎包入住"，助力产业链创新链补齐补全。

（四）以高水平创新能力为助力，打造质效"领头羊"角色

城市创新能力是绵阳集聚经济发展高端要素的核心保障和关键支撑，应更大程度地融入绵阳城市发展肌理。多措并举全面提高城市宜居宜业水平，统筹发展和安全，全力打造完善优良的发展环境，为城市创新发展营造良好氛围。

1. 高位统筹推动城市现代化一体化创新

一方面，不断深入构建以科技为发展内核多点全面开花的创新发展新格局，建立与成都、重庆等高创新能力城市间进行科技研发、科技成果转化和科技创新项目合作机制，尽快促成"市场—教育—交通"多元一体化创新系统，驱动创新要素的自由有效流动。

另一方面，坚持高端化、专业化、品质化，打造与创新人才生产生活需求结构高度匹配的城市配套结构。加大人才"挖潜育新"力度，创新高端人才引进模式，利用"人才飞地"灵活引才育才，重点引培具有创新精神的企业家、能带领科研团队的技术性领军人才，以及既懂管理又懂技术的复合型人才，为绵阳的创新发展提供智力支撑。

2. 夯实创新驱动发展的高水平人才基石

第一，探索建立高技术人才移民机制。党的二十届三中全会指出，要深化人才发展体制机制改革，实施更加积极、开放、有效的人才政策，要强化人才激励机制，建立以创新能力、质量、实效、贡献为导向的人才评价体系。鼓励自由探索，加强原创性引领性科技攻关，切实推进教育和科技体制改革，完善人才评价激励机制和服务保障体系。

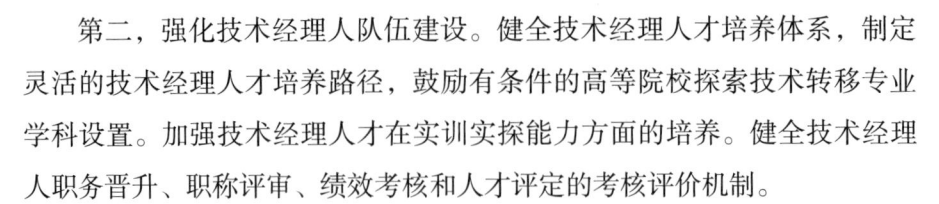

第二，强化技术经理人队伍建设。健全技术经理人才培养体系，制定灵活的技术经理人才培养路径，鼓励有条件的高等院校探索技术转移专业学科设置。加强技术经理人才在实训实探能力方面的培养。健全技术经理人职务晋升、职称评审、绩效考核和人才评定的考核评价机制。

第三，支持在绵高校加强人才和学科建设。着力培养战略性新兴产业和未来产业急需的高水平科研人才和技能人才。加大投入建设中国（绵阳）科技城人力资源服务产业园，以高水平服务培育更多科技创新人才。健全人才流动体系，注重科研人员科技成果创造与企业管理并重培养，有效实现产学研一体化，助力从科研成果到经济效益的迅速转化。

第四，探索"政府""人才""机构""大数据平台"四维一体的全新引才模式。积极对接川渝人才交流中心，借力市场化人力资源机构，通过大数据等方式，及时更新并掌握绵阳紧缺人才分布情况。重点培养一批能够攻坚克难、具有前瞻视野的科学家、科研团队。持续引聚"高精尖缺"人才，靶向招引顶尖科技专家，"一人一策"支持院士专家来绵领衔科研项目、建设重大平台、推动成果转化。精准引进产业领军人才、知名创业投资人、优秀青年创新创业人才等，发布绵阳人才"招募令"，重点吸引本科及以上学历人才、专业技术人才。

（五）以高规格协同开放为导向，提升区位"辐射圈"能级

坚持"引进来"与"走出去"并重，抢抓新时代西部大开发和成渝地区双城经济圈建设的战略机遇，以大开放推动大发展，聚焦开放通道拓网畅通，大力提升内联外通水平。提升国际链接力、强化资源配置力，实现创新要素集聚转化、信息要素交换共享、文化要素互鉴共荣，形成内外联动、多向全面开放新格局。

1. 提高开放合作水平

一方面，稳固"金三角"矩阵。打造成为高能级科技创新平台，有效提升辐射半径。主动作为积极融入"一带一路"科技合作网络，充分发挥科技城原始创新策源作用，积极向西部地区主要城市的高新区、国家级新区等创新载体加强产业协同、形成合力发展的态势，整合西部科技创新资

源，带动整个西部地区的科技和经济大发展。

另一方面，实施开放平台提能工程。深度参与中国（四川）自由贸易试验区协同改革先行区建设，推进综合保税区扩区，推动综合保税区、跨境电子商务综合试验区、自贸区协同改革先行区、中德产业园区"四区合一"，提升科博会等重点展会活动影响力。加快建设贸易强市，做强重点外贸企业，高效运营绵阳外贸企业服务中心。深入开展城市形象推广、产业项目推介、特色产品推销"三推"活动，做亮"绵品出川""绵品出海"开放品牌。加大力度吸引和利用外资，强化与京津冀、长三角、粤港澳大湾区等区域产业对接，创新科技招商、金融招商、以企招商等模式，打造"投资绵阳"品牌。

2. 以资源互通推动协同发展

第一，探索产业发展要素跨平台流动机制。围绕"举涪江旗帜、聚流域力量、乘协作东风、建区域中心"，联合涪江流域川渝九地协同发展。引导优质研发资源跨平台建立工作室、工作站、实验室，推动各平台技术人才、设施设备共引共用。

第二，深化与周围地区科学城、创新区的战略合作。以涪城"科创大走廊"为示范，发挥产业旗舰联盟平台作用，推动科技项目库、成果库、专家库、人才库、大型科研仪器等资源共建共享、共育共用，探索形成"西部科创新走廊"空间结构和组织方式。

第三，强化互通互联机制。在公共服务异地办理、企业异地注册等方面建立绿色通道，促进企业发展关键要素便捷流通和优化配置，进一步推动多边市场机会和发展平台双向开放。

（六）以高畅通陆海通道为坐标，赋能枢纽"新引擎"优势

以国家质量基础设施集成服务基地人才培训中心建立为契机，加强质量基础设施建设，持续推进质量、技术、人才、设备等向社会开放共享，增强质量技术能力，提升综合服务效能。

1. 推动国际门户枢纽城市建设

一方面，积极融入和服务构建新发展格局。主动服务"一带一路"建设、新时代推动西部大开发、成渝地区双城经济圈建设等重大决策部署，全面落实省委"四化同步、城乡融合、五区共兴"发展战略，坚决扛起推进"两高地、两基地、一屏障"建设的重大使命，传承和强化"中外交流的枢纽"独特优势，以大开放促进大开发，加快培育发展新质生产力，扎实推进高质量发展，努力绘就更加美好的中国式现代化万千气象绵阳图景。

另一方面，全面确立西部对外交往中心核心功能定位。市场化法治化国际化营商环境保持国内一流水平，引领带动区域高质量发展的成效进一步显现，初步建成通道内畅外联、要素高效配置、经济活力充沛、对外交往密切、制度开放包容、区域协作共兴的国际门户枢纽城市。

2. 加强西部陆海新通道等重要枢纽建设

一方面，深度参与西部陆海新通道等发展战略。完善城市提升绵阳枢纽功能和在全国交通路网中的地位，积极构建外畅内联、功能完善、衔接顺畅、便捷高效、绿色经济的现代化交通基础设施体系，加快建设交通强市，打造区域综合交通枢纽。全面对接绵阳周边地市，融入成渝双城经济圈，衔接长江上中游城市群交通圈，实现公、铁、机顺畅联运。重要领域和关键环节改革取得重大突破，形成统一开放、竞争有序的现代交通市场体系，使综合交通建设和运输协调更加顺畅。

另一方面，持续完善对外开放综合运输通道。推进开放通道枢纽建设。加快建设绵遂内铁路，推进G5绵广扩容建设，编制涪江港口总体规划，推动绵阳机场开通国际航线、航空物流，探索建设异地城市候机楼，全力打造西部陆海新通道重要枢纽。大力推进铁路和航空口岸建设，加快建设中国（绵阳）科技城物流产业园、川青铁路睢水物流园，支持三台县建设"物流+配套"产业园。高效运行中欧中亚国际班列、西部陆海新通道东盟铁海联运班列，积极融入长江班列，参与共建"一带一路"进出口商品集散中心。

（课题组成员：郑妮、杨艳、覃科恒、李好、宋润润、陈安、何单、郭柯良）

关于宜宾泸州组团
建设川南省域经济副中心的报告

为推进落实党的二十大擘画的以中国式现代化全面推进中华民族伟大复兴的宏伟蓝图，四川省委于2022年11月28日至11月29日在成都举行四川省委十二届二次全会。本次会议的主要任务是，坚定以习近平新时代中国特色社会主义思想和习近平总书记对四川工作系列重要指示精神为指导，深入学习贯彻党的二十大精神，以中国式现代化引领四川现代化建设，以成渝地区双城经济圈建设为总牵引，以"四化同步、城乡融合、五区共兴"为总抓手，坚持"讲政治、抓发展、惠民生、保安全"工作总思路，推动治蜀兴川再上新台阶，在新的征程上奋力谱写四川发展新篇章。本次会议创新性提出以"四化同步、城乡融合、五区共兴"统揽四川现代化建设全局，这是贯彻中央精神、立足省情特征、着眼长远发展作出的战略部署。本次会议决议明确提出，四川省在区域发展上的"五区共兴"战略，将着力建强现代化成都都市圈，壮大次级增长极、培育新兴增长极，推动成都平原、川南、川东北、攀西、川西北五大片区特色发展，推动欠发达地区跨越发展。让治蜀兴川的发展脉络更加清晰、方向更加明确。

2023年12月8日，中共四川省委、四川省人民政府印发了《关于支持宜宾泸州组团建设川南省域经济副中心的意见》（以下简称《意见》），落实四川省委的"四化同步、城乡融合、五区共兴"战略，明确支持宜宾泸州组团建设川南省域经济副中心，力争打造支撑全省高质量发展的重要引擎，促进高水平区域协调发展。

一、宜宾泸州组团建设川南省域经济副中心的推进现状与经验做法

（一）宜宾与泸州推动《意见》落实的现状

1. 宜宾与泸州基本概况

宜宾是国家确定的沿江城市带区域中心城市，是四川培育壮大的七大区域中心城市之一、四川省委确定的长江上游区域中心城市、全国性综合交通枢纽、四川南向开放枢纽门户。2023年，宜宾全市地区生产总值3806.64亿元。泸州是全国区域中心城市，川渝滇黔接合部区域中心城市和成渝地区双城经济圈南翼中心城市、重要的商贸物流中心，长江上游重要的港口城市，全国Ⅱ型大城市。2023年，泸州全市地区生产总值为2725.9亿元。

首先，宜宾与泸州是西部陆海新通道重要节点城市。2019年7月四川省正式加入陆海新通道"朋友圈"。按照《西部陆海新通道总体规划》，成都经泸州（宜宾）、百色至北部湾出海口是重要的一环，泸州（宜宾）是西部陆海新通道的重要节点城市。其次，宜宾与泸州是长江经济带发展重要城市。泸州是四川唯一的港口型国家物流枢纽承载城市，泸州港是四川第一大水运港。宜宾港是长江干支中转港口，境内长江、金沙江、岷江均为规划的国家高等级航道。宜宾与泸州两市均在长江经济带"三极"之一的成渝城市群中占据重要地位，同时宜宾与泸州位于长江上游，是沿江绿色发展轴的重要节点城市。最后，宜宾与泸州是成渝城市群的重要节点城市。泸州与重庆接壤，有中国（四川）自由贸易试验区川南临港片区、综合保税区等7个国家级开放平台。而宜宾处于川渝滇黔接合部核心区域，是国家重点建设的80个全国综合交通枢纽城市、50个铁路枢纽之一，拥有国家级经开区临港经开区、省级新区三江新区和省级的高新技术产业园。

2. 宜宾与泸州推动《意见》落实的现有举措

围绕《意见》提出的目标，宜宾与泸州采取了一系列措施，积极推进《意见》的具体落实。

其一，宜宾与泸州打造国家重要的先进制造业基地。宜宾—泸州组

团重点承接具有产业基础的电子信息、优质白酒、动力电池、节能环保装备、天然气化工等优势产业。依托产业园区打造优质白酒产业，培育壮大装备制造产业集群、先进材料产业集群、能源化工产业集群、电子信息产业集群。

其二，宜宾与泸州打造全省南向开放枢纽门户。成都经泸州（宜宾）、百色至北部湾出海口是三条通路之一，是西部陆海新通道的主通道。泸州港有国际水运、泸州中欧（中亚）班列国际陆运优势。未来建成隆黄铁路后将联通广西钦州港，打通南向向海通道。

其三，宜宾与泸州积极打造长江上游生态屏障。宜宾地处金沙江、岷江、长江交汇处，被誉为"万里长江第一城"。而泸州地处长江出川的最后一道关口，长江的"黄金水道"流经泸州境内有136千米，占四川长江段的60%，境内还有沱江等河流。两市对长江整个生态具有非常重要的作用。

3. 目前《意见》落实的基本进度及下一步打算

宜宾与泸州两市积极推动落实川南省域副中心战略合作协议及建立市级工作机制，共同商议宜宾与泸州组团建设川南经济副中心的建设路径、工作机制、年度任务等重大事项，形成推动川南省域经济副中心建设的合力。

首先，共同提升基础设施互联互通水平。一是共同抓好渝昆高铁、江津经泸州至宜宾高速公路等重点基础设施项目建设，探索渝昆高铁宜宾至泸州段推行"公交化"票制。二是争取早日开通到钦州港的南向铁海联运班列，共同推动长江干线宜宾至重庆段航道整治前期工作，联合争创国家综合货运枢纽补链强链城市，加快推进宜宾——泸州国家现代流通战略支点城市建设。三是协同推动宜宾港、泸州港口岸持续开放发展，深化两地综合保税区、跨境电商综试区等开放平台务实合作。

其次，共同塑造先进制造业竞争优势。一是增强优质白酒产业全球竞争力。加快建设世界级优质白酒酿酒原粮基地，推动国家酒类品质与安全国际研究中心（宜宾）、国家固态酿造工程技术研究中心（泸州）等平台共建共享。二是在培育壮大千亿级产业集群方面，加快推进四川中车新能源

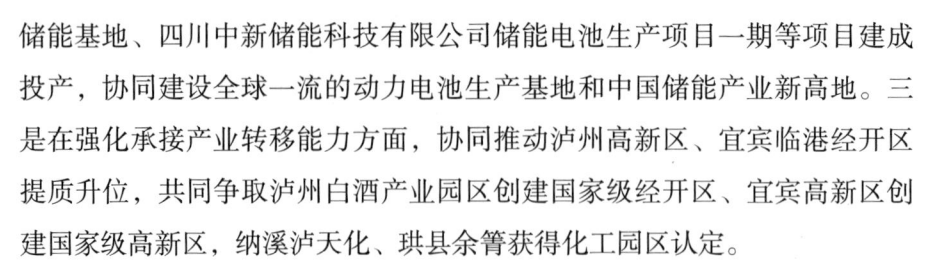

储能基地、四川中新储能科技有限公司储能电池生产项目一期等项目建成投产，协同建设全球一流的动力电池生产基地和中国储能产业新高地。三是在强化承接产业转移能力方面，协同推动泸州高新区、宜宾临港经开区提质升位，共同争取泸州白酒产业园区创建国家级经开区、宜宾高新区创建国家级高新区，纳溪泸天化、珙县余箐获得化工园区认定。

最后，共同推动公共服务共建共享。一是深化区域教育协同发展，依托宜宾大学城科创城、泸州西部工匠城等平台，深化两市产教融合、校企合作，共同打造川渝滇黔接合部职业教育高地。二是深化区域医药健康中心建设，推动重庆医科大学附属儿童医院宜宾医院项目和山东省立医院泸州医院项目加快建设，共同推进乌蒙山中医药传承发展。三是共同打造宜宾泸州城市服务综合体，进一步推进两市基本公共服务标准化、便利化，推动就业、社保、医保、社会治理、公共交通等领域深入合作，实现两市资源要素自由流动。

（二）宜宾与泸州推动《意见》的经验做法

1. 强化统筹协作，形成组团发展合力

两地共同研究形成宜宾泸州推动川南省域经济副中心战略合作协议及市级工作机制。协同完成2023年22项川南省域经济副中心建设年度工作任务，助力省上形成川南省域经济副中心2024年度工作要点；共同研究形成省上《意见》责任分工方案，共同印发《2024年任务清单》《共建四化同步城乡融合发展先行区方案》，正加快推进落实。

目前两市党委、政府已联合召开2次工作推进会，共同商议宜泸组团建设路径、工作机制、年度任务等重大事项，共同推动两地各级党委、政府和市级相关部门及毗邻县（区）常态化开展交流协作，共同形成省、市、县（区）一体化推动川南省域经济副中心建设的强大合力，以构建组团融合发展格局为重点，积极推动建立交通联合体、产业协同体、服务综合体、利益联结体等，推动宜宾、泸州两市基础设施网络衔接更加顺畅，优质公共服务实利共享，成本共担利益共享机制基本建立，区域市场一体化水平显著提升，实现高水平区域协调发展，合力打造全国城市组团发展样板。

在体制层面上，两地积极探索体制机制新模式，参照推动成渝地区双城经济圈建设，在宜泸组团建设川南省域经济副中心领导架构下，建立两市、五县（区）定期协商推进机制，支持平台公司承担"先行区"开发建设、产业培育、招商引资等专业化服务职能，统筹推进"先行区"建设。鼓励支持两个片区结合发展实际，采取"管委会＋公司运营"等实体化开发建设运营管理模式，具体承担"先行区"建设任务。

在组团发展建设过程中，宜泸两地始终坚持统筹推进、联动发展，发挥宜宾、泸州两地资源优势和产业优势，统筹推进"先行区"的规划设计、基础设施、产业布局。生态环保、市场体系和公共服务体系，构筑良性互动的组团发展格局。坚持市场运作、创新发展，充分运用市场机制，合理配置资源，积极引进有实力、有经验的大企业、大集团参与"先行区"的开发建设，积极创新投融资模式，构建投资多元化、运营市场化的产业生态链。坚持产城一体、融合发展，推动工业化带动城镇化、引领农业现代化，加快信息化全面赋能，促进现代服务业与先进制造业融合发展，实现园区发展与城市功能互促共进。坚持优势优先、特色发展，运用好区域内拥有优质港口岸线资源、产业园区及一二三产联动发展等优势条件，通过互为链主链属，因地制宜、前瞻布局发展特色优势产业，打造优势凸显、特色鲜明的区域特色产业集群。坚持绿色低碳、集约发展，大力实施创新驱动发展战略，注重经济发展同资源环境相协调，优化生产力布局和环境保护措施，突出发展先进制造业，大力发展循环经济、低碳经济，实现经济效益、社会效益与生态效益协调统一。

2. 互联互通，做强南向开放门户枢纽

以完善现代综合交通运输体系为重点，共同提升全国性综合交通枢纽能级，加快建设国家现代流通战略支点城市和国家物流枢纽城市。共同编制实施《泸州—宜宾全国性综合交通枢纽建设方案》，推动隆黄铁路叙永至毕节段开通运营，推进G353、G246等国省干线提档升级，加快打通宜泸市际交界地区"瓶颈路"。联合编制《国家综合货运枢纽补链强链三年实施方案（2023—2025年）》，共同争创国家综合货运枢纽补链强链城市。共建复合型现代流通战略支点城市已正式获国家批准，正在有序推进宜宾—泸州国家现代流通战略支点城市建设。

为扩大对外开放合作水平，宜泸两地将"先行区"纳入港口型国家物流枢纽、国家现代流通战略支点城市、国家综合货运枢纽补链强链城市等试点示范和协同建设区域，为"先行区"开放发展赋能。依托长江黄金水道和西部陆海新通道优势，做强生产加工、中转分拨、仓储物流等功能，打造进出口基地，积极承接绿色建筑建材生产、大宗商品集散加工，有效提升货源支撑。推动江北港充分运用自贸区川南临港片区制度创新成果，加强与沿江沿海沿边地区口岸及内陆地区口岸的通关制度衔接，促进通关顺畅便捷高效，支持江安港二龙口码头复建，力争将泸州港江北港区、宜宾港江安港区建设纳入国家口岸发展"十五五"规划。

以两地交通建设为例，宜宾通道建设加快，完善了"三铁两桥两高速"路网体系，建成投运进港铁路，开行"宜宾—钦州"铁海联运国际货运班列64列，出口整体通关时间压缩77%，成宜高铁实现通车，渝昆高铁重庆至宜宾站段2024年通车，到达成都、重庆时间将缩短到1小时以内，宜宾港与重庆港战略合作共建长江上游航运中心。宜宾港平台能级提升，运行全省首个5G智慧港口，近四年累计实现货物吞吐量600万吨、集装箱40万标箱，年均增长8.5%以上。宜宾综保区进出口总额进入全国综保区前百强，创新"一线进区货物即到即入"模式，作为第六批创新成果在全国复制推广。泸州交通枢纽建设围绕"建主体、搭平台、拓通道、强运营"核心任务，不断培育运营主体，加快重点项目建设，综合利用开放平台，进一步放大"通道+枢纽+网络"优势，增强物流集聚效应，提升物流整体运行效率和服务能力，采用"政府规划保障、企业多元参与"引导各类市场主体参与开发建设的模式，形成了多式联运、干线运输、区域分拨配送、仓储加工、大宗商品供应链、信用服务全面发展的业务体系。依托长江物流公共信息平台，推动枢纽各运输方式内部信息系统互联共享，构建港口型枢纽生态圈，打造"智慧枢纽"。

3. 产业协同，塑造组团发展竞争优势

为统筹两市产业布局，制定产业引导目录和产业地图，统筹招商引资政策，共同开展投资推介，以泸州江北港暨重装产业园宜宾江安经开区等为载体，按照"一园多区、错位布局、互补发展"模式，探索建设宜泸重大装备制造产业园。两地以特色优势产业和战略性新兴产业为主攻方向，加大政策支持力度，推进制造业重点产业链高质量发展，协同建设世界级优质白酒产业集群、全球一流动力电池产业集群、国家级光伏产业集群、全国同类城市领先的数字经济产业集群等，推动传统产业转型升级，前瞻布局未来产业，大力打造绿色低碳优势产业集聚区。坚持一手抓园区基础设施等硬件升级，一手抓园区试点示范及创建合规园区等软件提升，聚焦特色优势产业链强链补链延链及新兴产业培育发展，促进产业成链、集群、高效发展。

在特色产业方面，两地共同研究形成《宜宾产区—泸州产区酒业发展共建事项清单》，联合签署了《推动共建世界级优质白酒产业集群战略合作协议》，协同建设世界级优质白酒酿酒原粮基地，共建国际蒸馏酒品牌中心、四川白酒制造业创新中心、宜宾—泸州酒业科研平台等，联动推进红粱规模化订单式种植收购、酒庄酒酿造生产包装、文创会展旅游餐饮等全产业链条优化提升，联合打造世界级优质白酒主产区和宜居宜业宜游的现代化新型酒镇酒庄，携手增强优质白酒产业竞争力。立足兴文县、纳溪区、叙永县现有产业及资源优势，提升矿产资源精深加工产业发展水平，加快农林产品精深加工产业发展，共同建设当地竹精深加工全产业链园区，协同举办全国"以竹代塑"标准化工作推进会，联合申报国家级林业示范园区，加快打造"以竹代塑"样板区。

在文旅产业方面，两地联合打造推广川南渝西文化旅游大环线，推动宜泸五县携手创建川南苗族文化生态保护试验区，组织双方文旅企业"打捆"开展文旅宣传营销，加强跨区域产业资源共建共享，设计以蜀南竹海、兴文石海、李庄古镇、五粮液旅游景区、泸州老窖国宝窖池、黄荆老林和尧坝古镇等景区景点为核心的精品旅游线路。

在产业创新方面，宜泸两地积极推进合作共赢，共建"长江上游协同

创新高地—国家科技成果转移转化示范区",推动产教融合发展。鼓励两市国省园区及开发区、重点企业、高等院校、工程技术研究中心等创新主体和平台载体推进科技创新发展,科研院所、重点实验室针对关键核心技术进行联合攻关;推动两市科技评审专家、基础设施和大型科学仪器、专业技术服务平台等科技资源互用,并联合申报省级科技计划项目;推动两市联合举办科技成果与技术需求对接会、孵化载体和双创导师交流走访等活动,联合推动两市科技成果转移转化;通过互派科技特派员、引导高层次人才(团队)到宜泸两地以创新创业等方式推动科技人才交流合作。

4. 共治共保,擦亮长江上游生态底色

为协同筑牢长江上游生态屏障,两地共同成立长江上游成渝地区生态保护法治联盟,坚持区域协调发展和可持续发展,携手探索完善合作机制,共同健全长江上游成渝地区生态保护立法、执法、司法、普法区域协作机制,为长江上游绿色发展提供有力法治保障。协同推进长江、岷江、沱江等流域联防联控和综合治理,建立联合打击非法捕捞专项行动合作机制,2023年以来两地共同开展交界水域禁捕联合执法2次。联合召开川南地区大气污染防治工作联席暨业务培训会,共同签署《川南地区大气污染联防联控合作协议》,建立大气污染联防联控、重大灾害天气联防协作等工作机制,进一步强化区域污染联防联控联治水平。加强生态环境分区管控,统筹山水林田湖草沙一体化保护和系统治理,加快实施国土空间生态保护修复工程,推动七星山、黄荆等森林公园及江之头等美丽河湖建设,协同推进长江、金沙江、岷江、沱江等绿色生态廊道建设工程。常态化开展联合巡河,持续深化长江入河排污口排查整治,共同推进细颗粒物和臭氧协同控制,联合开展土壤污染风险防控和治理修复,加快全国"十四五"土壤污染防治先行区和"无废城市"建设。支持申报实施生态环境导向的开发模式项目,开展林草碳汇项目开发试点。

在资源开采尤其是页岩气开采方面,按照"隐患排查常态化、督促检查常态化、整改落实常态化"要求,依法加强对页岩气开发建设安全生产和环境保护的监督管理,切实做好安全生产和环境保护工作。页岩气开发企业

坚持科学规划，避开人口密集区、生态红线区、地质灾害区，从源头上减少生态环保和安全生产隐患；切实履行主体责任，严格执行国家有关法律、法规、规范和中国石油QHSE等管理制度，强化安全生产、生态环境保护，尤其做好噪声、水污染防控和固废危废、废液处理及易燃易爆品管理、地质灾害防治、森林防火和防洪度汛等工作。有关区县政府和市应急管理局、市生态环境局等部门依法加强对页岩气开发建设的监督管理，切实抓好安全生产和环境保护。加强"邻避"问题防范与化解工作，有关区县政府和页岩气开发企业梳理排查风险点加大监测力度，制定应急措施，畅通信息，掌握动态，妥善化解风险，防范"邻避效应"事件的发生，维护社会稳定。推进页岩气开发"油改电"，减少噪声污染、污染物排放，促进富余水电消纳。

5. 融合互通，共享优质公共服务资源

以推进城乡融合发展为重点，加快新型城镇化稳步提升城市综合承载能力和区域辐射带动力，夯实县域经济底部支撑，推动有条件的县（区）争创全国百强县（区）和纳入省县域百亿主导产业培育支持范围，有条件的中心镇建设省级百强中心镇。同时加快农村一二三产业融合发展，建设和美乡村，促进城乡要素双向流动，推进城乡公共资源均衡配置，优化县乡村三级治理体系，提升基层治理法治化水平，开展深化县域内城乡融合发展改革、全域土地综合整治、集体经营性建设用地入市城郊和非城郊区域城乡融合示范区建设、自然资源价值提升等试点，打造秀美生态环境，积极创建国家生态文明建设示范市，并积极推动山水人城和谐相融。

为支持创建国家级人力资源服务产业园，共建共享高校引才联络站、海外引才工作站，推动高端人才、技能人才等评价互认，两地组建成立川南高校联盟、川南职业教育集团促进两市基础教育、职业教育和高等教育资源联动互补，共建区域教育协同体。共同与重庆市江津区、荣昌区等签订《知识产权战略合作协议》《名优白酒品牌保护市场监管执法协作协议》，联合开展"川渝制造"知识产权执法专项行动。

为加快实现社会保险关系无障碍转移接续，推动养老金领取资格核查互认、工伤保险政策统一，携手推动两地一级及以上医疗机构检查检验结果互认，实现互认率超75%；持续深化医保领域合作，实现两地居民基本医疗保险缴费标准统一。持续推动两地政务服务事项跨城通办，实现167项政务服务事项"宜泸通办"，两地市民公积金、养老保险查询等20余项跨区域高频公共服务事项全程"掌上办"。

为提升宜宾、泸州主城区综合承载力，两地致力于引导产业和人口沿江合理布局，推进市际毗邻区县融合发展，构建"沿江协同、毗邻突破、全域共兴"的组团新格局，增强川渝滇黔接合部区域辐射带动力。高质量建设宜宾三江新区、泸永江融合发展示范区核心区（泸州片区），积极培育城市新功能。如宜宾市三江新区围绕"营造市场化、法治化、国际化一流营商环境"，高标准建设运营政务服务中心、中心法务区、企业服务中心、人才服务中心、人力资源中心"五个中心"，持续擦亮"三江服务"金字招牌。新区设立以来，民营企业由3050家增至9929家，2023年民营经济增加值333.9亿元、占GDP比重的63%。

二、宜宾泸州组团建设川南省域经济副中心的发展困境与现实挑战

尽管宜宾、泸州两地在贯彻落实省委《意见》时做了大量工作，而且取得了令人瞩目的阶段性成效。但调研发现，《意见》在宜宾、泸州两地落地的过程中仍然存在一些亟待解决的实际问题，突出体现为"组团"不足而"竞争"有余。

（一）组团建设统筹协调力度不够

1. 领导机制不健全，统筹协调能力不足

自《意见》出台以来，宜宾、泸州两市以"组团"为主题开展了一系列实践：共同研究形成了宜宾泸州推动川南省域经济副中心战略合作协议，以及市级工作机制；协同完成了2023年22项川南省域经济副中心建设年度工作任务，助力形成川南省域经济副中心2024年度工作要点；共同研究形成了责任分工方案。但是，两市组团建设的领导机制和工作机制尚不健全，省级统筹线条太粗而市级统筹权威不够，难以协调跨地区跨部门的具体问

题。例如，两市的同志都反映："组团建设最大的实际问题就是利益分配问题，如果通过合作促进产业产值增加，那么如何评判两市分别贡献了多少资源，进而应该分得多少利益？"

2. 联动机制不完善，协同发展能力不足

协同机制是在共同的目标和愿景下，各个参与者根据各自的优势和资源进行分工合作，以实现整体效益最大化。两市发展能级相同、地理位置相近、资源条件相似，彼此之间没有明显的绝对优势，现有配套政策多为就近配套或就地配套。由于两市组团缺乏协同机制和联动机制，产业主体少有进行跨区域跨行业的协作发展。两市虽然根据《意见》要求共同编制了《泸州—宜宾全国性综合交通枢纽建设方案》，但在公路建设方面的协作显得不够紧密，公路建设的主体实施单位在对接层级上存在差异。例如，宜宾的公路建设任务主要由各个区县来承担，这种分散的建设模式虽然能够调动地方积极性，但在跨区域协调、资源共享方面存在不足。相对而言，泸州的区县公路建设则得到了市级层面的大力支持。这种支持不仅体现在资金、技术上，更包括政策引导和项目管理等方面。市级层面的介入使泸州在公路建设的统筹规划、资源整合及项目实施上更具优势，从而能够更好地服务于区域经济的发展。由于管理层级和对接机制不匹配，在统筹规划、资源整合、项目实施等方面产生了矛盾。

3. 考核机制不健全，组团凝聚能力不足

考核是两市能否真心组团的关键因素，考核以经济区划为主还是以行政区划为主，这是两市干部最关心的问题。"川南省域经济副中心"是从经济区划角度谋划川南片区的长远利益，在很大程度上需要突破省、市行政区划。目前，四川省对两市的考核还是以行政区划为基础，年终考核多以发展规模和经济效益为主。两市的官员和政府长期以来都在为争夺"省域经济副中心"你追我赶竞相发展，在考核竞争和主次关系上谁也不让步，因而在组团中多少会"打自己的小算盘"。以行政区划为基础的考核必然导致宜宾、泸州两地丰富的自然资源和地理优势更多是被各自城市分别利用，而非作为组团发展的共享基础。资源的分散利用降低了整体效率，也制约

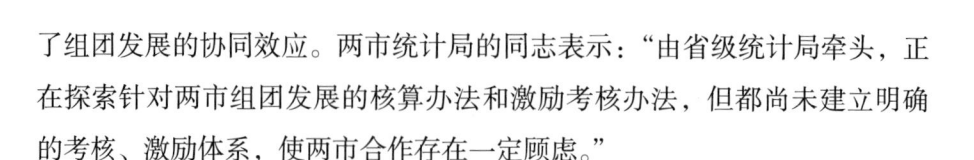

了组团发展的协同效应。两市统计局的同志表示："由省级统计局牵头，正在探索针对两市组团发展的核算办法和激励考核办法，但都尚未建立明确的考核、激励体系，使两市合作存在一定顾虑。"

（二）两市产业融合发展程度不高

1. 产业结构同质化严重，企业内耗竞争加剧

宜宾、泸州资源禀赋相近，交通便利、人文交流畅通，这是两地组团的前提和基础，两地在产业发展过程中完全可以充分利用这些资源和优势。然而，这些同质性的优势也容易导致产业同质化的问题。因为相似的资源和地理条件使两地都倾向发展相似的产业，产业之间基本上都存在一定的关联性，同质化的产业结构会导致地区间资源分配上出现竞争，从而限制了两地组团协作发展的空间和动力。例如，宜宾和泸州都以白酒产业作为支柱产业，而且都拥有知名的白酒品牌，"五粮液"和"泸州老窖"这两个品牌在国内外都享有较高的知名度。根据公开发布的信息，宜宾和泸州在产业发展规划上有相似之处，两地都提出了打造优质白酒产业集群的目标，并且都在积极推动相关产业的发展。此外，两地也都在培育国家级、省级先进制造业集群和战略性新兴产业集群，推进生物基纤维、高性能纤维纺织产业规模化绿色发展，支持晶硅光伏产业创新发展，打造国内领先的先进材料集群。宜宾、泸州两市的经济和信息化局、市经济合作外事局的同志分别表示："目前两市合作领域主要集中在包装材料、电子信息、能源化工等领域，因为两市产业结构相似，存在一定合作基础。但在一些传统产业板块，资源的有限性使得两地产业的竞争性大于关联性和互补性"，"由于两市产业结构相似，给招商引资带来一定难度，在招商引资方面，两地政府的竞争大于合作"。

2. 科技成果转化率不高，持续发展后劲不足

科技成果转化需要将科技成果从理论应用到实践中，发挥其作用并提高劳动者的素质及技能，进而提高生产效率并最终促进经济的发展。调研发现，泸州、宜宾两地的大部分企业，由于科技支撑不足，整体技术水平较为落后，缺乏先进技术和成套装备，自动化程度低，能源消耗高，产品质量有

待进一步提升。部分企业自主创新和转型升级意识不足，产品研发基础薄弱，科研经费投入不足，产业经济效益不明显。两地的大学城、科创城发展时间较短，高校、科研院所赋能产业发展的实践还停留在技术咨询服务阶段，科技创新体集群还处于起步期，科技成果转化率不高，制约了企业的长远发展。宜宾市农业农村局的同志表示："针对白酒产业，我市首次提出酿酒专用粮，但国内外公开发布成果仅有部分定性结论，缺少相应的定量数据。目前宜宾存在科研和生产'双轨制'，优粮和名酒'两张皮'现象。"

3. 产业布局分散性突出，尚未形成集群效益

现代产业集群代表产业发展新趋势，集群式发展可以促进优质资源集中，加快形成产业规模效益、特色品牌优势，全面提升产业乃至区域发展的竞争力。然而，宜宾、泸州两市企业布局分散，尚未组团更未形成合力。而且，两市缺乏辐射带动能力强的大型龙头企业和知名品牌产品，两市产业同质化竞争发展、低水平重复建设现象突出，两地协作条件较差，产品质量有待提升，并未形成专业化分工与协作的区域合作网络。例如，宜宾和泸州虽然都在积极发展白酒产业，并各自建设了产业园区，但双方在产业链协同、资源共享方面尚未形成深度整合。泸州市林业和竹业局的同志表示："全市竹产业年产值5000万元以上的企业有7家，年产值5亿元以上的仅四川金竹纸业和泸州永丰浆纸2家，企业集约化程度较低，产业布局有待进一步优化。"

（三）组团建设受主客观条件掣肘

1. 组团建设意识不够，两市跨区域联动发展不足

四川省区域经济发展不平衡不充分矛盾比较突出，《意见》是推动优势地区领先发展，促进"五区共兴"的重要举措，是四川破除"一城独大"的重要战略布局。宜宾、泸州两市组团融合发展格局形成，是带动四川高质量发展的活跃增长极和强劲动力源。然而，基于各种主客观原因，宜宾、泸州两市部分群体对《意见》的重要性认识不足，没有从全省视角看待组团发展的战略意义，更多从本市视角谋划"自家的一亩三分地"。双方的一些合作协议大多停留于文本，《意见》要求的"合力构建""联动发展""共

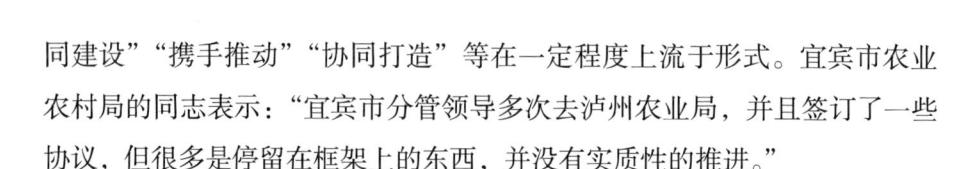

同建设""携手推动""协同打造"等在一定程度上流于形式。宜宾市农业农村局的同志表示:"宜宾市分管领导多次去泸州农业局,并且签订了一些协议,但很多是停留在框架上的东西,并没有实质性的推进。"

2. 水运航道等级偏低,港口型枢纽城市建设受限

宜宾、泸州两地以河流为纽带、以港口为节点,通过内河航运优化和整合当地资源,整个长江水道年货运量约占全国河流总运输量的70%。重庆以下的河段因江阔水深、全年通航,已提升到一级航道标准,5000吨级的船舶可常年到达重庆,货运价值极高。然而,重庆段至宜宾段是未经梯级渠化的天然航道,因为水流急、滩险多、通航能力低,航运等级仅为三级。由于通航能力受限严重,不仅制约了宜宾、泸州两地多式联运优势的发挥,而且制约了宜宾、泸州两地港口型枢纽的发展。宜宾、泸州两市交通运输局的同志表示:"从重庆到宜宾的航道,只能根据水位变化行船,对于企业来说耗时长,而且是不经济的,严重制约了企业发展。"同时,泸州港已成为长江上游最大进口粮集散中心,外贸集装箱量占省的80%,但宜宾、泸州水运口岸都为临时开放,市口岸物流办的同志表示:"水运口岸临时开放,不仅制约了国内国际双循环的畅通,而且制约了利用国际资源调节化肥供需,更制约了稳产保供战略部署的顺利实现。"

3. 多元要素保障不足,现代化进程中供需矛盾凸显

宜宾、泸州两市经济社会快速发展,但同时也受土地、资金等要素制约。以宜宾、泸州为代表的川南、渝西、黔北等地区,土地资源总量多,人均占有量少,优质耕地少,耕地后备资源少,使两地无法有效降低土地成本和提升生产效率。宜宾市发展改革委的同志表示:"宜宾近年来城镇用地需求旺盛,根据三区三线划定结果,未来宜宾市建设用地远不能满足产业发展和城镇建设需要。"宜宾市农业农村局的同志表示:"由于优质耕地少,白酒产业缺少优质粮,种粮效益总体处于亏损状态。在开放的粮食市场环境下,以2022年为例,宜宾市白酒企业实际采购本地粮作为酒用原粮的比例仅占7.2%。为保障以优粮产出名酒,在生产受抑、补贴受制的市场背景下,白酒企业通常职能选择定制产品。宜宾市2023年酒用原粮需求远远大于本地的供求，本地粮食不能支撑本地产业发展，按定制价格计算，五粮液相应增加采购成本2.22亿元。"宜宾、泸州两市综保区的同志表示："两市成功跻身全国财政收入百强城市，在2023年分别排四川省第2位、第3位，但两市财政实力还比较薄弱。两市自2020年实施减税降费政策以来，财政收入增长乏力。泸州近几年的刚性支出有所增加，进入了债券还本付息的高峰期，所以财政压力较大。虽然两地收入规模巨大，但同时支出规模也大，近年来地方财政的收支矛盾更加凸显。"

（四）目标要求与实际能力存在矛盾

1. 环境保护压力较大，生态建设与经济发展存在矛盾

经济发展与环境保护相互制约、相互促进，离开经济发展讲环境保护无异于缘木求鱼。我国目前仍处于社会主义初级阶段，发展经济是第一要务，只有发展经济才能实现国家繁荣富强、人民幸福安康。解决环境问题不能离开经济发展，离开环境保护谈经济发展无异于竭泽而渔。只重经济发展不讲环境保护，经济发展就难以持续；要保护自然环境必定会占用一定自然资源，在一定程度上会影响社会经济发展。泸州市交通运输局的同志表示："泸州境内整个长江全段都处于长江上游珍稀鱼类资源保护区的缓冲区，按照《中华人民共和国长江保护法》的规定，'国家对长江流域河湖岸线实施特殊管制，禁止在长江干支流岸线一公里范围内新建、扩建化工园区和化工项目'，实际上对长江黄金水道功能的发挥，尤其桥梁建设的影响还是特别大的。""例如泸州到宜宾修建高速公路，因为这个项目穿越了5处自然保护地，其中最高的地方是处于一个国家级的自然保护区。由于与自然保护区条例冲突，对交通设施建设有一定影响；又如泸州至古蔺高速公路，项目因穿越画稿溪国家级自然保护区和黄荆省级自然保护区等生态敏感区，制约了项目环评、建设用地等专项工作按时、有序推进。"

2. 组团配套政策缺乏，项目推进与经济支撑存在矛盾

产业配套政策的实施可以促进各领域各部门的协调发展，使相应领域的各类制度相互支撑、有机衔接。但是，宜宾、泸州两市现有配套政策不完善，因此为产业赋能的功能发挥不够。由于配套政策的缺失，不少部门依然处于独立的两个系统，信息流通不畅，或者行政程序冗杂。宜宾市发展改革委的同志表示："目前省直有关部门尚未制定出台配套支持政策以支撑宜宾泸州组团建设川南省域经济副中心，导致谋划、生成支撑性的重大项目、重大平台存在困难。"宜宾市商务局、农业农村局的同志表示："宜宾、泸州两市的跨境电商配套政策不完善，一定程度上会影响招商引资。同时特色小镇受'非粮化、非农化'政策影响，导致产业种植规模难以继续。两市城乡融合发展试点工作推进中，均存在功能衔接无法落实的情况，想要串联起来就需要政策支持。"

3. 市场开拓能力不足，现代产业与发展理念存在矛盾

随着"一带一路"建设的推进，国际大市场有了更多的机会，中国企业积极在文化、价值、标准、话语权上持续发力，全方位塑造中国企业新实力。然而，宜宾、泸州两市企业对国际大环境认识不足，缺乏知名品牌产品，企业做强品牌的意识不够，缺乏让小品牌走出省外、迈出国门、走向国际的竞争意识。以跨境电商为例，不少企业在走出去时总谈论风险，认为跨境电商涉及多个国家和地区的法律法规，而且销售佣金、平台佣金、物流关税等开支不小。这些企业没有看到跨境电商作为一种新兴贸易手段，可以有效打破地域限制，可以使企业降低物流和人力成本，正逐渐成为我国对外贸易的重要组成部分。宜宾市商务局的同志表示："因开展跨境电商业务需投入大量资金或承担一定经营风险，本地传统型企业大多持审慎态度，对跨境电商业务的重视度和参与度都不够。两市企业大多处于小富即安状态，存在严重的重内轻外现象，普遍缺乏市场品牌意识和竞争能力。"

三、宜宾泸州组团建设川南省域经济副中心的对策建议

（一）推动产业融合与错位发展

宜宾、泸州地理位置相近、生态环境相似。两市通过优化资源配置、强化产业特色、避免同质化竞争，以促进两市之间的协同与互补，发挥比较优势和竞争优势，遵循组团式布局产业，实现整体的高效与可持续发展。

1. 推动特色产业错位发展

宜宾和泸州在多个领域面临竞争关系,两地应积极探索特色产业的错位发展。首先,宜宾依托优势资源发展特色产业。宜宾应利用智能化改造提升传统制造业,发展高端装备制造、新能源汽车等新兴产业,通过智化、网络化、绿色化改造,提高产业附加值。宜宾应依托丰富的磷矿资源,发展先进电池材料等新材料产业,推动产业链向下游高端产品延伸。宜宾可以利用大数据、云计算等信息技术,推动数字经济与实体经济深度融合,发展数字创意等新经济业态。其次,泸州依托产业基础深化产业发展。泸州应依托丰富的天然气资源,且在天然气化工、精细化工、新材料等领域拥有较强的产业基础,推动产业升级,发展循环经济。作为四川唯一的水运港口城市,泸州的泸州港是长江经济带上的重要节点,结合自由贸易试验区政策优势,应发展外向型经济,促进临港工业、国际贸易和物流服务业的繁荣。泸州在汽车摩托车、通用机械制造领域拥有较好的产业基础,应通过引入和培育龙头企业,推动产业的集群化和智能化发展。宜宾、泸州通过明确各自优势产业,找到互补空间实现错位发展。

2. 强化产学合作加速科技转化

第一,构建协同创新平台。共建研发中心,依托两地高校和企业,联合建立跨区域研发中心,专注于白酒酿造技术、新材料、智能制造、数字经济等关键技术领域的研发,共享研发资源,加速技术突破。建立技术转移中心,成立泸宜技术转移平台,促进科技成果在两地间的高效转化与应用,为中小企业提供技术咨询、成果对接等服务,打破技术转移壁垒。

第二,促进产学研用深度融合。建立校企联合实验室,鼓励两地高校与企业建立联合实验室,通过项目合作、实习实训等形式,将科研成果快速转化为生产力,同时为学生提供实践基地,培养创新人才。成立产业技术创新联盟,组建跨区域的产业技术创新联盟,聚焦白酒产业链升级、智能制造技术应用等重点方向,通过技术交流、协同研发,提升产业链整体技术水平。

第三,优化技术要素资源配置。建立共享技术数据库,构建技术资源

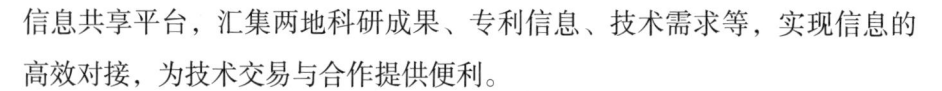

信息共享平台，汇集两地科研成果、专利信息、技术需求等，实现信息的高效对接，为技术交易与合作提供便利。

3. 完善产业布局形成集群效应

宜宾与泸州发挥各自产业、资源优势，通过紧密合作形成互补，共同推动产业发展。

第一，确立协同发展战略目标。宜宾与泸州应基于各自产业优势和资源特点，共同确立协同发展的总体战略目标。宜宾和泸州被共同定位为川南省域经济副中心。两市合力打造国家重要的先进制造业基地、全国城市组团发展样板和全省南向开放枢纽门户，共同承担起推动优势地区领先发展、促进"五区共兴"的历史使命。

第二，构建产业链条互补体系。基于宜宾在新能源、智能终端等新兴产业的领先优势，泸州在白酒、化工等传统产业的深厚底蕴，双方应深入挖掘产业链条互补潜力。通过建立跨区域产业链协作机制，促进宜宾的先进制造技术与泸州市传统产业升级相结合，共同打造具有国际竞争力的产业集群。

第三，搭建创新资源共享平台。宜宾与泸州应联手建设跨区域的科技创新平台，如协同创新中心、产业技术研究院等，共享实验设施、科研数据和专家资源。同时，鼓励两地高校、科研机构和企业开展联合研发项目，为产业转型升级提供科技支撑。

第四，优化交通物流网络。加快川南城际铁路、高速公路等重大交通项目进度，提升长江航道运输能力，构建高效便捷的物流体系。通过建立物流信息共享平台，实现货物运输的实时跟踪与优化调度，降低物流成本，提高区域物流效率。

（二）实现要素协同并优化条件

宜宾与泸州，作为四川经济的重要组成部分，拥有得天独厚的地理位置和丰富的自然资源，两市可以通过要素协同优化客观经济、地理条件，实现高质量发展。

1. 破解运力瓶颈提升通航能力

现阶段需尽快落实长江上游重庆至宜宾段航道整治项目，提升长江黄金水道通航能力，同时将水运口岸临时开发改为正式开发。

第一，狠抓重点项目提升枢纽能级。首先，聚焦港口扩能升级。全面落实川渝《共建长江上游航运中心实施方案》，协同推进生态航道提升工程。加快宜宾和泸州港总体规划的修编，深化港智慧口岸建设。探索宜泸水上服务联动、水运审批异地互办，着力培育形成宜泸航运服务集聚区。其次，推动公路提质扩面。加快两地高速公路建设，积极推进宜渝北线高速扩容等高速前期工作，织密连接渝黔高速大通道，提升区域互联畅通水平。最后，提升铁路整体效能。建成渝昆高铁泸州段、铁路运输类海关监管作业场地，加快隆黄铁路隆叙段扩能改造建设，全力推动宜宾和泸州的高铁纳入国家《中长期铁路网规划》，协同推进铁路建设。

第二，巩固国际通道做强枢纽支撑。首先，强化东向。依托长江黄金水道，加强泸州港与沿江沿海港口协作，丰富"泸州—宜宾"等"水水中转"航线。其次，突出南向。依托西部陆海新通道主干道，发挥铁海联运优势，巩固南向开放桥头堡地位，加强与北部湾城市的联系，构建国际物流大通道。最后，扩大西向。稳定开行中欧班列，构建"泸州+宜宾+成都+欧洲"物流大通道，积极融入成都主核，形成链接欧洲的物流大通道。

第三，加大保障力度夯实枢纽基础。首先，强化组织保障。建立健全以市领导任总召集人的港口型国家物流枢纽城市建设协调机制，推动形成"1+N"政策体系，做到长远规划有思路、工作推进有举措、责任落实有分工。其次，强化运营保障。整合资源组建宜宾、泸州物流集团，加大枢纽建设运营主体的培育支持，确保推进宜宾、泸州枢纽重大设施、通道、节点建设。最后，强化人才保障。加大物流人才引进培育，推动本地高职院校人才培养与枢纽建设运营相衔接，建立港口型物流枢纽发展智库。

2. 实现要素协同促进高质量发展

第一，实现土地要素协同促进城市建设和产业发展。泸州和宜宾的城市建设和产业发展用地不足，尤其在快速城市化和人口集中区域，需综合运用多种策略以提高土地使用效率和优化土地资源配置。首先，提高土地利用效率。高层建筑与垂直扩展，在城市中心和交通便利区域，鼓励建设高层住宅和办公大楼。高层建筑不仅能够有效提升土地的容积率，还能集中提供公共服务和基础设施。其次，建设智慧城市平台，利用大数据、物联网和人工智能等技术，优化城市管理和服务，如智能交通系统可减少交通拥堵，提高道路使用效率。最后，建设专项基地化解土地要素制约难题。两地支柱产业为白酒产业，土地资源不足严重制约白酒产业发展，建立酿酒专用粮基地，有利于提高种粮效益，降低粮食生产成本，促进产业发展。同时，开展技术培训和交流，提升农民的种植技能和科学管理水平。

第二，实现资本要素协同促进产业发展。通过共建金融创新平台，拓宽融资渠道。首先，建立区域金融合作平台。成立泸宜金融合作联盟，建立由两地政府部门、金融机构、企业代表组成的泸宜金融合作联盟，负责协调和推动两地金融政策的对接、金融资源的整合与共享。其次，优化资本要素流动机制。建立资本跨区域流动机制，简化跨市域投资审批流程，消除资本流动障碍，鼓励金融机构跨区域设立分支机构，促进资本在两地的高效配置。最后，强化产业基金合作。共建产业投资基金，联合发起设立泸宜产业发展基金，重点支持两地共有的优势产业，如白酒、化工、新能源、智能装备、数字经济等领域的重大项目，以及具有发展潜力的创新创业项目。

（三）加强统筹与转变激励方式

完善省级统筹协调机制，在省级政府层面建立一套系统性、多层次的工作体系和程序规则，同时转变激励方式试点合并考核，优化资源配置，有效协调宜宾、泸州共同发展，提高政策执行效率，确保宜泸组团建设川南省域经济副中心顺利推进。

1. 完善省级统筹机构增强协调性

形成组织架构确定职能定位。设立宜宾—泸州统筹协调机构。在省级推动成渝地区双城经济圈建设暨推进区域协同发展领导小组框架下，充分发挥省领导联系指导市工作机制作用，统筹推进支持宜宾泸州组团建设川南省域经济副中心工作，确保政策的高层推动和权威性。

第一，明确相关人员职责分工。首先，根据相关规定和组织架构，细化各成员单位职责，明确主要责任和工作内容。其次，建立跨部门工作小组。宜宾—泸州合作项目涉及多个不同部门的综合性工作时，明确牵头部门和协作部门的职责，确保工作的连贯性和协同性。最后，动态调整和优化。根据宜宾—泸州合作项目的转变，及时调整分工内容，增减相关工作人员，以适应新的形势和任务需求。

第二，提高审批效能。首先，简化优化项目申报与审批流程。识别并去除冗余步骤，只保留必要环节，缩短审批链条。其次，引入智能化技术。通过数字化手段，如建立在线审批监管平台，减少纸质文件提交，实现项目申报、审批、备案的电子化、网络化，缩短审批周期。最后，建立省级重点项目库，实行项目申报、评审、跟踪、评估全过程管理，确保项目质量与进度，避免重复建设和资源浪费。

第三，实现信息共享与沟通协调。搭建省级统筹下宜泸政府信息沟通平台。首先，统一信息标准与规范。制定统一的数据标准、接口规范和交换协议，确保宜宾、泸州两市信息的兼容性和互操作性。其次，集成两市信息资源整合。两个市区现有的政务信息系统，如政务云平台、数据中心、电子政务外网等，形成统一的省级政务信息资源池。最后，建设信息共享平台。实现跨市区的业务数据实时共享和交换，包括但不限于人口信息、法人信息、信用信息、地理空间信息等。

2. 转变激励方式实现两地合并考核

第一，设立联合发展目标统一考核标准。首先，明确联合发展战略与目标。共商共建规划。两地政府高层需共同参与，组织专家团队，基于各自优势产业、资源禀赋及国家战略导向，共同制定宜宾—泸州经济副中心发展总体战略规划。其次，设计统一考核体系。构建指标体系，确保指标全面反映经济副中心建设的综合成效。确定差异化权重，根据两地实际情况，对指标赋予合理的权重，体现地方特色和差异性。如宜宾可侧重智能终端、电池与光伏的转型升级，泸州则可注重化工产业与新能源汽车等产业的发展。

第二，实施差异化激励机制。首先，创新激励政策。精准识别地域特色与产业优势。对两地的产业结构、资源分布、产业链条、创新能力等进行详尽摸底，明确各自的核心竞争力和潜在增长点。基于分析结果，为宜宾和泸州分别明确差异化的发展定位，如宜宾可侧重酒类产业、光伏、电池升级转型与新型储能、数字能源等新兴产业的培育，泸州则可聚焦白酒产业、能源化工产业升级转型和电子信息、医药健康等新兴产业的培育。针对不同产业、不同区域的特点，设计差异化的激励政策。其次，制定绩效挂钩奖惩制度。将两地政府部门、重点企业的年度绩效直接与经济副中心建设成效挂钩，实施浮动薪酬制度和奖惩机制，激发工作积极性。正向激励为主，奖励机制重在激发积极性，对超额完成任务的单位和个人给予财政奖励、政策倾斜、荣誉表彰等。适度惩罚为辅，对未达标的单位实施警告、限时整改，严重者适度削减财政支持或项目优先级，提供改进指导与支持。

（四）冲破掣肘桎梏并完善支持

在缺乏充分协调的情况下，出台的政策可能出现相互掣肘的局面，如经济发展目标与环境保护目标冲突时，需采取各种措施保障经济可持续发展，同时完善两市产业配套政策，积极赋能产业发展。

1. 构建兼顾经济发展与环境保护的模式

面对经济发展与环境保护之间的冲突时，构建一种既能促进经济增长，又能维护生态平衡的发展模式显得尤为重要。

第一，推行绿色经济与循环经济。政府和私营部门应增加对绿色技术、清洁能源和环保基础设施的投资，如风能、太阳能、水力发电和智能电网，以及城市绿化、污水处理和废物回收系统。鼓励采用循环经济模式，并促进废弃物的回收利用。企业应建立绿色供应链，从采购到生产、物流、销售及回收的全过程实施环保标准，减少整个价值链中的环境足迹。

第二，强化政策法规与市场机制。制定和执行严格的环境保护法律法规，限制污染物排放，保护生态系统和生物多样性，同时为绿色产业提供法律保障。引入环境税，对污染排放和资源消耗征税，同时对绿色产业和环保项目给予税收减免或补贴，激励企业和个人采取环保行动。

第三，利用科学技术保护环境。在经济发展与环境保护相冲突时，可以增加投资研发，提高自然资源的利用效率。推行必要经济项目时运用高科技减少对环境的伤害，同时发展检测技术，通过大数据和人工智能收集和分析大量的环境数据，科学家和决策者可以更准确地评估生态系统健康状况，预测环境变化趋势，并制定有效的保护策略，减少对自然环境的负面影响，实现真正的绿色增长。

2. 增强产业配套政策支持度赋能发展

第一，创新工作机制增加产业配套政策支持。首先，设立执行机构。成立领导小组办公室，负责具体事物的筹划、协调和监督，确保各项决策得到有效实施。设立专项工作组支持产业发展。其次，完善顶层设计与政策规划。基于宜宾、泸州的资源禀赋、产业项目等实际情况，编制中长期发展规划和年度行动计划，统筹内容涉及国土空间、产业升级、公共服务、基础设施、生态环境、城乡融合等。推动多规合一，推进各类规划融合，消除规划之间的矛盾和冲突。再次，多渠道推动宜泸组团建设。寻求公众参与与专家咨询，广泛征求社会各界意见，尤其要征求宜宾、泸州和有相关经验地区公众、企业和专家学者的意见，运用大数据等现代技术手段，对宜宾、泸州境内的资源环境承载力、经济社会发展趋势、区域发展差异等进行深入分析，为科学规划提供数据依据。最后，坚持目标导向与问题导向相结合。设定清晰的发展目标，同时针对存在的问题和挑战，如发展不平衡、资源环境约束等，提出策略和具体的解决方案。

第二，优化宜宾、泸州项目管理。首先，建立常态化的监管与调度机制。建立健全宜宾、泸州重大项目管理的长效机制，定期调度和评估项目进展，确保项目按时按质完成，及时调整策略应对问题。其次，实现全口径管理与统一目录。将省级和宜宾、泸州两地市级相关政务信息系统全部纳入管理平台，建立统一政务信息系统总目录，确保项目信息的全面性、透明度和可追溯性。最后，加强前期工作与论证。多渠道获取宜宾、泸州

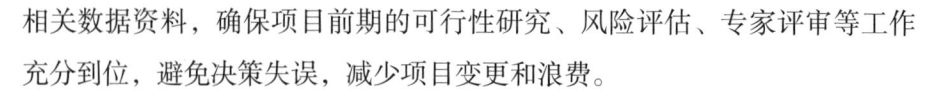

相关数据资料，确保项目前期的可行性研究、风险评估、专家评审等工作充分到位，避免决策失误，减少项目变更和浪费。

（五）推动进展和增强品牌意识

宜宾、泸州两市对《意见》的重要性认识不足，使协作停留在框架阶段，需采取各种措施推动组团建设有实质性进展。同时，两市企业需强化品牌意识增强企业竞争力。

1. 增强重视度推动组团建设实质性进展

第一，构建全方位、多维度的宣传教育体系。构建一个全面覆盖的宣传教育体系，这一体系应涵盖传统媒体与新媒体、线下活动与线上平台、专业培训与大众普及等多种渠道。首先，创新媒体宣传方式，提升信息触达率。整合媒体资源，充分利用电视、广播、报纸等传统媒体，结合微博、微信、抖音等新兴社交媒体平台，形成多媒体联动宣传矩阵，确保信息的全方位覆盖。定制化内容制作，根据不同受众群体的特点，制作个性化、趣味性强的内容。其次，开展系列主题活动，强化公众参与感。组织专题研讨会，定期举办关于组团建设的专题研讨会，邀请各界人士参与讨论。最后，开展实地考察活动，组织市民、企业代表等参观已建成的示范项目，如产业园区、交通枢纽等，通过直观体验感受组团建设带来的变化，加深理解。

第二，深化政企民三方合作，共创共建共享。组团建设的成功不仅依赖政府的推动，还需要企业积极参与和民众的广泛支持。首先，强化政策引导，激发企业活力。出台激励政策，政府应制定一系列优惠政策，如税收减免、资金补贴、用地支持等，鼓励企业参与组团建设的相关项目，降低企业成本，提高其参与意愿。其次，促进民众参与，增强社会共识。建立反馈机制，开通线上线下多种渠道，收集民众对于组团建设的意见和建议，及时回应关切，增强民众的主人翁意识。最后，开展志愿服务，鼓励民众参与环境保护、社区建设等志愿服务活动，通过实际行动感受组团建设带来的积极变化，增强社会凝聚力。

2.强化企业品牌意识增强产业竞争力

第一,强化产业品牌定位与差异化策略。通过差异化的策略在消费者心中树立独特而鲜明的形象。首先,进行深入的市场调研,理解目标顾客群的偏好、需求及生活方式,以此为基础确立品牌的个性和故事。故事化的品牌传播能够触动消费者的情感,增强品牌记忆点。五粮液可以更深入地讲述其"五谷杂粮,精心酿制"的工艺故事;而泸州老窖可聚焦于其古老的窖池文化,展示时间赋予的醇厚与独特。其次,实施差异化战略,从产品功能、设计、用户体验或客户服务等方面寻求突破。差异化不局限于产品本身,更体现在品牌形象、营销方式、用户互动等多维度。

第二,构建全方位品牌体验深化消费者互动。品牌活力的提升还需通过构建全方位、多触点的品牌体验,深化与消费者的互动关系。首先,优化线上线下融合的购物体验。在线上,利用大数据和人工智能技术提供个性化推荐,简化购物流程;在线下,则注重营造沉浸式体验,如开设主题体验店、举办品牌活动等,让顾客在体验中感受品牌魅力。同时,确保线上线下服务的一致性和连贯性,提升顾客满意度。其次,利用社交媒体和内容营销建立品牌社区。通过持续输出高质量、有价值的内容,如专业知识分享、用户故事、趣味互动等,增强用户的参与感和归属感。鼓励用户生成内容,如晒单、评测、话题讨论,借助口碑传播扩大品牌影响力。最后,制订长期的顾客忠诚计划。通过会员制度、积分奖励、专属优惠等方式,增加顾客黏性,并收集反馈用于不断改进产品和服务,形成正向循环。

(课题组成员:郭从伦、雷永阔、陈昌荣、翁明源、潘胜军、刘培卿)

关于加快推进南充达州组团培育川东北省域经济副中心的报告

四川省第十二次党代会提出"支持南充达州组团培育川东北省域经济副中心",赋予南充、达州引领带动川东北经济区振兴发展的重要任务。2024年1月,《中共四川省委 四川省人民政府关于支持南充达州组团培育川东北省域经济副中心的意见》(以下简称《意见》)出台,明确要求南充达州组团培育经济实力强、承载能力强、带动作用强的省域经济副中心,提出携手打造成渝地区先进制造业集聚区、四川东向北向开放高地、西部地区绿色发展样板"三大使命",从新型工业化、对外大通道、生态资源优势发挥、新型城镇化建设四个方面绘制了"路线图""任务书"。

南充达州组团培育川东北省域经济副中心,是省委贯彻落实党的二十大"深入实施区域协调发展战略""以城市群、都市圈为依托构建大中小城市协调发展格局"的重大部署,着眼深度融入成渝地区双城经济圈建设、深入实施"四化同步、城乡融合、五区共兴"发展战略作出的重要安排,是破解全省区域经济发展不均衡、构建"多中心、组团式"发展格局、辐射成渝双城经济圈北翼振兴的重要抓手。四川省第十二次党代会以来,南充、达州认真落实省委决策部署,坚决扛牢组团培育川东北省域经济副中心的政治责任和时代使命,精心谋划组团工作,积极探索方法路径,切实把省委的战略部署转化为两市的具体行动。

一、南充达州组团培育川东北省域经济副中心的总体情况

南充达州组团培育省域经济副中心,不仅是省委推进区域协同发展的战略考量，也是川东北经济区振兴发展的现实趋向。本着从竞相发展走向合作共赢的总体思路，两市因地制宜、鼓足干劲、敢于担当，推进组团工作开好局、起好步。

（一）坚决贯彻省委决策部署，全面强化行动自觉

《意见》出台后，两市迅速对接省委战略，建立协同工作机制，探索组团发展契合点，确定重点任务清单，制定专项行动方案，务实推进组团工作。

1. 对标省委要求，提升组团发展实力

南充市结合省委《意见》要求，鲜明提出"加快建成省域经济副中心、奋力谱写现代化南充建设新篇章"的奋斗目标，明确了"五区建设"[①]的发展定位，谋划了"五市战略"[②]的发展路径，制定了行动方案扎实推进发展方式、发展动力、发展领域、发展质量变革。达州市围绕建设万达开天然气锂钾综合利用集聚区、东出北上国际陆港枢纽、组团培育川东北省域经济副中心"三大战略定位"，明确"大抓工业、重抓制造业"导向，立足资源禀赋和产业基础，推动"七大领域"[③]关键技术攻关，高质量开发利用"天然气、锂钾、能源、森林"四大资源，大力培育新质生产力，以工业为引领和突破，带动农业、促进服务业，协同推进经济发展质量变革、效率变革、动力变革，坚定不移推动高质量发展。

2. 建立协作机制，深化组团发展行动

两市商定由市委书记担任联席会议第一召集人，由市政府对工作推进中的重难点问题予以协调，签订了战略合作和相关领域合作协议，在自贸区建设、生态环境保护、政务服务等方面进一步加强谋划。不断加强与省推动成渝地区双城经济圈建设暨推进区域协同发展领导小组办公室、川东北经济区联席会议办公室等方面的沟通衔接，研究解决协作过

[①] 加快推进成渝地区先进制造业集聚区、西部绿色发展样板区、巴蜀特色文化旅游发展示范区、四川东向北向开放引领区、全国有影响力的高品质生活宜居区。

[②] 工业立市、文旅兴市、绿色优市、开放活市、人才强市。

[③] 人工智能、勘探开发、高端化工、高性能纤维、清洁能源、农林生物、智能装备制造。

程中的重大问题，推动形成上下联动、多层次推进的工作局面。达州市于2024年初专门组建区域协调发展局作为市政府工作部门，负责推进川渝万达开地区统筹发展、南充—达州组团培育川东北省域经济副中心、托底性帮扶、舟山—达州东西部协作、县域经济协同发展等工作，为全省首创。

3. 明确重点任务，推动组团务实合作

在完成2023年重点任务的基础上，2024年2月，南充、达州召开第二次党政联席会议，审议了相关分工方案、重点任务清单和专项行动方案，将《意见》目标任务细化为52项具体工作事项，逐条建立台账、明确具体时限、制定针对措施，明确由市级负责同志分领域负总责，各级各部门具体抓好落实，并将其作为贯彻落实省委重大决策部署工作重要考核内容，纳入各自重点工作和督查计划，确保重点事项和支持政策落实见效。两市将《意见》对接落实情况作为贯彻落实省委重大决策部署工作的重要考核内容，纳入全市重点工作和督查检查考核计划，确保重点支持事项和支持政策尽快落实见效。

在省委的战略引领和相关政策的推动下，南充、达州全力以赴拼经济、搞建设，推动经济承压前行、加速回升、稳中向好。2024年上半年，两市实现地区生产总值2514.7亿元。

（二）坚持新型工业化主导，建设成渝地区先进制造业集聚区起步成势

南充、达州同为四川经济大市、人口大市，同处成渝地区双城经济圈建设的重要节点，工业有基础、资源有优势、组团有潜力。两市依托自身资源能源优势，统筹推进新型工业化，探索产业跨区域合作协调机制，培育打造能源化工、装备制造、食品轻纺、先进材料等优势产业集群，培育新质生产力，激发制造业建圈强链新动能。

1. 以工业为主引擎，加快构建现代化产业体系

南充、达州从本地实际出发，根据当地的资源禀赋和产业基础，因地制宜选择主导产业和支柱产业，制定工业发展战略，统筹推进传统产业转型升级、新兴产业发展壮大和未来产业抢先布局,持续夯实"成渝地区先进制造业集聚区"建设基础。

南充市聚力培优"汽车汽配、化工轻纺、食品医药"三大支柱性产业,培育壮大"电子信息、装备制造"两大成长性产业,培育新材料、低空经济、氢能、人工智能等新兴产业和未来产业。着力打造省级新能源汽车与智能汽车产业集群,加快建设全省绿色化工产业基地和丝纺服装设计研发生产基地、成渝地区食品饮料生产基地和西部生物医药产学研基地。经开区化工园区致力于打造油气化工千亿产业集群,主动对接融入全省万亿级能源化工产业。

达州市坚定不移实施"工业强市"核心战略,鲜明"大抓工业、重抓制造业"思路,实施赋能、强基、提质三大工程,奋力打造"3+3+N"现代产业集群,加快建设千亿级产业、千亿级园区、百亿级企业协同发展的现代化产业体系。做强能源化工、新材料、农产品加工等特色优势产业,研究制定《达州市能源化工产业发展规划(2022—2035年)》,在高新区、普光经济开发区和东部经开区对能源化工产业链进行统筹布局。

2. 以龙头企业引育为支点,实施优质企业梯次培育

南充、达州两地聚焦"强链、补链、延链",以突破"卡点"、打通"堵点"为目标,努力培育高精尖产业领域的龙头企业、细分领域的头雁企业,推动形成优质企业梯度发展格局。

南充市支持壮大龙头企业,深入实施"贡嘎培优""提质壮干""扶幼育苗"等梯次培育计划,鼓励企业技改创新,打造更多具有核心竞争力和产业链控制力的链主企业和领军企业。现有规上工业企业982家。达州市建立健全以创新型领军企业为龙头、高新技术企业为主干、科技型中小企业为基础的创新型企业集群梯次培育发展体系,推动创新主体扩容提质。加强科技创新平台建设,现有国家级、省级创新平台55家,规上工业企业1071家、100亿企业2家。

3. 以园区建设为抓手,推动产业平台提档升级

在组团培育省域经济副中心的进程中,南充、达州聚焦园区发展,探索多元化协作，打造产业聚集新高地。

南充市持续推进工业园区建设，现有国家级新型工业化产业示范基地1个、国家级绿色工业园区2个、省"5+1"重点特色园区1个、省绿色低碳优势产业重点园区1个、省院士（专家）产业园区3个、成渝合作示范园区2个。支持临江新区（省级新区）创建国家级新型工业化产业示范基地，推进南充经开区（省级经开区）创建国家级经济技术开发区、南充高新区（省级高新区）创建国家高新技术产业开发区。达州市实施"双园双驱"发展战略，打造达州高新区、达州东部经开区两大高能级发展平台，引领全市"7+2"产业园区争先进位、竞相发展。高新区依托丰富的天然气、硫黄等优势资源，形成三大产业链条，现有规上能源化工企业23家，2023年实现规上工业总产值104.1亿元，获批为国家级绿色工业园区、省级绿色工业园区及四川省高端人才产业园。

（三）加快对外大通道建设，构建四川东向北向开放高地初具规模

省委十二届二次全会赋予南充建设区域综合交通物流枢纽、达州建设东出北上国际陆港枢纽战略定位，两市协同建设东出北上综合交通运输大通道、扩大高水平对外开放优势明显。

1. 构建东出北上立体交通网络

南充、达州两地在交通项目规划、争取、建设、运营等方面不断加强合作交流，积极共建综合交通枢纽集群，不断提升枢纽城市能级。

南充市作为西部地区重要交通枢纽城市，"铁公水空"综合交通运输体系日趋成熟，已形成南充至全国主要经济区"3小时交通圈"、南充至成渝"90分钟交通圈"和"市内1小时交通圈"。达成铁路、兰渝铁路、成南达万高铁、巴南高铁"四条铁路"境内交汇，成南、南渝等"十六条高速"纵横交错，嘉陵江Ⅳ级航道直达上海，阆中古城机场建成通航，南充成为全省除成都、甘孜、阿坝外第四个拥有双机场的城市。达州市作为全国179个公路运输主枢纽和全省12个次级综合交通枢纽城市之一，是北进陕西、南接重庆大都市、东邻万州深水港、西连天府腹地的重要综合交通枢纽。成南达万高铁、西渝高铁在达州十字交汇，全面融入国家"八纵八横"高速铁路网。现有高速公路8条，Ⅳ级航道152千米，达州金垭机场是川东北最大支线机场、已开通航线37条。

2.建设综合物流枢纽

两地紧紧围绕综合物流枢纽建设，加速布局通道建设、物流枢纽打造、枢纽场站集疏能力提升等，初步形成了多式联运通道新格局。

南充市围绕国家现代流通战略支点城市、区域综合交通物流枢纽定位，着力提升铁路货运组织，提高航空货运腹舱利用率，增强嘉陵江水运省际运力，做大公路规上企业规模，大力发展多式联运，加快建设国家邮政快递处理中心，打造综合货运枢纽和物流基地。南充现代物流园是全省唯一的公路、铁路、水运、航空运输"四位一体"的综合性现代物流园。达州市出台《推进口岸物流产业跨越发展十条意见》，以建设商贸服务型国家物流枢纽承载城市、国家骨干冷链物流基地、秦巴地区综合物流枢纽为载体，推进河市坝铁路综合物流基地前期工作。目前已开行四川东出铁水联运班列、西部陆海新通道达州班列、中欧班列达州专列、中老铁路达州货运列车和电子信息产品物流专线，组建西部陆海新通道物流枢纽联盟。

3.打造高能级开放平台

两地把建好用好平台载体作为重要抓手，不断提升开放平台能级，打造开放平台品牌形象，提高开放平台的整体影响力和美誉度。

南充市积极推动保税物流中心（B型）争创国家综保区，持续提升中国（四川）自贸区南充协同改革先行区、中欧班列南充基地、陆海新通道南充货物集散中心开放能级。2023年，保税物流中心（B型）实现进出口17.5亿元、同比增长97.74%，排全国第29位，同比上升5位；中欧班列、国际卡班累计分别开行17列、60余班，贸易总额超25亿元；航空港经开区成功申创省级外贸转型升级基地（电子信息类）。达州市加快推动铁路口岸、航空口岸、综合保税区等开放平台建设，依托中国（四川）自由贸易试验区达州协同改革先行区推动高新区入选全省9个集成授权改革试点区域。2023年年底已完成保税物流中心（B型）基础建设。中国（达州）

秦巴地区商品交易会作为全省重点培育的两个区域性品牌展会，已成为秦巴地区加强经贸往来、促进文化交流的重要平台，2023年实现交易额约65亿元。

（四）立足生态资源优势，加快打造西部地区绿色发展样板初见成效

南充、达州同为长江上游重要生态屏障，拥有得天独厚的自然生态禀赋。两地深入贯彻"两山"理论，坚定不移推进生态优先、绿色发展道路，取得初步成效。

1. 加强生态环境共建

两地高度重视污染防治和跨流域生态环境保护协作，不断健全区域环境治理体系，提升生态环境治理效能，着力构建嘉陵江流域生态环境保护一体化战略格局。2024年以来，南充市空气质量在全国168个重点城市中排第30位，同比上升25位；嘉陵江干流及升钟水库稳定保持地表水Ⅱ类标准，全市8个国考断面和城市饮用水水源地水质达标率100%；建设用地和受污染耕地安全利用率均为100%，全市土壤环境质量总体保持良好。达州市空气质量优良天数率89.5%，同比增加4.1%，综合指数在全国168个重点城市排第45位，同比上升26位。从嘉陵江—渠江生态廊道建设视角看，两市加强联合"测管协同"，重点监测流江河重要区域，建立河流信息共享、联席会议、联合巡查、重大水污染事故协商处置、层级考核督查等制度，完善嘉陵江流域横向生态补偿机制、全流域河长联动机制，协力破解跨界河流管治难题。

2. 做大特色优势农业

南充、达州同为全省农业大市，近年来稳中求进，不断壮大特色农业产业，扩大川东北农业对外影响力。2024年上半年，南充农林牧渔业总产值314.2亿元，达州农林牧渔业总产值287.4亿元，分别位列全省第二、第三。

南充市扎实推进农业特色优质发展行动，大力实施现代农业"四项提升"计划，建成各类现代农业园区132个，其中"国字号"示范园（区）

8个、省星级园区14个，数量居全省前列。嘉陵区现代农业产业园是目前全国唯一以蚕桑—高粱为主导产业的国家级园区。全市累计建成高标准农田480万亩，建成各类水利工程50万处，有效灌溉面积达383万亩。2023年粮食播面、生猪出栏量、晚熟柑橘产量居全省第一。认证"两品一标"400个。初步形成以"好充食"农产品区域公用品牌为核心、国家农产品地理标志商标为支撑、中国驰名商标为特色的品牌矩阵。达州市坚持粮食安全底线不动摇，从稳面积、稳政策、稳单产入手，强化服务指导，粮食生产连年稳中有增。推动达川区百马工业园区建设丘陵山区现代农机装备产业园。创建国家现代农业产业园2个，认定省星级现代农业园区11个、市级园区40个、县级园区107个。建设"巴山食荟"区域公用品牌，着力构建"1+N+N"农产品品牌体系。2023年，粮食产量326.6万吨，实现粮食总产量全省"十一连冠"；耕地保有量632万亩，累计建成高标准农田478.53万亩、居全省第二；出栏肉牛、家禽数，居全省农区第一。

3. 推动文旅康养融合发展

南充、达州是川渝鄂陕旅游环线重要节点，文化旅游康养资源丰富。两地不断探索共建共享新思路，加强文旅康养资源统筹利用，打造文旅康养融合发展高地取得新进展。

南充市是中国优秀旅游城市、首批国家公共文化服务体系示范区、首批国家文化和旅游消费试点城市，拥有联合国非物质文化遗产2项、国家级非物质文化遗产6项、全国重点文物保护单位19处。高坪、阆中、仪陇入选天府旅游名县。阆中汉服纪成功出圈。全市2023年接待游客9561万人次、文旅产业产值1320亿元，居全省第2、第3位，获国务院办公厅督查激励，入选全国十个、全省唯一的"文化产业和旅游产业发展势头良好、文化和旅游企业服务体系建设完善、消费质量水平高的地方"。达州市立足巴山大峡谷、八台山、龙潭河等良好的自然生态和气候、温泉、中医药、红色文化等丰富的自然人文资源，大力发展大巴山生态康养旅游、红色旅游，形成了以八台山·龙潭河、巴山大峡谷为重点的四季旅游产品体系，打造了"巴风賨韵·水墨达州"文旅品牌。成功创建天府旅游名县2个。与南充

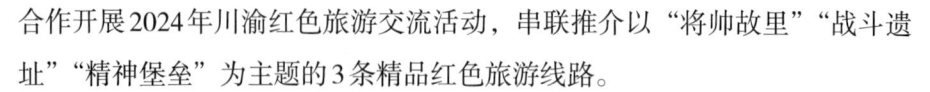

合作开展2024年川渝红色旅游交流活动，串联推介以"将帅故里""战斗遗址""精神堡垒"为主题的3条精品红色旅游线路。

4. 建设宜居宜业和美乡村

两地坚持以学习运用"千万工程"经验为引领，以确保国家粮食安全、确保不发生规模性返贫为底线，因地制宜提升乡村发展水平。

南充市实施农村道路畅通工程、农村供水保障工程、乡村清洁能源建设工程，持续完善高标准农田、农村路网、水利设施等基础设施，推动农村千兆光网、第五代移动通信（5G）、移动物联网与城市同步规划建设。2023年创建省级示范村41个，全市行政村生活垃圾收转运体系覆盖率、污水治理率、卫生厕所普及率分别达100%、72.7%、92.0%。达州市开展"四川最美古村落"创建活动，现有传统村落41个。新时代文明实践中心（所、站）实现县、乡、村全覆盖。加快推进生态产品价值转化，完成国家储备林包装立项21个，包装林地面积247万亩，投资规模235亿元。

（五）聚焦新型城镇化建设，区域中心城市辐射带动力不断增强

两市在整治"硬设施"与提升"软环境"上同时发力，着力打造宜居、韧性、智慧城市，切实增强区域中心城市辐射带动力，提升经济和人口承载能力。

1. 实施城市有机更新

两市立足实际，分类施策，通过城市更新逐步解决城镇化快速发展进程中积累的"城市病"。南充市精心编制老旧小区改造规划，因地制宜进行改造提升。一批老旧小区焕发新颜，推动形成清辉阁等新地标。统筹实施嘉陵江沿江绿化、森林城市建设等工程，完成城市雨污分流改造。达州市首创"以旧换新"危旧房改造模式，启动危旧房改造项目16个，已完工6个，惠及居民2.59万户，改造面积255万平方米，在城市更新过程中不断改善民生、提升居民幸福指数。

2. 推进公共服务共建共享

南充、达州有关部门探索建立政务服务协作运行机制等四个机制，组织两市18个单位对口对接业务，梳理公布255项南—达通办事项。建立医疗保障定期联席会议制度，逐步缩小门诊共济保障政策、医疗救助政策差距，在两市医保基金承受范围内，尽可能实现待遇趋同。推进两市缴费年限互认，进一步保障转入人员待遇接续。建立健全职工基本医疗保险门诊共济保障机制，出台基本医疗保险异地就医的相关政策，规范异地就医结算。两市人社局共同组建川东北人力资源产业服务发展联盟，建立两地流动人员人事档案服务管理协同机制。推动实现南充、达州中小学新生通过省招生入学平台统一招生管理，开辟两地进城务工人员随迁子女入学绿色通道。

3. 着力打造区域消费中心

南充、达州同为全省人口大市，消费潜力较大。近年来，两地着力提升区域消费环境，积极探索区域消费联动发展，推动形成中心城市与周边城市互惠互利的良好发展态势。南充市着力提升区域消费的集聚、引领和创新能力，不断塑造高品质消费场景、建设区域消费目的地。2023年全市社会消费品零售总额约1653.1亿元，总量居全省第三，同比增长11.4%，增速居全省第三。达州市持续优化消费供给、扩大消费市场、提升消费品质，带动区域商贸业集聚发展。以达人、达礼、主体、新场景、达礼出达五大培育计划为重点，开展"蜀里安逸·达人达礼"促消费活动，打造具有高品质、多元化、巴渠味的本土消费品牌。

4. 以县域为重要切入点推进城乡融合发展

南充辖3区1市5县、达州辖2区4县1市，县域资源禀赋和发展情况差异较大，两市加快补短板、强弱项、锻长板、扩优势，因地制宜推动县域经济高质量发展，进一步发挥县域经济的底部支撑作用。南充市引导县域经济特色化发展，协调推进新型城镇化战略和乡村振兴战略，加快推进城乡产业、要素配置、基础设施、公共服务、生态文明、基层治理相互融合和共同发展，不断夯实县域经济底部支撑，南部、仪陇、阆中入围西部百强县。坚持以县城为中心、乡镇为纽带、农村为腹地，建成省级百强中心镇6个、市级重点中心镇12个。达州市坚定做强县域经济，宣汉县上榜"全国县域经济百强县"，大竹县、渠县长期入围西部百强县，开江县、渠

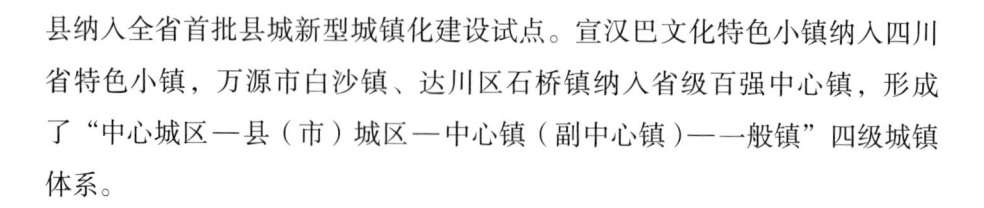

县纳入全省首批县城新型城镇化建设试点。宣汉巴文化特色小镇纳入四川省特色小镇，万源市白沙镇、达川区石桥镇纳入省级百强中心镇，形成了"中心城区—县（市）城区—中心镇（副中心镇）——般镇"四级城镇体系。

二、南充达州组团培育川东北省域经济副中心的难点与挑战

支持南充达州组团培育川东北省域经济副中心是破解四川区域发展不平衡问题、促进"五区共兴"的重要举措，赋予南充达州引领带动川东北区域高质量发展的重任。川东北地处川渝陕甘四省（市）接合部、成渝经济区腹地，发展基础较薄弱、发展水平相对较低，是四川省集革命老区、贫困地区、边远山区为一体的欠发达区域。自省委十一届三次全会提出打造全省经济副中心城市到2021年底，七个争创副中心城市GDP平均增速为7.25%，南充达州未跑赢平均线；川东北五市经济总量在全省的比重下降0.63个百分点；以南充、达州为代表的川东北地区经济增长明显弱于川南。囿于历史因素、地理条件、体制机制等因素，南充达州组团培育当前还存在自身发展不饱和、区域辐射带动能力有限、市场驱动不足、民间热情不高等问题，整体上还处在各自竞相发展的阶段。如何以组团发展的方式探索丘陵山区高质量发展形成区域经济发展增长极，值得持续观察和深入研究。

（一）总体趋势回升向好，但区域发展基础条件薄弱

一是经济总量不高。从国内生产总值来看，2023年，南充为2734.76亿元，增长5.5%；达州为2656.70亿元，增长6.5%。两市的GDP之和为5391.46亿元，约占四川省的8.97%，尚未达到学界普遍认同的10%，且从2021年以来占比呈逐年降低趋势（表1）。两市的经济总量，距离省委省政府定下的到2027年实现8000亿元的目标差距不小。横向比较来看，与宜宾、泸州两市经济总量6532.54亿元还存在一定的差距。从建设省域经济副中心的要求来看，南充、达州在全省经济大盘中的占比亟待提高。

表1 省域经济副中心城市2021—2023年总量及占比情况

副中心城市	2021年 地区生产总值（亿元）	2021年 全省占比（%）	2022年 地区生产总值（亿元）	2022年 全省占比（%）	2023年 地区生产总值（亿元）	2023年 全省占比（%）
南充—达州	4953.65	9.2	5188.15	9.14	5391.46	8.97
绵阳	3350.29	6.2	3626.94	6.39	4038.73	6.72
宜宾—泸州	5554.16	10.3	6029.34	10.62	6532.54	10.87

资料来源：2023年四川省及相关市州国民经济和社会发展统计公报。

从市域内部看，南充和达州各县区经济发展不均衡，县域综合经济实力发展不均衡现象突出。南充9县（市、区）中，顺庆区既是主城核心区，也是全市实体经济"排头兵"，2023年GDP为522.8亿元；南部县紧随其后，2023年GDP总量为472.1亿元；其他区县均未突破300亿元，包括同为主城区的嘉陵区、高坪区及毗邻主城区的西充县、蓬安县，呈现"中心城区较强、县城偏弱、总体较弱"的特点，中心城区对周边地区的辐射带动不够（图1）。

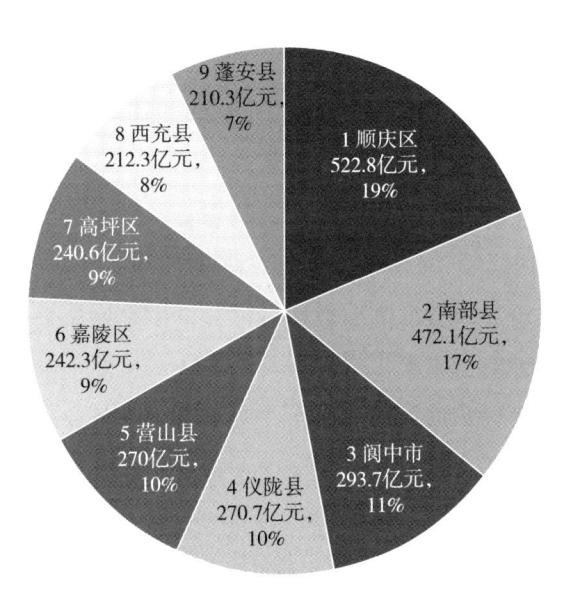

图1 南充市各区县2023年GDP总量统计

达州县域经济发展差距同样明显，2023年宣汉县地区生产总值突破700亿元，但排名靠后的开江县、万源市仅160多亿元，呈现"个别县域强、主城区偏弱、内部差异较大"的特点，均未形成"一带多"的发展格局（图2）。

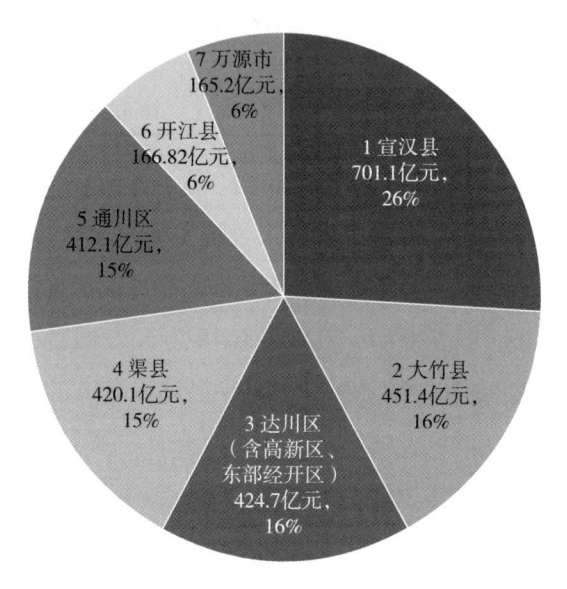

图2 达州市各区县2023年GDP总量统计

二是成渝虹吸效应突出。重庆主城区与成都市在人口、产业、市场和政策等方面对圈内其他城市的"虹吸效应"明显，致使区域经济发展差距不仅长期存在，还具有不断扩大的非协调态势，引起资源配置失衡，导致周边地区经济"塌陷"。总体上，由于双核城市的强要素吸引力，成渝地区人口、经济主要从其他城市流向双核城市，重庆主城区与成都市集聚了成渝地区主要生产要素，要素集聚呈现自我强化、不断加强的趋势，圈内中小城市的发展和培育明显不足，城镇化水平和经济发展水平均远低于成渝两市。2023年，成渝地区双城经济圈实现地区生产总值8.20万亿元，其中重庆和成都两个中心城市GDP总量分别是3.01万亿元和2.21万亿元，占成渝地区总GDP的63.65%，形成了明显的集聚优势。反观南充和达州，2023年GDP之和为5391.46亿元，与中心城市形成了较大差距。

三是人口流失较为明显。经济差异带来的最大影响是中心城市对人口的巨大吸引。2013—2023年，南充年末常住人口从610.5万下降到551.1万，减少了59.4万；达州常住人口从547.4万下降到532.4万，减少了15万，人口出现了明显的外流。从流动人口数量来看，2023年末，南充户籍人口703.21万，常住人口551.1万，外流人口约150万；达州户籍人口639.77万，常住人口532.4万，外流人口约107万。南充、达州很多区域为传统农业区，农村人口基数大且经济发展水平低，县域经济发展越差，对人口的吸引力越弱，以低学历的年轻劳动力外出打工为主，各县成为人口主要流出区。农村空心化现象突出，本地人才不愿回、外部人才不愿去，农村常住人口逐年减少。与之形成鲜明对比的是，2013—2023年，成都人口增长576万，常住人口呈明显净流入趋势。南充、达州亟须在未来提升对常住人口的吸引力，为城市发展提供可持续性和活力（表2）。

表2 南充、达州2013—2023年人口情况

	2023年末常住人口（万人）	较2013年增加（万人）	2023年末户籍人口（万人）	较2013年增加（万人）
全省	8368.0	261	9071.4	-61.26
南充	551.1	-59.4	703.21	-55.79
达州	532.4	-15	639.77	-47.83

资料来源：四川省及相关市州国民经济和社会发展统计公报。

（二）产业发展初步起势，但组团培育分工协作不深

产业之间的分工协作是区域经济发展关联的重要纽带，有助于推进产业链延伸和产业集群化发展，从而带动区域经济高质量发展。近年来，南充、达州不断调整产业结构，提升产业层次，工业经济在调整中发展、在优化中壮大，两市工业发展各有千秋，但工业发展总体处于成长与转型叠加期，都没有形成有明显主导性、带动性、引领性的大产业、大企业。从历史上看，三线建设中布局的企业绝大多数搬离，工业基础薄弱。从空间布局上看，企业趋于分散，产业链互补性关联性不强，经济联系不紧密，

区域分工协作弱，尚未进入产业链内部的分工阶段。虽然省级层面出台了《意见》，两市初步建立起相关合作机制，但是组团工作需各层级、多方面的共同努力，加之两市同处欠发达地区，自身经济发展不饱和，产业协作大多停留在联席会议、战略协议层面，实体化项目成果偏少。

一是产业分工布局不优。南充、达州地理位置相近，资源禀赋相似，在目标市场的选择上具有一致性，为增强自身对市场流动资源的吸引力，两地在产业的选择和布局上存在相互参照的可能性，并且受制于长期发展态势和已经形成的各自固有的产业体系，产业定位、政策设计、发展路径、承接产业转移类型等方面趋同。与长三角、粤港澳大湾区等沿海地区相比，南充、达州产业发展起步晚，还未进入产业链内或产品内地域分工阶段，在初始发展阶段容易出现内部分工不足等情况。从重点产业布局来看，能源化工、电子信息、装备制造、轻纺服饰、农产品加工均为两地支柱型产业，且同处工业发展的初级阶段，发展基础薄弱，整体水平不高。产业类型趋同且缺乏内部分工，意味着城市之间在相同或类似的产业领域内存在直接的竞争关系，将会带来产业招引上政策制定不一致、保障要素价格不一致、成本共担利益共享机制不健全等问题，造成招商引资的"内卷式"竞争，同时可能会出现重复建设、过度投资等情况，并在面对外部经济环境变化、市场需求波动或政策调整等风险时，缺乏应对的灵活性和柔韧性（表3）。

表3 南充、达州主导产业情况统计

地区	主导产业		
南充市	"3+2"重点产业体系	五大支柱性产业	汽车汽配、化工轻纺、食品医药、文化旅游、现代农业
		三大成长性产业	现代物流、电子信息、高端装备制造
达州市	"3+3+N"现代制造业产业体系	三大千亿产业集群	能源化工、新材料、农产品加工
		三大五百亿产业集群	电子信息、智能装备制造、轻纺服饰
		N个特色百亿产业集群	医药健康、绿色建材等

二是产业转型发展不够。南充、达州产业结构层次不高。南充2023年一二三产产业结构为18.5∶34.7∶46.8，达州2023年一二三产产业结构为16.6∶33.7∶49.7，虽比上年有所调整，但依然呈现"一产偏高、二三产偏低"的特点。一些传统企业对"智改数转"的认识不足，缺乏清晰的目标和路径，向高技术水平、高附加值、绿色化和高开放度转型升级过程缓慢。从产业分类来看，传统产业占比较高。南充汽车汽配、丝纺服装、建材家居等传统产业产值占全市规上工业企业产值比达80%，电子信息、高端装备制造、新材料等新兴产业产值虽然实现高位增长，但仍未壮大成势。达州以钢铁、化工等传统产业占比较大，新材料及锂电产业正在起步。两市产业层次大多处于"微笑曲线"底端，多数企业仍集中在最低端的加工制造环节，相互之间没有配套，粗加工产品占比高、附加值低的情况较为普遍。缺少依靠自主创新发展的内生式产业，企业通常不愿意冒着投资风险去引进、消化先进技术或开辟新的产业赛道，也缺少能力去攻克新兴技术，导致产业衰退风险不断累积、上升，产业转型升级进入瓶颈期、阵痛期。

三是科技创新能力偏弱。南充、达州都有一定的科技基础，但科技创新短板明显。目前，两市高新技术企业数量较少，缺乏国家级创新平台，国家级重点实验室、国家级工程技术研究中心、国家级高新区等重点创新平台尚属空白。从2023年研发（R&D）投入强度来看，南充、达州分别为0.74%和0.42%，既明显低于全国2.54%、全省2.14%的水平，也远远低于绵阳、德阳、攀枝花、宜宾等城市（图3）。从企业层面来看，有效高新技术企业户数、"独角兽"企业、科技"小巨人""瞪羚"企业等支撑经济高质量发展的企业主体严重不足。目前，达州2家企业入围四川"瞪羚"企业，南充尚未实现"零的突破"。两市大部分企业以加工配套为主，自主研发能力不强，大多数主导产品开发还处于跟踪、模仿阶段，缺乏标准认证及具有自主知识产权的核心技术。绝大多数企业缺乏专门研发中心、研发基地，研发投入强度不足1%，企业创新主体地位有待发挥。从新兴产业来看，智能领域严重缺乏附加值高和技术含量高的产品，亟须加快培育和发展壮大新兴产业，在工业互联网和物联网方面与成都、绵阳、宜宾等地差别较大，创新主体动力不足。创投公司、科技保险等科技金融体制创新还未实质性破题，多元化科技投融资体系还不完善。高层次科技成果转化、孵化平台亟待突破，科技创新与智能化应用水平有待提升，产学研深度融合发展机制亟待构建，科技治理现代化水平有待提升。

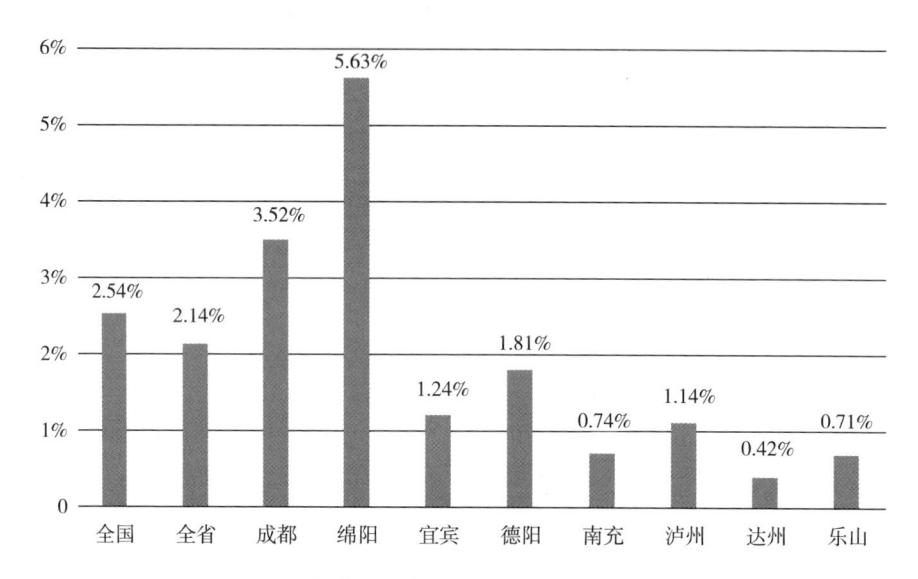

图3 2023年全国全省及部分城市研发投入强度比较

四是产业集群发育不足。目前，南充、达州均没有形成千亿规模的产业集群，普遍存在产业链条短、企业之间关联性不强等问题，尚未形成集群发展优势。以南充汽车汽配产业为例，整车生产只有吉利商用车公司，主要为纯电动厢式运输车、城市客车等，仅占全市整个行业销售总额的31.6%；其他汽配生产企业主要销售产品为钢圈、曲轴等汽配构件，占比份额较大。从购进交易项目看，吉利商务汽车是本地购进的主要力量，其本地供应商主要有天喜车用空调、顺发机械、四川日上金属；但与吉利整体购进相比，南充本地购进只占4.9%，吉利超过80%购进来自于江苏、安徽、湖北和浙江等外省地区。

五是缺乏龙头企业引领。从企业数量上看，规上工业企业数量对比省内宜宾、绵阳、德阳等工业经济强市数量靠后，总体呈现"中小型企业居多、龙头链主企业少"的特点。2023年发布的四川企业100强中，南充、达州两市仅1家企业入围，其数量远远落后于成都平原经济区、川南经济区部分市州（图4）。由于龙头企业数量少、整体实力较弱，难以辐射带动中小企业发展，集群效应和规模效应有限。同时，"链主"企业的引领支撑作用不明显。除极少数重点企业能与部分本土企业实现协作配套外，其他企业基本上处于"单打独斗"状态。化工轻纺等规上工业企业整体处于"断链"状态，"独岛企业""两头在外"等情况非常明显，尤其是汽车汽配、丝纺服装等产业缺少电镀、染整等关键配套，链上企业生产成本居高不下。以三环电子为例，在其产业链上，目前仅有溢辉电子、中深创、川晶少数企业入驻南充，年产值在30亿元左右，与电子信息产业千亿产业目标还存在较大差距。

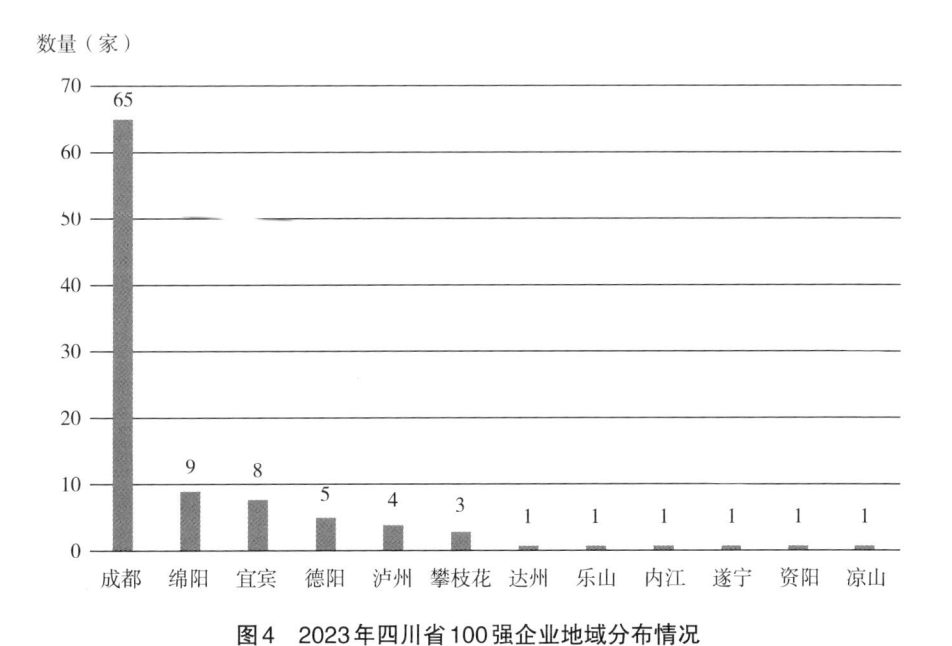

图4 2023年四川省100强企业地域分布情况

六是产业发展平台不强。全省除三州外，18个市州仅南充、达州、巴中没有国家级经开区或高新区，直接掣肘了产业发展水平提升。现有产业园区"集而不群"现象突出，存在规模小、分布零散、主导产业趋同、承

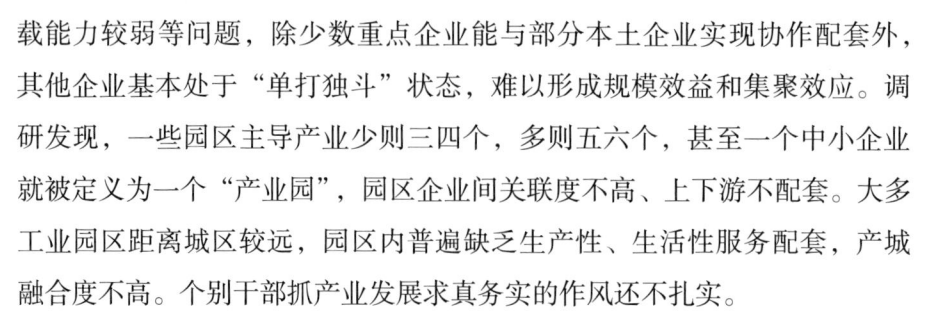

载能力较弱等问题,除少数重点企业能与部分本土企业实现协作配套外,其他企业基本处于"单打独斗"状态,难以形成规模效益和集聚效应。调研发现,一些园区主导产业少则三四个,多则五六个,甚至一个中小企业就被定义为一个"产业园",园区企业间关联度不高、上下游不配套。大多工业园区距离城区较远,园区内普遍缺乏生产性、生活性服务配套,产城融合度不高。个别干部抓产业发展求真务实的作风还不扎实。

(三)政策协同有所谋划,但行政区划下的利益"两难"客观存在

在现有以 GDP 为主的考核体系下,南充、达州必然面临行政区划的单边利益与组团培育的多边利益的"两难"。虽然两市在组团培育上进行了诸多谋划,但是受行政区划限制,难以形成产值、税收、统计共享的机制,按行政区竞争的思维无法改变,不解决大市场、大统计、大税收等关键核心问题,两市重大项目尤其是工业项目就难以取得合作的基础。

一是现行考核制度决定了组团发展的主观意愿不强。目前,省委、省政府明确支持南充达州组团培育川东北省域经济副中心,尚未提出与之相应的绩效评价指标体系,不能客观掌握组团工作的实际成效,难以对组团工作进行定性或定量分析评价。由于现有考核制度中有关国内生产总值、财税收入等经济发展指标以市为单位进行统计,资源要素以市为单位进行配置,行政区经济发展"赛马制"之下,双方开展全方位协同合作的主观意愿难以调动,换言之,"行政区划经济"限制了要素横向流动与整合的市场驱动,难以激发组团培育的主动性。调研中,不少干部用"强竞争"来形容两地的经济关系,表示"招商引资过程中大家都保密,生怕走漏了消息,被对方抢走了"。

二是现有战略机遇制约了两市相向而行的联动策略。两市基于不同的地理位置,面临不同的战略发展机遇。南充市处于成渝中间地带、川东北中心,是川东北的重要枢纽城市,是国家规划确定的成渝经济区北部中心城市、成渝城市群区域中心城市,市委七届十次全会明确了深入落实加快建成省域经济副中心、奋力谱写现代化南充建设新篇章的发展路径。达州市是四川东向长江北走廊的门户、万达开川渝统筹发展示范区主阵地,在

成渝地区双城经济圈建设背景下，达州主城向东，致力于以"东融"策略深度融入国家区域发展大局，力争从"边缘"到"前沿"。显然，南充和达州跨越行政区的拓展方向并非相向而行，在这样的情况下，要充分激发抱团联动的潜力存在现实困难。

三是现有产业水平决定了组团发展的合力尚待凝聚。南充、达州均处于加快发展阶段，竞争大于合作、个体先于组团是当前存在的客观情况。两市合作的具体抓手、载体平台、重大项目还不多，合作机制创新力度不够，南充获批成立省级临江新区，达州获批成立国家级万达开川渝统筹发展示范区，但两市都未依托平台优势，建设组团培育的产业示范园区。两市还存在民营经济政策和信息不一致、政府配套服务不同、民营企业合作交流机会少等问题，导致组团发展合力并未充分体现。在向上争取重大生产力和重大平台布局方面，还缺乏清晰的协作思路和有效的协作机制。

四是组团发展的法治保障尚未形成。目前，南充、达州组团发展主要通过省、市相关政策实施，更多侧重于引导性、倡议性的规定，缺乏必要的强制性和规范性。虽然双方党委政府谋划了多领域、多层次的合作，但法治保障不足、地方法治建设不平衡可能造成地方利益保护、协同行动缺乏约束、合作机制刚性不足等问题，阻碍了双方组团发展的进一步深化和市场主体作用的有效发挥。比如，在招商引资方面，缺少关于财税分配比例、统计指标划分等方面的前置规定，导致双方在招商引资中不可避免地存在隐形阻隔，难以达成协作。调研中，不少地方干部表达了对两市协同发展具体领域立法保障的期待。

（四）跨区域协作正在起步，但要素双向流动仍面临多重制约

当前，南充、达州在要素双向流动上呈现基础薄弱、需求不足、动力不畅的总体特征。

一是要素资源总体匮乏。受成渝双核虹吸效应等多重因素影响，川东北地区人口、资金、技术等要素资源流失严重，要素供给缺口明显。加之南充、达州两市产业发展趋同，且尚未形成产业结构梯度层次，产业集群、规模经济和组团发展所需的资金、人才、信息等要素流动很难自然形成。

二是主城区互联互通不畅。虽然南充和达州都是四川东向出川的重要节点城市，但两市通达的便捷性有待提高。例如，南充、达州境内基本农田分布广，道路建设受到明显制约，两市主城区之间至今没有直达快速路或高速路，通勤时间在2小时以上。川东北地区尚未形成环线铁路，看似近在咫尺，实则必须他处中转。

三是两地民间交往热情不高。南充、达州曾同属川北行署，地理位置相邻、产业基础相近、历史文化相通，但由于长期受到成、渝双核的虹吸，两地的民间交流和经贸往来并不频繁，彼此在就医、入学、企业服务等方面的现实需求并不旺盛。例如，南达通办事项共有255项，2023年仅办理19件业务。

三、国内部分城市组团发展的实践做法

省域副中心是指与省会城市有一定发展距离，但在产业发展上有优势，在区域经济辐射上有带动作用的城市。建设省域副中心，有助于构建多极化发展的省域经济体系，促进区域协调发展，增强整体城市群的竞争力，减轻中心城市的发展压力。目前，在国家和省级层面确立的省域副中心城市约40个，涉及17个省（自治区、直辖市）。课题组对部分城市的实践做法进行梳理分析发现，不同城市虽然提法不同、规划不同，但在实践中呈现不少共同点。

（一）注重规划引领，强化城际对接

无论是城市之间的产业分工协作，还是一体化的基础设施网络建设，都离不开强有力的战略规划指引，以维持协同发展的一致性和协调性。以广东为例。2023年底，广东省发布广州、深圳、珠江口西岸、汕潮揭、湛茂五大都市圈发展规划，规划期为2023—2030年，展望至2035年。

一是明确空间范围和发展目标。五大都市圈发展规划都明确了地理边界和预期目标，如珠江口西岸都市圈以珠海为核心，中山、江门、阳江作为发展极，提升珠中江同城化发展水平，建设成为具有全球影响力的先进装备制造基地、新时代高水平开放合作新高地、宜居宜业宜游的高质量发展区域。

二是明确省、市责任分工。五大都市圈发展规划都列出了重点任务分工方案，对省直有关部门的实施责任进行了明确分工，逐项列出牵头单位和参加单位，并要求市政府切实发挥主体作用。在规划实施保障上，明确要求省发展改革委牵头，省财政厅、自然资源厅等参与。

三是加强区域发展监测评估。五大都市圈发展规划都提及监测评估机制。如《汕潮揭都市圈发展规划》提出建立汕潮揭都市圈规划实施评估制度，加强规划目标、指标和重大项目实施情况的跟踪监测。探索构建以都市圈为单元的统计体系，试点汕潮揭都市圈地区生产总值核算。明确由省发展改革委牵头，加强对规划实施情况的跟踪分析和督促检查，及时开展规划实施情况评估，提高规划执行的刚性约束。

四是支持公众参与和社会监督。五大都市圈发展规划都提到，完善规划实施公众参与机制。要求做好规划和政策的宣传解读，及时公开规划实施情况，主动接受社会监督，推动各项目标任务落到实处。

（二）坚持"一盘棋"谋划，加快产业转型

省域副中心城市建设应是自然演进、水到渠成的过程，要充分发挥市场配置资源的能力，增强有为政府和有效市场的良性互动，推动产业转型发展，加快形成新质生产力。

一是推动产业结构优化升级。以广东为例，在五大都市圈发展规划中，均有关于5G、人工智能、精密制造等先进产业发展的要求。其中，湛江、茂名都发展石油化工、特色农业，与南充、达州主导产业有一定相似度。《湛茂都市圈发展规划》在产业转型升级方面明确要求，要强化产业链上下游、大中小企业协同攻关，共建"双核一带五集群"[①]的产业发展格局；要实施传统产业技术改造提升工程，优化升级石油化工、钢铁制造、轻工纺织等优势传统产业，实现制造业向"智造业"转型。在石化产业、港口建设发展等领域，两市既有不同，又有互补，可以实现差异化发展。

---

① "双核"即湛江综合服务发展核、茂名港产城融合发展核，"一带"即滨海旅游发展带，"五集群"即世界级绿色石化产业集群、先进材料产业集群、现代轻工纺织产业集群、高端装备制造产业集群、绿色建筑业产业集群。

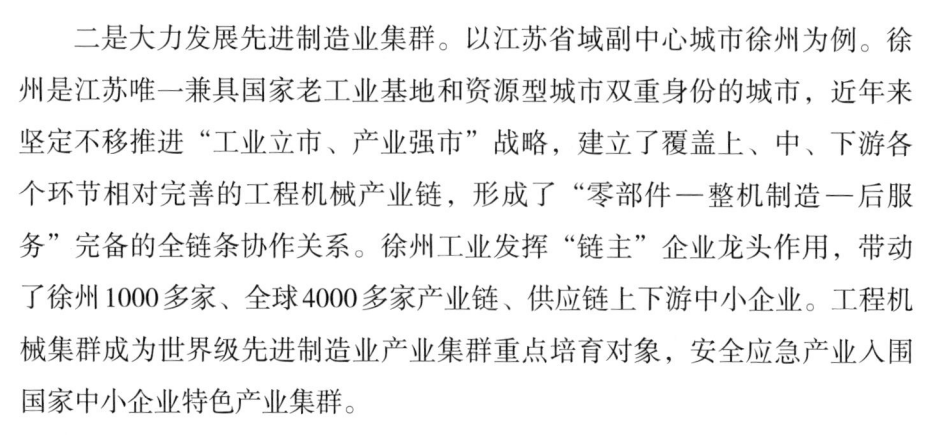

二是大力发展先进制造业集群。以江苏省域副中心城市徐州为例。徐州是江苏唯一兼具国家老工业基地和资源型城市双重身份的城市，近年来坚定不移推进"工业立市、产业强市"战略，建立了覆盖上、中、下游各个环节相对完善的工程机械产业链，形成了"零部件—整机制造—后服务"完备的全链条协作关系。徐州工业发挥"链主"企业龙头作用，带动了徐州1000多家、全球4000多家产业链、供应链上下游中小企业。工程机械集群成为世界级先进制造业产业集群重点培育对象，安全应急产业入围国家中小企业特色产业集群。

三是加快布局战略性新兴产业。以安徽省域副中心城市芜湖为例。近年来，芜湖市积极承接沪苏浙等地产业转移，同时发展新能源汽车与智能物联汽车、高端装备制造、人工智能、新材料等战略性新兴产业，打造具有鲜明特色、多元化的产业集群。从科技创新能力看，芜湖有10所高校，省级以上研发机构532个，全社会研发投入强度3.76%、居长三角第6位。2023年战略性新兴产业产值占规上工业比重达47.5%，居全省第二。规上工业企业2360家，制造业综合实力位于全国先进制造业百强市第25位，在皖南地区发挥了重要的带动作用。

四是提升产业分工协作水平。以有效的分工协作破解产业同质化困境。例如，随产业进程、产业生态和产业动力发生重大变化，在苏锡常融合发展初期存在的同质化问题迎刃而解。在制造业上，三地各有千秋，内部结构存在一定的互补性：苏州制造业外向型、高端化主导特征明显，无锡制造业内源型、内资主导特征明显，产业集群互补性强。从苏锡常"十四五"产业发展规划来看，三市均在生物医药、汽车、新材料等方面发力，但又各自细化和优化布局，相互形成错位发展和补位支撑。

（三）加强区域合作与对外开放

城市组团发展要告别"以邻为壑"的传统思路，树立"以邻为伴"的新理念，以交通基础设施建设促进要素流动，以高水平开放促进高质量发展，实现对内对外的合作共赢。

一是推动交通一体化建设。谋划一体高效的交通基础设施，有利于促进人和要素的流动。以宜荆荆都市圈为例。宜昌、荆州、荆门、恩施四地通过多次沟通会商，共同编制了《宜荆荆全国性综合交通枢纽建设三年行动方案》《深化宜荆荆都市圈交通互联互通工程建设备忘录》，力争三年内形成2小时省域交通圈、1小时城际交通圈、半小时通勤圈。四地在高铁、高速、内河航运、多式联运、数字交通等方面谋划了一批重点项目，其中综合交通项目422个。

二是协同构建高水平开放平台。例如，湛茂都市圈主动服务和融入粤港澳大湾区建设，全面强化与海南自由贸易港、北部湾城市群及周边都市圈的联通融合。在共建对外开放合作平台上，突出湛江、茂名链接大西南和东盟的枢纽作用，推进中国（湛江）跨境电子商务综合试验区及中国（茂名）跨境电子商务综合试验区、广东自贸试验区联动发展区建设，积极对接中国—东盟自贸区，加强与"21世纪海上丝绸之路"共建国家和地区的合作，合力完善建设海上国际通道及平台，推动粤西港口群协同发展，以湛茂港口群及现代化集疏运体系为突破，全面参与西部陆海新通道建设。

三是强化中心城市辐射带动。例如，徐州作为江苏省域副中心，是国家规划确定的淮海经济区中心城市。淮海经济区位于苏鲁豫皖四省交界处，是典型的省际交界的"边缘地带"。在淮海经济区，徐州不仅是地理意义上的中心城市，在经济发展和综合实力上也处于领先地位。近年来，徐州全力打造区域经济中心、创新中心、教育文化中心、全国重要的综合交通枢纽和双向开放高地，全市商贸辐射半径超150千米，中心商圈外地居民消费占比超30%，教育医疗资源优势明显，是周边居民看病求学的优选之地，"淮海十市"的辐射带动能力和协同发展效应正在显现。

（四）健全协同发展的要素保障

协同发展的困局之一，就是区域内各城市唯GDP的竞争与计划经济思维模式束缚的结合，各城市之间在公共资源、行政管理等方面或多或少都存在一些隐形阻隔。

一是适当赋予行政自主权限。一些省域副中心城市在工商审批、产业引进、扩大投资等方面获得了更多自主权。湖南向岳阳、衡阳赋予了部分省级经济社会管理权限，包括一般项目建设的环评审批权、危险货物港口建设项目的安全条件审查权限（省级）、涉及人员往来的外国人来华工作许可，以及建筑施工特种作业人员操作资格考核（含复审）。湖北将工商审批、大型投资等方面的行政权限进一步下放给襄阳、宜昌。

二是加大公共服务共建共享。通过公共资源的协同布局，带动人口的合理配置和产业的协同分工，进而实现城市的协同发展。以长株潭为例，近年来，三市加快推进优质教育资源延伸覆盖、深化产教融合校企合作、推进优质医疗资源均衡化、推动政务服务"跨市通办、一网通办"。目前，三市通过在各自的城市 App 开设长株潭服务专区，在市、县两级政务服务大厅开设"跨域通办"专窗，实现125种电子证照互通互认、55项高频政务服务事项跨域通办；通过建设省级区域医疗中心、长株潭教研共同体，实现医疗教育服务三地共享，让群众切实感受到公共服务共建共享和政务服务同城化带来的便利。

三是广泛凝聚社会共识。推动城市协同发展，不仅要有地理上的接近，还必须有心理上的认同，才能实现行动上的相向而行、协同发力。例如，粤港澳大湾区，11座城市虽然在经济制度、法律体系等方面存在一定差异，但文化渊源和风俗习惯上的同根同脉，让湾区民众在生活融入上基本不存在障碍，越来越多的人愿意在粤港澳大湾区学习、生活、就业。

四是共享协同发展成果。以湖北为例。从长江之滨到汉水之畔，武汉、襄阳、宜荆荆三大都市圈协同发力，共谱区域发展"协奏曲"。2023年，武汉经济总量迈上2万亿台阶，襄阳、宜昌分别位居中部非省会城市第1位、第2位，8个全国百强县位次普遍前移。从多城市组团的宜荆荆都市圈内部看，"宜荆荆都市圈"战略提出首年，三地经济总量就突破万亿大关。2023年，宜昌、荆州、荆门三地地区生产总值总量超过1.1万亿元，其中，宜昌市首次跻身全国百强城市50强；荆州市 GDP 是全省除"一主两副"外唯一过3000亿元的地市；荆门市 GDP 增幅则位居全省第四。都市圈内的当阳、枝江、松滋、宜都、东宝五县正加速形成湖北首个百强县聚集区，三地共同形成了千万级人口、万亿级经济体量。

四、南充达州组团培育川东北省域经济副中心的对策建议

两个地级市组团培育省域经济副中心为四川首创，"组团"必然对城市间的竞合关系提出更高要求。课题组认为，随着城市化发展加速，未来的区域发展将以城市群、区域产业链为主要形态，进而带动经济总体发展。组团发展正是上述思路的直接体现，其本质是广泛的市场制度框架，其理念是组团内部的资源共享、经济共融和发展共赢，其机制是打破行政区划壁垒，实现统筹规划、平台共享、协调发展，其手段是推动组团内部要素自由流动和优化配置，并通过"内生做强"而产生外部吸附力，根本目的是提高组团的经济活力，提升城市整体经济竞争力。简言之，组团发展的根本目的是竞合发展。结合当前南充、达州的经济社会发展实际，在组团培育过程中，既要突破地域局限，从习惯单打独斗转变为主动合作共进；也要保持一定的历史耐心，以市场培育的成熟度增强产业链的分工协作，以市域自身的高质量发展推进市域之间的高质量合作，辐射带动川东北地区经济发展，携手打造支撑全省高质量发展的重要引擎。

（一）进一步加强顶层设计，筑牢组团发展"四梁八柱"

一是坚持统筹协调，加强省级层面总体谋划力度。在组织领导上，建议由省级层面对川东北一体化发展、川东北渝东北一体化发展和南充达州组团培育省域经济副中心等战略规划进行整合统筹，成立统一的工作协调组，由省委、省政府有关领导任组长，南充、达州两市党委政府主要负责同志和省级有关部门主要负责同志任副组长，建立合作紧密、运转高效的协作机制。在工作推进上，建议由前述有关省级领导定期召集协调组相关成员，在南充和达州两市轮流召开专题推进会议，审议有关文件、重大事项，安排部署有关重点工作。南充和达州两市不再轮值承办党政联席会议，相关工作协调机制可继续保留。在政策支持上，结合当前四川发展实际，建议在重大生产力布局上，立足南充、达州资源禀赋和产业基础，对两地予以倾斜，支持南充、达州作为一个团组，共同争取重大项目落地。

二是抓好明责赋权，推动组团培育工作走深走实。在责任落实上，建

议进一步明确省、市两级责任清单，对省级有关部门在产业发展、项目建设等方面统筹抓总的责任予以明确，全面压紧压实南充和达州两市贯彻落实《意见》的主体责任，加快构建"省级统筹、市级主体、县（市、区）落实"的责任体系。在放权赋能上，建议重点聚焦与产业培育、项目建设、企业发展、群众生活等密切相关的高频办事需求，通过下放一部分权限、赋予一部分特殊权限等方式，在审批、产业引进及扩大投资等方面给予地方更多自主权，进一步打造扁平化、集约化、精准化的审批服务模式。

三是支持先行试点，开展组团培育合作创新示范。充分调动区县积极性，支持县域和县域之间从产业协同起步，探索更深入、更广泛、更丰富的协同。以毗邻县为例，南充营山县、达州渠县相近相邻，综合来看，两县有较为适中的城市规模、人口基数，城镇化率较低，主导产业各有特色，能够较好地实现协作配套、错位发展，提升潜能和发展空间巨大。建议在营山县—渠县开设南达组团发展试点先行区，探索全方位、多层次合作，加快打造引领副中心建设的有力极核。

四是优化监督考评，增强组团发展的内生动力。支持南充、达州在竞相发展的基础上探索协同发展的新模式、新路径。《意见》在"保障措施"中专门明确，支持探索建立适应组团发展要求的统计指标体系、核算办法和考核激励机制，此项工作由两市牵头难度较大，建议由省发展改革委、省统计局等部门牵头研究，围绕四川省明确的2027年目标任务，聚焦产业发展、新型城镇化建设、市场主体培育、民生改善等内容，探索建立专门针对南充达州组团的指标评价体系，形成从产业到财税一条龙的发展红利分享闭环。增加对区域经济协作情况的考核权重，将市场统一性、要素集聚性、制度一致性、经济关联性等指标纳入跨区域经济协调发展的考核内容，分月或分季度对组团工作进行核算、评价、考核、通报，并将组团工作成效纳入南充、达州党政主要负责同志和省级有关部门主要负责同志年度述职重要内容，充分发挥考核"指挥棒"的作用，倒逼组团工作走深走实。

（二）进一步凝聚产业优势，加速培育和发展新质生产力

2023年，南充与达州的GDP之和为5391.46亿元，"到2027年实现8000亿元"的目标任重道远。课题组认为，南充、达州两市需在科技创新和成果转化上同时发力，赋能传统优势产业提档升级扩能，培育和发展新质生产力，共同提升组团的核心竞争力。

一是科学谋划产业共建，切实构建利益共同体。站在国家发展大局和自身资源禀赋的基础上，两市对产业发展现状进行深入梳理，进一步明确主导产业，着力细分领域，实现"大同质"与"小错位""细差异"的协同。组建由地方政府和企业代表参与的协调机构，充分考虑各地资源禀赋、产业发展实际和市场需求，共同制定区域发展产业规划，明确各地在产业链上的定位和发展方向，避免盲目上马和重复建设。共同搭建产业发展平台，共同承接发达地区产业转移，合理确定各地产业承接的着力点和主攻点，统筹布局，加强产业链协作配套，形成借势发展、错位发展、竞合发展、互补发展的新格局。以人工智能为例，达州是川东北唯一可建设若干3000标准机架城市内部数据中心的城市，已被纳入全国一体化算力网络成渝枢纽节点（四川）"1+5"整体规划布局，在超算、智算上有明显优势，可以为南充人工智能发展提供算力服务；南充可着力应用场景，将重点放在数字赋能方面，与达州形成协作，共同构建"数据—算力—算法—应用"的人工智能产业链条。

二是构建产业生态体系，加快形成联动格局。围绕两市重点产业，推动形成区域产业链供应链生态体系。以技术输出、平台赋能、贴息奖补等举措，营造全流程服务生态，激发企业"智改数转"动能。实施以双城为核心、联动川东北五市的补链固链强链计划，精准梳理现有产业"堵点""断点"，开展产业链集群配套招商、关联企业集聚招商，与现有企业形成互补配套产业链，破解"两头在外"的困境。鼓励企业间开展横向联合和纵向整合，打造基于产业链和价值链的分工模式。支持国有企业深度参与新型工业化、先进制造业发展，通过购买股权、合作经营等方式，引进一批行业领军企业，带动上下游企业聚链成群。例如，结合南充能投化

学 PTA 项目与达州正凯乙二醇项目原材料，大力发展 PET 材料产业链。

三是推进创新协同攻关，提升产业发展能级。支持两市发展资源导向型、技术驱动型产业，加强政府服务引导，强化企业主体地位，激发企业创新活力。聚焦优势资源，推动上下游企业联动、协作配套、合作研发，强化科技创新为引领，深化延链、补链、强链，做强完整优质的全产业链项目，形成规模优势和产业集聚，实现质量效益双提升。以南充创建区域科技创新中心为契机，在技术创新研发、科技成果转化、生产基地建设、技术人才培养等方面协同发力，推动创新链和产业链完善贯通，以产业升级形成新的竞争优势。

四是建强平台载体，推动产业集聚发展。支持南充、达州组团创建国家级经开区、国家高新区、国家农高区等高能级平台，按照"一区两园""一区多园"等形式进行协作共建。以园区为载体，立足资源优势、产业基础、市场空间等，合理确定主攻方向和细分领域，引导同类别的企业集聚发展。提升园区运转效率，为企业提供便捷、快速、有效的全生命周期服务。

五是抢抓产业新赛道，打造组团发展新引擎。支持南充、达州作为一个团组共同向上争取国家、省级重大生产力布局，汇聚组团合力，以更充足的用地、用工、用能成本和更大力度的税费、金融、奖补支持政策，引进行业龙头企业和优质产业项目落地，推动形成共同谋划、分工协作、共享收益的合作机制。从细微处入手，选准新兴产业、未来产业细分领域，系统制定产业培育策略。以低空经济为例，两市可以根据自身资源优势，依托现有重点企业，制定差异化的发展战略，围绕低空飞行器制造、关键零部件、控制导航系统、能源动力、数据通信等核心环节，瞄准头部企业"招大引强"，共同培育"低空+农林""低空+物流""低空+旅游""低空+商业"等应用场景，共同做好产业链延伸，抢占低空经济新赛道。

（三）进一步加强政策协同，破除关键领域制约障碍

推动有为政府与有效市场相结合，加强在财政、税收、金融、土地等方面的政策协同，在显性和隐性层面破除行政壁垒、制度障碍，增强组团

培育的合力。

一是探索跨行政区的成本共担利益共享机制。四川省加大政策创新，加快构建区域间统一的招商引资、项目落地、财税扶持等政策环境。探索经济统计财税利益分配办法，尝试建立跨区域产业转移的成本分担和利益共享机制，创造双方利益契合点，实现利益平衡和共享，形成新的协作动力。

二是建立统一开放、竞争有序的区域市场体系。尊重市场规律、运用市场手段、规范市场行为、健全市场机制，引导公平的市场竞争，避免行政力量过度干预，在新的竞合关系下共同唱好"双城记"。一方面，推动市场高水平联通。坚持建设全国统一大市场的原则，在省级主管部门的指导下，通过组建产业发展联盟等方式，加强市场力量的联动整合，做好产业生态，做大产业规模，做强产业竞争力。搭建信息交流平台，发挥市场优化配置资源作用，促进各类要素资源畅通流动。另一方面，推动商贸服务高水平协作。发挥人口规模优势，发展会展经济、平台经济，办好两地大型商品交易会，建设南充、达州进出口商品展销基地，建成辐射渝东北、川东北、陕南鄂西等区域的商贸服务中心。

三是共建高水平对外开放平台。更加积极主动融入和服务成渝双城经济圈建设、西部陆海新通道、长江经济带和新时代西部大开发等国家重大战略，发挥川渝陕甘接合部区位优势，加快推动南充现代物流园和秦巴物流园提档升级，推动建立川东北物流联盟，共建智慧物流枢纽平台，深化南充国际物流港、达州公路物流港与厦门港、万州港、成都青白江综合物流港的协作交流，提升铁公水空多式联运水平，畅通成都平原经南充、达州连接长江的东向物流大动脉，着力提升两地开放平台功能，共同创建更高水平的协同开放平台。

四是推动组团合作机制法治化。发挥两市协同立法作用，明确组团发展的共同目标，增强组团区域内地方政府合作的法律约束力，引导良性竞争，保障组团发展战略实施。探索推进组团发展中财税、金融、贸易、投资、产业等政策资源的统筹协调，妥善解决组团区域在经济发展和社会治理关键领域共同面临的重大问题，提高区域资源效益，在法治层面为组团发展提供系列制度安排。

（四）进一步夯实要素支撑，着力提升区域中心城市辐射力

区域中心城市辐射力主要体现在各项城市功能对所在区域的综合影响力和发展带动力。结合川东北实际，一方面，要承接成都都市圈的非省会城市功能转移，纾解"大城市病"，引导人口、产业合理分布；另一方面，要建强区域中心城市，以更加强大的城市功能，带动周边城市实现要素集聚、产业集聚、人口集聚。

一是加快补齐交通枢纽短板。推动城际交通基础设施网络建设，提升交通枢纽功能，增强与周边城市的经济社会联系。铁路方面，加快推进成南达万高铁、西渝高铁和汉巴南铁路建设；支持南广铁路、川东北城际铁路建设，尽早实现川东北区域1小时铁路畅达。公路方面，着力畅通多向大通道，完善区域交通网络体系，推动相邻国省道连接交汇，打通毗邻地区"断头路""瓶颈路"，因地制宜开通跨市域公交线路；支持南充、达州建设中心城区直达快速通道，构建两市主城区1.5小时通勤圈。航运方面，以嘉陵江、渠江水系为依托，配合重庆推进井口（沙坪坝）和利泽（合川）航电枢纽建设，加快渠江风洞子航运枢纽工程建设，开展嘉陵江航道"Ⅳ升Ⅲ"前期工作，打通嘉陵江航道的"堵点"和"瓶颈"，全面提升嘉陵江、渠江通航能力，实现千吨级船舶通江达海；加强与万州新田港的对接，常态化运行铁水联运班列。航空方面，推进川东北地区航空资源协同整合，加强南充、达州机场联动，拓展航线网络，实现航线互补、错开航点航时；加强与成渝双核机场对接，融入成渝世界级机场群建设，协同构建综合立体交通网络。稳步推进信息基础设施建设。

二是推进以需求为导向的公共服务共享。探索建立以需求为导向的公共服务便利共享机制和平台，为人才、资金、技术等要素有序流动提供有力支撑。强化社保服务对接，探索教育、医疗、交通、就业等民生事项共建共享模式，共同打造城乡融合的高品质宜居地。持续丰富南达通办功能，推动更多事项"一站式"办理，提高两地交流便利性，增强两地交流主动性。比如,统筹用好两地教育资源,构建优质学校高质量发展跨区域协作共同体。组建"南充·达州"职教联盟,持续推进产学研深度融合转化。深化"医联体""医共体"建设,辐射带动川东北地区实现跨区域异地就医。

三是协同建设有影响力的区域消费中心。发挥两市人口基数大、消费市场活跃的优势,稳定扩大传统消费,培育壮大新业态、新场景、新消费,联合打造川东北区域消费中心。充分发挥商会、行业协会等社会组织的作用,积极适应新形势新要求,以需求侧调整供给侧,优化消费供给体系,有效激发消费潜能。持续办好丝绸博览会、进出口商品交易会、秦巴地区商品交易会、川东北地区美食汇、巴人文化艺术节、嘉陵江合唱艺术节等活动,创新节会形式,提升节会吸引力、传播力、影响力,共同做强节会品牌。轮流开展地方特色产品推介活动,支持食品、酒饮、服装、医药等特色消费产品拓展周边市场。

四是汇聚组团发展更加广泛的民间共识。进一步加强政策宣传阐释,讲清楚"为何组团""如何组团""以何组团"等问题,以历史文化资源为纽带,串联两地历史片段与文化遗产,展示两地同源共流、文脉相连、遗产共生的深厚渊源,增进两地干部群众对组团发展的认可度、参与度、支持度。充分发挥政府引导作用,搭建多种形式的合作平台,拓展民间交往渠道,增进民间经贸往来,引导资源要素互动。例如,支持两地企业开展劳务协作,依托市县融媒体等信息平台共同发布招聘、求职信息,以更好地吸纳周边群众就业、带动区域内群众就近务工,进而密切两地民间交流,深化组团发展认识。

(课题组成员:柯晓兰、吴晓燕、邱亚明、丁德光、赵祥全、赵宇灿、滕颖、杨奎、曾晶)

关于川中丘陵地区四市打造产业发展新高地、加快成渝地区中部崛起的报告

2023年7月，习近平总书记来川视察期间强调，要坚持"川渝一盘棋"，加强成渝区域协同发展，构筑向西开放战略高地和参与国际竞争新基地，尽快成为带动西部高质量发展的重要增长极和新的动力源。川中丘陵地区自贡、遂宁、内江、资阳四市面积约20835平方千米，占四川全省面积的4.28%，2023年GDP总量6292亿元，占四川全省GDP的比重超过10%。根据第七次全国人口普查，四市常住人口约1075.2万，占四川全省人口的12.85%，是名副其实的成渝中部"脊梁"。然而，在成都和重庆两个"极核"的辐射下，川中四市受"虹吸效应"影响较为严重，呈现成渝"中部塌陷"的空间特征，经济社会发展滞后、人口流失、城市活力不足等问题阻碍成渝中部地区高质量发展。2023年5月，四川省委、省政府发布《关于支持川中丘陵地区四市打造产业发展新高地加快成渝地区中部崛起的意见》（以下简称《意见》），提出要完整、准确、全面贯彻新发展理念，牢牢把握高质量发展首要任务，全面落实"四化同步、城乡融合、五区共兴"发展战略，以新型工业化为主导加快建设现代化产业体系，加快建设先进制造业新兴集聚区、现代高效特色农业示范带、文旅深度融合发展试验区、现代商贸物流优势承载区，促进优势产业高端化、传统产业新型化、新兴产业规模化，打造产业发展新高地，培育成渝地区新兴增长极，有力支撑成渝地区双城经济圈建设。到2027年，产业发展新高地建设取得明显成效；实现到2035年，基本建成产业发展新高地，成为成渝地区现代化建设活跃的新兴增长极的发展目标。《意见》实施一年多来，四市围绕先进制造、特色农

业、文旅融合和商贸物流四大产业，积极推动产业发展新高地建设，取得了一些成效，形成了一批经验，但仍存在一些堵点、难点，亟须高度关注。

一、川中四市打造产业发展新高地、加快成渝地区中部崛起的重要意义

（一）是贯彻落实习近平总书记重要指示及中央、省委重要决策部署的重要举措

习近平总书记高度重视成渝地区双城经济圈建设，多次作出重要指示批示。中共中央、国务院于2021年印发了《成渝地区双城经济圈建设规划纲要》，提出到2035年，建成实力雄厚、特色鲜明的双城经济圈。四川省于2023年5月下发《意见》，提出到2027年，产业发展新高地建设取得明显成效，四市地区生产总值和城乡居民可支配收入增速高于全省平均水平；到2035年，基本建成产业发展新高地，经济实力、创新能力和区域竞争力提升到新的水平，与成渝地区其他区域实现高水平协调发展，成为成渝地区现代化建设活跃的新兴增长极。

（二）是推动全面建设社会主义现代化四川的重要支撑

自2012年以来，川中四市GDP占全省比重不断下降，2022年约为10%，较2012年下降了约5个百分点；自2012年以来，川中四市总人口占全省比重不断下降，2022年约为13%，较2012年下降了约3个百分点，"成渝中部塌陷"趋势日益凸显，迫切需要采取有效措施加以转变（表1）。按照省委、省政府的安排部署，在川中四市建设先进制造业新兴集聚区、现代高效特色农业示范带、文旅深度融合发展试验区、现代商贸物流优势承载区，对于促进区域快速发展、推动全省整体高质量发展有十分重要的引领作用。特别是支持自贡建设新时代深化改革扩大开放示范城市和川南渝西战略性新兴产业集聚区，遂宁建设成渝中部现代化建设示范市和锂电之都，内江建设成渝发展主轴产业强市和区域物流枢纽，资阳建设成都都市圈现代化产业新城和成渝地区中部崛起示范区，推动内自同城化发展，加快形成高效分工、错位发展、有序竞争、相互融合的产业发展新格局。

表1 川中四市历年GDP、总人口占全省比重[①]

指标	2012年	2013年	2014年	2015年	2016年	2017年	2018年	2019年	2020年	2021年	2022年
GDP比重（%）	0.15	0.15	0.15	0.15	0.14	0.13	0.13	0.11	0.11	0.10	0.10
占总人口比重（%）	0.16	0.16	0.16	0.16	0.15	0.15	0.15	0.15	0.13	0.13	0.13

（三）是加快推动成渝双城经济圈发展的潜在强力引擎

近十余年来川中四市发展相对滞缓，经济总量占成渝地区的比重历年来持续下降，2022年约为7%，较2012年下降了4个百分点；自2012年以来，川中四市总人口占成渝地区比重不断下降，2022年约为11%，较2012年下降了约3个百分点。成渝地区双城经济圈存在"两头大、中间小"的"哑铃式"经济现象，重庆主城和成都市的经济总量占到成渝地区的一半以上，如果把四市放在双城经济圈来看，其经济总量占比偏低，与其所处区位不符。川中四市是四川传统的农业区，也是四川近现代工业的重要发祥地，具备发展制造业、农业、文旅、商贸的良好基础。2022年，川中四市三大产业增加值占成渝地区的比重分别为15%、7%、6%。在此背景下，充分挖掘四市的丰富资源、发挥其独特优势，加快打造产业发展新高地，可以成为推动成渝地区高质量发展的动力引擎（表2）。

表2 川中四市历年GDP、总人口占成渝地区比重[②]

指标	2012年	2013年	2014年	2015年	2016年	2017年	2018年	2019年	2020年	2021年	2022年
GDP比重（%）	0.11	0.11	0.11	0.10	0.09	0.09	0.09	0.08	0.08	0.08	0.07
占总人口比重（%）	0.14	0.14	0.14	0.14	0.13	0.13	0.13	0.13	0.11	0.11	0.11

①② 资料来源：根据各市政府网站数据整理。

二、川中四市打造产业发展新高地的主要做法

（一）坚持园区统领、项目支撑，夯实产业发展基础

1. 推动园区提档升级，筑牢产业发展根基

川中四市坚持以现代产业园区作为服务产业的纽带和平台、政府调控的载体和抓手，全面提升产业承载能力、推动产业高质量发展。资阳市高新区成功申报省级高端人才产业园区，临空经济区入围"园保贷"融资试点园区，乐至经开区与重庆璧山高新区入围第二批川渝产业合作示范园区。内江市全面启动15个重点工业园区（集中区）用地规划编制工作，印发实施《关于推动工业园区高质量发展的责任分工方案》，威远页岩气综合利用化工园区、内江市甜味食品产业园、内江市东兴食品加工集中园区、内江市绿色能源产业园等一批新建园区的加快建设，不断完善园区功能配套，全面开展基础设施攻坚行动，加强了餐饮、居住、公交、商贸等生活服务设施建设，并加速推进园区的道路交通、供排水、垃圾污水处理、检验检测等公共服务设施布局，为企业发展创造优越环境，进一步增强了区域产业承载能力。自贡市规划建设氢能装备制造产业园，成立氢能装备制造产业园建设专项工作组，实行"一办两组"建设机制和共建及利益共享机制，推动园区产业项目和基础设施项目稳步实施。

2. 推动项目落地生效，助力产业蓄势赋能

川中四市高度重视项目建设问题，紧扣国家政策，紧盯2025年及"十五五"项目谋划时间节点，积极储备一批既管当前、又利长远的大项目好项目，推动招商签约企业尽快落户、抓紧生产。如2023年资阳市深入实施"工业强市"战略，坚持以项目和企业为中心组织经济工作，主要领导率先垂范利用周末时间外出招商，分管领导抓实项目落地，推动SJ项目、四川路桥电池PACK等114个制造业项目签约，协议引资412亿元。2023年，资阳市工业项目完成投资实现翻番，增长109.6%，占固定资产投资比重达24.3%。

（二）坚持错位布局、延链补链，彰显产业发展优势

1. 明确产业发展定位，充分发挥资源优势

作为成渝地区重要的制造基地，面对新一轮科技革命和产业变革机遇，川中四市根据自身资源禀赋和产业基础明确了各自在不同产业，尤其是先进制造业领域的战略定位，并通过积极"抢位"布局确保在产业变革中获得先机。如遂宁市致力打造"锂电之都"、"天然气都"和"绿色智造名城"，早在20世纪90年代就抢先布局锂电产业，从无到有、从小到大，通过引进龙头企业、完善产业链配套、建设产业园区等措施。资阳市则以"中国牙谷""资阳市造"为特色，率先抢占生物医药赛道，注重生物医药、先进轨道交通装备等产业发展，通过引进全球行业龙头企业、建设研发平台、推动成果转化等措施，形成了较为完整的口腔医疗产业链。内江市长期发挥自身独特资源优势，着力打造"中国甜食之都""中国绿色全钒产业基地"。自贡市确定了建设全省"钠电储能之都"的发展方向，积极抢占低空经济"新赛道"，较早布局无人机及通航产业，做大做强无人机制造产业链，在应急救援、气象观测等应用场景多点开花。

2. 推动产业延链补链，全力促进产业集群

延链补链是推动产业延伸、转型、升级，补齐产业链短板和弱项的必由之路。川中四市坚持发挥比较优势、找准主攻方向，着力推动重点产业延链补链强链。自贡市高新区是四川省第三家国家级高新区，已成功创建国家老工业城市产业转型升级示范园区、国家节能环保装备制造基地等国家级和省级平台32个，与中国工程院、浙大、哈工大等高校院所共建科技创新平台166个，新能源、智能制造、先进材料三类主导产业集群高度集聚；截至2023年底，高新区已入驻企业近1万家，规上工业企业数量占全市总量的20%，新能源产业规上工业总产值占全市总量的90%。

（三）坚持创新驱动、加快转型，释放产业发展动能

1. 提升自主创新能力，增强内生发展动力

创新是第一动力。川中四市均高度重视科技创新，通过建设科技创新平台、推动科技成果转化等方式，不断提升自主创新能力。截至2023年，

遂宁市科技创新综合水平指数已达51.44%，在全省同类市州处于领先水平。遂宁市高新区与中国科学院、四川大学等多所高校院所合作共建，催生一批重大科技创新成果。内江市是四川省同时拥有国家级经济技术开发区、国家高新技术产业开发区和国家农业科技园区的四个市州之一，也是成渝中线14个城市中唯一同时拥有三大国家（级）园区的市州。发展先进制造业需要将科技创新作为关键驱动力，通过加大研发投入、引进创新人才、建设创新平台等方式，努力将科技创新的"势能"转化为制造业发展的"动能"，推动制造业向高端化、智能化、绿色化转变。

2. 抢抓数字经济机遇，赋能产业提质增效

川中四市高度重视数字经济的重要作用，持续推动数字经济与实体经济融合共生、协调发展。川中四市不断提高平台资源整合能力，如四川物联亿达科技有限公司在遂宁市打造的"物联云仓"，其3.8亿平方米的在线仓储规模、覆盖238个城市的8400多个合作仓库园区，以及在遂宁市构建的智慧物流大数据中心和专业服务团队，不仅能够为各类企业提供量身定制的仓储解决方案，还有效提升了物流行业的整体运作效率，同时降低了企业的物流成本。四市抢抓数字经济发展机遇，借助各种电商平台拓宽农产品销售渠道，全面提升品牌影响力。如自贡市贡井区蔬菜高粱现代农业园主动融入"新零售"模式，入驻阿里巴巴、淘宝、京东、拼多多等头部电商平台，建成电商运营服务区1个，联合"蜀中桃子姐""杨队长"等知名主播，常态化开展直播带货，大头菜线上销量达1600吨，占总销售量的32.21%，直播带货销售收入达8500万元以上。2022年，资阳市农产品电商交易额达到50亿元，同比增长15%；其中，"雁江蜜柚""安岳柠檬"等特色农产品线上销售额占比超过30%。

3. 加快发展方式转型，厚植绿色低碳底色

绿色是高质量发展的底色，加快经济社会绿色转型发展已成为当前社会发展的共识，川中四市将绿色发展理念贯穿产业发展的全过程，通过推广绿色生产技术、加强节能减排、发展绿色产业等措施，推动产业向绿色化、低碳化方向发展。资阳市在清洁能源领域迎来重大突破，如现代商用汽车（中国）有限公司氢燃料电池轻卡的成功下线，标志着资阳市在新能源领域的快速发展。内江市加快调整传统钢材产品结构，积极发展"钒钛+资源综合利用"产业，创新开展氢冶金技术研发推广，推进钒钛钢铁行业绿色低碳转型。自贡市以节能环保装备产业为绿色低碳发展的突破口和重要抓手，围绕东方锅炉、华西能源等龙头企业，打造了以研发生产节能环保锅炉、运输机械、压缩机及成套设备等产品为主的节能环保装备产业集群。

（四）坚持产业融合、丰富场景，提升产业品牌价值

1. 促进三产深度融合，激发发展活力

推进产业融合发展是建设现代化产业体系的迫切要求，也是增强产业体系竞争力、助推城乡融合和区域协调发展的内在动力。川中四市以"文旅+"为融合发展主线，积极培育"文旅+研学""文旅+体验""文旅+康养"等新业态，开发特色农业体验项目，促进乡村经济发展。如资阳市雁江区保和镇立足水、田、居三大板块，围绕"旅游+"农旅融合理念，聚焦"旅游+农业+美居"发展模式，形成了以农兴旅、以旅富农的循环发展体系。自贡市贡井区蔬菜高粱现代农业园建成占地4000平方米的"万坛古法发酵场"和可晒鲜菜8000吨大头菜"万米晾晒长廊"，实现乡村资源景观化、产业基地景区化，并进一步举办"2022年大头菜丰收节""成果品鉴旅游节"，公园年接待游客20余万人，文旅消费收入100余万元。遂宁市坚持"农文旅"融合发展，创建国家级农业产业强镇3个、"一村一品"示范村镇6个、中国美丽休闲乡村2个，其中蓬溪县成功创建国家农村产业融合发展示范园，射洪市纳入国家农业现代化示范区创建名单。

2. 加快培育知名品牌，塑造全新优势

品牌是地方经济发展的重要驱动力，良好的区域品牌可以提升地方经济的竞争力和吸引力，进一步吸引投资和促进产业升级。川中四市立足区域特色优势，加大对产业知名品牌的培育力度，进一步增强品牌效应。自贡市贡井区蔬菜高粱现代农业园培育"龙须淡口""盐帮老坛""自然香""字胜"等企业品牌20余个，成佳大头菜列入"四川省地方名优产品推

荐目录"。资阳市围绕"资足长乐""石刻之乡"品牌标识，加快建设石刻文创园区，建成西部石雕石材产业园、艺术家小镇、六匠文创展示中心等，形成初具规模的川渝雕刻共享产业园；资阳市成立川渝石窟保护研究中心、安岳石窟研究院，联合高校及科研院所推进川渝地区石窟保护相关技术研究与应用等科研项目。

3. 持续丰富消费场景，点燃增长引擎

消费事关保障和改善民生，既是畅通国内大循环的关键环节和重要引擎，也是拉动经济增长的重要动力。川中四市高度重视消费场景打造工作，推动消费新业态、新模式、新产品不断涌现，不断激发消费市场活力和企业潜能。川中四市利用自贡市灯会和釜溪河、内江市环甜城湖商圈、遂宁市灵泉水乡区域、资阳市特色夜市，通过开发独特 IP 价值消费项目，打造辨识度高、感受度强、美誉度好的消费品牌，形成夜演、夜展、夜娱、夜游、夜食、夜宿、夜健等新业态，满足游客多元化、多层次、多方面的夜间文旅消费需求，成为川中四市旅游的热门目的地和消费新引擎。川中四市以彩灯、龚扇制作、非遗扎染、麦秆画、制糖工坊为依托，探索"非遗消费、传承培训、研学体验"新模式，促进非遗文化资源向文化产品服务创新性转化。

三、川中四市打造产业发展新高地取得的成效

（一）立足自身禀赋，服务成渝双圈，稳步推动产业升级

1. 先进制造业提质增效，推动产业加快转型升级

川中四市天然气资源储量充沛且勘探成效显著，其中遂宁和资阳主要是常规天然气开采，内江和自贡则为页岩气开采，天然气的开发与应用共同助推成渝双城经济圈能源产业结构升级和发展转型。遂宁市依托天然气、盐卤资源及石化产业基础，将天然气、石油炼化及精细化工、盐化工有机结合，纵向延链、横向耦合，形成一体化化工循环经济产业链。截至2023年，能源化工产业实现营业收入173.7亿元，产业增加值增长20.1%。当前，遂宁能源化工产业已拥有3个省级专业化工园区（数量居

全省第一），绿色能源化工规上企业83户，其中龙头企业盛马化工是西南地区唯一被国家保留的地方炼油企业，原油年加工处理能力390万吨。自贡拥有丰富的页岩气资源和盐卤资源，正在大力发展天然气化工和盐化工产业。

2. 农业质效进一步提升，现代高效特色农业初步建成

川中丘陵地区四市依托本地农业资源禀赋，已初步形成了一批以柠檬、血橙、无花果、花茶、油茶为代表的特色产业，在地方政府的扶持下，品牌效应和市场竞争力不断提升。如内江已获得"中国黑猪之乡""中国血橙之乡""中国无花果之乡""中国鲶鱼之乡""中国白乌鱼之乡""中国西部鱼米之乡""中国天冬之乡"七张金字招牌，全市5个县（市、区）均有了"乡"字金字招牌。表3所示为川中四市入选"2023年四川省农业品牌目录"的产品清单。

表3　川中四市入选"2023年四川省农业品牌目录"的产品清单[①]

城市	区域公共品牌	企业品牌	农产品品牌
遂宁	—	美宁食品	"合众养道"牌五谷杂粮、"塘河"牌沙田柚
资阳	安岳柠檬	尤特	"心柑宝贝"牌柑橘、"天护"牌鸡
内江	—	—	—
自贡	富顺再生稻	天花井	"长明"牌火边子牛肉

3. 文旅名牌持续打造，产业发展活力不断提升

川中四市历史底蕴深厚、自然地貌多样，文化旅游资源丰富多元。四市聚焦巴蜀文化特色底蕴和文旅资源核心价值的发掘，持续打造了区域文化旅游品牌。截至目前，川中四市共有A级旅游景区81家，其中AAAA级景区33家；自贡市荣县双石镇蔡家堰村、遂宁市船山区河沙镇凤凰村、遂宁市射洪市广兴镇双江村、内江市东兴区田家镇正子村、内江市威远县向义镇四方村、资阳市安岳县卧佛镇卧佛村6个村成功创建第三批天府旅游名

---

① 资料来源：根据《"天府粮仓"农业品牌建设行动方案》和《四川省农业品牌目录制度》要求，四川省农业农村厅确定并发布2023年四川省农业品牌目录评选。

村；自贡市贡井区艾叶镇六房村等5个村、遂宁市大英县隆盛镇土门垭村等5个村、内江市东兴区田家镇火花村等5个村、资阳市雁江区老君镇万年村等3个村成功入选第四批省级乡村旅游重点村。川中四市2024年A级旅游景区数量及结构分布如表4所示。

表4　川中四市2024年A级旅游景区数量及结构分布①

城市	A级景区数（个）	AAAA级景区数（个）	AAA级景区数（个）	AA级景区数（个）
遂宁	23	11	10	2
资阳	16	3	10	3
内江	23	10	10	3
自贡	19	9	9	1
川中四市	81	33	39	9

4. 物流基础设施日渐完善，国际物流通道得以拓展

川中四市位于成渝双城经济圈的核心地带，依托区位优势，四市建设和升级了物流基础设施，构建了高速公路、铁路、航空港等多式联运体系，规划与拓展了物流园区，提升了区域物流集散和中转能力。截至2022年，四市公路总里程已达50690千米。遂宁市公路里程达1.458万千米，移动电话基站1.8万个。资阳市25个重大交通项目中11个已竣工投用、14个加快建设，完成投资超100亿元。高铁西站建成投用，成自宜高铁通车运营，轨道交通资阳线实现电通，成达万高铁、成渝中线高铁加快建设。内江市是国家互联网一级、二级节点性城市、全省首批"全光网城市"、全省电信第一批5G牌照示范市，城区95%以上区域已具备双千兆网络接入能力。自贡市现有西南（自贡）国际陆港、川南公路物流港、东方物流板仓基地等大型物流园区3个，已建成普货仓库面积45万平方米，冷库库容52万立方米。

---

① 资料来源：根据《四川省A级旅游景区名录》（更新时间2024年5月28日）整理。

（二）加强产业协作，补链延链强链，齐力促进中部崛起

1.产业协作加深，形成产业融合发展格局

川中四市在装备制造业领域的合作不断加深。在装备制造产业方面，资阳和内江重点发展汽车零部件、轨道交通、机器人等装备制造业，彼此间的协同发展有助于提高成渝地区双城经济圈装备制造业生产效率、降低成本。资阳的装备制造产业基础较完备，形成了龙头引领、零部件协作的产业格局。中车资阳机车主要生产内燃、电力机车，是我国西部唯一的机车制造企业，持续巩固全市产值"榜首"地位。南骏汽车、现代商用车正重点发展重中型自卸车产品，加快转型纯电动、油电混合等新能源载货汽车。内江的"装备+"产业主要涉及汽车零部件装备、数控机床装备、矿山机械装备、水利水电成套装备、油气机械装备和医疗器械装备等领域，当前规模以上企业共121家，2023年装备制造业产值规模约130亿元。

2.产业链布局完整，产业竞争力快速提升

遂宁市全力建设"锂电之都"，已布局"锂资源开发—锂电材料—电池管理—新能源汽车—电池回收"锂电全生命周期产业链，成为全国发展锂电全产业链最完善的地区之一，生产的基础锂盐年产能达7.5万吨，约占全省市场的20%、全国市场的10%；生产的磷酸铁锂正极材料产能达51万吨，全国市场占有率超20%。自贡市在百度地图首家开通"一图游自贡"，提供"吃住行游购娱"全方位"一站式"智慧旅游服务。遂宁市"一码游遂宁"App上线，"斗城文旅""养心遂宁"主题特色旅游公交开通运营；2023年现有规上文化、体育和娱乐业营业企业56家、较2022年底新增25家，营业收入增速为34.4%，高出全省17.9个百分点。川中四市2024年五一假期开放的79个A级景区共接待游客232.31万人次，实现门票收入1930.96万元，分别占全省的8.46%、6.50%。表5所示为川中四市2024年五一期间A级旅游景区接待游客数及门票收入。

表5　川中四市2024年五一期间A级旅游景区接待游客数及门票收入[①]

城市	A级景区数	接待游客数（万人次）	门票收入（万元）	接待游客数占全省比重（%）	门票收入占全省比重（%）
遂宁	23	81.57	686.47	2.97	2.31
资阳	16	37.00	161.78	1.35	0.54
内江	23	57.53	58.56	2.10	0.20
自贡	17	56.14	1024.15	2.05	3.45
川中四市	79	232.31	1930.96	8.46	6.50

3.产业集群式发展，产业活力进一步释放

食品饮料产业层面，川中四市依托丰富的农产品资源，聚焦本地特色，形成了以优质白酒、罐头饮料、休闲食品、预制菜等为支撑的特色食品饮料产业集群。其中遂宁形成了以预制菜、罐头、白酒、休闲食品为主的食品饮料产业体系。截至2023年，遂宁绿色食品产业实现营业收入272.6亿元，产业增加值增长9.8%，拥有绿色食品规上企业87家，包括预制菜产业龙头高金公司、罐头制造业龙头美宁公司、白酒产业龙头沱牌舍得、休闲食品产业龙头喜之郎，获评"中国白酒之乡""中国肉类罐头之都"。资阳重点发展调味品制造、肉制品加工、果蔬加工等产业，打造国内柠檬之乡，代表企业有安井食品、百威啤酒、欧福蛋业、加多宝、华通柠檬等。

（三）强化创新驱动，产学研有机结合，打造成渝科创走廊

1.立足产业园区发展，打造产学研基地

截至2023年，遂宁已拥有3个省级专业化工园区；内江拥有国家级经济技术开发区、国家高新技术产业开发区和国家农业科技园区，是成渝中线14个城市中唯一同时拥有三大国家（级）园区的市州；资阳拥有高新技术产业园区和临空经济区，共同作为其发展工业的重心；自贡则根据优势产业规划和布局了自贡高新技术产业园区（沿滩区）、自贡航空产业园区、川南新材料化工园区等。内江经开区与电子科技大学、四川农业大学、重

---

① 资料来源：根据各市政府网站数据整理得到。

庆大学等高校合作，在电子信息、装备制造、食品医药、能源材料等多领域共同合作；而资阳以"高校+园区""企业+基地""团队+项目"等模式，签订产学研合作协议，其中资阳高新区与四川大学、华西口腔医学院等机构建立战略合作关系，共同发展口腔医疗器械产业。自贡沿滩高新技术产业园区与吉林大学在新材料化工实训基地建设、园区专家库建立、招才引智活动及科研成果的转化等方面都开展了深入合作，且以其红色文旅资源为依托，联合高校、党校、博物馆、企业及专家顾问组成平台式团队，深入挖掘和开发"江姐故里"红色文化。

2. 依靠科研平台建设，奠定新兴产业基础

遂宁市已建成多个市级工程技术研究中心、重点实验室和新型研发机构，并积极推动省级及以上创新平台的建设。这些平台覆盖了多个领域，包括锂电及新材料产业技术研究院、天齐锂业"一带一路"联合实验室、川猪全产业链创新发展示范体、智慧物流大数据中心等，为遂宁发展锂电、电子信息、现代农业、智慧物流等产业提供了有力的科技创新支撑。内江目前已累计建成各类创新科研平台250余个，这些平台涵盖了重点实验室、工程技术研究中心、科技企业孵化器等多种类型。同时，内江还支持有条件的企业自建、联建创新载体，推动高能级平台（基地）建设，探索组建创新联合体。资阳市已经建成技术研发平台115个，其中包括国家级平台1个、省级平台17个、市级平台97个。

3. 用好科技成果转化，提升产业发展效能

遂宁市政府引进专注生产柔性电路板的上达电子有限公司落地遂宁，建设全球最大单体精密FPC生产基地项目，现已储备自主专利达54项。内江在多个产业领域均开展了科技转化活动，解决了高端陶瓷基板材料和制造工艺的"卡脖子"问题、钠化提钒工艺废水处理和回收利用问题，研制出铸件切边液压机和高铁减震复合材料液压机，有效推动了新兴产业发展和传统产业升级。截至2022年，内江科技园区已累计获得科技进步奖14项，申请涉农专利300余件、获授权专利94项，自主培育植物新品种66个、新技术41项，创建地方猪配套系"黑得香"自主品牌；转化科技成果39项，成果收益超1000万元。

（四）推动绿色发展，保护生态环境，共建成渝低碳发展新模式

1. 传统产业不断绿色转型

川中四市均利用政策引导与技术创新，不断加快传统产业的绿色化、智能化转型。如遂宁鼓励企业采用绿色制造技术和智能化生产设备，并通过园区集中治理、资源共享，提高生产效率与资源利用率，目前舍得酒业已成功创建国家级"绿色工厂"，另有32家企业创建省级"绿色工厂"。内江引入循环经济和低碳技术，加快调整传统钢材产品结构，积极发展"钒钛+资源综合利用"产业，创新开展氢冶金技术研发推广，推进钒钛钢铁行业绿色低碳转型，还通过燃料智能化管理系统建设项目，实现了采煤、制样、存样一体自动化运行，减少了与煤炭的直接接触，推动工业领域节能减排。资阳利用清洁能源发展优势，加快布局纯电动、油电混合等新能源载货汽车产业，如现代商用汽车（中国）有限公司氢燃料电池轻卡的成功下线，南骏汽车、现代商用车正重点发展重中型自卸车产品。

2. 绿色产业加快发展壮大

川中四市大力发展天然气、氢能、锂电等清洁能源产业。如遂宁建设了储气调峰基地项目（一期）和遂潼天然气综合开发利用产业园，积极发展天然气绿色化工。锂电作为遂宁的支柱产业，截至2023年，遂宁市锂电产业营业收入达590亿元，占工业比重超过1/3，增速达21.8%。产业规模约占全省的1/4，集聚了60余家锂电企业，锂资源拥有量约占全球的11%，基础锂盐、磷酸铁锂产能分别占全国的7%、18%，是全球最大的磷酸铁锂生产基地。资阳则利用其丰富的常规天然气禀赋，推动了天然气发电、调峰电站、净化厂等项目，并在氢能与燃料电池技术方面加快发展。内江和自贡根据其丰富的页岩气资源，前者基本形成页岩气"生产—存储—应用—深度利用"的全产业链，后者正大力发展天然气化工和盐化工产业。

3. 环境保护与生态优化并行

川中四市在发展制造业时注重资源回收再利用，并注重农业、文旅等资源的保护，从产业发展到环境保护形成完善的逻辑闭环，同时在生态环境保护优化方面加大投入，有效提升了生态环境质量，为人民群众提供了更加宜居的生活环境。如遂宁的天齐锂业专门成立子公司进行废旧动力电池的回收及梯次利用，四川天马玻璃有限公司建设了玻璃炉窑废气深度治理项目，降低了玻璃炉窑所产生的大气污染物，注重环保和可持续性。内江明确再生资源回收利用网络体系建设任务，发展专业废旧家电回收商50余家、再生资源回收站点230余个，回收网络覆盖川渝地区。内江还多措并举推进生态修复，如开展大规模绿化行动、水土流失综合治理、废弃露天矿山生态修复等，森林覆盖率达33.1%，被评为"四川省森林城市"。资阳推动境内的百威（四川）啤酒有限公司清洁能源改造项目建成投用，将燃气锅炉改造为电锅炉，有效减少二氧化硫和氮氧化物的排放。自贡市还通过"四大源+臭氧攻坚"等措施，有效改善了空气质量，2024年上半年，自贡市10个国省考断面水质优良率达到了100%，较上年同期提升了30个百分点，空气质量各项指标较上年同期均有明显改善，$PM_{2.5}$、PM_{10}同比均有下降，优良天数达139天。

四、川中四市打造产业发展新高地存在的堵点

（一）配套基础设施不健全，制约产业发展速度与质量

1. 物流设施总体较差

物流及农业农村基础设施方面，川中四市农村公路网络的质量与容量不足，技术等级低、路面宽度不足，断头路与瓶颈路段频现，直接限制了农业机械的有效运用，增加了农产品流通成本。例如，产地批发市场及直销网点的建设滞后，导致鲜活农产品无法高效对接市场，物流经营成本居高不下。这不仅降低了农产品的市场竞争力，也影响了农民收入的增加。

2. 水利建设薄弱

在水利设施建设上，川中四市因地理环境特殊，长期面临水资源短缺问题，水利设施面临着"历史欠账较多"的问题，水利骨干工程仍偏少，小型水库多数建于20世纪50年代至70年代、建设技术标准低，加上多年的疲劳运行，工程老化失修。新建水利工程灌排设施配套工程不全，重建轻

管，供水能力不足，灌溉保障率较低。部分园区水利设施不完善，灌溉效率低下，影响了园区的生产效率和产品质量。如资阳全市高标准农田建设项目系统配套有蓄水池、提灌站、小水渠等设施，灌溉问题基本能得到解决，但是存在现有的农田水利设施运转不良、"五小"水利管护困难、新增农田水利设施投入不足等问题。

3. 园区建设有待加强

农业科技园区发展方面，川中四市仅拥有两处国家级农业科技园区，创新引领和辐射带动能力有限。部分园区建设在产业规划、资源利用、土地流转、备案登记等方面存在很多不足，园区的规划管理水平不高；园区所需资金的筹集与管理使用等方面存在较多的不规范行为，严重影响园区生产；园区项目建设面临着建设进度缓慢、未按方案建设、后期管护不到位、考核评价不到位等问题，建设管理水平有待提升。

4. 文化旅游服务设施建设滞后

文化旅游服务设施方面，川中四市的基础设施建设未能跟上文旅产业快速发展的步伐。住宿方面，酒店服务供给能力、运营能力整体偏弱。以星级酒店数为例，截至2024年4月29日，旅游星级饭店自贡市11家、资阳市10家、内江市10家、遂宁市12家，其中五星级酒店仅自贡市1家。而四川省星级饭店341家、五星级饭店30家，川中四市分别占全省的12.61%、3.33%。交通方面，法定节假日重点景区如彩灯大世界周围车位紧张，交通不畅，影响游客体验。此外，智慧旅游等新兴服务设施布局不均，乡村旅游基础设施落后，道路质量不高，环境治理不足，导致游客满意度下降。

（二）产业集聚效应不显著，经济贡献有限

1. 龙头企业带动能力不足

制造业龙头企业规模普遍偏小，数量较少。如内江市年主营业务收入上100亿元的企业仅有1家，年主营业务收入50亿元以上企业断层现象严重，潜在升规企业严重不足，企业整体发展不均衡。资阳2023年产值上10亿元的企业不足20家，本地龙头企业规模小，产业带动能力弱，对整个产业支撑不足；此外，产业园区缺乏企业入驻，产业集群效应未完全显现。

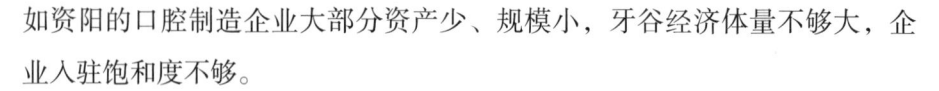

如资阳的口腔制造企业大部分资产少、规模小，牙谷经济体量不够大，企业入驻饱和度不够。

2. 产业链条完整性不足

以锂电和清洁能源为代表的新兴产业，虽然被视为川中四市的发展优势，但在产业链构建上存在明显断层。以遂宁为例，虽然在锂材料的上游领域展现出较强的发展势头，但在中下游环节，即电池集成与终端应用方面，却因缺乏核心企业的引领而显得薄弱。这种产业链的"头重脚轻"导致了产业生态的不均衡，无法实现资源的高效内部循环，对外部市场的依赖度过高，影响了产业的稳定性和竞争力。四市农产品加工总体规模小、技术水平不高，多以原料产品或初级加工产品直接走向市场，未实现优质优价。如遂宁市粮食类园区农产品大多以产地原产品的方式进行销售，龙头企业带动力较弱，经济作物类园区产品产地预冷、烘干、储藏等初加工发展不足，精深加工不足。

3. 品牌营销薄弱

产品与服务供给结构单一，尤其文旅产业过度依赖传统观光型产品，缺乏深度体验和互动性强的消费场景。以资阳为例，尽管已策划多项文旅项目，但主要集中在传统演艺娱乐、景区运营及非遗活化，而农旅、工旅、文创等新型旅游业态发展不足。据观察，"一日游"现象普遍，深度体验产品供给短缺，难以满足游客多元化需求。营销策略创新乏力。未能充分利用新媒体和社交平台的巨大潜力，在品牌营销上，川中四市未能充分挖掘新媒体的潜力，内容创意匮乏，多数宣传停留在景点、美食的罗列层面，未能深入挖掘和呈现具有地方文化特色的独特故事和情感价值。尽管拥有盐帮文化、恐龙文化、彩灯文化、大千文化、古道文化、红色文化等独特资源，但"天地人网"联动效应未能有效形成，AI交互场景应用不足，如贵州榕江县成功孵化1.2万个新媒体账号和2200个网络直播营销团队，实现品牌"村超"出圈，相比之下，川中四市在这方面显得滞后。

4. 产业融合发展存在瓶颈

新兴产业应用场景挖掘不够，以氢能产业和低空经济产业为例，目前氢能主要在重卡、城市公交、环卫车辆、无人机氢能、边防等领域使用，应用场景较窄。低空经济产业主要以无人机及其他通用航空装备制造为主，但这些装备目前仅用于气象探测、应急救灾、治安防控等领域，受空域限制，还有更多应用场景亟待拓展。文化旅游业是综合性行业，需要多个部门协作最终形成具有品牌效应的文旅消费整体场景。目前川中四市虽然有享誉国际的彩灯和恐龙、闻名中外的安岳石刻等各类优势资源，但仍存在资源整合利用不够，未能形成融合度高、具有强大带动效应的文旅品牌等问题。

5. 产业经济效应不显著

川中四市经济实力在省内相对薄弱，而新兴产业尚在产业化商业化初期，无论是氢能还是低空经济，都需要大量投入，但目前经济效益并不显著，地方财政承压较大。如自贡航空产业园建设前期投入成本高昂，目前以无人机装备制造为主，市场化业务有限，产值及利润不高，且受财税体制政策制约，中航无人机、腾盾科创等企业产值税收不能在自贡体现。川中四市物流业以运输和仓储为主，缺乏加工、包装、配送等增值服务，导致市场规模受限。比如自贡市物流业总收入占全省的比例仅为2.55%，内江市的比例为3.69%。由于在四川省运输收入占物流业总收入的比例达73%，因此再从货运总量来看，2022年四川省包括公路、铁路、水路及航空运输的货运总量为184766万吨，而资阳、自贡、内江及遂宁四市合计的货运总量约为17959万吨，占全省比例仅为9.11%。占比最高的内江为3.06%，占比最低的资阳仅为1.13%，物流产业对经济的拉动作用有限。

（三）要素制约明显、创新能力不足

1. 耕地制约

川中四市丘陵面积占68.4%，属典型的丘陵地区，耕地面积有限，且地块分散，难以形成大规模连片种植，制约了农业和林业的规模化发展。2021年，自贡、遂宁、内江、资阳的耕地面积分别为268万亩、300万亩、335万亩、350万亩，均居全省中下游水平；自贡、遂宁、内江三市按户籍人口计算的人均耕地面积分别为0.83亩、0.84亩、0.86亩，同样低于全省平均水平。以资阳为例，耕地分散零碎，坡耕地占比近七成，农业生产成本高、效率低，撂荒地整而不绝。另外，川中丘陵地区河网发育较差，用地条件不佳，适宜开发空间少且开发成本较高，直接影响到四市农业的开发利用和经济活动的空间布局，高标准农田建设有待进一步加快，内江市高标准农田仅占四成左右。

2. 资金制约

川中四市财政实力偏弱。2023年四市一般公共预算收入占四川全省的比例仅为6.34%，四市中收入最高的遂宁也仅位列全省第十，收入最低的资阳位列第十七。资阳、遂宁、内江、自贡地方一般公共预算收入占GDP比重分别为6.9%、6.6%、4.7%、4.7%，低于7.3%的全省平均水平。财政收入紧张导致产业投入不足。2023年，内江全市研发投入13.6亿元，占当年GDP比重仅为0.82%，资阳全市研发投入4.8亿元，占GDP比重仅为0.54%。由于农业科研、农技推广体系、农民教育培训等基本上只能依靠财政投入，金融资金、民间资金参与不足，农业科技发展需求尚存在很大资金缺口。

3. 技术制约

科技投入不足导致川中四市创新能力不足。资阳市仅1家省级科技企业孵化器、2家省级众创空间、4家省级工程技术研究中心，原始创新能力与推动科技成果转移转化能力严重不足。川中四市科技型企业数量整体偏少，自主创新能力偏弱，具有国内外领先技术水平的高新技术产品不多。新产品开发数量少，高精尖和高附加值产品占比较低，有竞争力的关键共性技术还不多，创新驱动发展能力亟待提升。以资阳为例，截至2023年，全市高新技术企业仅为德阳的20%、宜宾的35%、眉山的45%，科技型中小企业仅为宜宾的17%、德阳的26%，专精特新中小企业仅为德阳的17%、宜宾的27%、眉山的30%。因装备有效供给不充分、农机农艺融合不密切、农业机械化作业不配套等原因，四市的农业机械化率总体较低，不能有效满足农业生产的客观需求。

4. 人力资源制约

人力资源是产业现代化发展的关键要素支撑，在一定程度上决定着产业是否能够顺利实现转型升级。但川中四市由于区域优势不强，无论是基础劳动力还是专业人才，都存在不足。对比第六次、第七次全国人口普查公报数据，川中四市是人口流出大市，人口总共减少了147.6万人，成为全省人口流出的"重灾区"，资阳、内江、遂宁、自贡的降幅分别为29.7%、27.1%、19.1%、17.9%，人口外流现象突出。2021年四市常住人口与户籍人口之比均低于0.8，资阳甚至不足0.7。尤其是乡村人口流失严重，农村空心化、老龄化现象突出，基层农技队伍普遍薄弱。在文旅融合的大背景下，产业发展越来越要求相关从业人员的知识储备和工作能力不断提升，而现有服务人员专业对口率低、素质参差不齐，服务水平有待进一步提高。

（四）协同程度不高，共建共享不够

1. 产业定位彼此交互

各市根据自身特色和优势，明确了各自的发展定位。如自贡建设新时代深化改革扩大开放示范城市和川南渝西战略性新兴产业集聚区；遂宁建设成渝中部现代化建设示范市和锂电之都；内江建设成渝发展主轴产业强市和区域物流枢纽；资阳建设成都都市圈现代化产业新城和成渝地区中部崛起示范区。但定位之下的主导产业之间存在重合与交集，如多地都在争取发展天然气产业、氢能产业、低空经济等，为龙头之争埋下伏笔。

2. 区域协同发展机制不清晰

省级统筹协同机制尚未正式建立，川中四市各负其责、协同落实的工作推进体系尚未形成，交流合作还处于浅层次阶段，更多停留在部门间的工作交流上，协同发展的合作意愿不够强烈，"数据孤岛"问题突出。以自贡物流园区为例，虽然尝试搭建信息平台，但由于缺乏统一的数据标准和共享机制，园区内外企业间信息交流不畅，影响了整体物流效率和资源优化配置。

3. 产业同质化竞争明显

川中四市的社会情况、资源禀赋、经济体量比较相似，目前产业发展阶段也大致相当，同质化发展严重。如遂宁、自贡、内江、资阳均将电子信息、能源化工等纳入本地主导产业建设方向，呈现较为明显的同质化竞

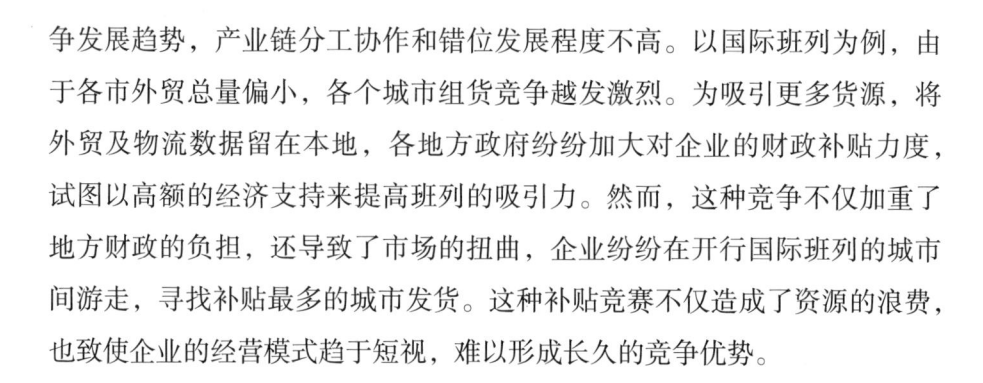

争发展趋势，产业链分工协作和错位发展程度不高。以国际班列为例，由于各市外贸总量偏小，各个城市组货竞争越发激烈。为吸引更多货源，将外贸及物流数据留在本地，各地方政府纷纷加大对企业的财政补贴力度，试图以高额的经济支持来提高班列的吸引力。然而，这种竞争不仅加重了地方财政的负担，还导致了市场的扭曲，企业纷纷在开行国际班列的城市间游走，寻找补贴最多的城市发货。这种补贴竞赛不仅造成了资源的浪费，也致使企业的经营模式趋于短视，难以形成长久的竞争优势。

五、川中四市打造产业发展新高地的对策建议

（一）完善配套基础设施，提升产业集群效应

1. 完善道路基础设施建设

一方面是推动公路沿线充电基础设施建设。科学规划充、换电站和加氢站的布局，在物流中心、大型工业园区、高速公路服务区和主要物流节点等区域建设足够数量的充、换电站和加氢站。制定统一的技术标准，确保不同品牌和型号的新能源车辆都能方便地使用这些设施。政府还可以通过与私营企业合作，共同投资建设基础设施，分担建设和维护成本，提升覆盖率和服务质量。另一方面是提升农村道路质量和养护水平。科学制定农村道路发展规划，促进农村地区道路建设有序协调发展，持续推进"四好农村路"建设，聚焦中心镇中心村和产业园区（基地），着力打通"断头路"拓宽"瓶颈路"，优先考虑农业资源、旅游资源、矿产资源的开发利用，促进产业集聚集群发展。健全农村道路质量监控体系，因地制宜灵活采取多种养护模式，提高道路养护管理水平，加快农村公路养护工作常态化、制度化、规范化。

2. 加强农村水利设施建设

一方面是加快推进水利工程建设。加快推进现有水利工程扫尾工作，强力推进病险水库整治，实施灌区渠系配套和节水改造。加强提、蓄、灌、排等小微水利建设，重点向高效节水和小农水设施倾斜，统筹解决灌溉水源、农田灌排骨干和田间工程"最后一公里"问题。提升农村水利设施智

慧化水平。另一方面是加强水利设施维修管护利用。按照"谁使用、谁受益、谁管护"的原则督促各村镇做好小型农田水利设施维修管护利用工作。探索以区财政补助、镇政府自筹、受益群众投工投劳等多元化投入进行农田水利设施建设与管护工作。

3. 完善农业园区基础设施

一方面是完善园区基础设施。完善政府、企业、社会共同参与的投融资机制，整合现有涉农政策、项目、资金，加大对园区基础设施建设的投入。完善园区内的水利、交通、电力等基础设施，推进园区内渠系、道路、景区、环境、公共服务等基础设施建设，不断提高园区的生产效率和抗风险能力。另一方面是强化园区建设动态管理。进一步完善园区管理办法，着力引导园区提升自身管理水平。建立梯级建设、动态管理、目标考核、末位淘汰管理机制，科学制定园区建设动态管理评价指标，加强园区建设考核评价工作。

4. 完善文旅配套设施

一方面是完善基础设施配套。加快提升酒店住宿接待能力，鼓励现有酒店升级改造，大力引进国内外知名酒店管理企业，充分利用各地特色文化元素，突出民俗活动、休闲娱乐、健身养老等不同主题，加快建设一批中高端酒店和精品特色民宿，打造适合不同消费者群体、多层次、多元化的住宿产业体系。优化内部交通网络，推进新旧城区互联互通，串联景区主要旅游公路，建设一批景区旅游公路、骑游道、步行道，构建"快进、慢游、易出"的交通体系。另一方面是优化文旅设施布局。尝试组建川中四市文旅联盟，统一文旅公共服务设施标准，实施农村旅游基础设施补短提升行动，优化完善景区连接通道、游客接待中心、5G网络、指引标牌等基础设施，加快建设一批智慧公厕、立体智能停车场、智能充电桩、自驾游驿站等基础设施，提升游客整体休闲体验。

（二）做强重点产业链，推动经济高质量发展

1. 强化龙头企业引领

充分发挥已入驻龙头企业的技术、资本与管理优势。突破重点科技项

目攻关，实施链上企业"智改数转"，加大产业化推进力度，推动价值链向高端攀升，带动本地企业做大做强。比如在农业方面，加快发展农业龙头企业，发挥"链主"企业在促进产业集群、产业融合中的乘数效应，强化龙头企业的创新驱动力、整合引领力，聚焦关键品种、关键技术、关键设备，推动乡村资源优势转化为产业优势，提升农产品发展的规模和品牌效应，推动乡村产业品种培优和品质提升。从资金、政策方面对遂宁威斯腾、内江通宇物流等有发展优势和竞争力强的物流企业进行重点扶持，支持其更新改造设施设备，进行信息化、标准化、智能化建设，全面提升物流企业的服务能力。通过政策引导，鼓励小型物流企业兼并重组、做大做强，提高市场集中度，培育出有实力的本土物流龙头企业。

2. 构建完善产业链条

以川中四市全产业链融合为目标，形成地域特色鲜明、区域分工合理、高质高效发展的农业生产布局。做强农产品加工业，大力发展农产品产地初加工、精深加工和副产品综合利用加工，推进农产品多元化开发、多层次利用、多环节增值。创新产业融合模式与经营方式，推进农业与多产业横向联合、深度融合，打造农业新产业、新业态。加快引进大型知名且具有优质物流运作经验的第三方物流企业入驻遂宁西部铁路物流园、内江国际物流港等物流集聚区。依托现有仓储设施，聚焦多式联运、公铁物流等业态，重点关注蜀道物流、京东、拼多多等物流企业，鼓励其在入驻园区设立采购中心、区域分拨中心和配送中心，推动各市物流企业实力提升。

3. 提升品牌营销能力

深入挖掘四市城市文化内蕴，丰富文旅产品供给，承接文旅市场消费需求，积极引进动漫、游戏、影视、音乐、数字阅读、文化创意、文化娱乐等新业态、新产品，加快实现景点观光型文旅产品向休闲度假、深度体验型文旅产品转变、一日游向深度游转变。创新营销推广手段，制定特色化、差异化的品牌营销推广战略，推动品牌营销专业化、市场化。比如利用社交媒体和KOL合作，讲述品牌背后的文化故事，提升情感联结。大力发展文旅农产品电商，推进农产品由初加工产品向市场化商品转变、文旅产品从单一产品向组合套餐转变，提升品牌营销能力。利用大数据和人工智能技术，分析消费者行为，构建用户画像，为不同群体提供个性化商品推荐和服务。资阳电商直播基地可引入智能客服系统，通过机器学习提高响应速度和解答精准度；同时，开发定制化产品选项，如"资味"系列中的个性化礼盒服务，增强消费者黏性。

4. 推动产业融合发展

增强产业互动融合，创新打造一批"商文旅体康"跨界融合新消费场景，通过市场融合、服务融合等路径大力推进"文旅＋"融合模式。联动景区、文博场馆、体育中心等资源，因地制宜融入演艺、动漫、体育、潮玩、文化等元素，引入国际城市休闲旅游节、文化艺术节、体育嘉年华和水上运动赛等活动，打造集购物、餐饮、休闲、娱乐、运动等于一体的复合型旅游目的地。如自贡推动彩灯大世界与电影、电视剧、动漫、游戏等热门IP合作，扩展游客互动体验区域，由节庆灯会向主题灯会转变，推进彩灯大世界常态化开园。资阳加大安岳石窟等智慧旅游建设，借助科技手段，通过场景再现、科技再造等方式，打造文化和旅游展示、体验、互动的新空间，多维立体呈现文旅资源，增加游览的互动性和体验感。

5. 优化产业发展保障机制

地方为新兴产业提供绿色审批和一定财政补贴，完善要素保障，企业发展落户当地，为当地提供税收、产值与民生保障，落实关键环节政策支持，保证地方与企业共享政策红利。协调解决"总部在成都、制造在市州"的相关企业产值、税收分配等区域协同发展问题。支持有条件的物流企业向科技型、平台型物流企业转型。形成智慧物流服务平台，面向本地上下游客户提供物资采购、到货分拣、仓储管理、运输管理等专业的物流增值及配套服务，实现产品化、标准化、信息化及网络的集约化整合发展，打造物流生态圈。积极争取上级财政对制造业发展的投入，设立政府引导基金、产业基金，依托本土银行，提供绿色金融、专项债、超长期国债、培育上市等方式，切实解决制造业发展中的资金瓶颈问题。

（三）完善要素引导政策，强化创新要素支撑

1. 推进耕地保护建设

牢固树立耕地保护意识，严格落实耕地保护党政同责要求，全面推行田长制，扛牢耕地保护政治责任。严格落实"三区三线"管控要求，坚决遏制耕地"非农化"，从严控制非农建设占用耕地，大力拓宽补充耕地来源和途径。以高标准农田的新建和改造提升为依托，强化耕地质量保护与提升，积极开展土壤改良、地力培肥和退化耕地治理等工作。落实一般耕地、永久基本农田、高标准农田等不同类型耕地的利用优先序，大力开展撂荒耕地整治，进一步加强和规范实施农业用地监管，严格落实耕地占补平衡。

2. 加大资金保障力度

加大科技经费和农业投入。多途径聚集资本资金，以财政资金引导，带动社会资本投入，形成多元化科技投入体系。结合专精特新、绿色低碳、科技创新等企业自身发展特点，开发优质金融产品，助力企业发展壮大。基于招投标、政府采购、产业链等实际应用场景，开发服务不同主体的融资信用服务产品，进一步完善"科创贷""支农贷""政采贷"等产品服务机制。建立中小企业信用担保机构风险补偿资金的长效机制，特别是为中小型物流企业绿色转型提供融资担保服务。

3. 推动科研技术创新

搭建以省级企业技术中心、专家工作站、博士后科研工作站、省级科技企业孵化平台等为基础的创新研发体系，为人才创新打造学习交流、资源共享平台。鼓励引导高校和科研院所采用市场化方式向企业开放各类科技资源。支持企业与高校、科研院所联合组建技术研发机构和产业技术创新战略联盟，合力开展核心关键技术的研发和推广应用，共享科技创新成果。建立完善学城联动的运行机制和管理机制，构建政府引导、企业主体、市场导向的技术创新体系，促进产学研、政校企的深度融合。

4. 强化产业人才支撑

围绕川中四市重点产业布局，拓宽招才引智渠道，加强与高校、科研机构联系，柔性引进重点技术专家和高层次专业人才，以问题和结果为导

向，线上线下开展多元合作交流，同时在过程中培育一批本土高层次科技人才，为成渝中线科创走廊提供坚实的人才保障和智力支持。鼓励企业与职业学校和高等院校合作，设立专业人才定向培养班，提供实习实训基地，确保教学内容与行业需求紧密对接。制定专业技术与管理人才的引进优惠政策，包括住房补贴、子女教育、职业发展等配套措施，吸引高层次人才到川中四市就业。鼓励高素质农民创办领办新型农业经营主体，支持其享受土地流转、产业扶持、财政补贴、金融保险等方面的扶持政策。及时落实符合条件的返乡入乡就业创业人员在税费减免、场地安排等方面的优惠政策。

（四）加强产业协同合作，凝聚中部发展合力

1. 优化产业空间布局

一方面是明确四市错位发展策略。加快统筹川中四市产业发展目标，明确各市核心竞争力，因地制宜、扬长避短、突出特色，利用比较优势发展适合本地的新领域新赛道，塑造发展新动能新优势。如遂宁、内江可依托自身的资源禀赋，发展壮大锂电产业和天然气化工。资阳可利用自身制造业基础，继续探索从"重装制造"向"清装智造"的升级之路。另一方面是优化区域内产业分工。打破城市分割和行政壁垒，充分发挥市场在资源配置中的决定性作用，避免产业间同质化竞争加剧。构建区域利益共享机制，在区域内逐步形成一体化的要素市场，打造产业有效衔接、有序协调的产业网络组织体系，实现产业尤其是制造业细分行业在区域内部的高效集聚。

2. 健全规划协调与共建共享机制

建立川中四市产业协同发展领导小组，统筹规划川中四市产业发展。探索建立产业协同激励机制，建立产业园区合作模式，平台型企业和龙头企业借助互联网平台发展模式，与政府共建跨市产业转移中介平台，复制推广成熟的产业运作模式，扩大龙头企业品牌的外溢效应，实现平台的连锁式经营。此外，扶持中小微企业发展，使区域内部各类型企业能够梯度有序共同发展，优化产业分工布局。制定统一数据标准，由地方政府主导，

联合行业协会和企业制定数据交换与共享的标准和规范，确保数据的互联互通。比如构建跨企业的物流信息共享平台，提供数据交换、资源调度、物流跟踪等服务，提高物流效率和协同效应。

3. 加快推进重点领域合作

川中四市联合物流行业协会探索制定各市物流服务、最高限价等行业标准，实现四市一盘棋，通过品牌化运营物流产业，提升其在全省范围内的竞争力。对于国际班列，省级层面统筹协调，例如规定外贸数据及物流数据归货源地而非开行站点，以避免各地的政府补贴竞赛。市级层面重新评估国际班列的发展策略，逐步减少对高额补贴的依赖，回归市场导向，通过优化物流服务质量、提高运营效率和促进国际贸易合作等方式来增强班列的可持续发展能力，推动国际班列的健康发展。深度参与巴蜀文旅走廊建设，合作建立川中文化旅游营销联盟、共建"川中民俗文化旅游区"和"川中旅游大环线"。针对川渝客群，川中四市共同打造一批"环线游"产品，推动川中历史、文化和旅游的一体化发展。充分利用中国西部旅游产业博览会、四川国际旅游交易博览会、重庆国际旅游交易博览会等大型推介平台，提升川中四市文旅品牌的知名度和影响力，拓展国内国际客源市场。

（课题组成员：贾舒、陈燕、苏静、石旻、薛蕾、寇璇、晋晓姝、贾卓强、吴剑呼、白芳、姜博胧、刘莉、李苗苗、王何森、周杰、胡中信）

关于乐山高质量发展
加快提升区域中心城市能级的报告

支持乐山高质量发展、加快提升区域中心城市能级，是促进"五区共兴"的重要举措，对于加快推动区域协同发展、全面建设社会主义现代化四川具有重要意义。2023年12月，省委、省政府出台了《关于支持乐山高质量发展加快提升区域中心城市能级的意见》（以下简称《意见》），赋予了乐山发展新功能定位，指明了路径，明确了任务。本调研归纳总结乐山落实《意见》的主要做法和经验，重点分析了提升新型工业化能级、文旅能级、区域交通物流枢纽能级、城市综合承载能级、城乡融合能级等方面面临的约束条件，就推进乐山高质量发展提出了政策建议参考。

一、乐山加快提升区域中心城市能级的总体部署和做法亮点

乐山市委、市政府高度重视《意见》的落地落实，先后召开了一系列会议，出台了一系列文件，明确了工作机构和任务，制定了实施目标和战略安排，坚持把构建富有乐山特色和优势的现代化产业体系作为主攻方向，以科技创新引领产业创新，推动产业深度转型升级，着力提升新型工业化能级、文旅能级、区域交通物流枢纽能级、城市综合承载能级、城乡融合能级，加快推动形成以发展新质生产力为重要着力点的高质量发展新格局。

（一）总体部署

高位谋划《意见》落地战略。2023年11月17日，中共乐山市委召开市委常委会，研究乐山贯彻落实《意见》。随后一个月内，乐山市委、市政

府确立了以建设"具有国际竞争力的中国绿色硅谷""享誉全球的世界重要旅游目的地""全省重要的区域交通物流枢纽"三大目标为总牵引,以发展新质生产力为重要着力点,并出台了系列工作方案,确定了产业转型升级、城市品质提升、城乡融合、要素保障等方面共计264项的重点工作任务,系统构建统筹有力的领导组织体系,省市联动具化工作任务明确了牵头单位、责任单位及配合单位,绘就了乐山高质量发展、加快区域中心城市能级提升的新蓝图。

(二)主要做法亮点

1.对标国际竞争立足地方优势,强优立新赋能新型工业化

近年来,乐山坚持工业挑大梁、制造业扛大旗,加快建设"中国绿色硅谷""中国堆谷",积极推进产业转型升级(表1),打造先进制造业集聚区。2023年,乐山第二产业增加值实现千亿元突破,达1034.47亿元,其中规模以上工业增加值增长9.5%,居全省第四位,连续三年走在全省前列。[①]

表1 乐山市各区市县转型升级方向及重点布局产业

地区	转型升级方向	重点布局产业及重点发展领域
市中区	加快推进纺织下游、铸造、装备制造、农产品加工等传统产业转型升级	总部经济、生产性服务业、新能源汽车、绿色建材、生物医药产业
五通桥区	以高环境标准为底线,推进化工产业循环化改造升级,不新增不满足环保要求的项目及产能	晶硅光伏、绿色化工、稀土新材料
沙湾区	对不锈钢、钒钛钢、机械制造等产业进行改造提升,推进高性能金属制品向配套能源装备、港口装备方向发展	钒钛产业、研学旅游
金口河区	加快推进工业硅、纺织、矿产品加工及开采等传统产业转型升级	工业硅、农产品精深加工、玄武岩纤维及复合材料

---

① 资料来源:《2023年乐山市国民经济和社会发展统计公报》。

续表

地区	转型升级方向	重点布局产业及重点发展领域
峨眉山市	积极推进合金材料、基础建材、机械加工等传统产业绿色化、资源高效利用、循环化以及装备改造升级，推进光缆等光电信息产品升级	文旅康养、食品饮料、绿色材料
犍为县	推进制浆造纸产业绿色升级、机械加工产业转型升级	装备制造、文化旅游
井研县	加快农产品加工、纺织服装等产品升级	食品加工、特色轻工
夹江县	清理腾退不符合环保要求的建材企业，推进陶瓷产品向新型陶瓷材料、功能陶瓷等高附加值方向发展	民用核技术、新型建材
沐川县	推进制浆造纸、竹木型材等产品绿色升级、减少环境负载	生态食品、林竹资源综合利用、绿色化工、新材料
峨边彝族自治县	以高环境标准为底线推进电冶产业、稀土金属制品、玄武岩等矿产品加等产业绿色发展、转型升级	特色农产品加工、医药健康、稀土金属制品、玄武岩纤维及复合材料
马边彝族自治县	以高环境标准为底线推进磷化工产业绿色循环化改造，推动绿色化工的智能化发展	农产品精深加工、民族工艺品

资料来源：乐山市"十四五"工业发展规划。

（1）打造具有国际竞争力的"中国绿色硅谷"

目前，乐山建设具有国际竞争力的"中国绿色硅谷"取得显著成效。乐山晶硅光伏产业集群已列入四川省首批战略性新兴产业集群名单。全球前10强晶硅光伏企业有5家在乐山投资兴业，世界光伏头部企业已落户或参股7家。乐山已成为四川多晶硅主产地，晶硅光伏产业也成为四川产业链最完整、龙头企业最集中、全球竞争力最强、资源优势最突出的产业（图1）。

统筹优化晶硅光伏产业布局，高质量打造一流空间载体。优化市内晶硅光伏产业布局，统筹整合市域资源，以五通桥区为核心，推动电池片、组件、配套项目等向乐山高新区、市中区、沙湾区、犍为县、峨眉山市等地有序拓展，加快承载能力建设（图2）。协同打造成乐眉光伏产业带，推进成乐眉晶硅光伏产业一体化发展，与成都签订深化成乐一体化发展合作协议。

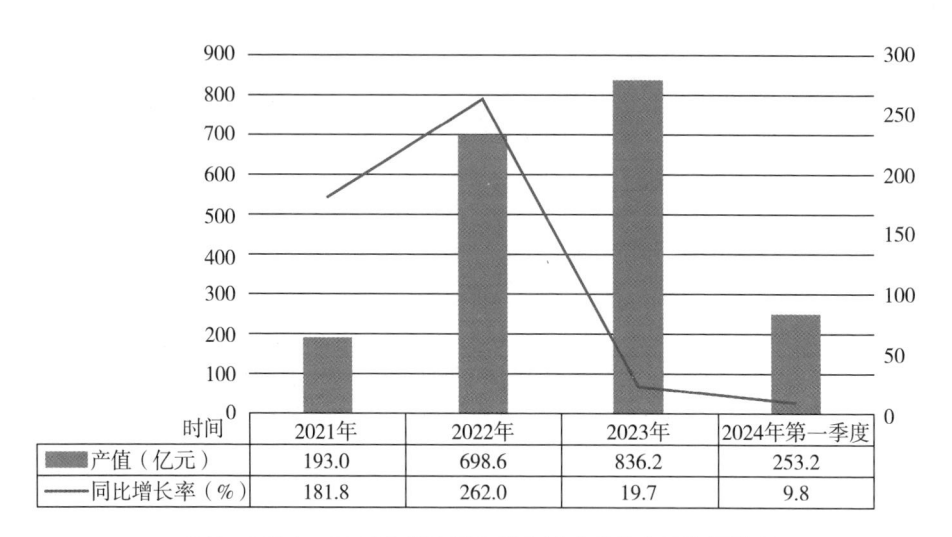

时间	2021年	2022年	2023年	2024年第一季度
产值（亿元）	193.0	698.6	836.2	253.2
同比增长率（%）	181.8	262.0	19.7	9.8

图1　2021—2024年第1季度乐山晶硅光伏产业发展情况

资料来源：乐山市经信局。

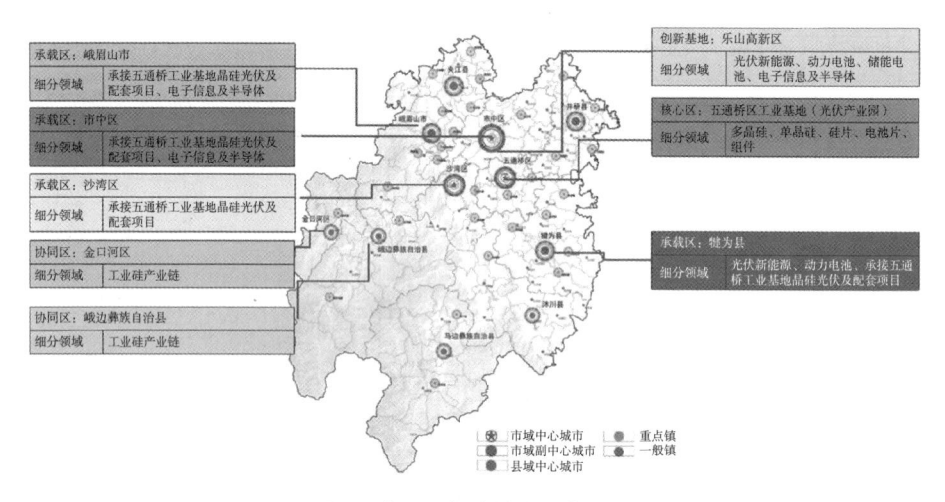

图2　中国绿色硅谷空间布局图

资料来源：乐山"中国绿色硅谷"发展规划纲要（2022—2025年）。

大力建设晶硅光伏创新发展区，强化产业创新引领。全力打造"中国绿色硅谷"创新基地。成功突破还原蒸汽梯级利用工艺设备技术等4项关键技术，拥有各类自主专利500余项，其中高价值发明专利67项。[①] 大力建设

---

① 资料来源：乐山市科技局。

高能级创新平台，持续引入浙江大学、中山大学等优质创新资源，建强西部硅材料光伏新能源产业技术研究院；推动实施"晶硅光伏创新研发中心平台建设项目"，着力抓好晶硅光伏人才招引培育与高科技成果转化应用。2023年，4人入选嘉州创新创业人才项目，28人入选乐山晶硅光伏产业人才发展智库，靶向引进专业人才800余名，多方招聘技能人才6000余名；全过程培育、认定、使用技能人才2800余人次。[①]

积极推动"乐山造"产品开发国内外市场，拓展应用场景。强化晶硅光伏产品创新研发及市场开发政策制度支撑。积极申报并充分利用惠企利企政策，先后研究出台多项产业专项政策，助力乐山晶硅光伏企业创新发展与市场开发。加快推动电子级硅材料产业链高端延伸。乐山依托本地产业基础优势，加快内培外引，打造电子级硅材料高价值产业链。

（2）加快建设富有特色的核技术堆谷

顶层设计前瞻科学，组织领导有力有效。产业规划先行，乐山依托核动力研究院规划建设产业园。编制印发多项发展规划，重点发展医用同位素等产业。同时，积极向上争取核技术应用产业园以及相关核技术应用产业纳入省级规划。高位领导统筹，构建市县一体的核技术产业发展高效工作推动体制，成立由市委、市政府主要负责同志任"双组长"的"中国堆谷"建设领导小组和指挥部，形成了"按月调度、市县一体"的工作机制，超常规高效推动"中国堆谷"建设。

园区承载能力建设提速，项目落地加快。加速建设园区载体，园区建设挂图作战、全面提速。近年来，累计投入近20亿元完善园区基础承载，完成两个园区土地征拆任务，实现"土地等项目"；组建乐山中平核技术产业基金10亿元，园区建设争取到位一般债和专项债约8亿元。[②] 加快落地重大项目。按照"两堆研发、两堆生产"的发展思路，全面推进项目建设。

加大招引力度，强化产学研用一体发展。编制完善核技术应用产业链全

---

① 资料来源：乐山市科技局。
② 资料来源：夹江县委军民融合发展委员办公室。

景图、产业空间布局图、产业延链补链目标企业清单，全力开展精准招商。①强化产学研用，构建了以堆照资源为主体、市场为导向、产学研用深度融合的技术创新体系。成功落地同位素及药物国家工程研究中心中试基地，与北京高校共建核医药产业基地，与国家先进技术成果西部转化中心共建工作站，推动更多核技术应用科技成果在乐山转化落地；推动成为首批向国际开放的科研设施试验平台；与成都高校合作共建核工程与核技术产业学院；在全省县级医院率先建立核医学科，正与西南医科大附属医院合作打造全省一流的"核医学诊疗中心"；同时，积极打造中国核动力博物馆。

（3）转型立新双发力

优化新型建材产业结构，实现高端化领域拓展转型。持续优化产业体系，加快建设西部新型建材产业基地，全力推进新型建材产业深度转型升级及高质量发展，形成以先进钢铁材料、陶瓷、水泥等为代表的新型建材产业体系。持续推动高端化领域拓展转型。推进建材产业向高端钒钛、高端不锈钢、高端功能陶瓷、装配式建筑领域拓展转型，培育发展玄武岩纤维产业，拓展家居板材产业，提升产业发展韧性。充分发挥省市"智改数转"政策红利促转型。全面完成453家企业"智改数转"线上诊断工作，成为全省第一个完成"智改数转"线上诊断年度目标的市州。②

培育发展新赛道产业，推进产业结构优化转型。培育发展稀土新材料产业，乐山依托稀土产业基础规模、技术行业领先等禀赋，积极谋划和培育发展稀土加工及稀土新材料产业。目前，已招引培育稀土生产企业8家。③乐山已形成规模可观的稀土冶炼分离等生产能力。培育发展新型储能产业。蜀能矿产公司磷酸铁锂厂已于2024年4月建成投产。加速推进乐山高新区1吉瓦全钒液流电池储能产业园建设。④培育发展氢能综合利用产业。乐山依托工业副产氢资源丰富等优势，积极谋划氢能产业发展，持续开展氢燃料

---

① 资料来源：夹江县委军民融合发展委员办公室。
② 资料来源：中共乐山市委乐山市人民政府网站。
③④ 资料来源：乐山市经信局。

电池汽车推广应用试点工作。①

2. 提升旅游全球知名度美誉度，突主线筑支撑明抓手赋能文旅发展

乐山市委、市政府高度重视世界重要旅游目的地建设及服务消费繁荣发展，2024年1—6月，全市43家国家A级旅游景区接待游客2667.34万人次、营业收入20.92亿元，同比分别增长15.37%、34.57%；接待入境过夜游客7.69万人次，超过2023年全年接待人次（图3）。②

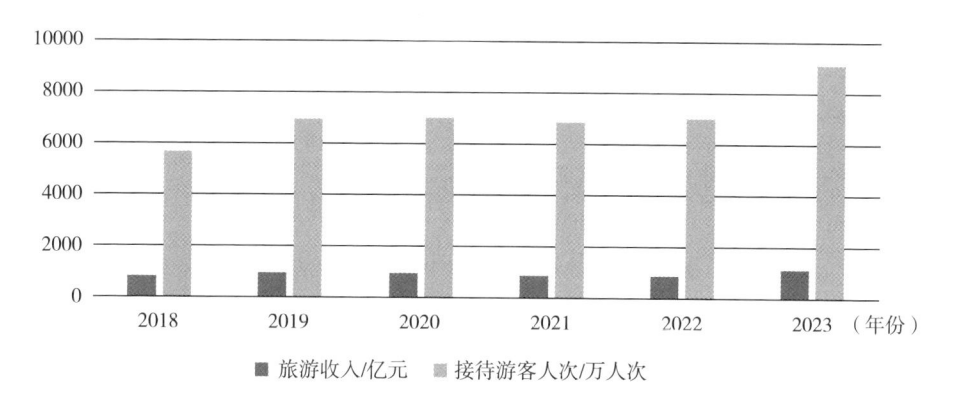

图3 2018年以来乐山市旅游收入和接待游客量

资料来源：2018年以来乐山市国民经济和社会发展统计公报。

（1）突出"一条主线"，高起点明确文旅产业地位

乐山因地制宜，持续深耕细耘文旅产业。2011年，《乐山市旅游产业发展"十二五"规划》明确提出成为具有国际影响力和国际竞争力的旅游目的地；2018年，四川省委十一届三次全会提出乐山"建设世界重要旅游目的地"；2021年，国务院印发的《"十四五"旅游业发展规划》将乐山市确定为重点旅游城市。乐山文旅产业经历了从第三产业重点产业到支柱产业、再到主导产业的发展历程，政策的连续性保证了产业发展的稳定、高效和可持续。

（2）筑牢"三点支撑"，高标准构建文旅发展格局

"一域两圈"现代文旅发展格局全面构建，疫情后旅游市场回暖复苏，

---

① 资料来源：乐山市经信局。
② 资料来源：乐山发布（微信公众号）。

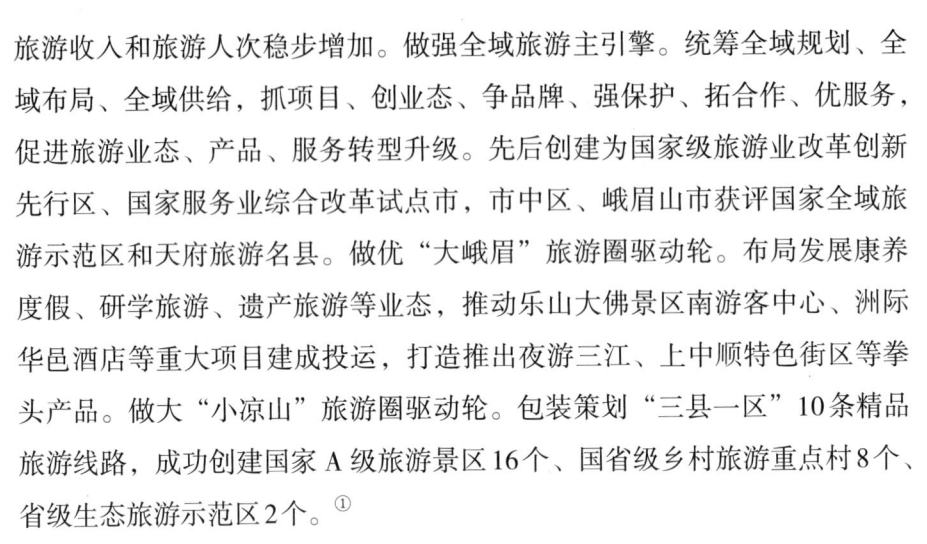

旅游收入和旅游人次稳步增加。做强全域旅游主引擎。统筹全域规划、全域布局、全域供给，抓项目、创业态、争品牌、强保护、拓合作、优服务，促进旅游业态、产品、服务转型升级。先后创建为国家级旅游业改革创新先行区、国家服务业综合改革试点市，市中区、峨眉山市获评国家全域旅游示范区和天府旅游名县。做优"大峨眉"旅游圈驱动轮。布局发展康养度假、研学旅游、遗产旅游等业态，推动乐山大佛景区南游客中心、洲际华邑酒店等重大项目建成投运，打造推出夜游三江、上中顺特色街区等拳头产品。做大"小凉山"旅游圈驱动轮。包装策划"三县一区"10条精品旅游线路，成功创建国家A级旅游景区16个、国省级乡村旅游重点村8个、省级生态旅游示范区2个。①

（3）紧扣"三个抓手"，高质量推动文旅深度融合

以文旅品牌塑造注入发展动能。连续举办十届四川国际旅游交易博览会，乐山市被亚太旅游协会授予"世界休闲旅游目的地"称号，2023年新晋国家级品牌6个、省级品牌11个。②以加强遗产保护存储发展动量。编制《乐山大佛（灵宝塔）保护规划》等18个文物保护专项规划。加强地名文化遗产传承保护，推进乡村地名五大专项行动。以深化合作交流集聚发展动力。积极推动与亚太旅游协会等国际组织合作，与110个国家和地区建立友好交往及贸易往来关系，积极参与共建巴蜀文化旅游走廊。

（4）抓好"三个着力"，高质量增强消费活力

乐山依托文旅消费市场的蓬勃活力和巨大潜力，以文旅新服务、新业态、新场景为载体，有效释放文旅市场消费动能。着力培育消费业态。发展休闲旅游、乡村旅游，推出夜游经济、研学旅游等新业态，打造推出书画纸、特色小吃等100种电商产品，推动旅游消费持续扩大。着力打造消费场景。建设34条特色餐饮街区、10个美食小镇、10个美食村落，提档升级60余个文旅休闲新场景，③获评全国特色美食地标城市、四川特色美食城等。着力优化消费服务。以大数据赋能文旅服务，在全省率先建成乐山

---

①②③ 资料来源：乐山市文化广播电视和旅游局。

"旅游云"（SaaS）平台，"智慧文旅大数据中心"入选2022年国家新型数据中心（边缘数据中心）典型案例。

3. 畅通内外交通物流循环，补基建增密度赋能区域交通物流枢纽建设

近年来，尤其是《意见》落地以来，乐山市委、市政府高度重视区域交通物流枢纽建设，有力促进了互联互通水平提升。近三年来，全市完成公路水运投资超458亿元，居全省第一方阵，是成都平原经济区唯一即将拥有公、铁、水、空一体的综合交通枢纽；2023年，全市公路货物运输量1.34亿吨，货物运输周转量131.38亿吨千米，分别位居全省第六和第五。[①]

（1）加快构建"公铁水空"立体交通网，畅通乐山"外循环"

不断加密高速公路通道。乐山境内现已建成成乐（扩容）、乐雅等高速公路8条（路段），运营里程511千米，在建里程约151千米，全面实现县县通高速。持续强化铁路通道建设。乐山境内现已建成成昆、成昆复线等铁路4条，运营里程500千米；成绵乐城际铁路公交化运行持续推进，实现高铁直达浙江、广东等11个省（直辖市、特别行政区）。持续推进内河水运通道建设。岷江犍为航电枢纽现已全面建成投运，岷江龙溪口、老木孔、东风岩航电枢纽加快建设，岷江港航电综合开发进入全面加速期。加快推进航空通道建设。乐山机场占地约6823亩，现已基本完成机场民航航站楼主体结构。目前，乐山市对外陆路大通道总数达14条，"四向五廊"对外运输大通道格局基本形成。[②]

（2）加快提升普通公路能级，优化乐山"内循环"

持续推动普通国省干线公路提档升级。乐山境内现有普通国省道线路20条，总里程1253千米。不断提升市域交通通达度。近年来，乐山全面构建环中心城区"半小时通勤圈"和市域"一小时交通圈"，强化乐山主城区对县级城市的辐射带动。深入实施公交优先战略，2023年公交出行分担率达到28.2%。进一步完善农村公路网。持续推动乡镇通三级及以上公路、幸福美丽乡村路、较大自然村（组）通硬化路等专项建设，2023年全市新改

---

① 资料来源：乐山发布（微信公众号）。
② 资料来源：乐山市交通运输局。

建农村公路800余千米。①

（3）持续加强物流基础设施建设，加快构建高能级物流体系

积极提升货物运输服务能力。加快推进大件公路建设，加快谋划与打造重点港区、铁路货运站等集疏运体系。优化运输组织。积极协调重庆市有关运输企业，探索开行集装箱班轮，加强运输合作。大力推动多式联运物流发展。加快推动嘉州商贸物流园区等建设，推动"公转铁""公转水""散改集"，积极谋划"无水港"建设。推动城乡配送与快速物流一体化发展。推进"交商邮供"融合发展，完善县乡村三级农村物流配送网络，建成夹江县通村配送中心，加快推动井研县同城配送中心建设。②

4. 构建"三生三融"大格局，强韧性增承载赋能城市品质提升

近年来，乐山市出台多项政策和规划文件，规划建设市域中心城市、县（市）域中心城市、重点镇、一般镇四级城镇体系，分类打造综合型、交通型、旅游型、工矿型和农贸型五大类型城市（镇），持续推进高品质宜居宜业城市建设。2023年，乐山老旧小区改造589个，投资5.3亿元；市政公用设施建设投资44.85亿元；城镇污水项目投资12.32亿元；城市综合承载能力不断增强。③

（1）构建融合城市，完善城市综合功能

推进空间布局融合发展。高新区开发城镇边界扩面工业用地占比从10.1%提升至28.3%，投入资金改造场地，科技赋能不断提升承载力。推进产业经济融合发展。深入推进新型工业化和科技创新，重点发展光伏、电子信息、新能源新材料产业。推进要素配置融合发展。加快人才引进和创新孵化，与高校、科研院所共建研发平台，聚集国家级、省级科技创新平台建设，打造"至乐汇"孵化品牌，构建"双创"体系。推进基础设施融合发展。高新区转型产业新城，建成区增至9平方千米，基础设施投资超120亿元，已完成58.5亿元PPP项目，基础设施建设水平不断提升。推进公

---

① 资料来源：乐山市交通运输局、乐山发布（微信公众号）。
② 资料来源：乐山市交通运输局。
③ 资料来源：乐山市住房和城乡建设局。

共服务融合发展。高新区建成多所学校和医院，推进医疗健康产业园，提升农村医疗，与故宫合作打造"战时故宫"文化品牌。[1] 推进基层治理融合发展。强化党建引领，创新城管模式，引进法律服务机构，加强基层治理创新，建设平安法治高新。

（2）建设海绵城市，提升城市承载能力

乐山市于2023年3月成为省级海绵城市示范城市，构建"1+4"工作体系，全域推进海绵城市建设。高标准搭建省级海绵城市示范建设的"四梁八柱"。加速海绵城市立法，完善管控体系，制定暂行办法和技术导则，确保海绵城市理念和措施有效执行。全方位推动省级海绵城市示范建设"落实落地"。科学编制"海绵示范项目库"，加快推进重点项目建设，系统化推进内涝治理。多领域凝聚省级海绵城市示范建设"集体智慧"。同心协力推广海绵城市理念，培育"海绵"人才，与上海市政工程设计研究总院等国省知名科研院所合作，开展技术政策研究，共商共建海绵城市。

（3）打造无废城市，推动城市绿色转型

构建固体废物利用处置"4+N"体系。坚持成体系补齐基础设施短板，服务范围涵盖大宗工业固废、农业固废等多个领域。实施重点项目"四个一批"管理。建立"无废城市"建设重点项目库，对重点项目按照"四个一批"分类管理，出台服务保障措施。搭建政银企"三方合作"平台。加强与金融机构合作，建立多元投入渠道，全市固废利用处置类项目银行贷款（授信）达到30.5亿元。探索政企院"出题解题"新模式，建立"部门出题，企业解题，共推转化"的政企科研合作新模式。[2]

5. 突出"园—镇—村"建设的引领作用，守红线夯根基建水务赋能城乡融合

（1）以现代农业园区建设为抓手，推进农业现代化建设

抓顶层设计，构筑园区促进农业农村发展新格局。乐山市委、市政府出台系列政策，以3000万元奖补激励先进，实施23个乡村振兴拉练项目，

---

[1] 资料来源：乐山高新技术产业开发区管理委员会。

[2] 资料来源：乐山市住房和城乡建设局。

完成投资29.94亿元，推动农业现代化。[①]

抓示范带动，提升园区产业发展聚合度。以峨眉山国家现代农业产业园为引领，示范带动全市现代农业园区建设（图4）。建设大基地。推动"峨眉山茶"、晚熟柑橘、道地中药材、林竹四大主导产业规模化发展。开展大协作。将小农户纳入产业园体系，打造"龙头企业＋专合社＋园区＋农户"模式。培育大品牌。实施"区域公用品牌＋企业品牌＋产品品牌"驱动战略。引导大融合。推动农旅康养融合，挖掘农业园区多元价值。[②]

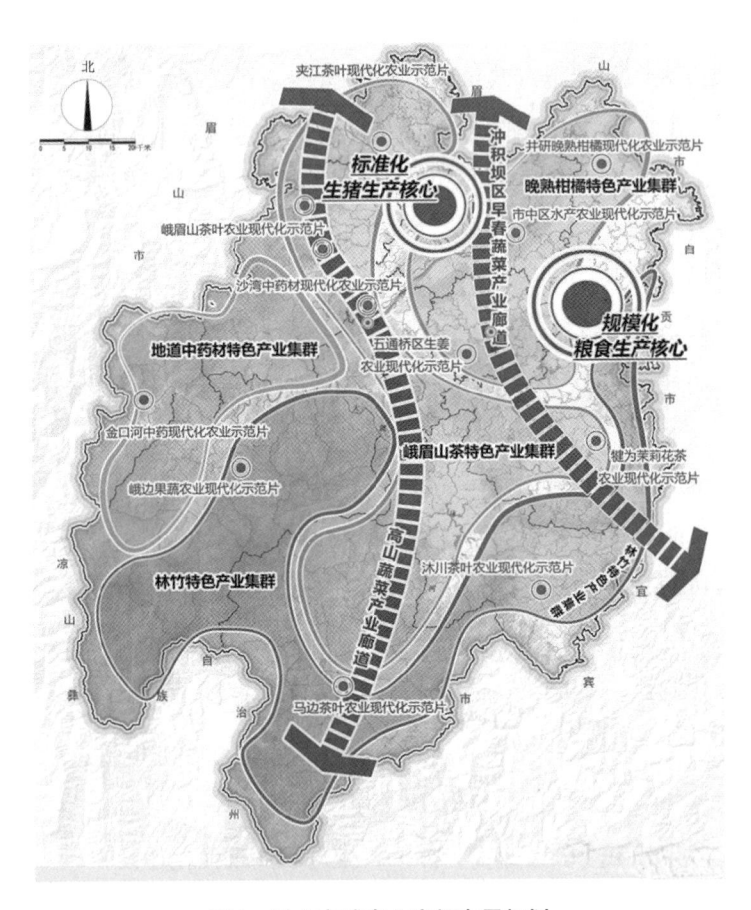

图4 乐山市域农业空间布局规划

资料来源：中共乐山市委乐山市政府网站，乐山市国土空间总体规划（2021—2035年）（公示草案）。

---

①② 资料来源：乐山市农业农村局。

抓机制创新，培育园区高质量发展新动能。推行"园长制"。市委、市政府主要领导任"园长"，分管副市长任"执行园长"，常态化推进农业园区工作。创新金融助农机制。鼓励各县（市、区）创新资金整合机制，建立企业、科研院所、集体经济组织、农户家庭、社会个人共同参与的多元投入机制。建立科技人才支撑体系。建立"外援专家＋内源专家＋乡土专家"三级科技人才体系。

（2）坚守底线红线，助力打造新时代更高水平"天府粮仓"

落实"党政同责"，扛稳粮食生产责任。坚持高位推动。落实耕地保护和粮食安全党政同责，通过召开相关会议密集部署、高频调研、强化督导，保障粮食安全。细化目标任务。明确粮食面积、产量的年度生产目标任务，较省下目标任务分别增加1.3万亩、0.6万吨。同时细化任务，坚决保护耕地，连续三年实现耕地净流入。常态督导问效。组建11个"三农"督导组，强化耕地保护和粮食生产督导，超额完成省下和市定目标任务。[①]

落实"藏粮于地"，夯实粮食生产根基。严守耕地保护红线。成立耕地保护小组，完善考评细则，推行田长制，强化用途管制，截至2023年底实现"进出平衡"，恢复补充耕地4.03万亩。加力建设高标农田。扎实推进高标准农田建设，配套"田网、渠网、路网"，建成227.37万亩，确保高标准农田建设质量。推进耕地修复改造。开展耕地保护修复，设立41个监测点，427个调查点。推广"VIP+N"技术，推动有机肥替代化肥和秸秆利用，提升耕地质量。[②]

落实"藏粮于技"，激发粮食生产潜力。聚焦"良种"。选育新品种32个，获新品种权9个，建种畜禽场20个，水产苗种场24个。征集种质资源350份，入库248份。聚焦"良技"。印发《关于推介发布2023年度农业主导品种主推技术的通知》，推广水稻育秧、机插秧等标准化技术，技术到位率96.8%。聚焦"良机"。召开晚秋、春耕、水稻收获等

[①][②] 资料来源：乐山市农业农村局。

现场会，承办农机事故应急演练和油菜机械化示范会，推进粮油生产机械化。①

落实"支撑保障"，筑牢粮食生产屏障。强化科技助农。邀请专家指导组和抽调428名农技人员组建队伍，下沉一线提供技术服务。紧抓防灾减灾。提早部署农业生产应对极端气候，加强农资调剂，组织社会化服务组织助力抗旱。配套政策保障。落实财政补助、耕地补贴，积极争取省级粮油产业集群项目，争取省级补助9750万元。

（3）夯实底部根基，推动中心镇做强做大

构筑坚强领导体系，加强组织协调。市、县、镇三级党委政府将中心镇培育作为重点工程，市委领导亲自争取支持，县级调度资源，镇级攻坚考核。成立联席会议，建立考评机制。加快配套设施建设，完善服务功能。助力夯实区域经济，发展特色产业。聚焦平台建设和重大项目攻坚，因地制宜发展先进制造业、现代文旅服务业和特色现代农业，夯实中心镇实体经济根基。推进环境风貌治理，打造宜人城镇。深化农村"五清"行动和"三大革命"，打造"一镇一品"。

（4）以乡村水务为突破口，推动新时期农村水利高质量发展

高度重视做好申报指导。高度重视乡村示范县申报，及时汇报请示对接省厅，及时下沉区县开展一对一指导。高位谋划做好项目储备。市、县两级坚持"项目为王"，重点谋划水生态修复等项目，适度超前储备项目以乡村水务建设为重点，谋划储备城乡供水一体化项目。② 严格把关定期督导检查。综合督查"十四五"水利项目，全面掌握推进情况，对迟缓项目通报整改，重点督查。监管有力创新平台建设。指导区县利用国资水务公司优势，建立乡村水务"投建管运"一体化机制，为试点县申报创造条件（表2）。

---

① 资料来源：乐山市农业农村局。
② 资料来源：乐山市水务局。

表2　乐山农村供水工程情况

集中供水工程									分散供水工程	
城市管网延伸工程		规模以上		规模以下						
^		千吨万人以上供水工程		千吨至百吨供水工程		百吨以下供水工程		^	
工程数量（处）	受益人口（万人）	工程数量（处）	受益人口（万人）	工程数量（处）	受益人口（万人）	工程数量（处）	受益人口（万人）	工程数量（处）	受益人口（万人）
14	56.9	12	70.0	118	28.8	1015	38.8	36300	15.3

资料来源：乐山市水务局。

（5）常态化开展"五清"行动，绘就和美乡村新画卷

建立"三张清单"优机制。建立责任清单，确保"五清"行动有人干。建立任务清单，明确"五清"行动怎么干。建立考核清单，确保"五清"行动干得好。围绕"三个促进"展成效。促进乡村风貌美颜，促进乡村经济美丽，促进乡村生活美好。坚持"三个推动"促常态。坚持目标导向，推动取得实效。坚持斗真碰硬，推动工作落地。坚持群众主体，推动内力激发。以农民为美丽乡村建设主体，发现、培养、宣传先进典型，激发群众内生动力。

二、提升乐山区域中心城市能级面临的约束条件

（一）提升工业化能级面临的约束条件

1. 电力价格上涨及产能过剩对光伏产业发展造成严重冲击

一是四川省高载能产业电价激增，已严重危及"中国绿色硅谷"及全省光伏产业高质量发展大局。2024年四川省取消战略长协交易品种（全水电），全省到户电价涨至0.511元/（千瓦·时），较2023年上涨约0.1元/（千瓦·时），是晶硅光伏产区最高电价[新疆0.3元/（千瓦·时），内蒙古0.33元/（千瓦·时），青海、宁夏0.36元/（千瓦·时），云南0.42元/（千瓦·时）]，在川晶硅光伏企业电费成本由40%增至50%，目前，在乐山、四川的晶硅光伏企业有转移产能至内蒙古、云南等低电价地区的考虑，这将对

乐山及全省固投、产值、利税、就业等关键指标产生不利影响，危及绿色硅谷建设和全省光伏产业高质量发展。二是全球光伏中上游制造产能严重过剩、价格探底与行业洗牌加剧的严峻态势，加大"中国绿色硅谷"高质量发展难度。2023年国内多晶硅、硅片、电池、组件等产量同比增长64%以上，但产品价格从年初到年底价格降幅超过了40%。2023年6月以来，随着光伏中上游产品价格持续疲软，一些企业投产项目减产、新扩项目延期与跑路出局等情况时有发生（表3）。

表3 2023年6月以来我国部分光伏企业减产、延期、出局情况梳理

企业类型	企业	具体产能变动情况	日期
跨界追光新玩家	奥维通信	终止5GW高效异质结（HJT）太阳能电池及组件项目	2023年6月
	皇氏集团	转让安徽皇氏绿能的控制权，终止10GW的TOPCon电池项目，实际退出光伏产业	2023年8月
	乐通股份	原持有异质结电池组件项目子公司不低于40%的股权，变更为5%	2023年8月
	山煤国际	终止高效异质结（HJT）产业化一期3GW项目	2023年12月
	沐邦高科	终止湖北鄂城10GW的TOPCon电池项目，广西梧州10GW的TOPCon电池项目延期	2024年1月
	江苏阳光	内蒙古包头300亿元一体化项目易地宁夏，5万吨多晶硅项目未见实质性进展	2024年2月
	向日葵	终止10GW的TOPCon电池扩产项目，并注销项目公司	2024年2月
	聆达股份	原定2024年3月投产的铜陵10GW的TOPCon高效电池片项目延期，尚处于建设阶段	2024年3月
光伏行业老牌企业	南玻A	到2023年中，青海年产5万吨高纯晶硅项目建设进度仅5%，进展缓慢	2023年7月
	大全能源	原定于2023年投产的包头10万吨多晶硅项目，延期到2024年第二季度	2023年10月
	京运通	乐山22GW高效单晶硅棒、切片项目预计投产时间延期至2024年12月	2023年12月
	欧晶科技	"循环利用工业硅项目"达到预计可使用状态日期延期至2024年12月（延期1年）	2023年12月

续表

企业类型	企业	具体产能变动情况	日期
光伏行业老牌企业	亿晶光电	原定滁州投产10GW的TOPCon电池项目，现仅完成6GW，延期	2024年1月
	合盛硅业	中部合盛20万吨多晶硅项目延期投产	2024年2月

资料来源：根据公开信息整理，时间截至2024年3月底。

2. 院地协同障碍及建设资金不足制约核技术应用产业发展

一是院地沟通还不够顺畅。因保密安全需要，院地两条线独立运行，重大机遇因为信息不对称而错失。例如2022年12月，核动力院与夹江共建的核能装备产业园，由于沟通不畅，夹江未参加立项工作，园区民用板块与城市开发边界相悖，增大了该园区民品项目落地难度。二是院所层级高、审批流程较为烦琐。相较于地方政府，院所层级较高，审批流程更为复杂，一定程度上制约了相关项目进程。三是园区建设资金需求缺口较大。核技术应用产业园与核能装备园区正处于起步阶段，需加快园区道路、水、电、气、通信等基础设施建设，核安全应急能力提升建设与智慧物流园建设等。由于中国堆谷园区基础设施投资大，夹江财力有限，尚不能完全满足园区建设的资金需求。

3. 市场转弱及政策约束阻滞三大传统产业深度转型升级

新型建材产业深度转型升级面临的约束条件。一是建材行业下行态势的客观挤压。2024年及未来几年，建材产能过剩和市场下行对处于深度转型的乐山而言，约束条件较多。例如，2023年由于全国性的低位水泥价格和需求不足，水泥行业利润降幅超50%；从钢铁行业PMI来看，2024年3月为44.2%，环比下降1.8个百分点。二是产业结构不优的原生限制。目前，乐山建材产业主要由水泥、钢铁、陶瓷等三大子产业构成，其中高技术、高品质、高效能产品占比不高，同时龙头企业缺乏。

绿色化工产业深度转型升级面临的约束条件。一是未被认定为省级化工园区，严重制约产业发展。由于2003年四川省暂停省级化工园区审批，乐山五通桥化工园区直到2024年10月才被认定，而犍为经开区马边飞地化工园区至今未获认定，福华等本地龙头绿色化工规划项目搁置、马边飞地企业及绿色化工项目无法落地犍为被迫停工停产、招大引强高新绿色优质化工项目难度加大，大大制约了乐山精细化工、化工新能源等绿色化工产业发展。二是磷化工方面全省高效统筹不足，制约乐山市及四川省磷化工做大做强与向新发展。由于磷矿石开采缺乏统一规划、磷资源分散，乐山市及四川省的资源禀赋、领军企业及创新研发优势未能有效释放，乐山市及四川省尚未形成全链条、高效益、有影响力与竞争力的磷化工产业集群，与云南、贵州、湖北三省磷化工产业相比还存在不小差距。

食品饮料产业深度转型升级面临的约束条件。食品饮料产业向价值链高端延伸的速度与质量尚需提升，在企业主体培育、精深加工及产品创新开发、原料基地建设、品牌矩阵打造与产品市场开拓等方面还存在不同程度的短板。例如：企业规模化发展不足，大型龙头企业相对较少，市场范围局限在市内或省内，产品外销较少，抑制了企业利润空间和后续发展能力。同时，不利于乐山食品饮料产业的集约化、规模化发展，抑制了产业竞争力的提升；精深加工及产品创新开发不足，全市食品饮料精深加工整体水平不高，产品低档与同质化竞争较明显；品牌建设不足，全方位打造地方特色品牌的有效举措不够多，知名品牌数量较少。

4. 稀土新材料新赛道孵化培育难度大

近年来，乐山大力培育发展稀土新材料这个新赛道产业，产值占全省的27%，但仍存在诸如产业链条不全、高附加值应用产业缺失等困境。一是产业链条不够完善。乐山稀土产业主要集中在稀土产业链中间环节（冶炼分离和材料深加工），上下游环节则较少涉及。稀土中间产业链环节约占全市稀土行业总产值的82%，导致产业发展抗干扰性和韧性不足。二是产业规模难以提升。稀土冶炼分离新建、扩建项目须实施等量或减量置换，由于市场闲置产能少、置换难度大，冶炼分离产能难以突破，加上"国家队"产业规模不断提升，话语权和市场空间受到压缩。三是创新体系有待加强。目前乐山稀土产业拥有省级企业技术中心3个、市级企业技术中心1个，但由于缺乏国家级的专业性研究院所、机构和创新平台，且成果转化率不高，创新体系和创新能力建设有待加强。

（二）提升文旅能级面临的约束条件

1. **多样化、个性化文旅产品不足，制约文旅业态做精**

文旅消费需求逐步呈现多样化、个性化与品质化趋势，但"新、奇、特"旅游产品和服务供给滞后，对情绪价值、情绪消费等关注和重视不够，在主题乐园、大型康养度假项目、文化创意产业园等大型文旅综合体上还存在缺项，云端智慧游、3D实景游、VR漫游等科技含量较高的文旅新业态发展不足，个性化、特色化的文旅产品服务供给还未能很好地适应消费人群、消费结构的转变。

2. **便利化、品质化设施服务不足，制约文旅品质提优**

国家部委尚未明确世界级旅游景区申报方式和内容，也未正式出台相关标准要求，峨眉山、乐山大佛景区争创世界级旅游景区均处于摸索阶段。围绕六大核心要素的产品开发有待进一步做优做强，如"乐山味道"多以"小吃"标签闻名，高端乐山菜品牌缺乏，本地龙头餐饮企业不多，美食研究、菜品创新、品牌塑造、专业营运等系统有待增强。乐山住宿业多定位于中低端，全市仅有1家五星级酒店、5家四星级酒店、30家品牌连锁酒店，接待能力与世界重要旅游目的地不相匹配。部分中小景区基础设施、城区咨询点、外币受理、停车场、公共厕所、景区导视系统等"硬件"建设不足，文旅从业人员服务水平和能力等"软件"，与国际化标准还有一定差距。

3. **高层次、多维度宣传营销不足，制约文旅市场拓展**

在营销内容方面，峨眉山、乐山大佛的品牌效应已然形成，但峨眉南山、黑竹沟等结合温泉地磁康养、轻奢户外露营等特色新业态宣传推广力度不足，曝光度和关注度不够。在营销平台方面，虽已建立基本覆盖全省、辐射全国的微信、抖音、微博等网络新媒体矩阵，但市县级宣传平台层级不高、品牌不响、效果不佳。营销产品方面，针对游客多元、个性的消费需求，产品定向推介不够精准，精准宣传、营销力度不够大。

（三）提升区域交通物流枢纽能级面临的约束条件

1. 交通建设土地资源约束趋紧

当前，交通规划工作处于新的历史方位，交通建设的主要约束因素已由过去的资金约束转变为未来的土地资源约束。从调研来看，随着"三区三线"正式启用、各级国土空间规划陆续发布、"双碳"战略深入实施，交通建设需求与土地政策之间的矛盾日益突出，尤其体现在普通公路建设方面。比如，受相关法律法规限制和永久基本农田影响，一方面，未取得用地批复的普通国省干线项目一律不得开工建设；另一方面，农村公路涉及占用基本农田问题无法破解。近两年，全市仅3个普通国省道建设项目取得用地批复，普通公路建设推进较为困难。

2. 物流枢纽关键要素保障困难

近年来，乐山加快完善物流基础设施、优化货运站点布局、持续提升物流枢纽服务水平，但像"无水港"、物流园区等物流枢纽建设，均需占用大量土地，目前市级层面暂无法满足物流枢纽项目建设用地需求。以"无水港"建设为例，若要规划建设大型集中配套物流园区，用地至少需3000亩[①]，无论是初定选址高新区、夹江县、峨眉山市还是其他县（市、区），用地指标都存在较大缺口。同时"无水港"项目投资资金较大、项目建设周期长，但地方财政保障能力有限，资金缺口巨大。

3. 物流提能政策支持缺位

乐山未进入《国家物流枢纽布局和建设规划》和前四批年度建设名单。[②] 同时，乐山铁路口岸属于加快前期工作开放口岸之一，当前"无水港"建设还缺乏必要的口岸开放支撑。从市本级政策看，2023年10月，交通运输厅出台《四川省扶持内河水运发展"以奖代补"实施方案》，大力发展大宗物资中长途水路运输、"公（铁）转水"运输、集装箱运输和多式联运，宜宾、泸州、南充等省内主要港口均已出台或正在研究出台支持"公转水"政策，目前乐山尚未出台，且乐山港规划的作业区建设进度较缓，

---

①② 资料来源：乐山市发展和改革委员会。

缺乏"公转水""散改集"等多式联运吸引力。

4. 物流服务产业功能不足

一方面，物流节点布局缺乏系统性、联动性。乐山已建成投运的物流园区主要分布在市中区、夹江县和峨眉山市，且大部分沿着省道和国道两侧分布，对全市工业、商贸业集聚配套服务能力不足。另一方面，冷链物流服务能力不足。目前，全市已建成的冷链物流项目较少，许多优质农产品产地位于边远地区，存在物流覆盖难度大、运输成本高等问题，造成部分优质的"乐山造"产品"保不了鲜、运不出去、上行困难"。此外，受市场主体、运距、运费等客观因素影响，乐山物流运输货源面临更强市场竞争而流失市外的风险。

（四）增强城市综合承载能级面临的约束条件

1. 土地资源等要素保障水平还不高

乐山个别区县由于地价上涨，如某区域商服用地基准地价由原来的120万元/亩调至190万元/亩，导致商业配套成本增高。随着部分重大产业项目签约，原有电力、交通、供排水及污水处理、5G通信、标准厂房等基础设施老化滞后，难以符合新建项目要求，间接影响项目后续建设和投运。

2. 政策资金等关键支持力度还不够

乐山海绵城市建设资金来源单一，建设项目主要为政府主导，涉及地下管网铺设、老旧小区整治、环境综合整治等工程资金多为财政投入，社会资本参与程度不够，市场化和社会化程度不高，面临着后续资金不足的风险。海绵城市建设与城市更新的结合程度缺乏协调推进，城市更新标准仍不明确，"留改拆"缺乏政策研究，已有政策对产权、规模、用途、配套等关键问题上的支持力度不够。

3. 科技赋能等技术支撑程度还不强

"无废城市"建设中存在固体废物利用处置路径偏少、成本偏高、科技水平偏低、企业投资意愿不强等不足，大宗工业固体废物和危险废物综合利用率不高。化工园区缺少技术成熟的管理模式，"无废细胞"缺少具体的建设指南及指标体系，主城区水环境保护修复水环境综合治理项目尚无国省级专项资金支持。

（五）提升城乡融合能级面临的约束条件

1. 规划系统性不够

推进城乡融合发展离不开科学的规划指引。当前，国土空间总体规划仍以城市为主，乡村规划编制相对滞后。从国土空间规划来看，大多数地区的土地利用规划仅覆盖到乡镇，对村庄用地的规划涉及较少，部分村庄没有编制发展规划，或规划内容很粗浅，未有机结合国土空间总体规划，导致城乡用地相互脱节；部分村庄缺乏有效的规划指引，导致乡村基础设施和公共服务普遍面临着资金短缺、人才不足等难题；部分乡镇、村庄规划滞后、缺乏特色和可操作性，导致村庄规划不符合实际情况，无法有效操作，也增加了村庄规划落实难度，降低了规划的权威性和严肃性。

2. 关键要素支撑能力弱

在推动城乡融合发展过程中，"一条腿长、一条腿短"的问题还较为突出。土地、资本、人才等要素自由流动和平等交换等方面还存在一些壁垒。一是劳动力支撑不足。乐山现有农村劳动力129.36万人，截至2023年底，已转移就业99.85万人，转移就业率77.18%，受农村劳动力人口老龄化和总量减少等影响，同比下降0.62个百分点。由于近年来城市"人才争夺大战"愈演愈烈，区域人才竞争激烈，特大超大城市人口等要素虹吸效应增强明显，引导人才的逆向流动越加艰难。乐山市人力资源总量较小，面临青壮年劳动力大量流出和人才"引不进，留不住"并存的困境，农村"老龄化""空心化"问题尤为突出。2023年，全市农村劳动力省外转移160368人，占转移总量的16.06%；市外省内转移130838人，占转移总量的13.1%。[①]二是资金支持不够。当前乐山城乡建设仍存在较大提升空间，主要资金来源还是财政拨款，包括中央财政资金和地方配套资金两类。一方面，财政拨款数量有限，也面临着资金紧张、政府隐债等风险，很多时候无法有效解决城乡融合建设的巨大资金缺口；另一方面，城乡基础设施建设和

---

① 资料来源：乐山市人力资源和社会保障局。

基本服务均等化所需资金投入大、负债高、利润率低、租赁回收周期长、社会资本参与建设和运营积极性不高,加上农村金融体系薄弱,涉农资金募集难较明显。三是土地指标制约。一方面,可用土地资源总量有限,随着项目建设步伐加快,发展建设和用地供给矛盾日益突出;另一方面,在符合"三区三线"有关管控规则的前提下,虽然可根据发展需要依法依规优化调整城镇开发边界和永久基本农田布局,但是目前四川省城镇开发边界实施管理具体方案未正式印发,自然资源部规定的6种情形外的局部优化暂无法进行相关调整,导致项目建设落地难。

3. 群众积极性亟须发掘

一是农民缺乏发展动力。国际国内市场农产品价格的波动影响生产交易,农民经营性收入不够稳定。加之农村集体经济受土地流转、群众思想等多种因素影响,存在农业产业基地辐射范围不大、市场拉动能力不强、带动能力不足等问题,难以在短时期内形成带动广大农民增收的强劲动力。导致农民增收渠道拓展难度大,经营性收入增长乏力,农民缺乏积极主动增收新动力。二是群众参与不够、带动不强。党建引领的作用还不够强,深度联系群众、宣传群众、组织群众、团结群众还不够好,"干部干、群众看"的现象依然存在。比如,一些地方虽然大包大揽、给钱给物开展"厕污共治",但政策宣传、组织动员和指导服务的有效性不足,发动群众参与的办法不活不多,导致群众的参与度和满意度不高,认同感与获得感不强。

4. 农业高质量发展仍有差距

一是农业产业发展基础仍较薄弱。乐山农业产业基础优势不够突出,支撑性短板较为明显。比如,农机化发展不平衡、不充分、不协调问题较为突出,主要农作物耕种收机械化率仅56%,低于全省7个百分点。[①] 二是农产品加工业发展不足。乐山农产品加工链条短,产品附加值较低,缺乏具有市场竞争力的深加工产品。农产品初加工率仅60%,农产品附加值不高,市级规模以上农产品加工企业仅有59家。[②] 三是缺乏具有市场竞争力龙头

[①][②] 资料来源:乐山市农业农村局。

企业。缺乏有市场影响力和带动力的龙头企业，规模经济和集约化发展不够，产业链升级发展艰难。四是农产品品牌建设不足。乐山农产品缺少具有市场竞争力、影响力的大品牌，品牌营销和推广手段单一，缺乏有效的品牌传播和推广渠道。

三、加快提升乐山区域中心城市能级的对策建议

（一）创新要素配置，升级打造具有国际竞争力的"中国绿色硅谷"

1. 强化用电支持力度，健全产业能级提升政策体系

一是统筹省内电力供应，扩大晶硅光伏企业水电的使用比例，支持光伏产业提升对外出口的市场竞争力。二是出台"升级打造具有国际竞争力的中国绿色硅谷"专项支持政策。包括省级产业基金跟投重点产业项目、重大项目激励奖补资金等支持政策，统筹用于兑现各类扶持政策、支持重点项目建设，帮助企业渡过电价激增危机。

2. 加快推进光伏产业迭代升级，增强行业竞争力和控制力

一是支持乐山建设晶硅光伏创新发展区。强化乐山晶硅光伏科技赋能行动支持力度，加大对大尺寸超薄硅片、薄膜电池、电子级多晶硅等关键核心技术的攻关力度，创建晶硅光伏省级技术创新中心，建强长三角太阳能光伏技术创新中心"四川分中心"和乐山西部硅材料光伏新能源产业技术研究院，参与组建好四川省晶硅光伏产业创新中心，巩固提升中国绿色硅谷科技创新能力与产业竞争潜力。二是全力构建具有核心竞争力的N型单晶产业链。上游强链：引导支持晶硅光伏上游企业聚焦TOPCon、HJT、BC、TNC等N型单晶电池的原料需求，加快技术革新、工艺创新、设备更新及产品产能优化调整，增强本土企业竞争搏杀力与持久生命力，巩固提升中国绿色硅谷上游规模优势和可持续发展能力。中游延补链：尽快研究出台N型单晶电池产业发展专项支持政策，重点支持本地晶硅"链主"延链补链项目，积极招引晶澳科技、一道新能等行业翘楚落地垂直一体化项目，尽快补齐电池组件核心链环短板。三是前瞻有序布局钙钛矿太阳能产业新赛道。指导支持乐山规划发展钙钛矿太阳能产业新赛道，并将其纳入

省光伏产业顶层设计及政策支持体系，与已有的晶硅光伏产业协同并进、一体化融合发展。科学绘制钙钛矿太阳能电池产业链全景图、产业分布图、本地发展路径图，精准招商，抢占晶硅光伏产业新赛道。

（二）加快孵化培育未来产业，建设富有特色的核技术应用堆谷

1. 做好五大工作，锻好核技术产业发展长板

一是突出垄断型的"链主"项目优势，抓上游带下游，带动产业链实现整体性突破、群体性集聚，坚决避免成为单纯的"原料供应基地"。二是加强园区建设，按照规划先行、基础优先、高标推进，落实资金保障渠道，让"土地等项目""园区等企业"。三是落实项目全生命周期管理，保障在建项目加快推进，打造行业示范。四是抓好精准延链补链招商，加强药企、初创团队、衍生生态企业等招引，同时扎实做好招引的"后半篇"文章，务求取得实效。五是坚持会展集聚带动产业集聚、优势资源吸引优秀企业思路，落实专人同国家部委、中核集团、中国核学会、中国核能协会、中国同位素与辐射行业协会等权威部门、机构沟通联络，积极举办和参与高质量的峰会、论坛、产业周等全国性会展活动，做好宣传与招商。

2. 补齐五大短板，促进核技术产业健康快速发展

一是加快补齐用地短板，对曾经院地沟通不够顺畅引发的核能装备产业园民品项目用地难题，需要省委、省政府和有关部门加大支持力度。二是加快补齐资金短板，省上可重点考虑园区基础设施建设项目一般债与中国堆谷专项债支持，积极招引私募股权基金、产业资本等耐心资本参与，大力引导各类企业直接投资，破解资金困境。三是加快补齐环境短板，着眼建设国家全域旅游示范区和大峨眉交旅融合试点先行区，推动园区、景区、城镇相融共生、相得益彰。四是加快补齐交通短板，聚焦融入成渝双城经济圈和打造全省区域中心城市交通体系，让夹江医用同位素产业园区交通区位提档升级。五是加快补齐"沟通"短板，要加强与核动力院等"国家队"联动，建立健全院所、政府、企业会商座谈机制，定期互通信息，推动基础共建、产业齐抓。

3. 抓好五大重点，健全核技术产业发展生态

一是抓好核技术应用科技赋能专项行动，推动医用同位素生产及应用、密封放射源、核能高端装备等核心接术攻关，高标准建设核技术应用中试基地和工程技术研究中心，推动"中国堆谷"加速集聚成势。二是抓好人才培养，加强与中国原子能科学研究院、中国核动力研究设计院、核工业西南物理研究院、四川大学、北京师范大学、成都理工大学工程技术学院等高校院所人才战略合作，共建核技术人才库，夯实人才储备支撑。三是抓好产业拓展，争取集约化发展，推动产业布局从核医药及设备产业向民用核燃料产业等领域拓展。四是抓好应用领域和场景打造，支持与华西医院、省肿瘤医院、西南医科大附属医院、省核医学科医疗质量控制中心、核医学与分子影像四川省重点实验室等合作，在全省率先实现"一县一科"。五是用好核诊疗、康复优势，依托乐山、峨眉山丰富的康养旅游资源，建立有区域影响力的多层级核医疗健康服务示范基地。

（三）全力推动三大优势传统产业深度转型升级

1. 推动新型建材产业深度转型升级

一是抓好央企合作促转型。用好已有合作协议，抓好央企对接合作促转型。四川省可从产业基金、专项债等多方面，支持乐山对接中国建材集团开展高端建筑材料与无机非金属新材料领域深度合作，重点支持共建国家级实验室、博士后工作站、院士站和特种水泥材料创新研发中心，大力支持华构科技PC总部基地以装配式建筑行业工业互联网平台为核心，打造投资、运营、管理、技术、数字化等总部经济功能体系，以新技术、新产品、新业态及新生态应对传统建材产业下行周期。二是抓好本地龙头引领促转型。积极鼓励乐山本土龙头企业研发生产具有市场前景和新质生产力质态的产品，另辟蹊径绕开旧产品的过剩市场，挖掘新市场。三是用好国省政策促转型。积极利用大规模设备更新和消费品以旧换新、智改数转及制造业标志性产品建设等国省政策机遇，推动乐山钢铁、陶瓷及传统建材向高端钒钛产品、高端不锈钢制品、高端陶瓷、装配式建筑等高端领域迭代升级，打造西部新型建材基地。

2. 推动绿色化工产业深度转型升级

聚力打造绿色化工千亿产业集群。一是加快建设五通桥化工园区，完成犍为—马边飞地化工园区省级认定。省经信厅、省发展改革委、省自然资源厅、省生态环境厅等相关部门继续加大对乐山化工园区创建的指导、支持与帮助，支持乐山打造中欧化工产业园，尽早尽快将犍为—马边飞地化工园区认定为四川省第四批化工园区。重点支持福华化学、和邦集团等本土龙头企业做大做强，培育具有产业主导力、全球竞争力的一流化工企业，打造西部绿色化工基地。二是前瞻谋划并支持犍为打造四川高端精细磷化工产业发展基地与世界级磷化工产业集群。建议省整合全省闲置或低效的黄磷产能指标，支持犍为建设20万吨/年黄磷装置，并以此为基础，耦合乐山丰富的盐、氟、氯、锂等资源，向下游延伸至磷酸铁锂、高端磷系阻燃剂、DMC、EMC电解液电子级磷酸等高附加值精细磷酸盐产品。预计有望形成千亿级产业集群，对乐山市乃至四川省未来经济发展具有十分重要的推动作用。

3. 推动食品饮料产业深度转型升级

全力推动食品饮料产业向价值链高端延伸。一是持续强化食品安全红线意识。要坚持把食品安全和安全生产放在首要位置，牢固树立安全红线意识和底线思维，完善食品安全包片和督导工作机制，健全食品安全常态化教育培训体系，指导食品工业生产企业切实履行食品安全主体责任，防止重特大事故发生。二是加快推进食品饮料产业强链延链补链。重点聚焦茶叶、果蔬、天然水、肉制品、预制菜等领域，高质量谋划论证储备一批招商引资项目，加快推进叠川威士忌三期项目、郎酒峨眉山高桥1万吨威士忌酒业工旅融合等重大项目建设。三是持续推进高层级、高品质园区建设。重点支持井研县、峨眉山市建设省级农产品加工示范园区，大力推动乐山味道·食品饮料产业园、沐川中国魔芋科技示范园等特色园区上档升级，全力推进食品饮料产业集聚、集约、集群发展，打造全省重要的食品饮料基地。

4. 推动稀土新材料（新赛道产业）培育发展

大力推动稀土产业整体迈向中高端，加快构建乐山特色稀土产业体系，实现稀土资源高效利用、集约发展，巩固提升稀土产业优势地位。一是大力提升冶炼分离生产能力。四川及乐山要充分利用盛和资源海外稀土矿优势，促进国省层面在稀土产能指标、产业化项目分配方面向乐山倾斜，重点支持锐丰冶金6000吨（REO）稀土材料再生资源利用项目、盛和稀土1.5万吨/年稀土抛光粉及配套项目建设，巩固提升乐山稀土冶炼分离生产能力。二是全力拓展稀土应用端产业链。积极对接招引中国稀土集团、北京中科三环、北京有色金属总院等国内稀土优势企业和科研机构来乐投资合作，聚焦磁性材料、催化材料、储氢材料、光学及发光材料等领域，布局高端稀土永磁材料、超高纯镧铈金属、特种陶瓷、永磁电机等应用产业及后端氟化工等资源综合利用相关产业及产业集群建设。三是协同推动科技创新。加强与中国科学院包头稀土研发中心、江西稀土研究院等业内一流科研机构及四川高校科研院所合作，联合建设省级及国家级企业技术中心、重点实验室、制造业创新中心等高能级创新平台，延伸产业链，提升附加值。

（四）以"三个发力"为抓手，加快建设世界重要旅游目的地

1. 在打造国际化文旅精品上发力

一是培育文化旅游产品。深化峨眉山—乐山大佛两大世界级旅游景区开发利用，支持以峨眉山—乐山大佛等为重点建设世界级旅游目的地，争取《峨眉山风景名胜区总体规划（2022—2035）》《乐山大佛风景名胜区总体规划（2022—2035）》获批，支持峨眉山、乐山大佛景区开展四川首批世界级旅游景区建设试点，支持乐山市市中区—峨眉山市创建国家文化产业和旅游产业融合发展示范区，支持峨眉山全力争创国家级体育旅游示范基地、全国基层中医药工作示范县。充分挖掘"小凉山"旅游圈的民族特色和生态优势，建设一批文旅强镇，争创天府度假乡村，根据市场需求"串珠成链"包装微度假产品，争取纳入全国乡村旅游精品线路。二是深化文化旅游融合。支持峨眉山古建筑群保护修缮，支持更多文物方面的国家性研究项目、学术会议、保护资金落地乐山。组建峨眉山世界文化和自然遗产研究院，建设川渝石窟保护研究联合实验室和川渝石窟保护利用科技创新基地。推动

市、县地名文化遗产保护名录编制和有序公布。全面推动农业、交通、工业、教育、会展、体育等相关产业"+旅游"融合发展。三是丰富文旅业态场景。加强"乐山味道"、"乐山老字号"和美食类非物质文化遗产名录培育，擦亮乐山"特色美食地标城市"金字招牌，推动本土美食品牌规模化、连锁化发展。积极打造"新烟火街区"，融合新鲜元素，不断创造新消费体验。打造特色路线"引导"游客、特色美食"诱惑"游客、特色民宿"挽留"游客、特色消费"娱乐"游客，不断丰富"旅游+"产业业态。

2. 在完善国际化设施服务上发力

一是强化基础设施建设。积极融入覆盖国内主要城市的"1~8小时"四川高铁旅游圈。加快构建乐山立体旅游网络，进一步完善对外旅游快进网，加强"大峨眉"与"大竹海"、"大香格里拉"、"大贡嘎"、"大草原"、"大熊猫"、"大遗址"的联动；以普通国省干线、水上航线、农村公路为重点，构建干支衔接、特色突出的全域慢游网；持续改善基础设施配套建设，不断提高旅游服务质量，提升旅游舒适度。二是优化旅游服务品质。打造国际化的旅游业公共服务体系建设，加强多语种、标准规范的服务培训，优化支付环境和换汇服务，提升数字化、智能化的智慧旅游水平，不断提升乐山国际形象和总体满意度。三是强化旅游综合治理。全面深化文化旅游领域"放管服"改革，加强文旅市场监督，优化旅游营商环境，形成"处处都是旅游名片，人人都是旅游形象"发展氛围，不断提升乐山旅游的现代化和品质化水平。

3. 在推动对外宣传营销上发力

一是加强立体宣传推广。强化国内新媒体平台运营管理，打造海外文旅宣传新媒体矩阵，加大宣传推广力度，让"流量"变"留量"。做强做实"大峨眉"文旅发展联盟，以精品旅游线路为载体，开展整体宣传推介。推动大渡河风景道和藏羌彝风景道、环贡嘎风景道、国道317/318旅游公路间互动引流，联动开展旅游产品推介与宣传营销。二是实施分众宣传推介。出台国际旅游市场拓展相关支持政策，实现引客"瞩"乐、入乐、游乐。加大全球宣传投放量和推广度，深化与国内外主流媒体、海外华文媒体和相关机构、网络大 V（如凌云的海外宣传）的内容和渠道合作，针对成渝地区、京津冀、长三角、粤港澳大湾区等国内重点客源市场和日本、韩国、新加坡、马来西亚、印度尼西亚等海外市场开展差异化宣传营销活动，实施"世界眼 观乐山"国际宣传推广项目。三是以展会促宣传。支持乐山承办省级重点品牌消费促进活动（展会），省市联合举办各类商文旅融合消费促进活动。继续支持乐山举办四川国际旅游交易博览会。

（五）建设区域交通物流枢纽，加快提升互联互通水平

1. 以重大项目建设为抓手，持续完善内联外畅交通网络

加快推进乐西高速、天眉乐高速、资乐高速、岷江航电综合开发等重大交通项目建设，持续提升区域交通综合枢纽承载力和影响力。加快完善区域内干线公路路网，畅通普通国省干线公路瓶颈路、打通断节路，进一步提升枢纽路网通达能力。积极协调省发展改革委、交通运输厅加快审查S103青神至五通桥段公路规模调整方案，完善审批手续；积极对接自然资源厅落实项目用地指标，有效推动项目复工复产。进一步加大农村公路建设力度，深入实施"四好农村路"发展战略，推动农村公路向进村入户延伸，畅通乡村"微循环"。

2. 积极争取上位政策支持，加快破除关键要素瓶颈

积极对接省交通运输厅指导落实《乐山港总体规划（2023—2035年）》，加快推动成都平原经济区"天府港"建设。结合乐山"无水港"项目前期研究论证情况和要素保障支撑情况，抢抓下一轮规划编制机遇，积极争取进入国省有关规划，为"无水港"项目实施提供上级规划支撑。进一步研究"三区三线"划定成果利用，加快推动普通公路建设项目顺利实施。把握超长期特别国债、地方专项债申报机遇，缓解重大交通项目资金短缺难题。提前谋划"十五五"重大项目，积极争取纳入国省项目库，用好用活国省土地资金政策，积极争取国省补助资金。

3. 不断完善政策体系，大力促进多式联运物流发展

完善激励支持政策体系，加快提升内河航运组织和服务能力，引导成都平原经济区主要货源地适水货物"公转水""散改集"，大力发展多式

联运。加快启动"无水港"规划编制工作，适时启动规划编制工作，推动"无水港"项目前期研究工作做好做实，为推动乐山多式联运物流发展提供枢纽基础支撑。

4. 加快完善集疏运体系，着力提升物流服务水平和竞争力

优化货运站点布局，推动犍为县、沐川县依托高石坝作业区、罗家坝作业区建设公水联运型综合货运枢纽，完善作业区后方仓储、物流园区及适港产业园布局。积极探索创新多式联运"一单制""一箱制"发展模式，强化多式联运数据互联共享，提升多式联运信息互联水平。加快推动嘉州商贸物流园区、西部冷链物流二期冻库等项目建设，提高冷链物流服务水平。加快物流场地升级改造，有序增配自动化和机械化设备，推进市县共配中心建设，持续深化政企合作，建立共享共建机制，有效降低快递物流成本。

（六）建设高品质宜居宜业城市，增强综合承载能力

1. 支持乐山市优化土地资源配置和基础设施配套

一是加强"弹性供地"等改革试点，指导规划连片工业用地用于保障重大产业项目落地和重点企业扩能升级。二是支持乐山加快各类园区基础设施和城市功能配套设施建设，全力保障重大项目电力供应和污水处理配套需求。三是统筹产城人发展，做好人才公寓、员工宿舍、安置房保障，加大优质教育、医疗、康养及购物、休闲、娱乐等供给。

2. 加大城市更新的政策支持力度

一是增加对乐山市城市更新的资金投入，在公共预算、土地收入、政府债券等方面统筹用好国家相关专项资金、财政以及国债等资金，积极吸引社会资本参与海绵城市建设和城市更新。二是完善涵盖自然资源、规划、房屋拆迁、建筑设计、施工、物业管理等方面的政策法规体系，制定存量建设用地改变用途支持政策，支持存量土地转让、出租、抵押盘活利用，研究土地合并、置换、拆分、延长使用年限等政策。三是省上指导推动电力、通信、供水、燃气等企业参与城市更新，加强对海绵城市规划设计建设团队的技术培训和指导，提升行业技术水平。

3. 增强建设"无废城市"科技帮扶力度

一是指导相关企业和科研院所（校）深度下沉，探索建立"部门出题，企业解题，共推转化"的政企院科研合作新模式，带动乐山"无废城市"科技项目攻关。二是省级相关部门通过技术帮扶等措施，推动犍为县废弃资源综合利用项目、危废包装物资源化利用项目等项目建设。三是省级相关部门指导乐山打造"无废细胞"的示范点位，全面启动并指导各类"无废细胞"建设，对符合要求的省级"无废城市细胞"及时予以命名、授牌、公布。

4. 做强人才吸纳孵化培育力度

一是强化高端人才招引。探索校企合作、院企合作、企企合作等多种模式，实施更加开放的人才专项计划与柔性人才引进政策，用好"人才政策'嘉'十条"，积极举办各类人才吸纳活动，探索通过双向挂职、省属市（县）用、项目合作等方式，促进高端人才双向流动。二是梯次培养新型人才队伍。加快实施"蓝鹰工程"协同培育机制，重点培养储备与战略性新兴产业、未来产业发展相适应的复合型专业人才和急需人才，建设更加完善的特色产业人才集聚地和全省创新人才集聚高地。三是健全人才激励机制。推动完善薪酬、成果分享、奖励基金、职级晋升等制度，做好"天府峨眉计划"本土人才孵化工作，提升"嘉州英才卡"的含金量，为各类人才提供完善保障。

（七）四措并举，推动城乡融合发展

1. 画好融合"规划图"

一是加大村庄规划编制资金投入。将村庄规划编制经费纳入乡镇、村组财政预算，同时积极向省厅争取更多资金补助，由此增加村庄规划编制投资，村庄规划编制按需应编尽编。二是增强规划管理的前瞻性和可操作性。立足可持续发展的战略高度，充分考虑区域范围，结合资源分配与应用、各种基础设施共享等，明确村庄人口数量与用地面积，加强功能优化完善。优化调整上一层次规划编制，构建起科学完善的规划体系，实现与上一层次规划等的有效衔接，减小村庄规划工作开展难度。三是结合村庄实际科学制定规划。坚持因地制宜、科学规划。立足"七山二丘一平"地貌特征，结合各乡镇、村庄发展水平、财政承受能力、农民接受程度开展工作，形成集村庄规划、产业布局、土地分类、历史文化村落保护利用等于一体的乡村建设规划体系。以村庄类型为依据，严格遵守因地制宜原则，落实建设规划编制。

2.织密要素"保障网"

充分用好各项政策、调动各方资源，建立好"倾斜优先、重点支持"的保障体系，有效解决好乡村振兴过程中人、地、钱的问题。一是创新引育人才机制。扩大"农村科技特派员选派计划"及"科技特派团乡村行"活动频率，健全"特派员＋企业＋平台＋基地"等科技下乡模式及科技人才线上线下服务体系，持续完善科技特派员制度为乡村振兴"添智增力"。深化持续实施"三支一扶"计划、农村教师特岗计划、大学生志愿服务西部计划等服务基层项目，健全常态化驻村工作机制，有计划选派优秀年轻干部到乡镇任职挂职、干事创业。统筹管理使用县内专业技术人才，推行教师"县管校聘"、医疗卫生人才"县管乡用""乡聘村用"。深入实施"农村家庭能人"培养计划、高素质农民培育工程、优秀农民工回引培养工程和"蓝鹰工程"，培育一批农村家庭能人、乡村能工巧匠、技能大师和传承人。二是建立多元投入保障体系。积极争取中央补助资金、省级奖励资金和新增债券权益，持续加大财政投入力度，健全涉农资金统筹整合机制，提高土地出让收入用于农业农村比例。设立城乡融合发展基金，支持在债务风险可控前提下申报发行政府债券，用于城乡融合公益性项目，对符合条件的优先评审、优先入库。通过财政注入资本金、参与股权投资及以奖代补等方式，尝试推动社保资金、保险资金、信托资金、企业年金等长期资本形态，参与乡村基础设施建设和公共服务。三是推动土地集约高效利用。结合"三区三线"划定，对上争取"增量"，对内用活"存量"。通过市级科学统筹，结合乡镇级片区国土空间规划编制，统筹基础设施、公共服务设施和特色产业布局，制定重大建设项目清单，实现乡村空间布局、土地指标、建设时序的统筹协调。紧跟省上出台的相关指导性文件，完善涵盖产权、规划等方面的政策法规体系，制定乡村存量建设用地改变用途支持政策，支持乡村存量土地转让、出租、抵押盘活利用。

3. 挖掘群众"动力源"

一是推动农村集体经济发展壮大。促进小农户和现代农业发展有机衔接，多渠道增加农民收入，提高农民科技文化素质，改善农民生活品质，让广大农民平等参与现代化进程，共同分享现代化成果。二是完善党组织领导的自治、法治、德治相结合的基层治理体系。坚持"村里的事情大家商量着办"，坚持把增进广大农民群众的根本利益作为检验工作的根本标准，充分尊重农民的意愿，厘清"政府干"和"农民干"的边界，激发农民群众的主人翁意识，广泛动员农民群众参与村级公共事务。让农村既充满活力又稳定有序，让基层群众真正参与到基层治理。

4. 深耕产业"质效田"

一是加快构建特色现代农业体系。重点打造"峨眉山茶、晚熟柑橘、道地中药材、林竹"四大产业集群；按照"天府粮仓·千园建设"行动方案，深入实施"百园千亿"工程和"211"园区培育计划。二是加快推进农业高质高效。做大做强"乐字号"土特产，加大品牌建设投入，推动品种培优、品质提升、品牌打造和品控强化，实现农产品提质增效。加快补齐现代农业体系支撑性短板，显著提升现代农业种业、现代农业装备、现代农业烘干冷链物流支撑保障水平，做强农产品精深加工和农村商贸物流产业，推动农业生产供应链、精深加工链、品牌价值链"三链同构"。三是促进乡村产业融合发展。推进农村电子商务，深入实施"川货寄递"工程；创新培育美丽乡村加农业、文化、教育、旅游、康养、文创等乡村新业态；引导农户利用自有院落空间及资源资产，发展特色加工、特色手工、特色乡村休闲旅游、生产生活服务等产业，通过多元化经营促进农民"跳出土地抓增收"。

（课题组成员：许彦、郭险峰、王伟、刘媛、李杰霖、徐迅、解春玉、韩琼慧、葛子靖、康璇、王雨婷、郭若群、杨梦遥、杨潇、廖昱颖）

关于广安深化改革开放
探索高质量发展新路子的报告

省委、省政府出台支持广安专项文件以来，广安市认真贯彻落实省委、省政府决策部署，把贯彻落实专项文件作为统揽现代化建设、推动高质量发展的重大机遇，及时召开市委全会研究部署，对标实施"五项行动"贯彻落实，成立"1+5"工作专班挂图作战，"两张清单"进展良好，改革红利持续释放，高质量发展底色更足、成色更亮。2023年全市地区生产总值增长6.6%、排全省第8位，财政收入、全口径税收收入双双破百亿；[1]2024年第一季度地区生产总值增长8%、排全省第4位。[2]

一、广安深化改革开放探索高质量发展新路子的总体情况

（一）实施经济区与行政区适度分离改革示范行动，加快跨省域深度融合发展

依托川渝高竹新区探索经济区与行政区适度分离改革，实行"经济活动一体开展、社会事务分区管理"，初步形成规划同图、建设同步、权责对等、成本共担、利益分享发展格局。截至2024年7月，川渝高竹新区入驻企业201户，比3年多以前新区成立时翻了一番，2024年川渝高竹新区坚持挂图作战建项目、集中攻坚引产业、系统集成推改革，累计培育规

---

[1]《广安市第六届人民代表大会第三次会议关于政府工作报告的决议》，广安人大网，http://www.gard.gov.cn/jyjd/2024-02-02/4738.html。

[2]《广安一季度经济增速全省第四》，《广安日报》2024年4月20日。

上企业50多家，经济呈现加速向好发展态势。[①] 新区开出的首张税票入选党的二十大"奋进新时代"主题成就展，还被国家博物馆永久收藏；探索构建"小管委会+大公司"运行管理模式，成立全国首个跨省税费征管服务中心，试行建设用地指标、收储和出让统一管理机制，开展危险废物跨省转移简化审批试点等经验做法被国家发展改革委通报推广；以新区探索成果为蓝本制定的《成渝地区双城经济圈经济区与行政区适度分离统计分算办法（试行）》在川渝跨省域合作共建园区推广。

（二）实施区域协调共兴行动，加快破除城乡二元结构

加快推进岳池县省级县域内城乡融合发展改革试点，做好岳池县、武胜县省级县城新型城镇化改革试点，学习运用浙江"千万工程"经验，建设"宜居广安·和美乡村"，积极探索城乡融合发展、缩小城乡差距的新路径新机制，初步形成撂荒地动态清零、竞拍式流转土地等经验做法。开展中心镇扩面提质，5个中心镇入选"省级百强中心镇"。加快破除城乡要素流动障碍，获批全省唯一整市推进破解农村承包地细碎化难题的试点地区，试点面积从1100余亩扩大至10万亩，解决土地细碎化问题做法参评全国农业农村改革典型经验。"高标准农田建设丘区标杆典型"经验做法获全省通报表扬。深化乡村振兴试点示范建设，广安获评全省乡村振兴先进市。

（三）实施要素保障提升行动，加快激发市场主体活力

开展"高效办成一件事"改革，围绕企业准入退出、项目审批、用地保障等领域攻坚，持续优化投资兴业、干事创业两个环境，不断激发市场主体活力。"川渝通办"311项和"省内通办"262项事项全部落地，拓展实施31项"渝广通办"特色事项，"打破行政壁垒提升'川渝通办'质效"做法上报中央改革办，税费征管服务协作做法纳入全省优化营商环境案例。开展园区集成式政务服务改革试点，建成广安经开区、川渝高竹新区、武胜经开区省级示范政务服务中心。出台推动提升民营经济发展环境"六大行动"、促进民营企业发展壮大八条措施等一揽子政策措施，净增市场主体

---

① 《川渝高竹新区探索经济区与行政区适度分离改革——创新试验成果丰》，《经济日报》2024年7月21日。

1687户、累计达19.79万余户。省级以上开发区全部实行"标准地"供应。交旅集团获AA+主体信用评级，广安成为全省第6个拥有2家AA+国企的市（州）。

（四）实施全域开放拓展行动，加快构建开放合作新格局

持续拓展对外开放通道，建设高能级开放平台，深化区域开放合作。广安机场预可研报告已通过国务院和中央军委批复，西渝高铁广安段重点工程进展顺利，南北大道全线正式通车，广安获评全省"交通强市"试点成效显著市。与深圳共建广安（深圳）产业园，纳入深圳"20+8"产业集群协同发展首批对口协作地区。与成都共建"双飞地"生物医药产业园，成都研发基地开园运营，岳池生产基地集聚医药企业64家。与浙江湖州共建广安·南浔东西部协作产业园，其成为新时代浙川东西部协作典范；广安国家级经开区获批设立川港（广安）合作产业园。与邓小平等革命前辈赴法勤工俭学的所在地蒙达尔纪市友好互访，签订进一步深化友好合作框架协议。2024年1月至5月，广安实现货物贸易进出口总值26.7亿元，同比增长8.7%。[①]

（五）实施产业优化升级行动，加快建设现代化产业体系

大力实施"产业支撑"战略，新桥化工园区完成扩区调区，成为全省最大化工园区，仁安药业化学合成原料药中试平台纳入全省首批11家中试平台名单，和邦、利尔、诚信、玖源"四个百亿"产业项目加快建设，投资110亿元的武胜天然气净化厂项目即将开工，逐步形成"4+N"百亿产业项目发展格局。深入实施天府良田建设攻坚提质行动，岳池县以全国第一名成绩通过国家现代农业产业园中期评估。持续擦亮"小平故里行·华蓥山上居·嘉陵江畔游"文旅名片，"五一"期间全市接待游客增长24.1%。深入实施科技体制改革，组建市委、市政府决策咨询委员会，成立"西南交通大学广安技术转移中心"，截至2023年9月，四川玄武岩纤维新材料研究院（创新中心）成功获批国、省纵向项目10项，申请国家专利18项，主

[①] 《1至5月，广安外贸进出口总值达26.7亿元 同比增长8.7%》，《广安日报》2024年7月12日。

(参)编国家、行业、地方、团体标准11项，已发布7项。①

总之，广安改革开放在聚力成势中书写新篇章、经济发展在量质齐升中取得新成效、同城融圈在走深走实中实现新突破、民生福祉在补短提质中彰显新质感。②

二、广安深化改革开放探索高质量发展新路子的特色亮点

（一）经济区与行政区适度分离改革已有关键成效

1. 以扁平管理模式提效率

高竹新区有别于常规的组团、飞地等合作模式，有着"一区跨两省、两省建一区"的显著特征，建立协调联动、务实高效的运行管理机制是推动新区改革发展的前提和保障。一是实行"小管委会+大公司"市场化运作。建立"领导小组+管委会+国有公司"的三级管理架构，领导小组作为议事协调机构研究重大事项；党工委管委会作为两省市编委设立的正处级工作机构负责统筹协调，广安市和渝北区按1∶1比例对等配备干部、合署办公；广安市、渝北区共同成立高竹开发公司，新区全部资源全域开发，全部收益归其所有，负责项目建设、产业导入、招商引资等投融建管运。二是实行规划一体编制联合审查共同实施。广安市、渝北区充分对接川渝两省市规划体系，共同编制新区发展规划、国土空间规划及概念性规划等各类规划，按审批权限联合上报川渝两省市审查，推动实现规划一张图、基础设施一张网、产业发展一条链、项目建设一张表，两地各方严格按照规划实施将一张蓝图绘到底。三是实行清单式批量集中授予经济管理权限。按照"能放则放、应放尽放"原则，截至2023年7月，高竹新区集成集聚审批权限，重庆市将下放事权247项，四川省将下放事权200项，主动承接广安市首批授权地市级经济管理事权134项、邻水县下放事权

---

① 《四川玄武岩纤维新材料研究院（创新中心）通过国家市场监管技术创新中心建设验收》，《广安日报》2023年9月6日。
② 《"一定要把广安建设好"——广安深化改革开放探索高质量发展新路子的生动实践》，《广安日报》2024年8月22日。

159项。①

2. 以跨省域税费征管服务改革促一体化

一是建立跨省共建管理机制。成立新区税费征管服务工作领导小组，明确两省市税务局分管负责人"双牵头"，共同下沉指导、驻点筹建，研商征管办法，确定"征管一体化、服务同质化、政策统一化"工作思路。二是建立税费征管服务中心。按照"一块牌子、一个大厅、一个团队"原则，联合成立新区税费征管服务中心，负责新区税费征收、管理、服务和执法工作，实现新区业务流程、制度规范、信息技术、数据要素、岗责体系一体化融合升级。在川渝高竹新区税费征管服务中心，展示着该中心自助办税平台开出的首张发票存根，并配备了新型发票自助机、智能填表终端、模拟办税终端等15台智能终端设备，办税时间缩短约60%。高竹新区逐步统一川渝两地118项税费征管差异事项，截至2024年7月已统一67项。② 三是建立合署办公机制体制。打破人员编制隶属关系，广安市、渝北区两地按照1∶1比例派驻业务骨干合署办公，共同开展税费征管工作，确保中心各项管理事务有序运转。强化税收政策、执法口径、业务事实认定、重大交易事项、重要涉税信息沟通等事项的协调交流。

3. 以跨区域监督执纪执法保联动

一是共商共建，打牢跨域联合监督执纪执法基础。渝广两地纪委监委成立纪检监察工作协调小组，双方领导共同担任组长，轮流召集联席会议，定期联合开展实地调查研究，推动解决成渝地区双城经济圈建设中党风廉政建设和反腐败方面的重要工作、重大问题、重点事项。两地纪委监委联合印发《加强川渝高竹新区纪检监察工作的通知》《联合巡察川渝高竹新区党工委工作办法》等，探索建立两地协作、部门参与、辖区联动、问题报告、线索互移、结果通报六项工作机制，着力解决机构怎么建、人员怎么管、流程怎么定、具体工作怎么规范等问题，为跨域联合监督执纪执法打

---

① 《高竹新区：从"边缘"到"前沿"》，《重庆日报》2023年7月4日。
② 《川渝高竹新区探索经济区与行政区适度分离改革——创新试验成果丰》，《经济日报》2024年7月21日。

牢坚实基础。二是互融互促，构筑跨域联合监督执纪执法体系。积极搭建"2+1+4+N"跨区域立体监督体系，通过广安市、渝北区纪委监委统筹两地财政、审计、发展改革委、住房和城乡建设等部门力量，川渝高竹新区纪工委统筹辖区内4个镇（广安市邻水县坛同镇、高滩镇，重庆市渝北区大湾镇、茨竹镇）纪委，定期对川渝高竹新区开发建设重点事项、重大项目等开展联合监督、专项监督，构建起"跨区域双统筹双调度"的齐抓共管格局。截至2024年4月底，两地纪检监察机关统筹巡察、审计等力量，对南北大道三期、南北大道连接线、重庆路三期等新区规划范围内重大项目开展联合监督检查86次，发现并处置相关问题273个，互移问题线索16件，联合立案审查调查2人、追责问责15人。[①] 三是同管同治，激发跨域联合监督执纪执法动能。联合打造"渝广廉洁教育环线"，明确将邓小平故里、"红岩·华蓥烽火"警示教育基地、广安市党风廉政教育展厅、武胜·红色文化园等5个广安点位，以及渣滓洞、白公馆、周公馆、红岩村、桂园、陶行知先生纪念馆6个重庆廉洁地标点位串联成线。通过举办"渝广纪检监察干部党史党性教育专题培训班""渝广纪检监察系统年轻干部综合能力提升班"等形式开展"渝广互学"活动，构建廉洁教育资源共享、干部教育培训联动机制，推动两地纪检监察干部深化交流、凝聚共识，实现合作共赢。开展渝广"科级干部结对互带互促"行动，不定期互派年轻干部跟班学习或挂职锻炼，"面对面""手把手"参与双方大要案联动查办、重点行业领域系统治理、基层纪检监察组织规范化建设等工作。

作为目前国内首个跨省域共建新区，川渝高竹新区初步形成了运行管理一体化、规划编制一体化、开发建设一体化、基础设施一体化、资源要素一体化"五个一体化"改革成果，进一步推动了川渝跨省域融合发展。

（二）区域协调共兴助力城乡融合工作成效凸显

1."湖羊入川"经验获中办、国办通报推广

一是探索湖羊本土化养殖繁育技术。湖羊作为"先锋部队"，还有援川

[①] 《广安市：探索跨区域联动监督执纪 护航成渝地区双城经济圈建设》，四川省情网，http://scdfz.sc.gov.cn/gzdt/zyhy/cyscj/content_144982。

干部到达广安市,开始了湖羊本土化养殖繁育的技术探索。首先进行小规模的试养,并获得了成功。随后,两地签订了万头湖羊养殖基地建设合作协议,全力实施"湖羊入川"和"湖羊致富"工程。二是带领老百姓增收致富。主要采取集中养殖和分散养殖(幸福农场)相结合的方式,成立专业合作社,创新利益联结形式,主要采取"农场+农户+保底回收+盈利按股分红"方式,统一送羊、技术指导、集中回购,农户本人占收益大头,其余分成留给村集体和奖励致富带头人,在确保农户长期受益的同时,带动村集体发展湖羊产业积极性。三是加大精准扶技扶智力度。开展"农村致富带头人"干部人才互访交流制度,组织广安"农村致富带头人"到南浔技术比较好、比较成熟的湖羊家庭农场学习。选派南浔农技人员,对当地养殖场选址及建设、种羊跟踪配种、防病防疫、产品销售等进行"一条龙"指导,并帮助当地培养优秀"羊倌"。双方还统筹帮扶资金,配套建设集湖羊屠宰、加工、冷链物流品牌销售于一体的浔味江南食品加工园,打造湖羊全产业链条,持续提升产业附加值。

2. 解决丘陵地区土地细碎化问题试点有效

一是"三图"固权,消除疑虑。第一张图是确权测绘图。乡镇上运用农村承包地确权登记颁证测绘图,对农户承包地逐块核实。通过村民院坝现场会或微信视频会议,在细碎化治理项目建设前对农户土地承包权进行溯源确认。第二张图是治前航拍图。在细碎化治理项目建设前,乡镇对项目区域进行全覆盖低空无人机航拍,形成清晰的承包地现状航拍图。组织村民在航拍图上逐一勾绘出各自的承包地地块。把建设前航拍图纳入土地承包档案永久保存。第三张图是治后航拍图。在细碎化治理项目完成后,再次开展低空无人机航拍,形成治后航拍图,并套合确权测绘图、治前航拍图,制作形成建设前后地块边界变化图,以"三图合一"的形式对农户承包地块进行永久固定存档。二是"三措"并举,方便耕作。首先,拆坎并埂。乡(镇)政府按平坝、浅丘带坝、深丘山地三种地形依形就势,水旱立体同步建设,拆坎并埂、多坎(埂)合一。具体实施中,或挖高填低,或归并田块,或"水田弯取直、低台地陡放缓、高台地坡改梯"。其次,集

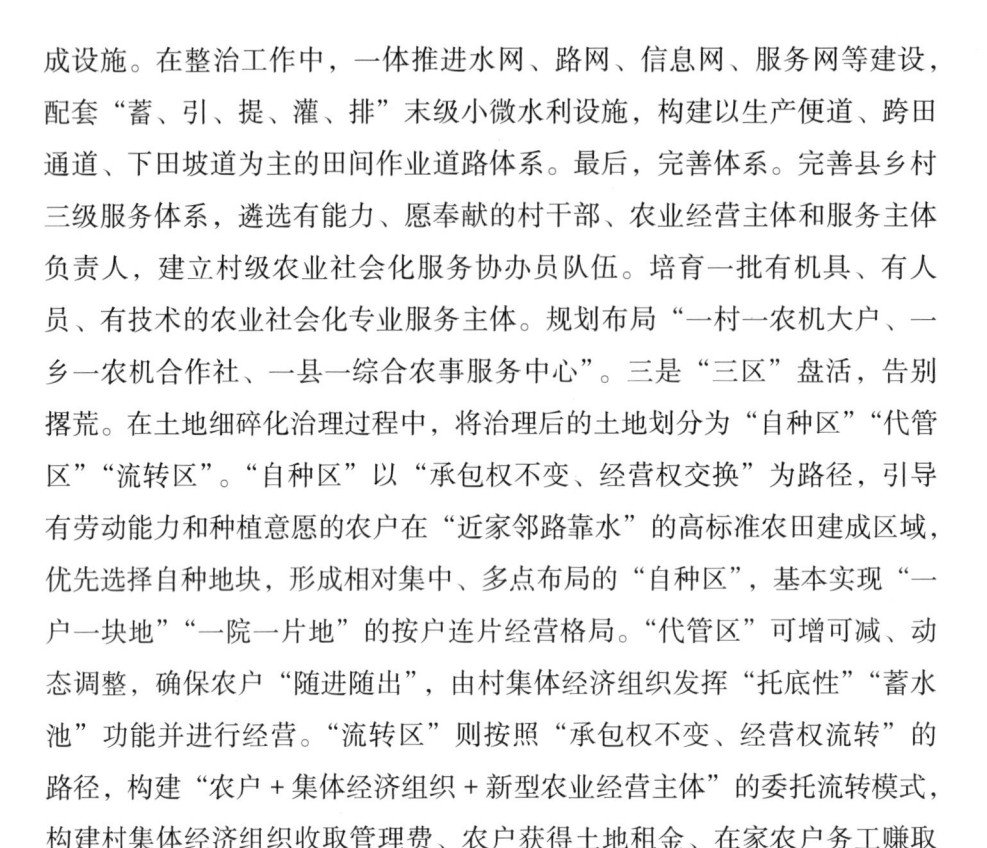

成设施。在整治工作中，一体推进水网、路网、信息网、服务网等建设，配套"蓄、引、提、灌、排"末级小微水利设施，构建以生产便道、跨田通道、下田坡道为主的田间作业道路体系。最后，完善体系。完善县乡村三级服务体系，遴选有能力、愿奉献的村干部、农业经营主体和服务主体负责人，建立村级农业社会化服务协办员队伍。培育一批有机具、有人员、有技术的农业社会化专业服务主体。规划布局"一村一农机大户、一乡一农机合作社、一县一综合农事服务中心"。三是"三区"盘活，告别撂荒。在土地细碎化治理过程中，将治理后的土地划分为"自种区""代管区""流转区"。"自种区"以"承包权不变、经营权交换"为路径，引导有劳动能力和种植意愿的农户在"近家邻路靠水"的高标准农田建成区域，优先选择自种地块，形成相对集中、多点布局的"自种区"，基本实现"一户一块地""一院一片地"的按户连片经营格局。"代管区"可增可减、动态调整，确保农户"随进随出"，由村集体经济组织发挥"托底性""蓄水池"功能并进行经营。"流转区"则按照"承包权不变、经营权流转"的路径，构建"农户+集体经济组织+新型农业经营主体"的委托流转模式，构建村集体经济组织收取管理费、农户获得土地租金、在家农户务工赚取薪金的多赢局面。

广安市深入实施"优镇兴乡"战略，统筹推进新型城镇化和乡村全面振兴，提升中心城区能级，推动以县城为重要载体的新型城镇化建设，加快了县域城乡融合发展，逐步缩小了城乡发展差距和居民收入差距。

（三）以要素保障提升产业活力

1. 工业用地"标准地"改革成效显著

一是区域评估"零费用"。市政府办公室出台《关于工业用地"标准地"改革的实施意见》，由各县（市、区）政府、园区管委会成片统一开展土地征拆补偿安置、统一组织一级土地整理、统一实施水电路气等基础设施建设，变"生地"为"熟地"。统一组织完成拟出让"标准地"所在区域压覆重要矿产资源评估、环境影响评价、地质灾害危险性评估等区域评估评价，评估评价成果供区域内建设项目免费共享。二是明确标准"零误差"。制定《广安市工业用地"标准地"控制性指标指导意见》，由各县（市、区）政府、园区管委会统一组织，根据各地园区产业准入、功能区划和相关区域评估要求等制定新增工业项目"标准地"控制性指标，涵盖固定资产投资强度、容积率、亩均税收、产出强度、开发强度等。建立指标体系动态调整机制，由辖区经济信息化部门会同园区管理机构根据经济发展等实际情况予以动态调整完善。三是按标出让"零等待"。各地经济合作部门接洽意向投资项目时，自然资源主管部门主动参与，及时提供土地权属、规划设计条件、工业用地控制指标等项目用地基本情况。各县（市、区）政府、园区管委会将工业用地"标准地"相关指标要求、项目建设投资协议文本、适用"告知承诺制"的审批事项和企业信用承诺书等内容纳入出让公告文件，由用地企业分别与自然资源部门、园区管委会签订《土地出让合同》《工业项目"标准地"投资建设监管协议》，实现土地开发控制性指标、项目审批流程等信息对外公开、透明。四是全程监管"零缝隙"。建立"标准地"事中事后全流程协同监管体系，严格把控工业项目落地质量，确保项目按合同约定、承诺事项和相关规定建设、投产、运营。项目竣工后，各县（市、区）政府、园区管委会组织相关部门按照《土地出让合同》《工业项目"标准地"投资建设监管协议》及相关规定对容积率、固定资产投资强度等指标及有关事项进行联合验收；项目达产后，按照《工业项目"标准地"投资建设监管协议》开展达产复核。对未按规定履行承诺的，依法依规撤销行政审批决定并追究申请人的相应责任；未按约定竣工、达产或未达标的，按照投资建设协议有关约定进行惩戒。

2. 民营经济发展环境持续优化

一是构建民营经济高质量发展工作机制。形成市委全委会、市委常委会、市政府常务会专题研究民营经济发展工作机制。广安实行"市级领导、行业部门和县（市、区）党委、政府班子成员联系重点企业重大项目制"，各产业领域实现联系服务机制全覆盖，实现了"一园区一专员、一企业一档案、一问题一服务"。印发《广安市民营经济发展综合评价办法》，建立科学有效的民营经济发展工作成效综合评价机制和指标体系，评价结果纳入市委目标绩效办考核，进一步压实县（市、区）、园区和市级相关部门责任。二是搭建民营经济高质量发展载体平台。将川渝高竹新区建成四川省、重庆市携手合作共建的首个新区，以及全国首个跨区域合作的省级新区平台。依托合武、岳武等产业园搭建产业协作配套、科研成果转化平台。与北碚区签订民营经济协同发展框架协议，助推吸纳和引进高层次、大规模民营资本，促进民营产业结构调整升级。争取到深圳市将广安纳入"20+8"产业集群协同发展首批对口协作地区，南浔·广安东西部协作产业园成为浙川两省交流合作重要窗口。深化广蓉合作，成都·广安生物医药"双飞地"产业园正式运行。依托广安经开区，建设国家外贸转型升级基地、川港（广安）合作产业园。三是优化民营经济高质量发展服务环境。纵深推进"放管服"改革，截至2024年5月，全市审批事项100%"一窗通办"，99.24%的政务服务事项实现"网上可办"，"全程网办"事项占比达到96.4%，"最多跑一次"实现100%。建立重大项目"绿色审批通道"，推行项目审批承诺制，实行"并联审批""会议联审""联合勘察"等。出台提升民营经济发展环境"六大行动"、促进民营企业发展壮大八条措施、促进个体工商户发展二十条措施等一揽子民营经济发展专项政策措施。组织法律服务队伍"进园入企"开展"法治体检""服务实体经济·律企携手同行"等活动，指导、帮助企业完善管理结构和各项规章制度。四是提升民营经济高质量发展服务质量。实施"个转企"行动，出台财政激励奖补办法，按照每户0.8万元标准进行市级奖补，县（市、区）财政再根据情况匹配相关资金。实施"小微提档"行动，分类建立规下企业监测样本库、临界企业库、达标企业库，精准开展企业规范化管理服务指导，不断扩大入库企业规模。实施"中小提级"行动，对全市中小企业开展全覆盖诊断帮扶，有序推进"智改数转"和"技改扩能"。实施"龙头培优"行动，实施科技型中小企业铺天盖地计划、高新技术企业扩容倍增计划、创新型领军企业顶天立地行动，推动民营科技企业量质双升。五是夯实民营经济高质量发展要素支撑。截至2024年5月，广安市创新推出"科创小企业贷""好企贷"等低成本信贷产品，大力推广"政采贷"，帮助企业信用融资9300余万元。强化金融信贷担保，为1140户中小企业及"三农"经营主体提供金融信贷担保19.25亿元；强化电力供应保障，110千伏仁和输变电工程竣工投运、110千伏烈面输变电工程完成工程量80%；强化土地供给，全市15宗共430亩工业项目用地实现"签约即供地"，28宗共1930亩工业用地实现"交地即交证"；强化用工保障，举办招聘活动208场，提供招聘岗位8.22万个。①

3. 打破行政壁垒，"川渝通办"质效显现

一是构建一个圈层，让"川渝通办"覆盖更广。发挥中心城区地缘优势，打破行政边界、层级界限和空间分割"三重壁垒"，以集成化为方向，与重庆渝北、合川等6个中心城区组建政务服务联盟，共同签署《广渝毗邻地区政务服务"跨省通办"合作协议》，建立"合作协商、跟踪落实、学习交流"常态机制，印发"川渝通办"专项工作方案，制定五个方面17项重点任务，实行党政负责人"双牵头"，将工作管理部门调整为政府办，建立"全程负责、全程跟进、一抓到底"工作机制，推动改革落地见效。编制"两张清单"。按照"高频优先、批次进行"原则，以企业群众办事需求为导向，从异地高频事项办理和政务数据融合应用着手，联合发布"渝广通办"特色事项、数据共享责任"两张清单"。二是实行一套标准，让"川渝通办"支撑更强。编制"零基础"业务手册和申报模板，推出白话版办事指南，以"图片+标注"可视化明确事项申请条件、申请材料、服务流程和服务平台等核心要点，推动市、县、乡、村基本要素"四级四同"。实行统建共享，加快推进川渝高竹新区政务服务平台集成化建设，升级打造跨省域政务服务实体大厅，推动"专窗+综窗"实体运行。实行定向赋能，线上开通广渝毗邻地区"川渝通办"专区，对接重庆北碚、长寿等地搭建政务服务协作平台，截至2024年7月，已推动全市12.3万法人、210万个人实名用户与"渝快办"应用身份互认，20类电子证照（印章）共享互认。②三是打造一批试点，让"川渝通办"特色更足。推行一个中心统征管、一

---

① 《民营经济"繁花"盛开"养分"从何而来？》，《广安日报》2024年5月8日。
② 《广安市营商环境局关于市六届人大三次会议第1029号建议答复的函》，广安市政府网站，https://www.guang-an.gov.cn/zfxxgk/jyta/pc/content/content_1818926888639086592.html。

本规范定口径、一支队伍管执法、一套系统优服务"四个一"工作法。编制《川渝高竹新区税费政策差异执行规范》，统一税费政策53项、征管流程76项。上线川渝首个跨省域电子税务局和智能办税终端，两地纳税人缴费人资料报送减少四分之一，办税时间压缩近六成，63项高频事项实现"跨域通办"，20项线下业务实现"专窗通办"。探索"准入准营"新模式，与重庆市市场监管局、药监局、知识产权局联合制定《加快推进市场监管现代化同城化发展的若干措施》，协作推进市场准入异地同标等55项重点任务。在新区开展"集群注册""一照多址"改革，开设新区质量基础设施"一站式"服务平台窗口，互认川渝地方计量技术规范6项，联合制定发布地方标准2项。出台《合广长住房公积金一体化发展工作实施方案》，落实跨区域转移接续和互认互贷机制，渝广两地公积金数据互查效率由"分钟级"提升到"秒级"，实现13项高频服务事项"全程网办"，截至2023年12月，广安累计办理重庆异地转移接续1231人次1875万元。[①]

广安持续精准发力做好要素保障，持续提升产业活力，夯实产业发展"硬支撑"，确保产业发展结构更优、实力更强、后劲更足。

（四）全域开放拓展了高质量发展"新格局"

1. 广安—深圳合作不断深化

与深圳合作共建广安（深圳）产业园，做强智能电子信息产业。园区采取市场化运营模式，由深圳国有企业出资10亿元占股51%，广安以土地注资方式占股49%，成立深广公司，实行"两市联席会－共建协调小组－合资公司"三级管理机制，运用深圳的先进理念和管理机制共建产业园，引导产业有序向广安转移，重点发展以智能电子信息为主导产业，以保税物流、健康医疗、旅游服务为潜力产业的产业体系。目前，已建成大型产城服务与孵化平合渠江云谷，引进清华启迪、川能智网、中天智控、超聚电池等知名企业，加快建成川粤合作示范园区、深圳产业转移和产业延伸的示范基地。

---

① 《广安市住房公积金2023年年度报告》，广安市政府网站，https://www.guang-an.gov.cn/zfxxgk/zxfb/pc/content/content_1772881337861316608.html。

2. 广安—成都合作持续加强

与成都合作共建广蓉生物医药产业园，做强生物医药转化生产产业。依托广安生物医药产业良好基础，创新提出"研发创新在成都、转化生产在广安"的思路，采取"双飞地"模式共建生物医药产业园，在成都建设研发协作基地，在广安建设转化生产基地，实行产研互动融合，打造高端原料药、化学药、现代中药、生物制药、医疗器械、医药工业设备产业集群，加快创建国家中医药产业发展综合试验区、国家道地中药材规范化种植基地。广安转化生产基地迅速拓展，成为四川省唯一以医药化学原料药为主导产业的省级化工园区。截至2024年6月，园区已承接21户成都医药企业落户，转移药品品种145个，引进成都籍管理人才296人、技术型人才581人，形成了政府、企业、人才多维度交叉式合作机制。[①]

3. 广安—南浔协作多点开花

与浙江省湖州市合作共建南浔·广安东西部扶贫协作产业园，做强高端装备制造产业。立足南浔产业优势和广安资源禀赋，从"扶贫输血"转为"产业造血"，广安区与南浔区共建南浔·广安东西部扶贫协作产业园，强力推进产业互补共促，重点发展高端装备制造、绿色家居等新型工业产业。在园区建设上，采取"政府建平台、国企引领、民企参与、市场化运作"的模式，由南浔区国有企业出资购地，广安区国有企业实施建设。在招商引资上，由南浔区国有企业对接湖州龙头民营企业，采取"民企定制、国企出资、平台建厂、先租后让"的方式吸引企业入园。在服务机制上，广安和湖州共同出台25条投资优惠政策，制定提升行政审批效率10条措施，对企业投资开设绿色通道。园区被国家发展改革委列为"中西部承接东部地区产业转移示范区"，两地探索的"三产联动""国企引领"协作模式入选全国东西部扶贫协作典型案例。截至2024年10月，产业园成功引进沃克斯电梯、南洋电机等优质企业12家，带动各方投资16.75亿元，实现年产值

---

① 《变身全省第一——四川岳池这个基地如何实现从0到1的跨越？》，《广安日报》2024年6月19日。

10亿元，创造工业税收3000万元。①

广安全面落实省委"一干多支、五区协同""四向拓展、全域开放"部署，以深化广深、广蓉、广浙为抓手，抓实全域开放各项工作。

（五）产业转型升级的稳步推进成就高质量发展的底气

1. 做大做强了"331"现代工业产业体系

一是深入实施科技体制改革。组建市委、市政府决策咨询委员会，成立"西南交通大学广安技术转移中心"，四川玄武岩纤维新材料研究院建成国家市场监管技术创新中心；"川渝合作高滩园区等区块整合纳入广安高新技术产业园区"纳入《四川省开发区发展规划（2023—2027年）》，广安高新区科创中心建成投运，西南交通大学广安技术转移中心落地；邻水县汽摩、经开区气盐结合精细化工逐步形成中小企业特色产业集群，广安区、前锋区县域商业建设行动项目加快实施。专精特新、高新技术企业分别增长至55户、110户。广安坚持稳中求进工作总基调，全市规模以上工业增加值年均增长8.2%，服务业增加值达到年均增长8%，已创建国家外贸转型升级基地2个、省级服务业强县2个，"一县一特色、一园一支柱"工业发展格局初步形成。二是支撑性改革破题破局。在国家级广安经开区大力实施产业优化升级行动，成功获得西南地区唯一农化园区、全省首批化工园区等重大政策，推动广安新桥化工园区完成扩区调位，吸引促成和邦、利尔、玖源、诚信"四个百亿"产业项目落地建设，助力打造千亿级绿色化工基地。推进武胜天然气资源勘探开发和利用，规划建设武胜天然气净化厂，联动广安经开区天然气化工产业培育壮大清洁能源产业。三是引领性改革走深走实。深化"研发创新在成都、转化生产在广安"模式，建设成都·广安"双飞地"生物医药产业园，成都研发基地开园运营，岳池生产基地已承接21家成都医药企业转化落地，签约建设特色原料药中试平台，集聚化学原料药、医美化妆品及制剂等六大门类医药企业64家，其中全国百强医药企业9家，成为落实四川省委"五

---

① 《道不尽的"山海情"——南浔广安东西部协作结硕果》，《广安日报》2024年10月14日。

区共兴"发展战略的生动实践。与深圳合作成立产业投资开发公司，以市场化方式建设广安（深圳）产业园，截至2024年9月累计入驻比亚迪线束等项目79个，园区纳入深圳"飞地园区"建设体系，成为川粤合作精彩样板。①

2. 打造"小平故里行·华蓥山上居·嘉陵江畔游"文旅金字招牌

一是做响"小平故里行"。"小平故里行"是广安文旅最亮丽的一张名片，也是重庆市民最喜爱的红色旅游区之一。围绕抓实核心区、拓展区品质提升，加快邓小平故居陈列馆、邓小平缅怀馆"两馆"改陈、牌坊村建川博物馆聚落等项目建设，开馆试运行市博物馆，文博公园建成开园。其中，"两馆"2024年7月18日对外开放以来，截至8月23日，改陈提升后的"两馆"已接待游客41.85万人次，同比增加32.7%。②

二是做优"华蓥山上居，盛夏享清凉"品牌。华蓥山森林覆盖率超97%，植物数量达2000余种，是中国大熊猫野化放归培训基地之一。广安着力发挥"红、高、凉"资源优势，借鉴重庆仙女山、黄水镇等地先进经验，打造华蓥山精品民宿群落，变"华蓥山上游"为"华蓥山上居"，保证游客来得了、留得住、住得下，让川渝地区市民乐享"城中如火热，此地独清凉"的诗情画意。科学谋划太阳谷康养度假区百亿项目，"上山上·有朵云"精品民宿开业运营，梯次推出领水龙洞坪、华蓥红岩美村等民宿项目。配套打造生态观光、研学旅行、山地运动等业态，提档升级石林、天意谷等现有景区，实现"客有所居、居有所乐"。

三是做亮"嘉陵江畔游"。围绕"岸上、水上、船上"三篇文章，武胜嘉陵江旅游风景道示范段35千米竣工投用，建成运营玛歌·白鹤湖火锅庄园、十里嘉陵光影画廊、沿口古镇等项目加快推进。启动"嘉陵号子"沉浸式体验情景剧设计，探索开通广安至重庆、南充等游轮航线，推动阆中古城、合川钓鱼城等沿岸特色景点"串珠成链"。嘉陵江从广安顺流而下汇

---

① 《改革赋能 高质量发展探新路》，《广安日报》2024年9月3日。
② 《邓小平故居"两馆"更新后迎来客流高峰 累计接待游客超41万人次》，四川新闻网，https://baijiahao.baidu.com/s?id=1808250205160262780&wfr=spider&for=pc。

入重庆，重庆火锅沿江逆流而上端上广安人的餐桌。广安坚持生态、文态、形态、业态"四态"融合发展，深入挖掘嘉陵江沿线厚重的历史文化和独有的民俗文化，依托水陆交通体系串联起沿线景区景点，做到"江为线、景为珠、珠串线、线带面"，推动保护生态和文旅产业发展相得益彰，擦亮"嘉陵江畔游"文旅品牌。

广安大力实施"产业支撑"战略，加快建设现代化产业体系，培育壮大了"331"现代工业产业体系。坚持"亮山亮水亮文化"理念，做活了全市文旅。

三、广安深化改革开放探索高质量发展新路子存在的堵点、难点

2023年7月，四川省委、省政府立足广安作为成渝地区双城经济圈战略前沿、改革前沿的重要地位，为广安量身定制并出台了支持广安深化改革开放探索高质量发展新路子的专项文件。广安市委、市政府高度重视省委、省政府对广安的关怀支持，并将2024年明确为改革深化年。虽推进成效显著，但在高标准市场体系建设、经济区与行政区适度分离改革、破除城乡二元结构、构建全方位开放合作新格局和现代化产业体系建设等方面依然存在诸多堵点、难点问题。

（一）高标准市场体系建设方面

1. 生产要素保障不到位

首先是人才供需矛盾突出。全市高层次人才和专业技术人才储备不足、流失严重但引进乏力，难以支撑企业高质量发展。其次是企业融资难度大。融资贷款对抵押物过度依赖，不动产抵押、知识产权质押、股权质押、保单质押等新型融资方式效果不佳，融资难题影响民营企业增资扩产信心和进度，金融政策深度和广度还需进一步强化。同时，金融机构为降低风险系数，在放贷时对固定资产抵押物设置条件和权重较高，而中小民营企业一般固定资产较少，加上账务透明度不高、抵抗市场风险能力较弱，满足不了金融机构设置的放贷条件，造成"金融机构想贷不敢贷、中小企业想

贷贷不了"的局面，或者融资贷款金额较低，满足不了企业发展所需。最后是政策落实有差距。全市"惠企政策上清下不清"现象普遍存在，基层资金截留现象严重，政策落实"最后一公里"尚有梗阻。特别是近几年，受经济下行、新冠疫情等因素影响，地方财政收支矛盾突出、压力巨大，缺少资金兑现政策，有的甚至难以返还企业保证金，企业在广投资发展的信心受挫。

2. 营商环境有待优化

首先是政务服务不便利。部分政务服务场所设立不集中、窗口设置不合理。政务移动应用程序数量多、重复注册，强制要求线上预约或在线提交材料，甚至在审批中额外、变相增加办理环节和申请材料，首问负责、一次性告知和限时办结等制度落实不到位。有的政务服务事项，在政务服务宣传资料上显示，可以网上办、掌上办，"周末不打烊"，但实际上很多事情办不了，离真正意义上实现网上办、掌上办、一网通办、"周末不打烊"还有不小差距。其次是执法检查不规范。尽管实行了"双随机、一公开"制度，但有的地方和单位依然存在执法不公、多头执法、选择性执法等问题。个别部门执法方式仍单一粗暴，一定程度上还存在以罚代管、小过重罚现象。个别行业监管过紧过严，有企业反映，仅仅春节放假几天后需开工，就得层层评审。部门间还存在监管冲突现象，比如一些涉气企业，环保部门要求关窗生产，避免污染环境，消防部门、应急部门要求开窗生产，避免火灾隐患，监管冲突让企业无所适从。

3. 政企沟通不通畅

政企沟通机制不健全，部门与企业沟通存在例行公事现象，有些政策出台前未充分听取和吸收企业意见，导致制定的政策发力不精准，且相当一部分企业无法享受政策优惠。政企对话平台建设不完善，政府部门主动服务企业、主动送"干货"上门的意识还不够，从制度、政策等层面解决企业发展实际问题不够精准。此外，惠企政策宣传不到位，政策出台后宣传解读和舆论引导不够，政策调整和执行存在"一刀切""急转弯"现象，政府与企业缺乏常态化沟通交流机制，亲清政商关系构建不到位。

（二）经济区与行政区适度分离改革方面

1. 政策差异增大改革协调难度

川渝两地政策差异事项多、执行标准差异大，如新区成立之初川渝两地在税费政策、征管流程、纳服标准、法制事项等方面存在差异事项118项，目前仍有耕地占用税、环境保护税和资源税等51项税费事项执行口径未统一，14项涉企行政事业性收费标准存在差异，行政许可、处罚等八大类行政职权存在两地名称各异、流程有别、申报要件不同、执法标准不一等情况，跨省异地就医联网结算统筹层级较多，社保、就业、医疗检查等公用信息和公共数据尚未实现跨省互联共享，这些事项大多属于中省事权，新区乃至广安市、渝北区协调难度大。

2. 管理权限掣肘资源调配

渝北区属市辖区，不具备行政授权资格。目前新区只承接了广安市、邻水县相关经济管理权限，导致新区行政事务无法完整地一体化受理和开展。如预算内投资项目申报和政策性资金分配以行政区划为单元，新区不能在全国投资项目在线审批监管平台申报，规划建设项目仍按行政区原有渠道和政策上报审批，无法独立办理跨省项目审批，导致跨省项目协同实施效率低、招引项目落地耗时长。此外，新区设置土地储备职能机构、供区电价统一等涉及管理权限均在国家层面，需要充分放权赋能。

3. 基础瓶颈制约综合配套

新区由镇级基础起步，相对欠缺"大进大出"的对外大通道，跨省融合路密度不高，融入轨道上的都市圈尚未起步，一定程度上制约了人流物流畅通。人才对于新区开发建设至关重要，与人才配套的教育、医疗等优质公共服务供给短板明显，生活性服务业发展滞后，尚无国家、省级重点实验室、工程技术研究中心等创新平台，新区综合承载力较弱，严重制约人才"引育留"和产城融合，需要跨省域统筹公共资源布局。

（三）破除城乡二元结构方面

1. 城镇化"洼地"现象明显

从总体看，广安的城镇化水平偏低、进程相对落后，城镇化率比全省平均水平低12.92个百分点，比周边的南充、达州、合川、长寿分别低6.26、5.78、19.40、25.74个百分点，是川东渝北地区城镇化发展的"洼地"。分区域看，市内各地城镇化差距明显，广安区、邻水县的城镇化率率先突破50%，高出其他县（市、区）10个以上百分点，容易使这些低谷地区成为"洼地中的洼地"，在激烈的市场竞争中失去对资金、技术、项目等要素资源的吸引力。广安城镇化率偏低并非一因所致，究其根源在于城乡要素流通不畅，从而导致城镇化与农业现代化协调发展不够。因此，在未来，广安应在促进城乡要素流动上大下功夫。

2. 城乡居民收入差距大

2021年广安非农生产总值比重为82.9%，非农就业比重约为69%，两者足足相差近14%，这也间接反映出了城乡居民收入差距。[①]2023年全市农村居民人均可支配收入仅为城镇居民的54.88%。[②]课题组成员深入农村调研，发现了问题的根源：一是城乡产业脱节。受传统小农经济思想以及城乡信息化、智能化应用水平的限制，广安市城乡产业结构存在明显的二元分割：城市以工业品制造和服务业为主，乡村以农产品生产为主，农业产业链条短、农产品深加工率不高，更加导致城乡产业脱节。二是城乡居民脱节。同全国一样，由于城乡土地制度和二元户籍制度的存在，农村土地的集约化、规模化、现代化、专业化经营受到了极大的限制，从而在一定程度上阻碍了城镇化进程。这些都是导致广安城乡居民收入差距过大的原因。

3. 农村公共服务"短板"依然突出

过去十年来，超过36万的农村人口转移到城镇工作和生活，给广安的医疗、教育、就业服务、社区管理等带来巨大压力。比如，广安每万人拥有的医疗服务人员从52人增长到79人，但仍不到全省平均水平的80%，在川东北五市中居于末位。未来几年，预计还有16万左右的农村人口要进城，如何满足这些人口的公共服务需求是各级政府必须攻克的短板难题。农村基础设施建设滞后，卫生厕所、生活垃圾治理尚未实现100%全面普及，行政村

---

① 数据来源：《2022年广安市统计年鉴》。

② 数据来源：《2024年广安市政府工作报告》。

生活污水有效治理比例不到74%，农村道路交通、供水供电、通信物流等与老百姓的期盼还有较大差距，"美丽广安·宜居乡村"建设任重道远。①

（四）构建全方位开放合作新格局方面

1. 对外开放通道畅通程度不足

广安在地理版图上虽然距离重庆较近，但近而不快、通而不畅的交通问题依然突出。一是铁路方面，襄渝铁路、兰渝铁路、兰渝铁路支线列车运行趟次少、运行时间长、设置站点少，主要站点离城区较远，无法支撑与重庆主城区全天候通勤。快速通道方面，渝广间目前毗邻的国道共4条、省道共7条，以三级、四级公路为主，道路等级较低，毗邻县（市、区）之间没有一级公路连接，无法更好地促进产业协作和经济交流。二是水运方面，广安港作为川东北地区通过渠江和嘉陵江进入长江必经的水运出入口，港区配套设施还不完善，吞吐能力还有待提升。三是空运方面，广安民用机场项目还在规划建设初期，要打开对外开放的空中通道还需要一定时间和更多的支持。

2. 区域协同发展水平有待提质

近年来，广安深化区域开放合作，与深圳共建广安（深圳）产业园、纳入深圳"20+8"产业集群协同发展首批对口协作地区，与浙江湖州共建广安·南浔东西部协作产业园、成为新时代浙川东西部协作典范，广安国家级经开区获批设立川港（广安）合作产业园，虽然发展开放型经济取得了积极成效，但平台优势转化为发展势能不足。同时，受制于铁空水交通基础设施建设较为滞后，开放大通道尚未形成，制约开放型经济向更高水平迈进。并且产业园区大多存在产业集聚度不够高、园区企业缺乏上下游配套的问题。由于产业集聚度不够高，周边通信基站、公共交通等生产、生活配套不健全，对周边地区的生产要素吸引力不强，难以形成以高质量的产业吸引高素质人口、以高素质人口促进产业转型升级带动城市配套设施的完善、居民生活质量的提高的良性互动机制，产城融合度与匹配度也

---

① 数据来源：《2024年广安市政府工作报告》。

不高。

3. **要素保障及外贸基础薄弱**

首先是项目建设用地指标不足，大项目大企业用地供求不匹配，部分签约项目开工建设受到影响。交通项目中省补助标准偏低，项目建设资金缺口较大。其次是外贸基础依然不牢。开放平台载体作用发挥不充分，国家级、省级外贸转型升级基地数量多，但发展不优，产业集聚度、外向度及综合效益不明显。最后是贸易新业态制约较多。发展跨境电商、市场采购贸易、外贸综合服务企业等外贸新业态新模式缺乏专业人才，企业接受度低，资金投入较大。

（五）现代化产业体系建设方面

1. **产业集群不大**

一是规模体量小。2023年，广安规模以上工业企业户数与主营业务收入，分别仅占全省的3.5%、1.6%，[①]与全省平均还有较大差距；与重庆中心城区也有较大差距，总产值不到渝北区的一半。二是龙头企业少。2023年，广安产值超10亿元的企业仅有9户、超50亿元的仅有1户，还没有1户超过100亿元产值的企业，也没有1户上市的民营工业企业。三是支柱产业小。2023年，41个工业门类中广安有34个，其中化学原料和化学制品制造业、非金属矿物制品业产值占比最高，但均不到全省的5%。[②]

2. **产业链条不强**

一是缺关键环节。广安工业发展存在产业链条延伸不充分和缺核心配套、缺产品应用的难题。比如，玄武岩新材料产业主要集中在产业链上游，中下游的应用企业十分缺乏，市场无法有效拓展。二是缺核心技术。现有工业企业大多处于产业链、价值链中低端，以代加工和生产基础原料、中间体等为主，缺核心技术，缺高端产品、终端产品生产企业，特别是前端研发和后端销售几乎为零。三是缺"链主"企业。虽然广安新引进落地"四个百亿"项目，但均集中于绿色化工产业，其他主导产业尚未成功招引

---

① 数据来源：《2024年广安市政府工作报告》。

② 数据来源：广安市统计局。

落户行业翘楚企业（如宜宾宁德时代、遂宁天齐锂业），未能形成显著的集群效益。

3.产业生态不优

一是支持政策不精。近年来，广安相继出台了一揽子工业发展支持政策，但部分政策"大而不专""全而不精"，缺乏精准性和针对性。二是金融活水不足。融资难、融资贵问题突出，融资成本相比沿海地区普遍高出3~5个百分点；政府性产业基金受限于资金盘子、决策机制以及风险管控，引导、孵化作用没有充分发挥，难以对新兴产业或企业发展初期进行有效陪伴。三是科创氛围不浓。截至2023年，全市共有高新技术企业100户，仅占全市规上工业的16%；[1] 同时，2022年全市研究与试验发展（R&D）经费投入强度0.39%，远远低于全省的2.14%和重庆的2.36%。[2]

四、广安深化改革开放探索高质量发展新路子的对策建议

（一）高标准市场体系建设方面

1.强化要素保障

首先是夯实人才供给。推动广安理工学院、广安数字经济职业学院对接全市重点产业链条，设置针对性强的产业发展课程，为企业输送更多发展新质生产力的高素质人才。落实好人才新政"黄金20条"，引进和培育一批创新创业领军人才、青年科技人才。其次是强化资金保障。一是创新体制机制，消除顾虑"放心贷"。深化拓展担保机构与政府、银行、国企合作方式，将担保机制、财政风险补偿机制、风险分担机制相结合，提升政银分担风险比例，共同为小微企业增信。二是落实政策保障，减费让利"优惠贷"。针对不同行业领域的中小企业，开发推出切合实际的金融信贷产品。制定金融支持民营及小微企业财政奖补政策，通过考核政策激励，引导银行业机构加强融资成本管理，合理控制利率水平，实现贷款"一企一

---

[1] 数据来源：《2023年广安市国民经济和社会发展统计公报》。
[2] 数据来源：广安市统计局。

策"精细化定价,让利于民营企业,切实降低企业融资成本。三是搭建对接平台,联通银企"简易贷"。引导金融机构采用线上信用贷款业务,推出系列网上信贷产品,精简审核流程,解决企业缺乏贷款抵押物难题。最后是严格落实惠企政策。加强政策宣传,创新政策落地方式,将国家普惠性和结构性减税政策等惠企政策落实到位,让企业在惠企政策上应享尽享。进一步加大清欠工作力度,摸清拖欠底数,完善清欠台账,加强统筹协调,研究建立防范拖欠的长效机制。要强化资金保障,统筹谋划全域情况,坚持量力而行、尽力而为,制定政策时,充分考虑财政能力,严格测算所需资金并纳入预算,确保政策能够及时兑现,杜绝"开空头支票"情况。放宽普惠型小微企业贷款不良率容忍度,引导银行加大小微企业信贷投放,支持中小微企业发展。

2. 进一步优化营商环境

首先是优化高效政务环境。督促并联审批的落地和落实,切实解决部门审批互为前置条件的问题,大幅缩短项目审批落地时间。优化整合提升政务服务大厅"一站式"功能,实现"进一扇门,办所有事"。积极推动工程建设项目审批"网上办",推进工程建设项目审批材料、审批结果全程电子化、无纸化,最大限度减少企业申请材料和时间。强化政务服务标准化建设,集约化办事、智慧化服务实现新突破。围绕"网上办""掌上办""一网通办""周末不打烊"目标,加快推动政务服务线上线下深度融合、协调发展,继续优化"川渝通办""一网通办"服务流程,积极推进数据共享,赋能政务服务提质提效。其次是坚持柔性执法监管。加强监管事项目录清单动态管理,提升监管透明度。严格执行行政执法三项制度,建立违反公平执法行为典型案例通报机制。加大包容审慎监管执法力度,严格做到首次轻微违法行为不予行政处罚。加强事中事后监管,实施"双随机、一公开"制度,进一步规范各类事项审批和监管自由裁量权,避免执法简单粗暴或畸轻畸重。推广实施"综合查一次"联合执法检查,建立检查任务清单,避免多头执法、重复执法,减少对市场主体正常经营活动的干扰。对采取限产、停产等措施的,应严格按照法律法规审慎实施。提升监管精准化、智能化水平，避免影响企业正常生产经营。

3. 加强政企互动协同

首先，建立健全沟通协商机制，提升服务效能。重点健全政企发展对接和政企联系对接机制，在政策指引、产业规划、项目设计等方面做足文章，吸引企业来广投资发展；同时领导干部要经常到联系企业调研、走访、座谈，帮助企业解决人力资源、企业融资、物流运输、产业链供应、外贸出口等问题。其次，完善政企信息互通机制，打破沟通壁垒。畅通政府与企业供需信息，由主管部门收集实体企业的基本情况资料，建立实体企业分类管理名录库，适时进行动态更新；同时名录库资料与金融机构等多个部门共享，让企业能借助平台发布融资需求等信息，让政府机构及时提供优质高效的服务。再次，发挥协会商会作用，实行平等对话。探索"党委政府引领、部门指导、民间组织、依法开展"的新路子，建立行业协会商会工作的联席会议制度，充分发挥行业协会商会的桥梁纽带作用，形成政企平等对话交流机制。最后，构建亲清新型政商关系，政策出台前充分征求相关商会和民营企业家意见，深入企业开展调研，多渠道收集企业真实诉求，精准制定政策文件，避免部分政策"中看不中用"；建设营商服务平台，及时了解优化营商环境惠企利民措施落实成效；妥善解决企业在12345热线等平台的诉求问题，完善营商环境问题反映和解决闭环机制，不断提高市场主体满意度。

（二）经济区与行政区适度分离改革方面

1. 推进跨省域税费执行口径差异协调

一是建议两省（市）人大充分分析研判实现政策跨区协同与影响地方财政收益两者间的利与弊，通过修改相关法律法规推进环境保护税、资源税开采伴生矿、生产环节遭受客观重大损失的减免税收优惠、征收适用税目、税率差异等8项政策执行口径差异协调。二是建议由税务部门提出可行性方案会同相关部门征求意见建议后报市委、市政府，市委、市政府按程序上报至省委、省政府，经两省（市）政府分析研判，推进其中个人所得税涉及残疾孤老烈属和因自然灾害遭受重大损失的个人所得减征幅度税收优惠标准，房产税、土地使用税纳税期限，房产税、土地使用税涉税安置残疾人就业优惠政策（重庆有、四川无），土地使用税涉及经批准改造的废弃土地和开山整治的土地优惠政策（重庆有、四川无），水资源税试点（四川试点、重庆未试点），自备水源污水处理费征收机关（四川由税务部门、重庆由市政行政主管部门征收）等9项政策执行口径差异协同。三是建议由市社保、医保部门会同税务部门研究后提出可行性方案上报市委、市政府，市委、市政府按程序积极争取两省（市）政府分析研判，推进两地城乡居民养老保险缴费标准、政府补贴等9项政策执行口径差异协同。四是建议由市税务部门会同财政部门、发改部门、水利部门、社保部门等提出可行性方案上报市委、市政府，市委、市政府按程序争取两省（市）政府分析研判，协调省（市）财政等部门推进文化事业建设费减征优惠、残疾人就业保障金起征点、水土保持补偿费征收标准等行政事业性收费差异等20项政策执行口径差异协同。

2. 加快推进重点领域改革破题赋能

全力争取两省（市）人大常委会出台新区行政管理事项的决定，赋予新区行政主体资格，推动两省（市）政府分期分批下放相应管理权限。持续探索"小管委会＋大公司"改革，厘清职责边界、理顺工作机制。丰富拓展"5328"两区分离改革成果，以税费征管3.0版为牵引，深化项目审批、市场监管、统计分算等领域改革，重点推进医保、社保、能源通信等民生领域改革，推动川渝高竹新区统计分算、建设用地收储和出让审批管理权限改革等取得新成效，让更多改革成果惠及企业群众。

3. 进一步完善公共服务同城共享机制

加强基本公共服务制度衔接，推进服务项目、事项内容、保障标准的对接和统筹，动态调整基本公共服务项目清单，探索部分基本公共服务项目财政支出跨行政区结转机制。推动就业、医疗、养老、住房等领域政策协同，率先实行不受行政区划和户籍身份限制的公共服务政策。完善公共服务信息互联、标准互认、资源共享机制，推动异地入学、就医、就业一体化。打破以户籍为标准的中考、高考体制，争取新区就读学生在川渝两省（市）自主选择考试地点制度。推动"五险一金"川渝互认共享，探索

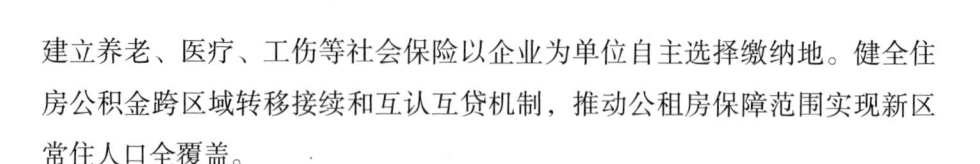

建立养老、医疗、工伤等社会保险以企业为单位自主选择缴纳地。健全住房公积金跨区域转移接续和互认互贷机制，推动公租房保障范围实现新区常住人口全覆盖。

（三）破除城乡二元结构方面

1. 促进城乡要素流动

加快农业转移人口市民化，推广以常住地登记户口制度，推进重庆都市圈内户籍准入年限同城化累计互认、居住证互通互认。深入推进农村土地制度改革，有序开展第二轮土地承包到期后再延长30年试点工作，推进撂荒地整治动态清零，拓展"解决土地细碎化问题"经验成果。推进"房地一体"宅基地确权登记，适度放活宅基地和农民房屋使用权，做好集体经营性建设用地规划和确权等前期工作。健全涉农资金统筹整合机制，支持符合条件的城乡融合公益性项目发行政府债券，创新金融支农服务，深入实施"天府粮仓·金融灌溉"行动，规范和引导社会资本入乡，鼓励将符合条件的项目打捆打包按规定由市场主体实施。深入开展"千名英才千村行"等活动，激励引导各类人才返乡入乡。深化党建引领"五社联动"，健全县乡村三级社会工作服务体系，提升基层治理水平。

2. 强力实施"富民强民"计划

发展新型合作经济组织，在严守耕地红线、生态红线的基础上，支持引导农村发展新型合作经济组织，如社区股份合作、土地股份合作等。促进农村一二三产业融合发展，加快培育健康养老、农村电商、休闲（红色）旅游、观光农业等产业新业态，千方百计增加农民转移性收入、财产性收入。加强人才队伍建设，实施新型职业农民培育工程，依托诸如农技校、广安职业技术学院、小平干部学院等教育资源大力发展农业职业教育。抓好农业技术人才、农村基层组织管理人才、农业职业经理人、农业经营管理人才四支人才队伍建设，竭力为广安培养一批懂技术且有文化、会合作又善经营的新型职业农民，扎实推进农业现代化。

3. 进一步优化公共服务

一是优化教育资源配置。推动幼儿园就近就便、普及普惠，实现每个乡镇至少有1所公办幼儿园。优化调整中小学校布局，推动小学向乡镇集中、初中向县城和中心镇集中，推进农村寄宿制学校建设，在确有必要的地方保留并办好村小学和教学点。支持武胜县和邻水县创建国家义务教育优质均衡县，支持前锋区探索学区制改革试点。推动高中向县城集中，实施市域高中提质、县域高中振兴行动计划，全面提升县高中办学水平。二是提升医疗卫生服务能力。深化健康广安行动，支持健康四川示范县创建，争创国家慢病示范区。发挥市人民医院省区域医疗中心的辐射带动作用，加快县级医院"五大中心"建设，提升县域急诊急救能力；深化与成渝地区知名医院合作，推进专病医联体建设，打造国家、省、市、县重点专科集群，积极创建三级甲等医院；紧密型县域医共体建设全覆盖，建强县域医疗卫生次中心，建制乡镇卫生院全部达到国家基本标准，构建"一老一小"健康服务网络，完善城乡居民健康档案，力争县域就诊率达90%以上。健全医防融合机制，加强传染病监测预警。实施大学生乡村医生专项计划，建强乡村医生队伍，做实家医签约服务。推进中西医融合发展，提升中医药服务能力，争创全国基层中医药工作示范县。加强智慧医院建设，实现医疗健康信息互联互通，群众就医快捷便利。

（四）构建全方位开放合作新格局方面

1. 交通赋能打通开放合作畅联之路

聚焦解决近而不快、通而不畅的问题，持续打好"同城融圈"交通三年大会战，打通与重庆同城化、一体化发展的畅联之路。要积极建设轨道上的都市圈，加快西渝高铁广安段建设，实现30分钟内直达重庆主城区；积极配合有关方面加快推进渝北至广安、南充至广安、广安至涪陵铁路预可研前期工作，力争早日落地建设。要共建高效畅达的高速公路网，加快推进镇广高速，早日开工建设广安绕城高速公路西环线等高速公路，构建"三横五纵一环"高速公路网。要共建便捷畅通的同城化快速路网，加快构建广安直达重庆核心区的同城化快速通道，规划建设武胜至合川、岳池至合川、邻水至渝北快速通道，加快形成"1主+3辅"的同城化快速路网格局。持续推进广安港规划建设，搭载建设现代化港口配套设施，逐步提升港口吞吐能力。

2. 平台赋能提升区域协同发展质效

一是发挥协作平台优势。广安开放合作平台来之不易，必须持续用力、久久为功，做大做强做优。要进一步发挥好协作平台领导小组的牵头抓总作用，每年制定工作方案，清单化、项目化、具体化推进目标任务落实。定期开展党政互访、部门互动、合作事项共推，与深圳、湖州等地形成更加紧密的协作关系。创新协作模式，在用好"三产联动""国企引领"协作模式的基础上，探索"总部+基地""研发+制造"等合作模式，进一步优化完善协同运作、利益共享、考核奖惩等机制。二是着力推进产城融合。把产业园建设与实施"四大战略"相结合，积极培育引进创新型中小企业、专精特新企业、领军龙头企业，构建高质量现代产业体系。高标准规划建设园区和周边商业、医疗、教育、娱乐等公共配套设施，科学布局能源、通信、警务、绿化亮化等市政设施，进一步完善物流、金融信息服务、交通等生产性服务业，推动形成"以产富城、以城活产、产城互动"的良性发展格局，建设经济高能级、开放高水平、城市高格调、生态高颜值、生活高品质的"品质园区"。让企业和人才引得来、留得下、发展好。

3. 探索外贸合作新业态

加快中国（四川）自由贸易试验区广安协同改革先行区建设，支持企业建设国际营销网络，鼓励和支持有条件的企业培育自主品牌、到境外投资，拓展对外业务，增强企业发展内生动力。瞄准"一带一路"共建国家和地区，将"万企出国门"活动作为开拓国际市场的重要抓手，组织企业参加国际国内重要展会和经贸交流促进活动，逐步扩大与东盟、非洲等国家对外开放合作范围、领域和层次。

（五）现代化产业体系建设方面

1. 在培优育强上求突破，聚力打造地标产业

一是立足比较优势，育强壮大特色产业。坚定把绿色化工、装备制造、医药健康作为广安优势特色产业，依托广安经开区，攻坚突破"四个百亿"项目,培育打造绿色化工"千亿级"产业集群。让"绿色化工之都"成为广安一张亮丽名片,使广安成为西部乃至全国有影响力的化工产业高地。二是抢抓未来风口,谋划布局新兴产业。以国家积极鼓励支持的新能源"风口产业""未来产业""急需产业"为链路,依托广安经开区、岳池经开区、川渝高竹新区现有产业基础,谋划打造新能源汽车动力电池配套产业、医美妆容"颜值"产业、新能源与智能网联汽车产业,为全市产业发展、经济发展种下"新种子"。三是整合优势聚源,建优建强现代园区。围绕"331"现代工业产业体系,高水平编制新一轮园区发展规划,调整优化园区布局,加快推进新桥化工园区、岳池朝阳化工园区等扩区调位、扩容发展,为产业发展留足空间。

2. 在补链强链上做文章,聚力提升产业能级

一是实施"链主"招引行动,补齐产业短板。抢抓广安融入重庆都市圈发展规划、深圳"20+8"产业转移等重大机遇,瞄准产业链关键部位、缺失环节,紧盯"链主"企业、一线品牌、一二级配套商和延链补链强链项目,全力打好招商"组合拳",引进一批高端装备、新能源汽车、生物技术等领域先进制造业项目,补齐产业链缺失、薄弱、高端环节。同时,深化用好川渝合作、深广合作和东西部协作等合作平台,探索建立飞地建园、委外加工地等产业协作模式,吸引更多大企业、好项目落户广安。二是实施"龙头"壮大行动,做实产业支撑。深入实施产业"珠峰攀登"和企业"贡嘎培优"行动,落实落细重点企业协调服务机制,组织筛选领航企业、单项冠军企业、专精特新中小企业,形成优质企业培育梯队,集中资源要素支持大项目、好项目和重点产业、重点企业。力争到2025年"331"现代工业产业体系每个行业都有一批综合实力强、规模体量大、具有跨区域核心竞争力的龙头企业。三是实施"雁阵"培育行动,做精产业品牌。按照"头雁引领、强雁齐飞、雏雁成长"发展格局,开展梯度化中小企业培育行动,支持中小企业研发专精特新产品、培育自主知识产权品牌,帮助引入国内外先进、成熟的生产制造技术、信息系统、运营管理模式,通过产品对标和管理素质提升,帮助企业抢占市场、扩大规模、升规入统,甚至成长为"小巨人"、细分行业的"隐形冠军"。

3. 在科技创新上下功夫，聚力创优发展生态

一是加强创新体制保障。在规划指引、发展指导、政策指向上强化科技创新思维，以坚定的决心、强劲的投入、强大的支持坚定走好产业发展的创新之路，全力营造创新发展的浓厚氛围，在政府引导下，让企业想创新、敢创新、能创新。二是加快数字化转型升级。数据是新的生产力，数据的采集、分析和利用能有效推动企业接轨市场、深化转型和创新。智能化改造是企业数字化转型的根本路径，要大力支持企业通过智能化改造提高生产效率，鼓励企业利用物联网技术提升管理效率，引导企业通过人工智能技术应用提升产品竞争力，从而延续企业发展生命力实现产业升级。三是加大人才引育平台建设。依托广安现有基础和发展机遇，加快加强人才引育平台建设，着力办好广安职业技术学院，优化师资力量，提升办学水平，打造品牌专业，输送产业技术精英人才。加快筹建广安理工学院，填补广安本科教育领域空白，吸引高学历高素质人才集聚广安，为推动经济发展积蓄人才动能。

与时偕行，日新者进；勇立潮头，改革者胜。广安将改革"设计图"、"施工图"变为"实景图"，以先行先试的实效提高改革辨识度和影响力。由此，广安正在从"区域边缘"迈向"战略前沿"，从"川东一隅"变成"川渝焦点"。在党的二十届三中全会擘画进一步全面深化改革的新蓝图下，广安将继续以高度的历史使命感和奋发有为的姿态奋力谱写中国式现代化广安新篇章，续写出更多新时代"春天的故事"。

（课题组成员：韩宏亮、阳金平、袁廷刚、杨锐、杨钟凯、赵泽波、杨丽梅）

关于攀枝花高质量发展建设共同富裕试验区进展的报告

共同富裕是中国特色社会主义的本质要求,是中国式现代化的重要特征。2022年12月,省委、省政府出台《关于支持攀枝花高质量发展建设共同富裕试验区的意见》(以下简称《意见》),对探索共同富裕路径作出全面部署。攀枝花市委、市政府认真贯彻落实省委部署要求,坚持以共同富裕试验区建设统揽全市各项工作,坚持以高质量发展为主题,深入推进"四化同步",制定"四张清单",大力实施"六大行动",目标清晰、行动迅速、全面推进、态势良好,取得了一些进展和成绩,作出了一些亮点,总结出了一些可供推广的经验,但同时也遇到了一些堵点难点,可复制、可推广的标志性成果还需进一步发力和总结推广。为此,课题组先后多次赴攀枝花采用现场调研、个人访谈、专家座谈等方式对攀枝花高质量发展建设共同富裕试验区的实施情况开展深入调研,现就攀枝花贯彻《意见》的总体情况、亮点做法、堵点问题及对策建议汇报如下。

一、攀枝花高质量发展建设共同富裕试验区的总体情况

总的来说,为贯彻落实《意见》,攀枝花不断强化组织领导作用,推动搭建共富试验区工作体系。通过全市上下共同努力推动,初步建立国家指导、省上统筹、市负总责的共富区建设工作推进体系。建立"1+2+N"政策架构体系、"1+8+3"组织领导体系和"4+6"工作落实体系,陆续出台专项政策和方案,广泛凝聚共富建设工作合力。

（一）深入推进"四化同步"，以高质量发展夯实共同富裕基础

一是新型工业化方面，加快建设以工业为主导的现代化产业体系，铁、钒、钛资源利用率分别由2019年的70%、44%、29%提升至2024年的75%、50%、35%，"实施'三大创新工程'打造钒钛产业新优势"入选全国地方全面深化改革典型案例，钒钛产业产值（521亿元）首次超过钢铁产业产值（432亿元），实现了从"钢铁之城"向"钒钛之都"的蝶变。二是新型城镇化方面，精心谋划并实施东华山山地体育公园、阿署达花海、银江湖公园等城市品质提升工程，入选全国城市一刻钟便民生活圈试点，连续3年入选"中国最具幸福感城市"，城镇化率70.78%，稳居全省第二。三是农业现代化方面，扎实推动安宁河流域高质量发展，稳步打造"天府第二粮仓"，建成高标准农田55万亩、稻菜粮经复合基地10万亩、晚熟芒果基地103万亩，攀枝花晚熟芒果获批成为首批国家现代农业全产业链标准化示范基地。四是绿色化数字化转型方面，大力发展绿色低碳产业，攀枝花首次实现跨市州槽车氢运输，全国在建规模最大的钒电池储能示范应用项目开工，"5G智能采矿创新实践"等3个项目入选国家试点示范名单。

（二）聚力实施"六大任务"，聚焦缩小区域、城乡、收入三大差距

一是聚焦缩小区域差距，实施区域协同共富行动。完善钒钛高新区"一区多园"机制，优化市县级国土空间总体规划，县（区）人均地区生产总值最高与最低倍差缩小至1.89。二是聚焦缩小城乡差距，实施强村富民行动。学习运用"千万工程"经验，启动实施"百村示范、全域整治"行动，配套2亿元以奖代补资金，先期推进100个和美村庄样板村建设。2024年，以县域为基本单元开展城乡融合发展改革试点，建立协作共富帮带机制，所有村集体经济收入均达到5万元以上，农村居民人均可支配收入22978元、高出全国平均1278元。三是聚焦缩小收入差距，实施"消底、提低、扩中"行动。支出近1亿元提高城乡最低生活保障标准，打造"慈善花城"品牌，开展低收入群体"牵手共富""职等你来"等行动，动态清零人均年收入3万元以下家庭，2023年三口之家年收入超过10万元的占比达47%，较2022年上升1.2个百分点，城乡居民人均可支配收入倍差从2022年的2.14缩小至

2.08。四是聚焦优质均衡可及，实施公共服务提质行动。高考万人口上线水平稳居四川省第二，基础教育办学水平居四川省第一方阵。获批国家紧密型城市医疗集团建设试点，育儿补贴金、医养结合、安宁疗护等工作经验在全国推广。五是聚焦丰富文娱供给，实施精神文化提升行动。顺利通过国家公共文化服务体系示范区创新发展复核，京剧《浩然成昆》、话剧《金沙江上那座城》等获巴蜀文艺奖。六是聚焦社会和谐稳定，实施高效能市域社会治理行动。地灾防治、防汛减灾、森林草原防灭火保持"零伤亡"，食品药品安全保持"零事故"，成功创建全国市域社会治理现代化试点合格城市，群众安全感满意度居四川省前列。

（三）着力深化改革创新，经验成效初步显现

一是探索构建共富评价监测体系。围绕"富裕指数"和"共享指数"两个维度，探索建立共富进度的评价体系，是目前除浙江省外建立共富评价监测指标体系的唯一地级市。二是率先以3万元为阶梯建立全市家庭年收入动态数据库。精准摸排、分类施策，开展"消底、提低、扩中"行动，该项工作在浙江共富示范区现场经验交流会上被推荐学习。三是创新打造共富基本单元。开展乡村、城区、城乡融合三类共富单元打造，首批建成20余个共富基本单元，其中"工会进村""村集体＋红色资源""农资供应链""乡村发展公司"等20个特色实践案例被国家发展改革委共富动态专刊选登。

二、攀枝花高质量发展建设共同富裕试验区的亮点做法

攀枝花市充分将本地实际情况与预期目标导向对照结合，积极推动《意见》落实见效，在探索缩小"三大差距"、夯实共同富裕的物质基础、充分发挥社会主义制度优势等重要问题上作出了亮点和成效，取得了一些具有推广价值的经验。系统地总结提炼这些经验，既是攀枝花市进一步做好共同富裕试验区建设的内在要求，也是攀枝花市探索共同富裕四川路径的使命所系。

（一）建设农村创富共同体，在农民农村共同富裕上做文章

"目前，我国农村社会处于深刻变化和调整时期，出现了很多新情况新

问题，虽然错综复杂，但归结起来就是一个'散'字。"习近平总书记对当前农村社会问题作出的重大判断，为探索农民农村共同富裕路径提供了方向。在党的领导下将分散的小农户和各种涉农资源要素组织起来，在推进乡村全面振兴中再次促进乡村社会从"散"到"合"的转变，形成农民农村同市场的有效对接。农村创富共同体建设正是对此所作的积极探索。

所谓农村创富共同体，就是充分发挥党组织的领导和组织协调功能，在特定的地域范围内对各种资源要素进行全面整合和优化配置，通过利益共享联结机制把农民、合作社、企业等主体组织起来实现抱团发展，进而推动农民农村共同富裕。这个共同体以共富产业联盟为基础，逐渐形成一个具有政治效益、经济效益、文化效益、社会效益、生态效益在内的治理共同体，具有从"联盟"到"联治"、从"共同体"到"共富体"渐进式转变、立体化发展的趋势。农村创富共同体建设有三种基本形态，分别是以特色村庄为代表的点状形态、邻村相连形成的片状形态、县域全覆盖的面状形态。每一种形态的现实基础、做法和价值各不相同。

1. 以特色村庄为代表的点状形态

点状共同体以拥有独特的资源禀赋和地域文化（而周围的村庄尚不具备与之联合的条件）的建制村为单元。它不是村民各自为政的发展模式，也不是由私人企业主导的发展模式，而是通过完善与村民的利益联结机制，让全体村民积极成为村庄共建、共治、共享的主体，形成可持续发展的新型集体经济和村庄创富共同体。

以东区银江镇阿署达村为例，该村是攀枝花城市近郊的彝族聚居村落，它凭借特色的资源禀赋和历史文化传统，成立由村集体控股的康养旅游服务有限公司，村两委干部和党员率先垂范，动员全村683户村民入股，实现"人人有责、户户有权、家家有利""资源变股权，资金变股金，农民变股民"的巨大转变；吸引外地毕业生回村作为职业经理人实行市场化管理运营，创建乡村旅游文化品牌，打造集酒店、民宿、露营等业态于一体的近郊时尚乡村游名片；建立以种养殖、电商、文旅、经营管理等6类专家人才库为支撑的"乡村共富人才综合体"，形成"人才领衔、集体出资、能人出力、村民增收"的乡村创富新模式。近年来，阿署达村先后获得"全国文明村""中国少数民族特色村寨""四川十佳产业兴旺村"等称号，村集体经济收入达857.9万元（2023年）。

2. 几村连片形成的片状形态

片状共同体由产业相近、地域相连的新型集体经济联村经营形成。旨在通过建立统一的标准来规范农户行为，避免分散农户之间的恶性竞争，共同形成集品牌效应、农资供应、销售包装等于一体的联盟效应。联村经营并不止步于产业，追求的是产业联盟基础上的综合效益。比如，建立农产品质量标准、推动农业绿色发展，将释放生态效益；建立片区养老服务中心，可以释放社会效益；建立统一品牌和诚信制度，将释放文化效益。

以米易县为例，该县以枇杷主产区龙华村为龙头，辐射带动地域相邻、产业相近的顶针村、晃桥村、碗厂村建成3万亩连片枇杷产业园，从品种改良、生产标准、包装销售等方面进行统一管理，形成产业共建、品牌共塑、利益共享的共同体。园区被评为国家AAA级景区、全省三星级现代农业园区。依托枇杷生态园成立米易县特色农产品电子商务协会，打造"共富直播间"，培育本土电商275家。2023年，园区4个村电商销售产值1.87亿元，直接带动枇杷增值935万元、户均增收3581元，园区内4个村农村居民人均可支配收入达31089元，其中核心村龙华村人均可支配收入达31227元，脱贫村碗厂村人均可支配收入达25152元，收入差距进一步缩小。按照规划，这里将在现有基础上打造联村经营示范片，更加彻底地实现从"联盟"向"联治"的渐进式转变和从"共同体"向"共富体"的立体化发展。

3. 以整个县域为单位的面状形态

面状共同体以县域为单位，把农民组织起来、把资源要素和涉农项目整合起来，以组织化的形式为全县农民提供农业产业服务（包括产前的农资供应链、产中的技术服务链、产后的销售链等）、开展乡村建设。其作用主要是让农民农村摆脱私人资本的控制，实现以农民为中心的产业发展和乡村建设。

以米易县为例，该县为切实解决农资产品质量参差不齐、农户赊销成本高、发展融资难等问题，由米易国投集团下属企业裕丰农业公司出资27万元，全县73个村集体经济组织各出资1万元，共同组建村集体企业，探索建立国有企业协作运营、金融机构授信、农资代理商整合销售、农户免息采购、村集体经济经营分成的农资供应服务新模式。整合县内4家大型农资代理商，共同出资成立易链农供应链管理有限公司，作为农资供应链运营实体，负责对接国内外知名农资生产商，开展农资、农机集中采购、统仓统配。目前，已引入40余个品牌农资、2000余种产品。村集体企业按照平台当年销售农资总额的2%获取收益，全县73个村按照在村集体企业的持股比例（约1%）获得分红。经营管理村级农资服务站的村集体经济组织，平台按照村级农资服务站当年销售总额的15%向村集体经济组织支付服务费用，目前已有37个村集体自主经营村级农资服务站。预计将带动每个村集体经济年均增收5万元以上。

4. 小结

不同形态的农村创富共同体促进共富的产业形态和内在机理各有不同，推广价值也存在差异。点状共同体的独特性最高，可推广度较小。片状共同体对连片发展产业的自然条件虽有一定的要求，但能够满足这些条件的地区并不少见，可推广度较大。面状共同体主要通过调整生产关系和利益格局让利于民，对自然条件没有要求，可推广度最高。

（二）聚焦三大短板，在城乡融合发展上做文章

习近平总书记指出，城乡融合发展是中国式现代化的必然要求。推动全体人民共同富裕，必须逐步破除城乡二元结构，在促进城乡融合发展中缩小城乡差距。对于攀枝花共同富裕试验区来说，关键在于补短板。具体而言，就是通过完善城乡融合发展体制机制，逐步补齐基本公共服务均等化短板、城乡融合型社区治理短板和城乡产业融合发展短板。

1. 直面医改痛点，全力补齐城乡医疗公共服务均等化短板

长期以来，城乡医疗公共服务资源配置不平衡始终是一个民生痛点。建立健全城乡一体的医疗公共服务体系，是促进城乡融合发展的内在要求。攀枝花抓住共同富裕试验区建设契机，率先在推动城乡医疗公共服务一体

化上下功夫，深化紧密型县域医共体、医联体建设，逐渐形成了上下贯通、城乡融合的医疗健康服务圈。

攀枝花把加快构建紧密型县域医共体、提升县域医疗质效作为解决基层医疗难点堵点的突破口。在仁和区、米易县、盐边县3个农村县（区）紧密型县域医共体中，建立"管办结合＋部门协同"工作机制，确保改革有序推进。建立区域检验、病理、心电、影像、远程诊疗等六大中心，推行"基层检查＋县级医院诊断"模式，实现医疗资源高效集约利用。构建"政府兜底＋优绩优酬"政策体系，激发医务工作者工作热情和激情。目前，攀枝花建成县域医疗卫生次中心5个，51家基层医疗机构"优质服务基层行"基本标准达标率100%。尤其是医共体互认检查检验结果的改革举措，显著减少了由于重复检查造成的医疗负担，受到广大群众的一致好评。

在医联体建设方面，攀枝花出台《攀枝花市推进医疗联合体建设和发展的实施意见》《攀枝花市进一步优化医联体建设实施方案》，在攀枝花市布局建成六大纵向医疗联合体，形成三级医院牵头、二级医院支撑、基层医疗机构兜底的连续医疗服务格局，在全省率先实现医疗联合体的全域全覆盖。截至2024年底，攀枝花市共设立延伸门诊、延伸病房40个，建立区域远程心电、远程影像中心6个，覆盖县、乡医疗机构70%以上，年均开展远程会诊16万余例，医联体内全部实现医学影像检查和临床检验项目互认，2023年，下转患者数量较去年同期增长95.02%。

补齐城乡公共服务均等化短板是一个长期的、渐进铺开的过程，不可能面面俱到且同步推进。攀枝花的一条基本经验在于，从矛盾最激烈、群众最关心的领域入手，以敢钻荆棘窝、敢啃硬骨头的魄力深刻调整利益格局和利益关系，让最广大人民群众真正成为改革的受益者。

2. 直面治理难点，全力补齐城乡融合型社区治理短板

党的二十届三中全会通过的《中共中央关于进一步全面深化改革、推进中国式现代化的决定》提出要全面提高城乡规划、建设、治理融合水平。城乡治理融合的一大难点，便是城乡融合型社区治理。对此，攀枝花以社区治理为抓手，以发展社区集体经济为载体，以集体经济反哺社区治理和共富为动力，巧妙地创造了社区治理、社区服务、社区集体经济发展"三位一体"有机结合的治理模式。东区银江镇恒德社区（该社区于2020年成立，辖区内有居民2500户5500人，包含大量征转人群、棚改居民、农业人口及外地来攀购房康养人员）便是其中一个典型例子。

从"治"入手，解锁城乡融合型社区"亲邻""共富"密码。通过党建引领，实施党员分片包干责任制，各类群体形成"邻里汇"；根据居民需求类型成立邻里互助团，及时掌握和回应民众的急难愁盼问题，表彰文明行为、关爱困难群众，群体之间实现"邻里和"；推行"红色物业"新模式，由社区党委牵头成立业委会，推动社区集体经济公司入股社区物业，将集体经济与社区治理挂钩，实现共同发展与共同治理"邻里融"。

服务"老小"，解锁社区集体经济持续发展密码。立足社区独有的区位优势，聚焦养育"小"、服务"老"及居家妇女灵活就业，发展壮大社区集体经济并带动居民就近就业。建成攀枝花市首个托幼一体综合服务中心、少儿综合训练一体中心、攀枝花市妇女居家灵活就业示范基地。2023年社区集体经济收入314万元，较上年增长了115.1%。

"反哺"为生，解锁集体经济与社区治理良性互动密码。实施《银江镇集体经济组织管理办法（试行）》，探索将可分配收益的20%作为集体经济公司管理人员工作补助，其余经营项目按照实际入股情况占比分红，用于社区基础设施建设、居民生活环境改善、贫困户帮扶等，形成集体经济反哺社区基层治理良性循环。

3. 直面发展堵点，全力补齐城乡产业融合发展短板

城镇和乡村具有互补关系，产业发展更是如此。促进城乡产业融合发展，尤其是农村一二三产业融合发展，是促进城乡融合发展的题中之义。攀枝花针对城乡融入发展中的堵点问题开展积极探索，至少形成了三类融合发展模式。

一是农业功能拓展融合类。西区格里坪镇庄上村依托单体高档盆花生产基地的独特优势，积极拓展农业的多种功能，实施"生态治理+花卉苗木+阳光康养"三联动工程，有效地推动了农文旅产业的有机融合。这一产业融合模式之所以能够实现，关键在于打破了一家一户各自为政的发展方式，通过合理的利益联结机制，形成了"村社一体合股联营"模式，让农民成为土地流转（托管）、劳务扶持、入股分红的受益者。

二是全产业链发展融合类。为突破农业生产方式单一和群众增收致富的瓶颈，盐边县惠民镇采取党建引领、政企联动、社会参与的发展模式，深入发展"蚕桑经济"，探索走出了一条以全产业链发展融合实现共同富裕的"惠民之路"。首先是强龙头。全镇91%的农户从事种桑摘果养蚕，蚕桑产业成为广大群众增收致富的支柱产业。其次是补链条。落地建设中丝天成蚕茧生产、四喜农业果酒加工、黑金椹农业果干生产、绿苑农业净菜预制、巴贝公司饲料养蚕等延链补链项目，优先为脱贫户、监测户、低保户等低收入群体提供就近就业岗位。最后是兴业态。建成集观光旅游、采摘体验、养生研学于一体的综合示范园，深挖南丝路文化、土司文化和传统农耕文化，推广电商直播、网红带货等，催生出一系列新兴业态。

三是新质生产力赋能产业发展融合类。攀枝花市为打通水资源时空分布极不均匀形成的发展堵点，将灌区工程、抽水蓄能电站建设和新能源开发巧妙结合，系统谋划了"绿能＋储能＋水利"三位一体项目。"三位一体"项目建成后，耕地、林地产值将增长50%左右，蔬菜、水果也将增产约50万吨。同时还将有效发挥水资源涵养和保障作用，每年恢复生态用水约3900万立方米，巩固提升约40万城乡居民的供水保障能力，彻底改变长期困扰攀枝花"水在山下流，人在山上愁"的窘境，对城乡融合发展具有重要意义。

面对城乡发展差距依然较大的客观现实，既要有迎难而上的勇气，也需要循道而行的智慧。攀枝花市将在总结缩小城乡差距和促进城乡融合发展的经验基础上，以有力有效的举措继续推进改革、补齐短板，为全省和全国提供了一个具有参考价值的实践方案。

（三）探索建立低收入群体托底机制，在收入分配制度改革上做文章

习近平总书记强调："要强化精准思维，做到谋划时统揽大局、操作中细致精当，以绣花功夫把工作做扎实、做到位。"推进共同富裕试验区建

设也是如此。只有摸清群众收入情况和贫富差距状况,尤其是居民收入差距情况,才能做到精准施策、精准监测,从而更有效地缩小收入差距。攀枝花共同富裕试验区建设运用精准思维,探索建立了城乡居民收入动态监测数据库,创新开展了"消底、提低、扩中"行动,推动共同富裕迈出了"扎实"步伐。

1. 精准摸排:准确掌握攀枝花居民收入状况

精准发力,上下协同摸清底数。制定《攀枝花市城乡居民收入精准摸排工作方案》,以村(居)为摸排单位,运用低保、乡村振兴、税务、金融等有关数据进行研究分析对比,打通城乡、区域、行业、部门间的"数据孤岛",形成市、县(市、区)、乡镇(街道)、村(居)四级联动、上下协同、健全统一的城乡居民收入精准摸排机制,按照1万元1个层次阶梯式摸排家庭收入,分级汇总建立城乡居民收入动态监测数据库。

精准画像,左右兼顾有数可依。基于城乡居民收入动态监测数据库,按照三口之家家庭收入,10万元以下以万元为阶梯,10万~50万元、50万元以上以十万元为阶梯,开展个性化和多样化分析,兼顾不同地区、不同类别、不同行业,精准识别低收入、中等收入和高收入群体。

2. 分类施策:多措并举按需匹配

面对攀枝花城乡居民的多样化和复杂性,按照"消底、提低、扩中"目标分类制定差异化的增收措施。通过梳理整合各方面政策,建立兜底型、急难型、发展型、关爱型动态清零"消底"措施,全面消底"清零"全市年收入低于1万元的家庭。聚焦年收入1万元以上10万元以下低收入家庭不同情况,抓住两头、稳定中间,强化普遍共性和特殊个性相结合,推出共富工坊、共富农场、技能提低、集体协商等分类分层的个性化"提低"服务。在扶持企业、引才育才、重点项目上按需配备,出台《攀枝花市促进民营经济高质量发展十条措施》《关于加强新时代高技能人才队伍建设实施"技能兴攀"工程意见》等重点精准"扩中"政策。

西区清香坪街道杨家坪片区是运用精准化策略推动重点群体实现片区共同富裕的典型。其做法如下:一是摸清就业需求,分层分类建立就业档案。聚焦居民家庭收入和产业岗位需求两条主线，采取"一户一画像"的方式，建立就业岗位信息库，做实就业帮扶人员底册和岗位底册。分层、分类精准建立困难群众档案，提供精细化就业援助。二是精准加强职业技能培训，强化供需对接。通过整合现有资源，打造社区技能实训基地，定期开展精准培训服务，带动就业1199人，体现了针对中等收入群体实施技能培训提升了其收入水平的实践效果。三是不断创新和优化政策体系。动态调整就业培训课程，新增直播带货、新媒体运营等新兴行业的培训课程，帮助居民提升就业技能，适应市场需求；引入社会资本参与就业服务，与培训机构、企业等合作开展就业培训、就业招聘等活动，拓宽就业渠道，增加就业岗位。

3. 完善机制：持续巩固收入分配制度改革成果

为持续巩固收入分配制度改革成果，攀枝花市建立了相应的工作机制。一是跟踪评估机制。攀枝花市人力资源和社会保障局定期开展城乡居民收入状况调查，了解政策实施后居民收入增长情况、就业情况、民生改善情况等，并根据评估结果及时调整优化政策。二是数据共享机制。攀枝花市利用大数据平台，对居民收入数据进行动态监测，及时掌握政策实施效果。例如，攀枝花市通过搭建统一的农业农村数据库和数据管理平台，完善农产品质量安全溯源数字化应用，构建农业农村数据共享机制，强化对农业农村数据的整合、挖掘、分析和利用，从而促进农民增收。三是群众反馈机制。攀枝花市建立了政策反馈机制，鼓励居民通过各种渠道反映政策执行过程中存在的问题，并根据反馈情况及时调整优化政策。

攀枝花市在探索运用"精准思维""精准技术""精准策略"推动共同富裕方面取得显著成效。在全国率先开展以1万元为阶梯进行家庭收入摸底，建立起城乡居民收入动态监测数据库，通过实施兜底、救助、帮扶措施，家庭收入低于1万元的5633户（10702人）实现全面"清零"。打造共富就业载体30个，吸纳困难人员就业7000余人；技能培训1.2万人次，补贴资金超1780万元；工资集体协商覆盖2803家企业，受益职工达15.2万人；养老保险待遇同比提高3.5%，保障31万余人退休金按时足额发放，保障人数同比增加7900人;发放创业担保贷款3.23亿元,扶持创业1612人;城镇新增就业超2万人,同比增长超7%。为3602家企业兑现稳岗返还资金2650万元,市场主体数量同比增长3%,外地来攀务工人员新增1.84万人、总量达12万余人;全年引进人才2363人,同比增长5.5%,各类人才总量达26万余人,"提低""扩中"精准施策取得有效成果。

(四)以新质生产力为牵引,在夯实高质量发展基础上做文章

习近平总书记指出,高质量发展是新时代的硬道理。新时代扎实推动共同富裕,归根结底要靠高质量发展。而新质生产力是推动高质量发展的重要抓手,也是转变发展方式的重要引擎。作为一个传统的资源型老工业城市,攀枝花面临的转型升级和高质量发展的任务尤为迫切。对此,攀枝花以新质生产力为牵引,将新质生产力有机融入传统产业,推动产业智能化、绿色化、融合化发展,为高质量发展建设共同富裕试验区注入了强劲动力。

1. 5G智慧矿山:新质生产力赋能传统产业转型升级

按照习近平总书记"要牢牢把握高质量发展这个首要任务,因地制宜发展新质生产力"的要求,攀枝花通过技术创新破解产业转型与发展中的卡脖子难题。基于攀枝花市铁矿露天矿场穿孔、采运管理现状,攀钢集团围绕本质安全、降本增效等核心建设目标,联合华为等公司在朱兰铁矿探索5G技术在露天矿穿孔采掘运输设备远程智能化的融合应用。通过对1台牙轮钻、1台电铲、2台矿车进行智能化改造,实现钻机、电铲的远程控制,矿车的自动驾驶及远程操控功能支撑露天采矿核心作业流程装备智能化、作业流程连续化、设备及生产数据在线可视化,建设先进智慧矿山。以5G云网融合应用等为标志的新质生产力的创造性运用,不仅显著提高了矿山生产效率和安全性,还大幅降低了成本和减少了资源浪费。

2. 零碳村庄探索:激发农村绿色共富新动能

绿色是以高质量发展实现共同富裕的底色。攀枝花市清洁能源装机占比超95%,但农村在能源方面依然存在化石能源占比较高、可再生能源开发应用率有待提升、新能源开发应用带来的经济效益较低等多方面的问题。

为此，攀枝花市发挥光热资源优势，以"光伏+电网+银行+平台公司+村集体"合力建设模式，实施仁和区混撒拉村、米易县龙华村、盐边县昔格达村首批3个零碳村庄试点打造，有效推动村集体和村民绿色增收。其做法如下：一是发挥资源优势，构建绿色农房建设体系。实施《攀西地区民用建筑节能应用技术标准》，指导农房改造，提升节能效果和舒适性。推广绿色建材和施工技术，减少碳排放和能耗。加强农村光伏建筑一体化利用，打造宜居农房，构建现代绿色农房建设体系。加大可再生能源利用，形成农村绿色微电网，促进生产生活用能自给自足。二是创新推进模式，探索农村绿色共富新路径。以村集体为实施主体，形成"光伏+电网+银行+平台公司+村集体"的合力建设模式，打造可复制的农村共富模板。成立零碳村庄试点项目建设推进党员小组，开展入户宣传和绿色低碳知识宣讲，示范带动零碳村庄试点建设。三是提升农村环境，共享绿色文化发展成果。结合清洁能源，探索乡村文化艺术应用，拓展农村绿色休闲文化场地。推动农村公共基础设施建设，完善环境运营体系。美化农房宜居环境，提升乡村整体环境和宜居水平。

由于新质生产力的引入，传统产业实现了智能化、生产生活方式实现了绿色化、传统产业与现代产业实现了融合化。这对传统资源型城市的转型升级和绿色清洁能源的开发利用，以高质量发展持续夯实共同富裕的物质基础具有重要借鉴意义。

（五）加强组织领导，在发挥社会主义制度优势上做文章

习近平总书记指出，党的领导是中国特色社会主义制度的最大优势。共同富裕试验区建设，必然涉及各领域体制机制的改革和深层次利益格局、利益关系的调整。在党的全面领导下以组织化的方式推进改革，是攀枝花共同富裕试验区建设的根本保证。

所谓以组织化的方式推进改革，就是在党的集中统一领导下，鼓励和支持各级各部门在各自领域进行改革探索，调整优化工作体系和政策体系，形成共同推动共同富裕的组织合力。这种以组织化方式推进改革的优势，主要从三个方面呈现：一是组织领导优势。在国家指导、省统筹、市负总责推进机制下，成立省推进攀枝花共同富裕试验区建设专项小组，市委建立健全工作组织和任务落实体系。二是组织推动优势。在明确部门合理分工的基础上，充分激发各部门各单位的改革创新精神，通过"清单制+责任制"推动重点任务落实，印发分工方案，制定年度工作要点。三是组织协同优势。在对外协同层面，46个省直部门（单位）出台专项支持政策或与攀枝花签订合作协议，通过安排中省预算内投资、争取国家专项债券和中长期贷款支持、下达财力性转移支付等措施，推动实施一批重点项目和重要事项。在对内协同层面，不同层级组织协同作用的发挥，降低了改革产生的交易成本，使县域内部的医疗体制改革、农资供应链改革等能够有效进行。

实践表明，党的全面领导优势完全可以有效转化为发展优势。攀枝花共同富裕试验区建设的一条成功经验，就在于利用这些优势推行组织化的改革探索，使主体责任得到有力有效的落实。党的集中统一领导为推动共同富裕提供了根本保证，组织间的合理分工和协同合作也为推动共同富裕提供了有效保障。

三、攀枝花高质量发展建设共同富裕试验区面临的主要问题

（一）区域发展不平衡，协同共富有短板

2023年4月，习近平总书记在广东考察时指出："全体人民共同富裕是中国式现代化的本质特征，区域协调发展是实现共同富裕的必然要求。"区域协调发展不仅是优化资源配置、增强区域整体竞争力的关键举措，更是实现共同富裕宏伟目标的重要基石。一是通过推动区域间的协调发展，能够有效缩小地域间的发展差距，促进要素自由流动与合理配置，进而形成优势互补、高质量发展的区域经济布局。二是区域协调发展有助于建立更加公平合理的收入分配体系，确保各个地区乃至每一个社会成员都能分享到国家发展的红利。三是区域协调发展能够促进基本公共服务均等化。只有当不同区域的人民都能享受到同等质量的公共服务时，才能真正实现共同富裕所追求的公平共享，避免因区域差异导致的社会不公平现象。可见，

只有推动区域协调发展迈向更高水平，才能提高发展的平衡性、协调性、包容性，进而推动共同富裕取得更为明显的实质性进展。然而，当前攀枝花各县（区）之间发展不平衡不充分问题仍然存在，特别是东西区差距问题和采煤沉陷区问题。

1. 东西区差距问题突出

一是经济总量。从2023年GDP总量数据来看，西区为94.60亿元，在攀枝花市各区县中排名第五。与东区（571.02亿元）相比，西区的经济总量有较大差距，仅为东区的GDP总量的1/6。二是人均GDP。2023年西区人均GDP为7.31万元，在各县（区）中排名第五。而东区人均GDP为13.83万元，远高于西区，接近西区的两倍。三是产业结构。主要依赖某些特定的工业产业，如钢铁等重工业，产值高但利润率相对较低。相比之下，其他县（区）产业发展可能更为多元化。例如，米易县在农业、旅游业等方面也有一定特色和发展。究其原因在于：第一，西区"一煤独大"的产业结构，致使其陷入经济发展与生态环境保护不可兼得的困境。随着国家能源政策的调整，近年来西区大量煤矿关停，仅2014—2016年就淘汰关停60余家，取缔各类工业堆场94个。第二，西区的产业链相对较短，主要集中在资源开采和初加工环节，缺乏深加工和高附加值的产品，在面临传统产业转型发展、企业关停后经济发展效益急速下降。第三，新兴产业发展滞后。虽然西区大力推进煤焦化和煤化工、新材料、新能源、钒钛钢铁精深加工、资源循环利用等产业的发展，但新兴产业的发展没有完全扛起西区经济发展的大旗，导致西区经济社会发展落后于其他县（区）。

2. 采煤沉陷区民生生态问题凸显

攀枝花因矿而生，矿产资源丰富，受"先生产后生活、先工业后城市"的发展理念影响，在长期的资源开采过程中，西区、仁和等地产生大量采煤沉陷区。西区涉煤乡、镇（街道）的行政区划面积125.39平方千米，采煤沉陷区面积77.07平方千米，占比61.5%；仁和区涉煤乡、镇（街道）的行政区划面积571.32平方千米，采煤沉陷区面积267.25平方千米，占比46.8%。采煤沉陷区内基础设施损毁程度严重、群众基本生产生活条

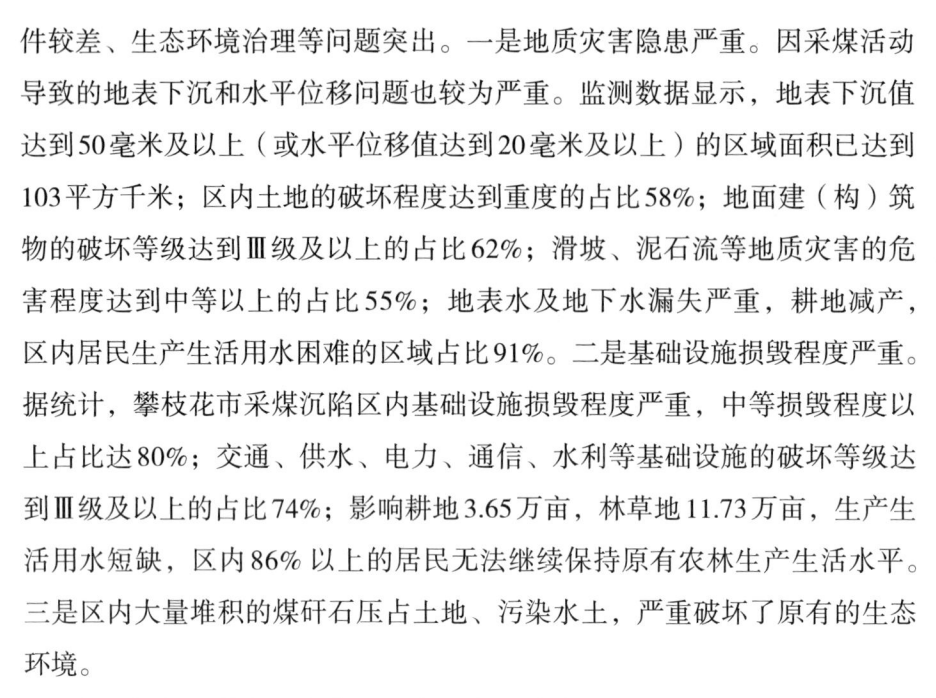

件较差、生态环境治理等问题突出。一是地质灾害隐患严重。因采煤活动导致的地表下沉和水平位移问题也较为严重。监测数据显示，地表下沉值达到50毫米及以上（或水平位移值达到20毫米及以上）的区域面积已达到103平方千米；区内土地的破坏程度达到重度的占比58%；地面建（构）筑物的破坏等级达到Ⅲ级及以上的占比62%；滑坡、泥石流等地质灾害的危害程度达到中等以上的占比55%；地表水及地下水漏失严重，耕地减产，区内居民生产生活用水困难的区域占比91%。二是基础设施损毁程度严重。据统计，攀枝花市采煤沉陷区内基础设施损毁程度严重，中等损毁程度以上占比达80%；交通、供水、电力、通信、水利等基础设施的破坏等级达到Ⅲ级及以上的占比74%；影响耕地3.65万亩，林草地11.73万亩，生产生活用水短缺，区内86%以上的居民无法继续保持原有农林生产生活水平。三是区内大量堆积的煤矸石压占土地、污染水土，严重破坏了原有的生态环境。

（二）农民增收面临难题，农民农村共富难持续

2021年，习近平总书记在中央财经委员会第十次会议上强调"促进共同富裕，最艰巨最繁重的任务仍然在农村"，明确提出"促进农民农村共同富裕"的任务要求。攀枝花凭借独特的地理和气候优势，特色农业发展成绩显著，成为推动农民增收的重要引擎。攀枝花特色农业继续保持强劲增长势头。近年来，攀枝花芒果、石榴等特色水果产量稳步增长，品质不断提升；早市蔬菜、中药材等特色产业也呈现良好发展态势。2023年攀枝花市农村居民人均可支配收入2.3万元（同比增长6.9%），排名全省第二。然而，攀枝花在推进农民农村共同富裕的路上仍面临着结构性和系统性难题。

1. 二半山/高山区农民增收有阻碍

从资源禀赋的角度来看，气候条件、资源要素、基础设施等仍然是阻碍农村产业发展、阻碍农民增收主要的约束条件。一是高附加值农业发展难。二半山区和边远高寒山区，多数海拔在1300米以上，不仅山高坡陡，交通不便，耕种困难；而且因海拔相对较高，部分地区的气候条件已无法满足高附加值农业发展的要求。这些地区农村经济发展比较薄弱，已成为现代农业发展和农民农村共同富裕的短板。二是发展动力不足。从人才流动的角度来看，人才聚集倾向于发展条件好的地区。近年来，二半山区和边远高寒山区农村人才大量流失，留下缺乏现代化农业经营管理知识和技能的老年人，制约了农业产业升级。例如，高山地区在脱贫过程中发展的鸡羊养殖、花椒核桃种植等产业，由于缺乏科学规划和技术支撑，产品的市场竞争力不足，无法带动周围群众增收。

2. 河谷/平坝地区农民持续增收后劲不足

攀枝花河谷/平坝地区拥有得天独厚的自然条件，气候温和、光照充足，这为特色农业的发展奠定了坚实基础。农民充分利用当地资源，大力发展现代农业，有效带动了农村经济的增长和农民收入的提高。然而，这些地区也面临着农民持续增收后劲不足的问题。一是农民收入结构不够合理。农村居民收入以农业经营性收入为主，人均可支配收入中经营性收入占比超过60%，工资性收入则不到30%，而财产性收入占比更低。同时，攀枝花市特色水果、早市蔬菜等品质较高，但农民面临销售渠道不畅、中间环节过多等问题，导致农产品流通效率的低下，农民收入难以得到有效保障。二是农产品结构亟须优化，产品竞争力有待提高。特色农产品仍然存在以"大路货"为主、中高端特色农产品供给不足等问题。例如，水果产业中凯特占比80%，长期存在"一品独大"问题，没有形成早中晚熟的梯次结构。同时，农民跟风种植现象严重，管理水平参差不齐，产品质量差别较大，产品附加值不高，竞争力不强，只能走中低端消费之路，市场认可度不够，产品的质量和效益得不到保障，地区优势特色品牌还需进一步整合。三是产业链条延伸较短，农产品精深加工基础仍然薄弱。大多数农产品以初级产品的形式出售，水果、蔬菜等主要特色农产品生销比重超过90%。总体来说，农业产业链条延伸较短，且融合度不够高，农产品的附加价值仍不够高。

3. 农民农村共同富裕面临缺水难题

水资源是农业生产的关键要素。在攀枝花，水资源成为制约农业发展以及农民农村共同富裕的重要因素。一是攀枝花水资源时空分布极不均衡。

攀枝花虽被金沙江环绕，雅砻江、安宁河也流经部分区域，但特殊的峡谷地貌导致水资源开发利用异常艰难。区域性缺水问题极为突出，很多地方面临"水低人高、水低地高，水在山下流，人在山上愁"的尴尬处境。尤其是金沙江南岸区域、东岸盐边县南部以及二半山及以上区域（海拔1500~2500米），缺水问题尤为严重。而且，攀枝花市冬干、春夏连旱程度深且频次高，秋、冬、春、夏季干旱频率呈增加趋势，导致严重的季节性水问题。这种不均衡的水资源分布，使农业生产面临极大的不确定性，严重影响农民收入。二是水利基础设施建设滞后，季节性工程性缺水难题长期得不到有效解决。目前，攀枝花全市范围内仅有7座中型水库，这些水库的调蓄能力相对较弱，难以在干旱季节为农田提供稳定的水源保障。攀枝花以山地为主的地形，给水利设施的建设带来了巨大挑战。由于缺乏大型骨干工程，市级骨干水网体系迟迟未能形成，整个供水系统的稳定性和效率都大打折扣。这不仅影响了当前的农业生产，制约了农村经济的可持续发展，而且严重影响了农民农村共同富裕的进程。

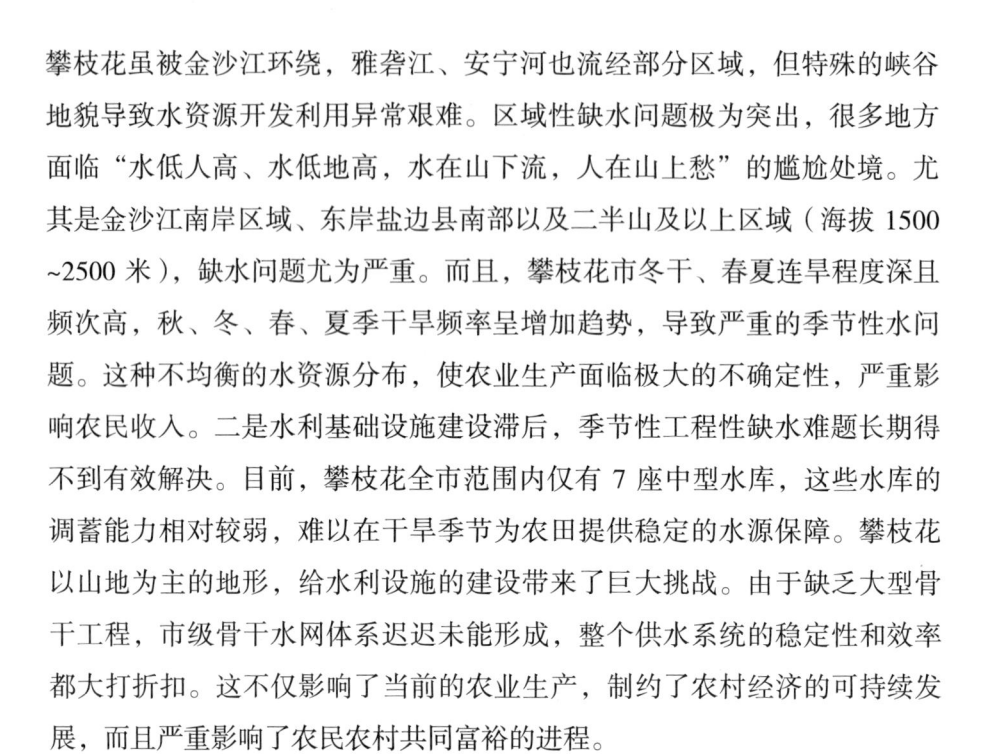

（三）城市中低收入群体增收乏力，城市共富遇挑战

城市中低收入群体增收难问题是一个涉及多方面因素的复杂问题。习近平总书记指出："幸福生活都是奋斗出来的，共同富裕要靠勤劳智慧来创造。"实现共同富裕，需要全体人民通过辛勤劳动来实现。但在实现这一目标的过程中，不同群体面临的困难和挑战是不同的。然而，攀枝花传统产业转型升级和新兴产业发展面临的问题，使城镇中低收入群体持续增收问题成为攀枝花推动共同富裕的重要制约。

1. "一钢独大"的产业格局，造成就业结构固化和持续增收困难

作为老工业城市，攀枝花一方面具备良好的工业基础，另一方面以重工业为主导的产业结构导致城市就业岗位受限、工资收入不高等问题。以钢铁为例，全国钢铁行业产能过剩、市场竞争激烈以及环保政策的收紧，攀枝花钢铁产业发展面临巨大压力，企业效益下降，职工收入受影响。另外，当前钢铁、煤炭等传统产业发展面临巨大的调整结构、转型升级的压力，不可避免带来一定程度的结构性失业。

2. 传统产业转型升级不畅，城市中低收入群体增收动力不足

钒钛产业创新发展瓶颈制约。钒产业与钢铁产业链紧密耦合，在钢铁产能难提升的条件下，攀枝花很难通过其他技术工艺实现钒的工业化提取。钒储能产业延链补链缓慢，缺失电堆材料等下游高附加值产业。攀枝花从钛锭到钛材的产业链中间环节薄弱，钛板、钛棒、钛管等中间产品总量低，拥有全国80%以上的钛精矿仅能生产全国7%左右的钛产品，且产品种类少、配套产业体系不健全。此外，钒钛资源综合利用水平仍不高，制约钒钛资源深度开发和高效利用的技术难题还未得到有效突破，需要系统性持续性强化技术攻关。

3. 新兴产业发展迅速，但促进城市中低收入群体增收效果有限

首先，尽管攀枝花在钒钛新材料、新能源汽车、LED新型显示等新兴产业领域有所发展，但由于新兴产业本身的特性（如技术密集型、资金密集型），这些行业提供的就业岗位相对于传统行业较少。其次，新兴产业往往对技能和知识要求较高，而中低收入群体中很多人缺乏相应的专业技能和教育背景，难以胜任这些岗位。

（四）农村公共服务落后，城乡共富长短腿

习近平总书记在论述扎实推动共同富裕时明确提出，要"促进基本公共服务均等化"。公共服务普及普惠是共同富裕的基本维度与判断标准之一。作为公共服务普及普惠的表现形态，基本公共服务均等化是共同富裕的内在要求和应有之义。只有当农村与城市在公共服务水平上达到相对均衡的状态，才能真正实现共同富裕的目标。然而，攀枝花在推进共同富裕过程中仍然面临农村的教育、医疗、养老等发展滞后问题。

1. 农村教育水平亟须提升

教育不仅是提升个体素质的关键手段，也是促进社会公平、推动共同富裕的有效途径。高质量的教育有助于打破贫困代际传递，提高农村人口的整体素质和竞争力，从而为实现共同富裕打下坚实的基础。然而，攀枝花的农村教育现状面临着诸多挑战。一是农村教师队伍的专业素养和教学能力普遍不高。攀枝花乡村中小学普遍面临优质的师资引不来，好的师资

留不住的难题。二是中心镇小学设施无法满足新增寄宿需求。在教学点撤并、学生并入临近中心镇小学后，一些乡镇（如渔门镇、红格镇等）的小学设施无法满足新增寄宿需求。

2. 农村医疗服务亟待改进

良好的医疗服务是共同富裕的重要保障。健康是人生的第一财富，只有拥有健康的身体，才能更好地参与经济社会发展，实现自身的价值。在共同富裕的进程中，农村居民同样应该享受到优质的医疗服务，这不仅关系到他们的身体健康和生命安全，也关系到农村经济的可持续发展和社会的稳定和谐。然而，攀枝花农村地区的医疗服务整体水平不高，医疗队伍不够稳定，且整体的专业素质需要提高。特别是在米易县的西部和盐边县的北部等偏远地区，医疗急救能力明显不足，这无疑增加了当地居民在紧急情况下的风险。

3. 农村养老问题仍然突出

老龄化是现代社会普遍面临的问题，农村地区的养老问题更是共同富裕进程中的一大难题。良好的养老服务体系不仅能够保证老年人的基本生活质量，还能缓解家庭的经济压力，促进社会稳定和谐。然而，攀枝花农村养老问题仍然突出。一是农村居民养老金较低，与城镇企业职工相比，差距悬殊。二是由于地方财力有限，公益性的帮扶水平并不高。三是农村养老设施不足。老龄化趋势不断加深的背景下，农村的养老需求快速增加。但攀枝花农村现有的养老院和敬老院的功能和服务尚不完善，住宿、卫生、饮食、安全等条件普遍较差，约一半的农村散居特困人员未到敬老院集中养老。

（五）精神共富遇挑战，共富底色有缺失

习近平总书记强调，共同富裕是全体人民共同富裕，是人民物质生活和精神生活都富裕。党的二十大报告进一步强调，中国式现代化是物质文明和精神文明相协调的现代化。精神共富是共同富裕的重要方面。就精神共富层面而言，攀枝花目前仍存在公共文化服务体系不健全、共富理念不够深入人心等问题。

1. 公共文化服务体系尚不健全

近年来，攀枝花市大力推进精神文化建设，打造精神共富场景、精神共富基本单元，公共文化基础设施建设不断完善，群众文化活动蓬勃开展，但仍然存在文化产业发展后劲不足、文化场地不足且利用率不高、文化专业人才缺乏等问题，制约了公共文化服务体系的建设与提升，无法充分满足人民群众多样化、多层次、多方面的精神文化需求。一是文化产业发展后劲不足。攀枝花文化企业产业化、规模化、专业化程度低，文化产业方面规上企业少，没有龙头标杆企业，示范引领作用不足。二是文化场地不足且利用率不高。现有文化设施与国家标准存在一定差距，没有大型剧院等大型公共建筑。同时由于建设年代久远，有的文化场地如湖光剧场等，存在设施老旧、功能混杂、配套服务缺乏、无室外集散活动场地等问题，无法承担大型文艺演出活动，不能满足日常需求。一些文化场馆还存在安全隐患，不得不闲置，不能被有效利用。三是文化专业人才匮乏。目前来看，市、县两级文化馆是攀枝花全市开展文化活动的主要依托。现有的市艺术中心专业团队，因受国有文化体制改革文艺人才只进不出，导致现有人员的创新意识及工作主动性不足，无法适应市场竞争。乡镇级宣文中心工作人员身兼数职，组织的群众文化活动趋于模式化、任务化，无法满足群众文化生活的需要。

2. 共富理念不够深入人心

共同富裕是全体人民的共同富裕，必须坚持人民主体地位，最大限度地激发广大人民群众的积极性、主动性、创造性。然而，调研发现，攀枝花的干部和群众对共同富裕认识还不够，共富理念不够深入人心。一是干部对共富认识不足，贯彻落实有差距。有的基层干部对推进共同富裕的领会把握存在片面化、简单化情况，认为抓试验区建设就是抓经济社会发展，把常规性工作当作共富工作抓。针对试验区建设的改革创新举措少，比如有的基层单位在打造共富单元时"新瓶装旧酒"，简单包装打造功夫点位。同时，有的干部存在不愿为、不会为、不善为等问题，履职尽责能力与高质量发展建设共同富裕试验区有差距。二是群众参与度与推动共富有脱离。调研发现，部分老百姓对共同富裕的理解存在"同步富裕""同等富裕"等偏差，对攀枝花正在推进共同富裕试验区建设有关部署不清楚、不了解。

（六）改革探索不够深入，改革工作缺乏抓手

改革是推动社会进步和经济发展的关键动力，也是实现共同富裕的重要途径。通过改革，可以打破旧的体制机制束缚，释放社会活力，促进经济发展，从而让更多的人享受到改革带来的红利，实现共同富裕。攀枝花作为共同富裕试验区，在改革探索方面肩负着重要的使命。在攀枝花市的改革探索中，虽然取得了一些成果，但仍存在部分改革探索不够深入、共富亮点成效总结推广少等问题。一是部分改革探索不够深入，没有形成可推广的亮点经验。如农业转移人口市民化改革、康养共富联合体、水果产业共富联合体等方面的改革探索。二是个别改革工作缺乏抓手。以推动城乡融合改革试点为例，县域内城乡融合发展改革作为仁和区的改革工作的重点，仍缺乏省、市层面具体政策支持，围绕破解制约城乡融合发展要素自由流动的障碍尚无创新性突破口。

四、进一步推进攀枝花高质量发展建设共同富裕试验区的对策建议

（一）以新质生产力的发展破解区域协调发展难题

共同富裕水平的高低取决于生产力发展水平的高低，发展生产力是实现共同富裕的根本途径。生产力发展规律和内外部条件的约束决定了生产力的高度发展离不开新质生产力的技术支撑，新质生产力发展越快，越有利于实现共同富裕。

1. 因地制宜推动新质生产力发展，加快传统产业转型升级

以创新驱动破解传统产业转型升级。推动技术革命性突破、生产要素创新性配置、产业深度转型升级，推动劳动者、劳动资料、劳动对象优化组合和更新跃升，催生新产业、新模式、新动能。一是加大科技攻关力度。首先，要充分发挥新型举国体制优势，通过技术创新、设备更新等方式推动钢铁产业转型升级，提高产品的附加值和市场竞争力。其次，要用好攀西战略资源创新开发试验区"金字"招牌，引育并举布局建设高能级产业

创新平台，建好用好钒钛资源综合利用国家重点实验室、国家钒钛产业联盟等平台，推动政产学研深度融合，政府、企业、科研院所、高校等应强化协同合作，并持续加大对钒钛领域"卡脖子"技术攻关支持力度。政府相关部门可以锚定钒钛领域"卡脖子"技术开展"揭榜挂帅"，让能者上、智者上，谁有本事谁上，系统性推动技术攻关取得重大突破。二是优化产业链条。按照"强链补链、集群发展"原则，做大"基本盘"。创新装备工艺技术，加大钛材加工龙头企业以及产业链补短板企业的招引力度，打通"钛锭—钛坯—钛材（板、棒、管、丝）"梗阻环节，鼓励支持企业相对集中布局建设钛产业链锻压、轧制、表面处理、热处理等薄弱环节项目，带动钛制品中小企业集群规模化发展。三是统筹要素保障。加大资金支持力度，主动为重点骨干企业和重点项目寻求资金支持。在电力保障、电价等方面，充分发挥攀枝花"绿电"优势，争取优惠政策，推动钛材等能源依赖型产业发展。做好水、电、油、气、原材料等要素保障，全力以赴抓项目促投资稳增长。四是依托丰富的钒钛战略资源、得天独厚的光热气候资源，积极培育和发展新材料、清洁能源、储能等新兴产业，拓宽产业结构并减少对传统产业的依赖。

2. 以绿色发展理念为引领，破解局部区域的发展难题

绿色发展能够有效提高经济社会发展质量，推动实现发展的平衡性和协调性，化解共同富裕进程中所面临的各项挑战。一是持续推动生态修复工程。过去"黑色发展"的模式对生态系统造成了严重破坏，无法推进经济社会持续向前发展。积极探索生态文明建设与生态修复、乡村振兴、旧城改造、产业转型等融合。以西区为例，在"金家村模式""席草坪模式""西佛山模式""新启模式"特色防治模式的基础上，继续因地制宜、深入探索。二是下大力气发展绿色生产力。绿色发展引领共同富裕，最重要的就是发展绿色生产力，推动形成绿色生产方式。首先，积极发展清洁能源产业。攀枝花光热资源得天独厚，应持续推动在沉陷区建设光伏、风电等绿色能源项目，利用沉陷区独特的地理条件发展可再生能源，促进能源结构转型升级。其次，因地制宜发展特色服务业。依托沉陷区治理和生态修复项目，发展生态旅游、休闲农业、健康养老等美丽共富产业，打通"两山"转化通道，推动"美丽"转化为生产力。

（二）推动农民农村共同富裕

1. 补齐农民农村共同富裕的要素短板

一是解决农村生产生活缺水难题。首先，抓好重大水利工程建设这个"牛鼻子"。积极推进"灌区工程＋抽水蓄能＋新能源开发"三位一体项目，从而彻底解决攀枝花市金沙江以南和盐边县南部区域工程性缺水难题，解决仁和区等地的农业生产灌溉难题，进一步提升保障城乡人口供水。其次，以共富区建设为契机积极争取全国农业水价综合改革试点。建立和完善农业水价形成机制、精准补贴和节水奖励机制、工程关乎机制以及用水管理机制，促进农业节水和水利工程良性运行。二是引育并举，提升农村人力资源水平。首先，加大对农业教育的投入力度，培养更多具有创新精神和实践能力的农业专业人才。同时，加强职业教育和技能培训，提高农民的整体素质和技能水平。其次，通过制定优惠政策、提供良好工作环境等措施，吸引更多高素质人才投身农业事业。鼓励大学生、科技人员等回乡创业或从事农业科研工作。三是优化配置，激发土地要素潜力。有序引导推进土地特别是二半山区、高山区土地流转，鼓励农民将承包经营权流转至专业生产大户、家庭农场、农民专业合作社等新型农业经营主体，发展适度规模经营。四是强化配套，改善农业农村发展的基础设施。以"四好农村路"示范创建为抓手，健全农村公路建管养运协调发展机制，不断提升道路等级和通行能力。同时，加大相应的物流配套设施的建设，可以中心镇、中心村为点，加强冻库建设，延长产品保存期限，缓解收获季节运输压力。

2. 以农业新质生产力的发展夯实农民农村共同富裕基础

发展农业新质生产力是乡村振兴的根本动力，也是农民农村共同富裕的现实基础。一是加大农业的科技创新力度。注重涉农企业创新，通过加强对涉农企业的政策支持，引导涉农企业推动产品的研发生产和新技术的推广应用。例如盐边县烟草公司通过种植技术的升级，将烟叶的种植区域提升到海拔2000米以上的格萨拉地区，有效促进了当地农民收入的增长。又如混萨拉、龙华村等地农业滴灌技术的推广，在很大程度上破解了农业用水难题，节约了农业生产成本。这些实践探索充分证明通过农业科技的创新可以有效提升农业产业发展水平，进而达到增加农民收入的目的。二是促进一二三产业融合发展。以农业为基础，延伸产业链条，推动农产品加工业、农村服务业等与农业融合发展。通过发展休闲农业、乡村旅游等新兴产业，拓宽农民增收渠道。同时，注重农产品品牌建设，提高农产品的知名度和美誉度，持续推动"攀果"区域公用品牌建设，提升农产品的市场竞争力和附加值。三是积极推动数字化转型。利用物联网、大数据、遥感、GIS、AI等现代信息技术，推动农业生产的数字化、智能化和精准化。通过智能监测、精准施肥、智能灌溉等方式，提高农业生产效率和资源利用率。建设智慧农业平台，实现农业生产全过程的数字化管理和远程监控。通过数据分析和模型预测，为农业生产提供科学决策支持，优化农业资源配置。

3. 以新型农村集体经济助推农民农村共同富裕

一是积极整合农村集体经济发展资源。面对农村集体经济发展面临能人难寻、经营性资产匮乏、生产要素保障不足等问题，努力把政府力量、农民群众、社会力量组织起来，以全域抱团、全面整合的方式实现乡村社会从"散"到"合"的转变，以系统化改革举措促进农民农村共同富裕。米易县和盐边县在这方面提供了典型经验，比如以县域为单位，成立"全县农民自己的公司"，全面整合涉农资金资源，以联农带农为中心，完善利益联结机制。通过深化改革，促进涉农领域利益格局的深刻调整，让农民和农村成为涉农产业发展的最大受益者，进而为新型农村集体经济发展和农民农村共同富裕创造条件。二是积极推动数字化赋能。创新数字乡村发展机制，推进农业生产各环节数字化建设，发展农机农技、劳务生产、电商物流、集体经济等智慧化数字服务平台，提升农村集体"三资"信息化管理水平，争取探索建立农业数据资源核心数据库，构建城乡一体数字信用管理体系，发展农村数字普惠金融，促进信息共享和交流，减少管理成本，提高集体经济经营效率。

（三）持续推动城市中低收入群体增收

1. 拓展就业渠道

一是巩固提升传统产业就业。支持传统产业的技术改造和升级，提高生产效率和产品质量。鼓励企业通过技术创新实现产业升级，带动更多就业机会。二是开拓新兴产业就业。加快钒钛新材料、新能源汽车、LED新型显示等新兴产业的发展，通过政策引导和支持，吸引更多投资。创建产业园区，为新兴产业提供良好的发展环境，创造更多高质量的就业岗位。三是促进服务业就业。发展社区服务、家政服务等劳动密集型服务业，提供多样化的就业选择。鼓励发展旅游业、文化创意产业等第三产业，拓宽就业渠道。四是支持鼓励新就业形态发展。积极支持共享经济、平台经济等新就业形态的发展，提供必要的政策扶持。规范新就业形态市场秩序，保护从业者合法权益，促进其良性发展。

2. 提升职业技能

一是加大政府对职业技能培训的投入力度。通过设立专项基金、提供培训补贴等方式，鼓励和支持劳动者参加职业技能培训。加强宣传教育，引导劳动者树立正确的就业观，增强就业意识和竞争意识。二是拓宽培训渠道，精准对接市场需求。紧密对接市场和企业用工需求，建立用工需求动态更新机制，科学分析行业发展趋势和技能人才需求情况，建立包括企业内训、社会培训机构、职业院校等的多元化职业技能培训体系，科学制定培训计划和培训课程。推动线上线下培训相结合，为劳动者提供更加灵活多样的培训方式。同时，由政府牵头建立健全职业技能培训效果评估机制，对培训过程和结果进行跟踪监测和评估，实时调整更新相关培训计划及课程。三是加强校企合作。推动职业院校与企业深度合作，共同开展职业技能培训。通过共建实训基地、联合培养等方式，实现资源共享和优势互补，提高培训质量和效果。

3. 加强社会保障和政策支持

一是完善社保体系。扩大社会保险覆盖面，将更多低收入群体纳入医疗保险、养老保险、工伤保险等社会保险体系。优化社保待遇，根据实际情况适时调整社保待遇标准，确保其能够满足基本生活需求。二是提供救助服务。建立健全社会救助体系，对于特别困难的家庭和个人，提供临时救助、生活补助等服务。加强社区服务功能，发挥社区工作者的作用，及时发现并解决低收入家庭的实际困难。三是逐步推进和完善农民工市民化集成改革。着力推动教育、医疗、住房保障等基本公共服务实现均等化。四是强化政策支持。首先，税费减免。对符合条件的低收入群体提供税收减免、社保缴费补贴等政策支持，减轻其经济负担。实施差异化税收政策，对初创企业和小微企业给予更大程度的税收优惠。其次，金融支持。鼓励金融机构创新金融产品和服务，为低收入群体提供低息贷款、信用贷款等金融服务。建立风险补偿机制，鼓励银行等金融机构加大对低收入群体的信贷支持力度。

（四）提升城乡基本公共服务均等化水平

1. 持续改善农村教育条件

根据人口流动变化趋势提前研判学位供需变化，科学有序推进学校撤并工作。改善农村基本办学条件，加强中心镇学校建设，完善校舍及附属设施。提升农村办学质量，推动城乡教育均衡发展，推进教育信息化建设和薄弱学校改造，支持乡村学校因地制宜开好音体美等课程。进一步深化义务教育阶段教师"县管校聘"和城乡学校结对帮扶，加强乡村教师培训，强化编制、薪资、住房等保障，培养一支留得住、教得好的乡村教师队伍。

2. 着力提升基层医疗水平

全面推进健康乡村建设，加强村卫生室标准化建设，提升农村居民健康管理能力，推动乡村医生向执业（助理）医师转变，采取"乡聘村用"、派驻、巡诊等方式提高村级卫生服务水平。完善基层卫生工作人员激励机制，适当提高基层医技人员待遇，参照"大学生村官"激励政策招引定向服务基层的医学生，对长期工作在农村卫生一线的人员在职称晋升方面给予政策倾斜。

3. 加快补齐农村养老短板

巩固农村家庭养老的基础地位，通过完善乡规民约、评选模范家庭等方式，强化家庭赡养老人的主体责任。充分利用闲置教室、民房等资源，大力发展符合农村实际的互助养老设施，设立养老护理员公益性岗位，打造县（区）、乡（镇）、村一体化的三级养老服务设施网络。系统强化养老保障，探索长期护理险向农村延伸，积极发展社会组织和社会力量参与农村养老模式，建立亲属、护理员、志愿者、机构工作人员四位一体的护理人员队伍，提高农村失能和半失能老人的照护保障能力。

（五）筑牢精神共富根基

1. 统筹推进公共文化服务体系一体建设

一是强化提升公共文化产品质效。坚持以人民为中心的创作导向，聚焦中国式现代化、共同富裕等开展主题文艺精品创作，打磨提升《金沙江上那座城》《有光的地方》等现有剧目作品，增加公演场次，让攀枝花的开发建设与发展进步深入人心，推动打造如《火红年华》《大三线》等具有攀枝花特色的共富电视剧、纪录片。二是持续提升公共文化服务效能。深入开展公共文化场馆效能提升行动，提高基层文化站点的"建管用"水平，提升市、县（区）两级文化馆层级。统筹推进城乡公共文化服务体系一体建设，持续打造一批公共文化服务示范点，着力推进乡村振兴"百千万"样板村镇、魅力乡镇竞演、提质增效示范点建设。三是大力推进文旅产业融合发展。持续抓好规上企业培育，孵化龙头企业。推动文化数字化工作，提升公共文化服务数字化水平。

2. 加强宣传教育，凝聚共富共识

共同富裕是社会主义的本质要求，是人民群众的共同期盼。当前，攀枝花正积极推动高质量发展建设共同富裕试验区，以正确的舆论引导人、以优秀的作品鼓舞人，是凝聚共富共识、积蓄奋进力量的关键。一是以宣传宣讲为载体常态化开展宣传教育，推动共富理念与实践深入人心。依托市委宣讲团、市委党校、书记坝坝会等平台和载体，以理论宣讲等方式定期开展宣传宣讲，讲清楚共同富裕是什么、共同富裕攀枝花怎么干、干了

什么，让群众所想、干部所感有效结合，凝聚起奋进共同富裕的共同思想基础和强大力量。二是以群众性文化活动为载体，大力提升精神文化共富氛围。深入乡镇、村社、校园等地，开展形式多样、内容充实、内涵丰富的"线上+线下"文化活动，推动文化惠民活动等文化活动走深走实；结合地方文化产业特色，指导策划丰富的基层群文活动，支持县区持续创新打造群文活动品牌，营造浓厚的精神共富文化氛围。

（六）以改革为动力深入推进共同富裕试验区建设

攀枝花应贯彻落实省委十二届六次全会精神，着力破解影响和制约攀枝花市经济社会高质量发展和共同富裕试验区建设的体制性障碍，积极争取更多国家级和省级改革试点、探索示范任务落户攀枝花。具体而言：一是因地制宜发展新质生产力。优化体制机制，促进科技创新，加快新质生产力发展，推动钒钛、清洁能源等重点产业延链补链强链。二是深化国资国企改革。深入实施国有企业改革深化提升行动。同时，探索构建央企与地方融合建设"共同富裕"试验区的机制，以央企为龙头带动产业链企业的发展。三是推进市场机制改革。优化民营经济发展环境，健全民营企业全方位服务体系，激发攀枝花民营经济的活力。四是探索并深化投资体制改革。将投资体制改革作为核心驱动力，旨在构建一套既以促进共同富裕为根本导向，又充分契合市场机制运作规律的投资体制，进而不断优化资源配置，激发市场活力，推动攀枝花各县（区）协调发展。五是深化农村重点领域改革。积极开展集体资产收益权抵押担保、有偿退出等权能拓展试点。引导农民自愿将家庭资产资源有偿移交村级集体经济组织统一经营，实现效益最大化。统筹推动资产资源整合，支持村级集体经济组织规范整合农村闲置公共基础设施、工矿废弃地及其他闲置低效资产资源，破解集体可利用资产资源少的难题。用好承包地确权登记颁证成果，深化"三权分置"改革，健全农民土地租金和分红收益增长机制，促进承包地规模化经营，提高利用效率。稳慎推进农村宅基地制度改革，盘活用好闲置宅基地，鼓励有条件的村级集体经济组织探索宅基地收储和有效利用。稳步推进农村集体经营性建设用地入市试点。六是赋予试验区建设更多改革发展自主权。深入推进试验区建设,需要进一步建立健全省统筹、市负总责推进机制,赋予试验区更多的改革发展自主权。攀枝花应积极对接省级有关部门,争取更多省级行政审批职能下放实施,包括省级审批权限范围内农村居民住宅用地的农转用审批、政府投资项目审批、产业园区规划环境影响报告书审查以及拟建项目所在地区的矿产资源规划、矿产资源分布和矿业权设置情况查询等审批权限,有力支撑重大项目落地,有效促进产业高质量发展。

（七）以更加开放的姿态助推共同富裕试验区建设

共同富裕四川路径的开辟是一项探索性、开创性极强的壮举,既要立足当地实际,也要向外借力,始终坚持以开放的姿态做到"走出去"和"引进来"的有机结合。

一是互联互通,补齐对外联通的基础设施建设短板。对外交通瓶颈,是攀枝花市以高质量发展建设共同富裕试验区面临的基础性问题。推动四川南向开放门户城市建设,充分发挥攀枝花作为全国性综合交通枢纽、生产服务型国家物流枢纽、现代流通战略支点城市的战略性作用。首先,加快推进铁路建设。争取将昭攀铁路项目按照时速200千米客货共线双线标准纳入国家《"十五五"铁路发展规划》,并力争在"十五五"期间开工建设。加快推进大丽攀铁路前期工作,力争早日开工建设。争取宜西攀铁路项目按照高铁标准全段纳入国家《中长期铁路网规划》。其次,强化公路路网建设。加快G4216攀宁高速公路项目攀枝花段建设,争取G4216攀宁高速2025年6月底前全线建成通车。加快推进攀盐高速公路项目初步设计、施工图设计等开工要件编制报批及项目用地报批等前期工作,争取尽快开工。加快实施国省干道提升工程、撤并建制村畅通工程,推进农村低标准公路改造,提升路网运行服务品质。最后,加快推进保安营机场改扩建前期工作。积极向民航西南地区管理局汇报对接,力争取得对机场改扩建工作的支持,加快开展机场总体规划修编和项目可研报告编制等前期工作。二是向外借力,合力推进。首先,向浙江等发达省份共同富裕示范区借力。一方面要学习先进经验,提升领导干部对于推进共同富裕的认识、眼界和能力；另一方面要主动与先进地区加强合作，在深化合作中促进高质量发展和共同富裕。其次，向省内市（州）借力，共同探索共同富裕的四川路径。攀枝花市作为省内探索实现共同富裕的先行地，应主动加强与兄弟市（州）的合作，集20个兄弟市（州）之所长，为将来四川共同富裕打牢基础、积累经验。最后，向社会借力，通过营造良好的舆论氛围和自身形象汇集社会资源。攀枝花市应充分利用共同富裕试验区建设机遇，积极营造良好舆论氛围，塑造和展现良好发展形象，吸引各类社会资源和经济要素向攀枝花聚集。

（课题组成员：沈超群、吴晓燕、刘达培、罗静、方雨桐、左清玉、彭珂、郜迪、苟娇）

关于加快推进四川省革命老区脱贫地区民族地区盆周山区振兴发展的报告[①]

革命老区、脱贫地区、民族地区、盆周山区（以下简称"四类地区"）是四川省区域发展的突出短板和推进共同富裕的薄弱地区，对实现"五区共兴"起到决定性作用，是实现"四化同步""城乡融合"的重要抓手。整体来看，"四类地区"具有四大特征：一是分布范围广。四川省19个市（州）（德阳市和自贡市不涉及）的125个县（市、区），即四川省90%以上的市（州）、近70%的县（市、区）都涉及"四类地区"，共有革命老区83个，脱贫地区88个，民族地区51个，盆周山区35个，是四川省县域经济的主体力量。二是个体差异大。城市中心主城区、边远省际毗邻区、高海拔民族地区、盆周山区等并存，在经济发展水平、区位特点、资源禀赋等方面差异较大，既有进入全国百强区的宜宾市翠屏区，又包含全省需要重点进行托底性帮扶的39个欠发达县，对振兴发展政策精度和政策效能提出了较大挑战，相应的发展思路和措施既要寻找四类地区的共性特征，又要强化针对性，充分尊重个体差异，因县施策。三是样态复杂多元。除极少数县（市、区）只属于"四类地区"的其中一类之外，大多数县（市、区）同时属于两类地区甚至三类地区，确定县域发展的主体样态以及多样态的统筹整合是明确振兴发展思路的前提和关键。四是资源富集与相对贫穷并存。"四类地区"矿产资源、清洁能源、文化旅游资源和生态资源富集，但

[①] 2023年8月，中共四川省委和四川省人民政府发布了《关于加快推进革命老区脱贫地区民族地区盆周山区振兴发展的意见》，为四川省区域协调发展和"五区共兴"指明了方向，本报告在围绕该文件的贯彻落实情况展开主题调研基础上形成。

绝大多数属于市州和全省发展梯队的后列，成为全省经济发展提质升位的潜力挖掘重点区域。

"四类地区"的振兴发展将是一个长期复杂的系统工程，四川省加快"四类地区"振兴发展的实践探索兼具经济发展、民生改善、民族团结和经验扩散四重价值，全程跟踪政策制定及实施进展，及时进行归纳总结、绩效评价和问题诊断，相应提出政策优化建议，对提升政策绩效、加快振兴发展具有重要参考价值。

本课题自2024年4月启动以来，将实地调研、材料调研、网络调研三种形式结合起来，深入达州市、巴中市、广元市、甘孜州、凉山州、阿坝州等地，从影响"四类地区"振兴发展的基础设施、特色优势产业、现代农业、城乡建设、特色文旅、基本公共服务、改革开放、结对帮扶等八大重点领域入手，广泛听取省级机关、市（州）政府、县级部门和乡（镇）村的介绍、诉求、意见和建议，综合分析各方面收集的数据、材料，在此基础上多次进行课题讨论和专家咨询，并根据课题进展情况进行补充调研，历时7个月，最终形成报告，现将调研中的主要发现及优化建议等报告如下。

一、四川省加快"四类地区"振兴发展采取的主要措施

促进区域协调发展、解决全省发展不平衡不充分的矛盾一直是地方治理的一个重要议题。近年来，在推动"四类地区"发展上，四川省委、省政府先后出台了《四川省"十四五"特殊类型地区振兴发展规划》《关于新时代支持革命老区振兴发展的实施意见》《关于实现巩固脱贫攻坚成果同乡村振兴有效衔接的实施意见》等政策文件，从基础设施建设、特色产业培育、公共服务保障等方面实施了一系列支持政策。

2023年8月发布的《中共四川省委 四川省人民政府关于加快推进革命老区脱贫地区民族地区盆周山区振兴发展的意见》（以下简称《意见》）是对已有文件精神的拓展与深化，强调了"四类地区"在全省高质量发展中的重要地位，进一步明确细化了"四类地区"振兴发展的阶段性目标，是

更高水平的区域协调发展政策。"四类地区"人口总数约占全省的49%，公共服务、基础设施、产业发展等还比较滞后，还有不少县的经济发展水平、居民人均可支配收入、地方财政保障能力等方面指标大幅落后于全省平均水平。针对制约"四类地区"高质量发展存在的市场机制不活、创新能力不强、内生动力不足等深层次问题，省委、省政府明确了"补+扬+激+帮"的振兴发展思路："补"主要是补齐"四类地区"在基础设施、城乡建设、公共服务等方面短板，切实解决一批长期制约"四类地区"发展的基础性瓶颈性问题；"扬"主要是着眼于"四类地区"的特色禀赋和资源优势，引导其依托特色资源，进行特色优势产业、现代农业和特色文旅的培育发展，增强造血功能；"激"主要是通过改革创新激发内生动力，支持"四类地区"深化重点领域和关键环节改革，深入开展营商环境对标创新，加强科技支撑服务与人才引进培养，搭建开放平台推进区域合作，激发"四类地区"高质量发展的内生动力；"帮"主要是针对"四类地区"的部分欠发达县域，建立省内先发地区、部门、企业与欠发达县域结对帮扶机制，采取"一县一策"进行精准帮扶支持，将企业市场化方式开展产业合作帮扶与省级相关部门出台差别化支持政策相结合，用真金白银支持"四类地区"欠发达县域振兴发展。具体来说，就是通过实施八大行动加快"四类地区"振兴发展，其主要措施如下。

（一）实施基础设施补短板行动

1. 上下联动，积极推进综合运输通道建设

交通是区域协调发展的先导和支撑，我国东西和南北方向的陆域运输距离均超过5000千米。在如此宽广的经济空间范围内高效地组织经济要素需要快速便捷的运输通道作为支撑，选择适合要素流通特点的交通运输方式是降低流通成本的重要手段。四川省的面积在全国各省（自治区、直辖市）中位居前列，多样的地理环境和复杂的水文地貌给全省的社会经济发展带来了较大挑战。"四类地区"大多处于距离中心城市较远的交通建设薄弱地区，全省最东端的宣汉县、最西端的石渠县、最北端的若尔盖县和最南端的会理市都属于"四类地区"。

一年来，四川省交通运输部门全力推动高原山区公路建设创新、交通防灾减灾体系韧性的提升、交通与旅游文化融合、乡村运输"金通工程"等七项重点任务，通过"铁-公-水-空"综合运输通道建设弥补"四类地区"基础设施短板：一是做好铁路项目的谋划和建设。积极加强与国家相关部委的沟通，做好前期准备工作，争取"四类地区"的一些高铁项目纳入国家规划，对于已经纳入规划的项目推动其尽早开工。二是明确2024年公路建设重点并体现明显的向"四类地区"倾斜导向。在高速公路建设、普通国省干道建设和文旅融合方面向"四类地区"倾斜。三是积极推进内河水运建设。加快推进岷江龙溪口枢纽、老木孔枢纽等13个续建项目，为金沙江乌东德库区库尾航道整治工程等项目做好开工准备。四是推动机场建设和低空经济发展。为了更好地满足人民日益增长的出行需求，推动区域经济的均衡发展，四川省政府将机场建设作为交通基础设施建设的重中之重。印发《关于促进低空经济发展的指导意见》，在民族地区、边远地区等"四类地区"积极探索开展通航短途运输服务，规划建设北川、长宁、巴塘、洪雅等通用机场，加快推进通用机场的各类配套起降场建设。加快推进分布于"四类地区"的支线机场建设，推进广安民用机场建设审批进程，构建日益完善的机场网络，为区域经济发展提供切实支撑。

2.加快实施一些重点水利设施建设项目

水资源是四川省经济社会发展的基础性要素，水利工程是水利基础设施网络的骨干，为保障各地用水安全和促进"四类地区"协调发展，四川省加快推进向家坝灌区北总干渠一期二步工程和巴中的青峪口水库工程等重点水利工程建设。

3.试点赋能，加快新型基础设施建设

充分发挥信息化基础设施对"四类地区"发展的牵引作用，通过新型智慧城市试点城市建设、数字乡村建设等项目的实施，丰富应用场景。一是持续推进新型智慧城市建设。发布四川省第三批新型智慧城市试点城市名单，"四类地区"中的筠连县、青神县、道孚县、西昌市4个市县位列其中，在10个席位中占据4席，体现了明显的政策倾向。二是持续推进数字乡村建设。昭化区、青川县、长宁县、武胜县、通川区、天全县、南江县、马尔康市等"四类地区"县（区、市）获得四川省数字乡村试点，在试点创新和建设中推进新型基础设施加快布局。

（二）实施城乡建设提质行动

为统筹解决城乡建设遇到的突出问题，将新发展理念贯穿城乡建设全过程和各方面，形成更高质量、更有效率、更加公平、更可持续、更为安全的发展格局，四川省积极实施了城乡建设提质行动。

1. 开展新型城镇化建设省级试点

县城是推进工业化城镇化的重要空间，既是城镇体系的重要组成部分，又是城乡融合发展的关键纽带。2023年，省委办公厅、省政府办公厅印发了《关于推进以县城为重要载体的城镇化建设的实施意见》，发布《四川省县城新型城镇化建设试点工作方案》，明确在37个县（市）按照专业功能县城、大城市周边县城、重点生态功能区县城、农产品主产区县城分类开展新型城镇化建设试点，这37个县（市）的很大一部分都属于"四类地区"。其中古蔺县、大英县、阆中市、青神县、开江县属于专业功能县，江油市、南部县、武胜县为大城市周边县，青川县、沐川县、石棉县、汶川县等为国家重点生态功能区县，江安县、兴文县、岳池县、渠县、平昌县等为农产品主产区县。县城分类及其功能定位对其发展方向和发展思路起到引导作用。

2. 开展城市更新试点

在11个地级市和10个县级城市（县城）中启动省级城市更新试点。11个地级市中的10个涉及"四类地区"，包括攀枝花市、绵阳市、遂宁市、内江市、乐山市、南充市、眉山市、宜宾市、达州市、资阳市。10个县级城市（县城）中的6个为"四类地区"，分别为旺苍县、阆中市、青神县、华蓥市、天全县和马尔康市。

3. 推动海绵城市建设示范

海绵城市是通过加强城市规划建设和运营管理，实现自然积存、自然渗透、自然净化的城市发展方式。"四类地区"中的广元市和广安市属于"十四五"全国第二批系统化全域推进海绵城市建设示范城市，2022年两市曾获得财政部共计6亿元的补助资金，2023年和2024年两市作为全国海绵城市建设试点继续加快推进相关建设。与此同时，四川省财政厅、四川省住房和城乡建设厅和四川省水利厅在2023年对省级海绵城市建设示范城市进行了评审，其中绵阳市、宜宾市、乐山市，华蓥市等地的"四类地区"市县入围2023年系统化全域推进海绵城市建设省级示范城市的地级城市和县级城市名录，并对入围海绵城市建设省级示范市给予3年1.5亿元专项资金的财政支持，用于海绵城市建设。

4. 积极推进宜居宜业和美乡村建设和人居环境改善

缩小城乡发展差距，推进城乡融合发展，重点在县域，难点在乡村，建设宜居宜业和美乡村，是全面推进乡村振兴的一项重大任务。四川省地域广阔，人口众多，农村情况千差万别，2023年11月，四川省《宜居宜业和美乡村建设规范》正式实施，这是全国省级层面出台的首个指导宜居宜业和美乡村建设的地方标准。四川省把学习运用"千万工程"经验、建设宜居宜业和美乡村摆在突出位置，以城带乡、以点带面突破城乡融合发展难点，因地制宜、分类施策、统筹推进，加快建设生活宜居、发展宜业、治理有效、环境优美的宜居宜业和美乡村。

（三）实施基本公共服务提升行动

党的二十大报告提出，到2035年基本公共服务要实现均等化。"四类地区"是公共服务的短板地区，文件发布一年来，在提升"四类地区"公共服务方面，着重从幼有善育、学有优教、劳有应得、病有良医、老有颐养、住有宜居、弱有众扶、优军优抚、文化体育九大重点工程展开，因篇幅所限，现对教育、医疗、就业等方面采取的措施进行简要介绍。

1. 推动教育均衡高质量发展

四川省始终把教育摆在优先发展的战略位置，以全国第七位的财政收入、安排了全国第五位的教育经费、支撑着全国第六位的教育规模。"四类地区"经济发展相对滞后，农村地区、民族地区、边远革命老区教育发展不平衡、不充分的问题更为突出，必须通过扎实的工作举措来应对化解。

一是着力推动教育均衡发展。在推进"四类地区"教育机会公平、资源配置公平、制度政策公平等方面持续发力，推动基础教育优质均衡发展、职业教育提质融合发展、高等教育内涵式高质量发展，特别是通过实施学前学普行动、民族地区"9+3"免费教育计划、民族地区15年免费教育计划，不断缩小城乡、区域、学校、群体教育之间的差距，构建优质均衡的基本公共教育服务体系。二是着力推动县域学前教育普及普惠督导。办好学前教育关系适龄幼儿健康成长，关系社会和谐稳定。县域学前教育普及普惠督导发展省级督导评估，是对县政府落实教育优先发展战略、统筹管理和履行教育工作职责的一次全面检阅，也是对各县学前教育改革和发展、经费投入与管理、办园条件、队伍建设、学前教育管理水平的集中展示。三是纵深推进现代职业教育体系建设改革，为区域经济社会高质量发展提供有力支撑。省政府出台《四川省职业教育改革实施方案》，涉及六大领域、17项改革举措、100项改革建设任务，推进职业教育地方立法，积极推动《四川省职业教育条例》颁布实施，为职业教育健康发展提供法治保障。四是着眼提升"铸牢中华民族共同体意识"深化民族教育改革。深入实施学前学普行动，强化国家通用语言文字教育，壮大专业化教师队伍，推动四川民族地区教育与全国同步实现新跨越。

2. 促进医疗卫生资源扩容下沉和均衡发展

建设优质高效医疗卫生服务体系，为"四类地区"人民群众提供安全有效、公平可及、方便可负担的高品质医疗卫生服务。一是实施医疗卫生能力现代化行动，筑牢基层医疗卫生服务网底。2024年2月，四川省人民政府办公厅印发了《四川省建设优质高效医疗卫生服务体系实施方案》，要求"配齐中心乡镇卫生院适宜设施设备，推进服务能力标准化建设"。二是推进县域医疗卫生次中心建设。次中心通常承担着县域内的医疗救治、急诊急救、人才培训、技术指导和公共卫生示范等重要职能，是连接乡村卫生服务和县级医疗机构的关键枢纽。作为四川省在全国率先提出、提升基层医疗机构服务能力的一项探索，也是四川省依托现有中心镇和特色镇卫生院打造具有二级综合医院水平的基层医疗卫生机构的重要举措。在建设县域医疗卫生次中心过程中，通过制定建设指南、优化资源配置、强化科学布局、政策支持、人才保障和信息化建设等措施，优化"四类地区"县域医疗卫生资源配置，提升农村基层卫生健康事业发展。

3. 启动人社公共服务标准化建设三年行动

2022年，四川作为全国7个试点省（市）之一，开展了人社公共服务标准化试点，建立了公共就业、社会保险、流动人才档案管理等457项人社内部标准和5个省级地方标准，试点成效获得人力资源社会保障部的肯定和群众的认可。2023年，四川省继续推进此项工作，并在2024年进一步对此进行拓展深化。2024年3月，四川省正式启动实施四川省人力资源社会保障公共服务标准化建设三年行动，以标准化建设促进基本公共服务均等化、普惠化、便捷化。四川省人社公共服务标准化建设将从标准体系建设、标准化成果应用、标准化效能提升三个方面进行布局，系统实施标准供给提质扩容、标准应用数字赋能、标准效能系统提升三大行动，共10项重点任务，力争通过标准化行动为"四类地区"居民提供均等化、普惠化、便捷化的基本公共服务，为改善民生和提升未来发展能力提供重要支撑。

（四）实施特色优势产业培育行动

"四类地区"矿产资源、清洁能源、生态资源、民族特色手工业优势突出，复杂的地形地貌和多样的气候类型也为"土特产"的形成创造了有利条件，中央农村工作会议提出要做好"土特产"文章，特色产业的培育发展成为"四类地区"城乡要素双向奔赴、城乡产业共振发展的内生动力。在产业发展过程中，不少乡村积极引入人才、技术、资本，打开"四类地区"城乡要素交换流动的大门。一是依托丰富的清洁能源，积极发展绿色产业。加快建设新型能源体系、新型电力系统，全力提升能源供给总量，持续优化调整能源结构，不断深化国家清洁能源示范省建设，促进水风光氢天然气等多能互补发展。二是用好丰富的矿产资源，推动战略资源创新开发。2024年开展新一轮找矿突破战略行动，加快战略性矿产资源开发和转化；深化攀西国家战略资源创新开发试验区建设，打造国家钒钛战略材料基地。三是推动三产融合，做好"土特产"文章。2023年8月，省委十二届三次全会提出，要推动三次产业高质量融合发展，特别要求做好"土特产"大文章，发展川粮油、川畜、川菜、川果、川茶、川竹、川药等特色产业，制定出台促进"川字号"优势特色产业"三链同构"实施方案，同时选育50个"链主"龙头企业，引领50条产业链补短延链。四是多措并举推动民族产业发展。坚持把产业发展作为铸牢中华民族共同体意识和促进民族地区脱贫增收的核心支撑，以现代科技为动力，以创建现代农业园区、打造现代产业基地、加强与省市农业科研院校科技合作为抓手，把民族特色手工业、文旅生态资源优势转化为产业优势。

（五）实施现代农业增效行动

四川是农业大省、人口大省、资源大省，是保障国家重要初级产品供给的战略基地，在"四类地区"，农业是重要的支柱性产业之一。近年来，省委、省政府高度重视"四类地区"的农业现代化推进工作，着力提高农业生产效率，保障国家粮食安全，实现共同富裕。

一是聚焦稳粮保供，用单产带动总产提高，打造高水平"天府粮仓"。高质量推动"天府粮仓·百县千片"建设，通过高产示范带动全省粮食稳产增产，结合"四类地区"的农产品主产区建设和安宁河谷农业资源禀赋，持续打造粮经复合、种养循环、稻渔耦合等助农增收的复合型生产模式，推动农业新型经营主体培育，为高水平"天府粮仓"建设提供重要支撑。二是以现代农业园区建设和"三品一优"行动为抓手提升农业集群化发展水平和竞争力。联合地方政府持续抓好优势特色产业集群建设，积极争创国家现代农业产业园和农业现代化示范区，培育国家、省、市级现代农业园区。实施农业品种培优、品质提升、品牌打造和标准化生产的"三品一优"提升行动，助力提升"川字号"农业特色产业规模和竞争力。三是努力延伸农业产业链条，创造美丽乡村的多种新业态。提高农产品商品化处理能力，在农产品产地初加工和产后精深加工上做文章，开发农业多种功能，挖掘乡村多元价值，努力将"四类地区"建设成为现代农业高质量发展示范区、城乡产业协同发展先行区。

（六）实施特色文旅发展行动

四川省拥有得天独厚、广阔丰富的旅游资源，红色旅游、民族风情、高山湖泊、远古冰川等生态资源、巴蜀文化等历史文化资源交相辉映，"四类地区"是这些丰富文旅资源的主要承载地，良好的资源禀赋为"四类地区"发展特色文旅创造了有利条件。一是明确文旅发展定位，形成差异化竞争格局。规划建设不同主题精品旅游线路，引导客流、物流有序流动，用好大自然赐予的宝贵自然资源，借力和服务世界重要旅游目的地建设。二是完善配套建设，提升便利度和体验感。修路架桥，不断完善"快旅慢游"的交通体系和旅游接待配套设施，着力提升游客的体验感和往来的便捷度。三是发挥龙头带动作用，积极打造文旅消费新业态新场景。突出四川特色，评选推出天府旅游名县、名品，打造文旅新业态新场景。

（七）实施改革开放赋能行动

改革开放是当代中国最鲜明的特色。四川主动服务国家战略全局，准确把握全面深化改革的阶段性新特点新任务，锚定"加快打造改革开放新高地"的目标，着力破除体制性障碍、打通机制性梗阻、推出政策性创新，不断催发四川高质量发展的内生动力。

党的二十届三中全会召开后，四川省委积极推动本省下一阶段改革工作，要求聚力谋划推出一批战略性牵引性改革项目，聚焦推动县域高质量发展、增强国有企业核心功能、打造一流营商环境等重大问题，谋划推动一批务实改革举措，这三个重要改革领域都与"四类地区"振兴发展有高度关联，为下一步改革创新指明了方向。省委十二届六次全会通过了《中共四川省委关于深入贯彻党的二十届三中全会精神 进一步全面深化改革 奋力谱写中国式现代化四川新篇章的决定》，着力在激发经营主体活力、科技创新和科技成果转化、城乡融合发展、经济区与行政区适度分离、扩大向西开放、促进共同富裕、数字化信息化赋能经济治理等引领性改革上攻坚突破。这些改革的实施将为"四类地区"加快发展带来更大动力。

（八）实施欠发达县域结对共富行动

区域发展不平衡是四川面临的一个突出矛盾，已成为制约全省协调发展的短板。为推进全省高质量发展，帮助欠发达市县实现跨越式发展：一是建立协调机制和工作专班，整合五支帮扶力量。推动39个欠发达县域涉及的市（州）党委、政府建立运行党委、政府主要领导任总负责人的协调机制，形成"上下贯通""横向联通"的工作格局。建立党建引领帮扶工作共同体，进一步强化39个欠发达县级工作专班对省级定点帮扶、东西部协作、省内结对帮扶、在川央企和省内国有企业五支帮扶力量的统筹整合力度，努力形成责任共担、产业共抓、民生共促、发展共推的工作格局。二是推动欠发达县域交通运输高质量发展。2024年4月，四川省交通运输厅印发了《39个欠发达县域交通运输高质量发展专项实施方案》，紧扣2027年欠发达县域摘帽这一关键时间节点与任务，规划公路水路交通运输体系，有效支撑欠发达县域加快追赶、跨越发展。三是聚焦产业发展和农民增收，建立先富带后富帮扶机制。坚持"县为主体、市级统筹、厅市县三级联动"，落实"厅领导、责任单位、科技服务团队、龙头企业"联系帮扶工作机制，推动39个欠发达县域每县确定一个主导产业、做强一个农业园区、落地一个支撑项目、培育一个带动性龙头企业、形成一套助农增收工作体系，全力助推欠发达县域产业高质量发展。四是推动优质教育、医疗资源向"四类地区"辐射。把工作重心多向欠发达县域倾斜，政策措施多向欠发达县域投放，项目资金多向欠发达县域安排，切实做到真帮、真扶、真投、真干，持续改善基础教育办学条件，提升基层医疗服务能力，推动成都、绵阳等地优质教育医疗资源向"四类地区"辐射扩散。

二、四川省"四类地区"振兴发展取得的成绩与经验

（一）"四类地区"振兴发展取得的主要成绩

自2023年8月《意见》发布实施以来，"四类地区"振兴发展取得的成绩主要体现在以下几个方面。

一是"四类地区"经济发展质量和效益稳步提升，部分县（市、区）地区生产总值实现了明显的提质升位。通过对"四类地区"125个县（市、区）相关数据的统计，2023年"四类地区"GDP为2.26万亿元，比2022年的2.1万亿元，增长了0.15万亿元，增速为7.1%，高于全省6%的增速1.1个百分点。"四类地区"GDP在全省GDP中的占比从2022年的37%上升到

了37.6%，提高了0.6个百分点，"四类地区"人均GDP为全省平均水平的75%。[①]尤其是属于"四类地区"的39个欠发达县域经济总量在2023年同比增加了130亿元。[②]从个案来看，部分"四类地区"的一些县表现抢眼，从全国百强县榜单来看，四川省2023年有7个县入选，其中西昌市、江油市、宣汉县3个市（县）属于"四类地区"，在全国经济增速放缓的宏观背景下，江油市（革命老区）和宣汉县（革命老区、脱贫地区）新增为全国百强县。泸州市古蔺县（革命老区、脱贫地区、盆周山区）GDP、地方一般公共预算收入、全口径税收都实现了较快增长，实现了从脱贫摘帽县到西部百强县、全省县域经济发展先进县的华丽转变。

二是基础设施支撑能力持续增强。在凉山州、达州市、广元市等"四类地区"扩大和加速基础设施投资的影响下，2023年全省铁路、公路建设完成年度投资位居全国第一，2024年6月27日，穿越川陕革命根据地核心区域的汉巴南铁路巴中至南充段正式开通运营，巴中市巴州区、恩阳区，南充市仪陇县、蓬安县等地首通高铁，对推动川东北经济区融入成渝地区双城经济圈建设、改善当地居民出行发挥了重要作用。2024年8月30日，川青铁路镇江关至黄胜关段通车，成都至黄龙九寨的通行时间从10个小时压缩至3个多小时，对于文旅产业发展提供了强大的助力。北川永昌机场历经十年建成投用，成为全省民族地区首个A1类通用机场，首条航线川通7号低空目视通道正式开通，获批川协7号无人机试飞空域，成功实现首飞，迈进低空经济新赛道，为打造西部通航产业创新高地打下坚实基础。

三是医疗、教育等公共服务取得明显成效。紧密型医共体建设稳步推进，基层医疗卫生服务能力持续提升，"四类地区"群众就近就便享受更加公平可及的健康服务，攀枝花市入选国家紧密型城市医疗集团建设试点城市。加强对贫困地区、民族地区农村学校资源配置倾斜，着力缩小城乡、地区间办学条件差距，积极推进义务教育均衡发展，汶川县被教育部确定

---

① 数据由课题组对125个县（市、区）的2022年和2023年的相关数据计算得来。

② 资料来源：2024年7月10日召开的四川省县域经济高质量发展推进会议上，省发展改革委通报的全省县域经济发展情况。

为"义务教育优质均衡发展先行创建县",全省24个县(市、区)完成学前教育普及普惠国家督导评估实地核查,广安市成为全国首个全域完成该项核查的地级市。借助数字化信息基础设施着力推进教育均衡的"四川云教"城乡联盟优质资源惠及薄弱学校1700余所。

四是各领域改革持续推进,创新活力不断释放。在20个县(市、区)深化县域内城乡融合发展改革试点,加快形成县乡村统筹发展、一体化发展格局。深化医疗服务价格改革启动,进一步夯实医疗机构的发展支撑,为深化"三医"联动提供助力。省管大型灌区一体化改革全面完成,水权水价改革有序实施;攀枝花共同富裕试验区建设扎实推进;深化河湖长制工作,宜宾市江之头、阿坝州花湖入选全国美丽河湖,绵阳市芙蓉溪入选全国幸福河湖建设试点,大熊猫国家公园建设取得显著成效,若尔盖国家公园创建任务基本完成,9个地区建成第七批国家生态文明建设示范区和"两山"实践创新基地。

五是城乡环境持续优化。学习应用"千万工程"经验,加快推进宜居宜业和美乡村;广元、广安的海绵城市建设,在灾害防治等方面发挥积极作用;"四类地区"城乡环境改造提升和美丽乡村建设取得显著成效,农民更富,乡村更美;"四类地区"中很多县参与了城市有机更新和特色小镇建设,在提升居民生活品质的同时,也为产业发展打下了基础。

六是特色产业发展稳步推进。推动"天府粮仓·百县千片"建设,提升耕地质量,大面积提高单产水平,2023年四川粮食产量达到了718.8亿斤,创26年来新高。粮食安全保障能力得到稳步提升。创新思路,按照大农业观、大食物观,加快建设"天府森林粮库",将森林打造成集水库、钱库、粮库和碳库于一体的"森林四库"并在全国形成示范带动作用。广元的铝产业、达州的天然气产业、北川的低空经济和通航产业等产业谋划布局稳步推进,中医药产业规模和质量不断提升,少数民族地区矿产资源勘探取得突破性进展,在甘孜探获了亚洲规模最大的硬岩型单体锂矿,为下一步开发利用和产业培育提供了良好基础。"四类地区"红色资源、生态资源、文化资源等交相辉映,文旅产业蓬勃发展。

（二）"四类地区"振兴发展的主要经验

1. 坚持党的全面领导，做好整体规划和统筹协调

"四类地区"覆盖范围广、支撑其振兴发展涉及的领域多且复杂交错，对于综合指挥协调提出了较高要求，各级党委的高度重视、领导定向、统筹协调是影响政策绩效的决定性因素。共同富裕是中国特色社会主义的本质要求，也是中国式现代化的重要特征，聚焦经济发展的薄弱区域，加快补足短板弱项，进而实现区域协调高质量发展是党中央作出的重要决策部署。为加快推进"四类地区"发展，四川省委、省政府印发《意见》，对加快"四类地区"振兴发展的目标任务、路径举措、组织保障等进行具体部署，县（市、区）、乡（镇）、村各级党组织积极贯彻落实，用好集中力量办大事的制度优势，充分发挥党组织的战斗堡垒作用和党员干部的创新引领、先锋示范作用，凝聚共识，调动不同层级、不同行业系统的主体力量，集聚整合各方资源，形成支持、引领、带动"四类地区"振兴发展的政策协同效应。

2. 坚持系统谋划与分步分类实施相结合，明确重点并打造亮点

"四类地区"的振兴发展涉及地域广、主体多、领域宽，是决定全省经济社会高质量发展和中国式现代化建设四川实践成效的重要组成部分，《意见》既对"四类地区"振兴发展从整体上进行系统、全面和长期的谋划布局，又分为2027年和2035年两个阶段，从基础设施补短板、特色优势产业培育、改革赋能等八大领域着眼明确具体的振兴发展举措，将宏观性的愿景引领与操作性的具体抓手结合起来，在促进"四类地区"振兴发展、实现"五区共兴"的整体目标引领下，根据全省经济发展形势和财力政策等资源丰歉程度灵活决定地域范围和着力重点领域，在统筹兼顾与集中优势资源完成年度或阶段性重点任务目标并打造形成一批起到示范带动作用的亮点间形成平衡，努力探索形成西部欠发达地区优化配置有限资源实现区域协调发展的方法论。从2023年8月发布了"四类地区"125个县（市、区）这一较大地理范围的振兴发展意见后，又进一步聚焦在其中39个发展基础最为薄弱的县并确定了拖底性帮扶十条措施，作为《意见》实施起步阶段的配套政策和具体抓手。

3. 坚持以新旧动能衔接转换为主线，打造振兴发展双引擎

当前全球正处于技术革命和产业变革的关键时期，在宏观（国家层面）、中观（省市层面）和微观（县乡层面）都面临着新旧动能转换的命题。"四类地区"经济发展基础相对薄弱，相比成都等国家中心城市、省会城市，在科技创新、数字算力赋能和新质生产力培育方面的优势不够突出，属于全省经济发展的基本盘和稳定面，传统一二三产业占据主导地位，但在清洁能源开发、丰富矿产资源的新材料转化、生态产品价值实现等方面也孕育着新的发展潜力和发展动能。四川省在推进"四类地区"振兴发展过程中，高度重视新旧动能的衔接转换，按照先立后破的原则推进传统产业智能化、绿色化、高端化转型升级，在保持"四类地区"经济平稳且可持续发展的前提下，在部分领域进行创新改造，为产业转型升级和价值链攀升储备空间，着力打造"四类地区"振兴发展新旧动能双引擎。

4. 坚持以机制优化为抓手，畅通振兴发展内外双循环体系

欠发达地区的振兴发展既要靠自身在内部挖掘潜力和拓展空间，又离不开上级政府的支持和先行者的引领带动帮扶，构建优化多元主体之间的利益联结机制是实现造血与输血有效配合的关键。在四川省"四类地区"振兴发展中，各级党委、政府一方面积极推动"四类地区"发挥主观能动性、用好自身优势资源禀赋，积极发展特色优势产业，形成市场竞争环境下的独特性，不断提升地区产业和产品的市场竞争力；另一方面通过重大项目投资布局、发达地区产业转移承接、东西协作、结对帮扶等措施对"四类地区"进行扶持，引导资金、信息、人才等支撑振兴发展的高端要素流向"四类地区"，从理念变革、产业升级、市场拓展、民生改善、治理增效等维度综合着力，全面重塑"四类地区"的经济社会面貌和发展格局，在行政区与经济区适度分离、飞地建设、增量税收分享机制等方面展开探索。"四类地区"振兴发展的内外双循环体系渐趋成型。

5. 坚持以改革创新为源泉，培育良好的振兴发展生态

"四类地区"发展相对滞后既有客观因素的现实制约，又受到当地干部群众观念更新迟缓、制度变革滞后、营商环境培育不足的负面影响。因此，推动"四类地区"振兴发展既是发展命题，也是改革命题。四川省在推动"四类地区"振兴发展中，高度重视改革创新的牵引作用，将"实施改革开放赋能行动"作为八大行动之一，通过改革创新破除旧观念旧制度对当地经济社会的制约，通过改革调动多元主体谋划和推动发展的积极性和主动性，激发区域创新创造活力，形成鼓励创新、支持创新、奖励创新的良好社会文化氛围；推动服务型政府建设和营商环境对标创新，为民生改善和企业降本增效提供切实的支持；深化重点领域和关键环节改革，在要素市场化配置、国有企业整合重组、深化区域开放合作等方面积极开展探索创新，在城市更新、海绵城市建设、数字乡村建设、革命老区县振兴发展等领域开展试点，在省级层面积极跟踪总结改革创新经验，并将改革成果向其他市县进行推广应用。

三、四川省"四类地区"振兴发展面临的机遇和挑战

（一）"四类地区"振兴发展面临的机遇
1. 成渝地区双城经济圈建设

推动成渝地区双城经济圈建设，是以习近平同志为核心的党中央统筹"两个大局"作出的重大战略决策，是全面建设社会主义现代化四川的总牵引，也是"四类地区"振兴发展的总牵引。要推动成渝地区双城经济圈建设，在西部形成高质量发展的重要增长极，是包含了"四类地区"所在区域在内的区域高质量发展增长极，迫切需要补足短板和弱项。作为国家四大城市群之一，在交通基础设施建设、重大项目布局等方面将迎来诸多政策红利，"四类地区"所在区域本身建设密度相对较低，可挖掘空间大，将成为承接成渝地区双城经济圈建设政策红利的重要区域，为"四类地区"突破交通瓶颈和产业扩容升级提供了有利条件。四川省积极把握这些机遇，相应推进"四类地区"基础设施建设，相继落地一批重大交通项目，上下聚力打造交通极，除高速公路外，国省道提档升级、内河航道达标升级、枢纽场站、文旅融合等众多项目都在加快推进。

2. 新时代西部大开发战略的实施

四川是我国发展的战略腹地，在国家发展大局特别是实施西部大开发战略中具有独特且重要的地位。新时代西部大开发为四川省"四类地区"振兴发展提供重要的战略机遇。按照党中央决策部署，新时代的西部大开发要以发展特色优势产业为主攻方向，因地制宜发展新兴产业，加快西部地区产业转型升级；要加快传统产业技术改造，推进重点行业设备更新改造，推动传统优势产业升级、提质、增效，提高资源综合利用效率和产品精深加工度；要把旅游等服务业打造成区域性支柱产业；要以大开放促进大开发，提高西部地区对内对外开放水平，西部陆海新通道建设、沿线地区开发开放和"一带一路"建设的通道为西部地区打开了广阔的市场发展空间；要统筹推进高质量发展和高水平安全要求提升能源资源安全保障能力，要求加快建设新型能源体系，做大做强一批国家重要能源基地。新时代西部大开发的这些发展重点领域与"四类地区"的发展诉求高度重合，借助西部大开发的推进实施可以为"四类地区"振兴发展提供诸多助力。

3. 共同富裕的推进实施

中国式现代化是全体人民共同富裕的现代化，在实现共同富裕过程中要特别关注欠发达地区和弱势群体。一方面通过转移支付、基础设施建设、产业扶持等措施为贫困地区发展经济提供支持，提供更多的就业岗位和较高的收入；另一方面通过提高教育、医疗、社会保障等公共服务质量，提升当地群众的健康文化素质，促使其获得更加公平的发展机会，切断贫困的代际传递。共同富裕的实现需要先富带动后富，通过东西部协作、结对帮扶等举措引导发达地区的优秀人才、先进管理理念和资金技术等要素逐渐流向欠发达地区，促进区域协调发展的倾斜性支持政策为"四类地区"带来更多投资和项目布局，在缩小地区差距的同时，助力"四类地区"摆脱传统发展路径，转向科技创新驱动和均衡协调的高质量发展新阶段。

4. 绿色低碳发展和高质量发展理念的贯彻落实

"3060"双碳承诺为我国能源转型和绿色产业发展提供了广阔的市场空间，"四类地区"风光水电等清洁能源富集，生态本底优良，过去因为发展理念、技术开发条件、人才资金等方面因素的限制制约了资源开发和经济价值转化。全社会大力倡导绿色低碳发展和大力推动生态文明建设的宏观背景，为这些地区突破现有制约，促进特色优势产业发展和资源有效利用提供了有利环境和条件。长江经济带发展、黄河流域生态保护和高质量发展等国家重大战略在川叠加，也为四川省"四类地区"的发展提供难得的战略机遇。

此外，随着整个社会在科技创新能力提升和培育新质生产力等方面的实践推动，对新材料等未来产业的孵化培育必然推动技术进步和新的市场需求出现，这将是"四类地区"丰富的矿产资源转化创造的有利契机。

（二）"四类地区"振兴发展面临的挑战

当前，"四类地区"发展动能不断增强、当地群众生活水平不断提高。我们在看到"四类地区"振兴发展取得的诸多成效和面临的诸多有利机遇时，还必须认识到："四类地区"集少数民族地区、革命老区、生态脆弱敏感区、欠发达和基础薄弱地区等于一体，是国家和四川省推动高质量发展的重要战场、最大短板。"四类地区"在振兴发展过程中还面临不少困难、问题和挑战，主要集中在以下六个方面。

1. 底子薄、基础差，财政收支平衡压力较大

"四类地区"大多属于边远欠发达地区，经济发展基础薄弱，自有财力有限，发展过程存在历史欠账问题，县域财政普遍困难，对于上级财政转移支付的依赖度高，在经济增速放缓、债务还本付息压力大增、交通水利等基础设施项目建设成本相对较高和资金配套压力大等多重因素影响下，资金缺口较大，大多县的财政收支平衡存在较大难度，缺钱成为大多数县的通病，在"三保"得到保障后，缺少进行发展建设和民生改善所需的财力支持。以全部县（市、区）全部属于"四类地区"的阿坝州、甘孜州和凉山州为例，2022年三州一般公共预算收入依次为347542万元、478251万元和1841170万元，而其2022年的一般公共预算支出分别为3035414万元、4137602万元和6455348万元，财政收支缺口较大，对转移支

付的依赖度高。①

2. 通道建设尚有较大差距，基础设施短板仍比较突出

对标交通强省建设和现代化高质量综合立体交通网发展要求，四川省交通仍然"大而不强""东强西弱"。"四类地区"密集的进出川大通道能力不足，道路交通留白较多。高速铁路、内河水运瓶颈制约明显，西向川青、川藏综合运输大通道未贯通，北向广元至汉中通道能力日趋饱和，南向西部陆海新通道西线铁路通道技术标准偏低，东向成渝双核间通道能力不强、速度不快。村互联毛细血管尚未完全联通，尤其是三州地区因自然灾害造成的道路损毁情况较为突出。交通基础设施的滞后极大地影响了群众出行、产品运输和产业发展。

3. 资源转化利用不足，产业提质增效任重道远

"四类地区"产业发展进入转型升级攻坚阶段，产业结构层次不高，资源密集型、劳动密集型、资金密集型产业占有较高比重，产业创新能力有待提升，产品附加值偏低，同构化问题还比较突出。特色农业规模偏小、经营主体带动力弱、产业增值链条不强、品牌价值发挥不充分、园区建设要素集聚不够、产品流通体系不完善，县域产业集群尚未形成，县与县之间的联动不足，尚未形成抱团发展的良性互动格局。因城市能级相对较小，在上下游产业培育、原材料和零部件配套、物流信息服务等方面存在短板，产业转移承载能力不强，在产业梯度培育中竞争力较弱。清洁能源受电力外送通道限制，水电产业产销矛盾突出，导致"四类地区"丰富的清洁能源实际开发利用不足。受环保影响，基础材料价格持续上涨，影响了当地产业的市场竞争力。在区域经济发展中还存在产业融合不够、市场拓展不足、服务效率不高、传播影响力不大、市场主体活力不足等难点痛点问题。

4. 公共服务质量面临发展瓶颈，与居民需求还有较大差距

受人口流动、出生率下降等多种因素叠加影响，教育医疗等公共服务

---

① 资料来源：《四川统计年鉴2023》。

呈现拥挤与浪费并存的现象。县城中心学校人满为患，农村学校生源缺乏，校园建设、仪器设备、教师等配置面临着较大调整压力。不少地区县域医疗卫生次中心在运营和作用发挥上仍面临亟待突破和解决的难题。因基本建设、大型设备采购、专业人才培训、公益性服务活动等支出增加，一些公立医院负债运行。急诊、感染、老年病、临床营养等专业人才极度紧缺，营养、老年病等科室开科不足。县级疾控专技人员总量不足且年龄结构趋于老化，乡镇及村级防疫资源更加稀缺，城乡居民防控意识薄弱。看病难和看病贵，因病返贫等问题比较突出。受整体经济增长趋缓影响，区域内新增就业岗位有限，收入保障能力不足。

5. 资源环境约束趋紧，人才、土地等要素支撑不足

当地企业经济规模普遍较小，缺乏高精尖产业，可提供给大学生的岗位不多，部分地区交通仍然不太便利，人口数量及聚居程度较低，人才吸附力、招引力度不足，特别是年轻专业技术人员"招""留"困难，通过引才、招录、商调等方式引进硕博高端人才流失率高，加上专家带动能力不足，导致自主培养周期较长，形成不了有效的人才队伍。用地矛盾突出，产业政策与生态保护政策之间有时存在冲突。"四类地区"大多属于高原、丘陵、盆周地区，"三区三线"划定对其国土空间集约高效利用提出更高要求，空间约束导致基础设施建设成本显著高于平原地区。在"四类地区"从工业化初期向中期迈进过程中，工业发展用能、用水、用地需求普遍较高，面对《四川省国家重点生态功能区产业准入负面清单》《长江经济带发展负面清单指南》等较高准入门槛，工业项目审批建设成本高，工业化进程更加艰难。尤其是川东北经济区的"四类地区"现有各类生产要素被成都、重庆、西安等国家中心城市虹吸严重。

6. 干部群众思想观念相对保守，改革创新生态尚待优化

与相对落后的经济基础相伴随的是干部群众在思想观念上的闭塞保守，面对经济社会现代化转型升级，不确定性、矛盾冲突和风险挑战日益增多，"四类地区"干部群众"等靠要"思想在一定程度上仍然较为严重，尤其是党员领导干部的领导能力、服务意识、处理复杂问题的能力还有所欠缺，干群关系有待改善，企业家的创新精神、责任意识还有待提升，鼓励创新、包容失败、良性竞合的社会氛围还有待培育。

四、四川省加快"四类地区"振兴发展的原则和建议

（一）四川省加快"四类地区"振兴发展的总体原则

"四类地区"的振兴发展进程和成效事关高质量发展与现代化建设的成色，在全省经济社会发展中占据重要地位，全省上下必须形成共识并锚定目标予以贯彻落实。同时，"四类地区"振兴发展将是一个长期、复杂的系统工程，要如期实现振兴发展目标必须处理好"四类地区"与非"四类地区"的关系，"四类地区"中革命老区、脱贫地区、民族地区和盆周山区等不同类型地区的关系，以及各种类型地区不同县（市）、乡（镇）的关系，特别要注重振兴发展中的原则与策略的辩证统一，在总体上遵行统一的工作推进原则，这是确保整个推进工作有序推进的前提，在此原则确定的情况下，策略选择的可行性和执行效果才更有保障。

基于此，本报告认为四川省在推动"四类地区"振兴发展中要坚持四大原则：一是优化权责配置，形成振兴合力。"四类地区"振兴发展涉及多个层级政府、不同行业部门和多元主体利益，只有明确分工和权责分配，才能避免政策打架和管理越位与缺位的问题，尤其是要明确权责履行情况的考核指标体系，使权责配置落到实处并可依据客观的评估结果进行监督奖惩，使振兴发展工作有序有力。二是统筹发展与安全，强化风险防范应对。当前和今后一段时期，受国际形势和经济社会转型影响，我国各个领域面临的不确定性大大增加，尤其是在经济发展基础相对薄弱的"四类地区"，潜藏的风险挑战可能更加突出，因此在振兴发展中要将发展与安全兼顾起来，通过发展化解冲突矛盾，通过风险隐患的及早识别和科学防范，为发展创造更加有利的环境。持续巩固拓展脱贫攻坚成果，强化产业帮扶、就业帮扶和易地搬迁后续扶持，落实39个欠发达县域托底性帮扶十条措施，深化东西部协作、对口支援和革命老区对口合作，完善防止返贫常态化监测帮扶体系，确保不发生规模性返贫。尤其是对"四类地区"的债务风险、

民族关系处理、污染治理、重大工程项目安全生产等方面予以更多重视，并做好应急处置预案。三是系统规划布局，分类分步推进。进一步明晰省内各地的功能定位，推动省内区域协同发展部署加快落实：实施"五区共兴"系列支持政策，"一中心一方案"支持省域经济副中心和区域中心城市建设，支持攀枝花建设共同富裕试验区，支持广安深化改革开放探索高质量发展新路子，通过这些经济副中心和区域中心城市辐射带动其周边的革命老区、脱贫地区、民族地区、盆周山区振兴发展。在经济增速放缓、可调度使用的资源相对有限的情况下，要改变传统的撒胡椒面式的资源配置方式，在对"四类地区"振兴发展进行系统规划布局的基础上，要分类分步明确各个阶段的工作重点，要集中优势资源形成阶段性的显性化工作成效，尽早形成物化成果。四是强化主体意识，加大支持力度。"四类地区"振兴发展的主体是当地的政府、企业和居民，是影响振兴发展成效的内因和关键，要摒弃"等靠要"落后观念，充分发挥自身资源优势和主观能动性，将自身的发展规划深度融入全省布局规划，把握数字化和绿色化转型的时代机遇，用好中央和省市的政策红利，努力弥补在前期发展中形成的差距与短板。省市政府应加大资源倾斜力度，破除制约"四类地区"振兴发展的瓶颈问题，引导发达地区和优质企业开展对口帮扶，并优化考核激励机制，内外联动提升振兴发展的政策效应。

（二）四川省加快"四类地区"振兴发展的对策建议

对比振兴发展目标以及相应的考核维度，"四类地区"在财力资源支撑、交通基础设施建设、产业发展、公共服务质量和要素保障等方面与理想目标还存在一定差距，这些支撑"四类地区"振兴发展的关键因素和短板弱项，是当前和今后一段时期四川省加快推进"四类地区"振兴发展的关注重点和着力方向。按照党的二十届三中全会的战略部署，结合省委十二届六次全会精神和省县域经济高质量发展大会相关决策部署，建议从以下方面推进"四类地区"振兴发展。

1. 用好财税改革契机，"税费利债股"综合施策加强财源建设

"四类地区"经济发展基础相对薄弱，其中有相当一部分县长期依靠上

级政府的转移支付，因经济增速趋缓、产业转型升级、债务还本付息期来临等多重因素影响，基层财政收支矛盾更加突出，实现保基本民生、保工资、保运转（简称"三保"）尚有较大压力，腾出财力资源用于产业扶持培育、道路交通建设和公共服务质量提升就更是难上加难。所以，推进"四类地区"振兴发展的前提是用好新一轮财税改革和全面深化改革契机，全面加强省、市、县三级政府的财源建设。具体而言可以从六个方面着力：一是实施县域产业十亿、百亿培育行动。用好资源优势，加强资源转化，通过培育特色优势产业涵养税源，尤其是在能源和矿产资源等高含税量产业上开展精细化呵护培育，在央地税收分享上争取更大的地方留存比例。二是切实落实减税降费政策，帮助企业共渡难关。对传统产业、中小企业等实行减税降费政策，降低企业制度性成本，提升企业市场竞争力和可持续经营能力，帮助企业渡过经营难关，保持企业正常运转和就业稳定。三是加强国有资产资源经营思维，盘活闲置资产。强化城市经营思维，深入推进国有企业改革，激发竞争活力，提升国有企业的利润上缴比例，通过市场化方式招聘专业经营人员，对土地、闲置房产、公园、文化场馆等公共空间进行盘活增值。四是科学用债，降低资金成本。在保证债务风险整体可控的情况下，积极争取一般债券和专项债券配额，为"四类地区"发展争取更多低成本资金，用时间换空间。五是优化产业链、财政资源和金融资金链的融合互动，实现调控政策的放大共振效应。设立产业投资基金，引导社会资本跟进投入，通过股权投资等现代管理方式打通三者之间的界限，实现产业、财政与金融三者的放大共振效应。通过"税费利债股"综合发力，挖掘财源空间，做大经济总量，做实振兴发展政策的财力保障。六是逐步降低或取消上级配套资金要求。上级政策一般要求地方政府按一定比例安排地方配套资金，这对欠发达县域财政来说是一项较为沉重的负担。欠发达县域经济总量小，本级财力薄弱，而社会保障等民生政策性配套、项目建设配套资金过高，县级财政运行艰难，建议上级财政取消欠发达县域重大公益性及基础设施建设项目地方政府配套，并对高铁（含铁路）、高速公路、机场、大型水利工程等重大基础设施建设项目地方配套部分给予专项补助。

2. 加大基础设施建设力度，着力突破交通瓶颈

基础设施通达程度和便利水平直接影响着要素流动和企业经营成本。近几年"四类地区"的交通基础设施建设已经取得了较大进展，但与省内发达地区相比还有较大差距，而且交通基础设施建设所要求的主体层级和投资体量一般也超过了县级政府的承受范围，因此，"四类地区"振兴发展仍要紧紧围绕突破交通基础设施限制这个主要目标展开，可以具体从交通网络体系、航空运输、交通科技、毗邻区道路连接等方面着力。一是优化"四类地区"交通网络体系。以国家级主通道为骨架，进一步加密"四类地区"交通网，做好与上位规划的衔接，形成分层次、成体系的交通网络。二是借助低空经济和通航产业发展契机，推动"四类地区"航空运输发展。构建综合交通运输体系，充分发挥通用航空"小机型、小航线、小航程"特点，弥补地面交通及公共航空运输的不足，对纳入国、省级规划的高铁、机场等重大基础设施项目优先向国家申报，加快实现各种交通方式合理分工和有机衔接。三是推广应用最新道路科技创新成果，用科技赋能高原山区交通建设。推广智能化摊铺技术、桥梁标准化建造、隧道的智能化建造等，用科技赋能高原山区交通建设，探索高原山区高速公路"适用、急用、耐用、够用"的标准体系。四是加强与毗邻省份的沟通合作，着力破除毗邻区道路的盲点、断点和堵点造成的交通阻隔，推动"四类地区"借力和融入毗邻省份发展格局。"四类地区"中不少县处于与其他省份毗邻地区，过去由于毗邻省份在交通布局上的着眼点差异，在道路衔接上可能存在着规划不优、道路等级不高甚至道路衔接不畅等问题，在探索行政区与经济区分离和全国统一大市场建设背景下，要着力破除毗邻区的交通盲点、断点和堵点，鼓励边远"四类地区"市县借力和融入毗邻省份发展和公共服务供给体系。例如，得荣县在空间距离、经济联系、居住、就医、休闲等方面与云南省丽江市、大理市更加密切，旅游具有共生互补性，如果能够融入云南的公共服务体系，则更加有利于其经济社会发展。同理，石渠县与玉树市、广安市与重庆市等川渝毗连区也都可以在经济区与行政区适度

分离的改革探索下,推动其发挥毗邻区经济地理优势,加快振兴发展进程。

3. 打好"三张牌",推动"四类地区"产业发展和质量提升

产业是生产力的载体,是就业岗位、利税创造和文化生活的源泉,"四类地区"振兴发展的关键在于发展壮大传统产业、扶持培育新兴产业,延伸产业链条并提升产业价值链和附加值,重点是打好绿色、红色和特色牌。具体来说,可以从四个方面着力:一是强化主体培育,推动民营经济、农村集体经济和国有企业发展。客观认识民营企业家和民营经济在区域经济发展中的重要作用,积极培育促进民营经济发展的社会环境;重点培养一批懂管理、会经营的新型经营主体带头人,扶持发展新型农村集体经济;深化国有企业改革,引入专门经营管理人才,提升国有企业市场竞争力。二是打好特色牌,大力培育特色优势农业。加大"四类地区"现代农业园区创建和后续政策支持,适当提升"四类地区"在省级现代农业园区评定指标比例,适当降低规模经营比重、生产综合机械化率等评定标准,并给予创建奖补资金。同时,将省级以工代赈资金更大比例投向"四类地区",重点支持农村产业发展配套的基础设施等产业平台建设。三是打好绿色牌,激励引导能源资源开发利用,推动绿色产业发展和生态价值转化。"四类地区"风、光、水、气、煤等能源资源相对丰富,提高"四类地区"风、光、水等能源资源勘探开发利用程度,鼓励其引导风光清洁能源发电全电量参与市场交易;加大"四类地区"本地用气支持力度,在本地存量用气比例、增量用气价格等方面给予倾斜。四是打好红色牌,强化文旅融合发展支持。设立"四类地区"省级文旅融合发展专项扶持基金,鼓励相邻县(市、区)整合文旅资源,联合共建高品质旅游胜地,打造精品旅游线路;适当提高"四类地区"陈列馆、文化馆、图书馆及乡镇文化站运营维护经费投入,设立历史文化遗产保护专项资金;支持"四类地区"举办地域文化特色节会、特色体育赛事等文体活动,为文旅产业发展引流造势。

4. 加大政策支持力度,不断提升公共服务质量

教育、医疗、就业等公共服务直接关系到"四类地区"居民生活质量和可持续发展能力,在这些公共服务实现全覆盖的新时期,关键是要提升公共服务质量，满足居民就读、就医、就业等要求。具体来说，可从四个方面着力：一是根据城镇化进程和人口流动实际，及时调整教育资源配置。针对"城挤、乡弱、村空"问题，调整优化学校布局和师资配备，深化"县管校聘"改革，推进学区制治理和集团化办学；优化"四类地区"公立幼儿园教师、村医编制配备，将公立幼儿园及附属幼儿园教师、村医纳入编制范围。二是促进优质医疗资源下沉，加大对"四类地区"医院经费和人才的支持力度，逐步提升"四类地区"医疗服务质量。深化公立医院改革，完善医疗卫生服务体系，启动健康四川示范县建设；引导鼓励华西医院、省人民医院等国内、省内一流医院优质医疗资源下沉，在"四类地区"设立分院或共建医联体；支持建设区域医疗信息网络，推动医疗信息资源互联互通，畅通公立医院高质量发展信息"高速公路"；将公立医院运行风险防范纳入"底线工作"，从政府投入、专项补助、转移支付、特殊奖补、项目安排等方面给予"四类地区"特殊照顾。三是着力扩大就业机会，提升居民收入能力和收入水平。积极发展劳动密集型产业，开发生态环保等公益性岗位，大力实施以工代赈项目，加强与发达地区的合作，实施劳务输出，发展职业教育和继续教育，不断提升居民专业技能，千方百计扩大就业、提升居民收入。四是关注弱势群体，强化社会保障能力，兜牢民生底线。调整"四类地区"低保年度最高标准，与防返贫监测标准"两线合一"；引入和培育专业性社会组织，加强对农村留守儿童的关爱帮助。

5. 加强制度创新，强化土地人才资金等要素保障

一是优化营商环境，降低要素成本。构建高水平的区域营商环境，针对企业痛点、难点、堵点，出台以控制成本为核心的优化营商环境意见，降低制度性交易成本和企业生产经营涉及的融资、用地、用能、物流、生态环境等要素成本。二是推进城乡融合，促进资源要素产品等双向流动。树立以人为本的城镇发展新理念，推进以县城为重要载体的城镇化建设，建设宜居、韧性、智慧城市，统筹推进新型城镇化和乡村全面振兴，提升县城综合承载能力和服务功能，提升乡村产业发展、乡村建设和乡村治理水平，促进县域经济高质量发展，加快形成城乡融合发展新格局。三是持续加强金融服务。出台专门的金融机构支持"四类地区"振兴发展的政策举措,探索开展"四类地区"和民营经济导向信贷政策效果评估,鼓励和争取金融部门推出更多金融产品,解决"四类地区"的民营企业和新型经营主体融资难、融资贵的问题。四是推动解决用地困难。支持"四类地区"土地增减挂钩与"三州"地区执行相同政策,纳入省级重点的"飞地"项目由省级保障年度土地指标的50%。五是加大人才招引保障力度。设立定向培养医疗人才"百万基金"吸引高端人才流入"四类地区";允许"四类地区"每年拿出30%以上的公务员、事业人员招录岗位面向本地户籍人员招考;建立健全硕博人才联席制度,由省级匹配"硕博人才"安家补助10万元/人,提高引进人才下沉"四类地区"挂职锻炼比例至30%。

(课题组成员:李后卿、谢芬、易飞、陈名财、张亮、王睿、胡游航)

关于39个欠发达县域托底性帮扶十条措施落实情况的报告

在新的起点上扎实推进四川高质量发展，必须坚持系统观念，着力锻长板、补短板，全面提升发展平衡性、协调性和可持续性。2023年8月，四川省委、省政府贯彻落实习近平总书记对四川高质量发展的指示要求，出台了《39个欠发达县域托底性帮扶十条措施》（以下简称《十条措施》），将39个欠发达县域托底性帮扶工作作为新时代解决四川发展不平衡不充分问题的重要抓手。《十条措施》紧紧扭住全省区域协调发展的最大短板，明确了全省39个欠发达县域，提出了"防返贫、育产业、补短板、强支持、守底线"五个方面的重点任务，实行先发地区、国有企业和民营企业与后发地区的结对帮扶，动员全省各方资源和力量，推动了欠发达县域加快追赶、跨越发展，确保了在现代化建设征程上不掉队、赶得上。

省委党校课题组联合市（州）县党校组成调研团队，分别对甘孜、阿坝、凉山、广元、巴中5个市（州）及部分托底帮扶县进行调研，对托底性帮扶"十条措施"落实的进展情况、主要成效、经验典型、卡点堵点进行较大范围的调研，现将有关调研情况汇报如下。

一、39个欠发达县域托底性帮扶措施落实工作的进展

自托底性帮扶工作开展以来，受帮扶的8个市（州）、39个县（市、区）均建立了相匹配的工作推进机制，认真落实省委、省政府关于欠发达县域托底性帮扶工作的有关重要决策部署，在组织保障、项目对接、资金落实、人才帮扶等方面稳步推进。

（一）组织保障：落实机制、成立专班

通过省、市、县三级协同作战，采取多项举措，确保39个欠发达县域的托底性帮扶工作有力推进。组织保障机制及定位见表1。

表1　组织保障机制及定位

层级	机制		定位
省级	协调机制	协调机制	总牵头、总协调，以解决问题为导向，统筹协调、上下联动
		办公室（发展改革委）	日常工作
市级	工作机制	联合推动工作机制	党政主要领导担任"双组长"、12个县级专班和州级相关部门共同参与
		协调机制	以常务副州长和州委常委、组织部部长为召集人的协调机制
		部门工作专班	本系统托底帮扶工作有组织、建成效。实行周交流、月汇报、年总结模式
县级	工作专班	县级工作专班	聚焦帮扶工作的"管道"作用。党政主要领导任班长和副班长，成员由结对帮扶地、帮扶国有企业、省直帮扶部门单位明确指定的中层干部，东西部协作驻各县牵头负责人组成
		办公室（发展改革委）	日常工作
		专班例会	与省直部门、帮扶企业建立对接体系。保证托底性帮扶工作"周调度、月例会、季推进、年全会"推进机制顺畅运行
		县委常委会、县政府常务会	定期专题研究托底性帮扶工作，健全工作协调机制，形成信息互通、合力联动的工作格局，为扎实推动托底性帮扶工作奠定坚实组织保障

1. 建立省级协调机制

省级协调机制是托底性帮扶工作的总牵头、总协调，以解决问题为导向，统筹协调、上下联动，有力有序推动39个欠发达县域托底性帮扶各项工作。针对省级部门，设立了联系帮扶机制，加大倾斜支持力度。在省发展改革委设立省级协调机制办公室，承担协调机制的日常工作。

2. 构建市级工作机制

结合实际工作情况，发挥好统筹协调、审核把关、督促检查作用。例如，甘孜州建立党政主要领导担任"双组长"、12个县级专班和州级相关部门共同参与的联合推动工作机制。组建协调机制并明确州级协调机制成员单位职责。

3. 成立县级工作专班

根据省"县级工作推进机制"要求，聚焦帮扶工作的"管道"作用，39个欠发达县域分别成立县级工作专班。班长和副班长由县（市、区）两位主要领导担任，成员由结对帮扶地、帮扶国有企业、省直帮扶部门单位明确指定的中层干部，以及东西部协作驻各县牵头负责人组成。工作专班日常工作由欠发达县（市、区）发展改革部门负责。目前，已形成专班例会制度，保证托底性帮扶工作"周调度、月例会、季推进、年全会"推进机制顺畅运行。县委常委会、县政府常务会定期专题研究托底性帮扶工作，健全工作协调机制，确保各项工作有领导牵头、有部门主抓、有专人推进，形成信息互通、合力联动的工作格局，为扎实推动托底性帮扶工作奠定坚实组织保障。针对受扶地，建立了经济社会发展考核评价机制，以激发地方发展的内生动力。

（二）项目规划：主动衔接、联动推进

激活欠发达县域追赶跨越发展动能，迫切需要优化调整、适时布局一批能够"防返贫、育产业、补短板、强支持、守底线"的项目，形成产业体系，从根本上解决发展乏力问题。

1. 以清单推动项目规划

各地通过具体而精准的项目规划，为县域经济注入新的活力，构建涵盖多个领域的托底性帮扶项目库清单。目前，各地以"六张清单"明确了帮扶工作重点，提高受扶地基础设施建设，诸如交通、水利、教育、医疗等方面提能升级，有序敲定受扶地追赶跨越核心任务。

2. 以州（市）县加强项目对接

例如，甘孜州级部门和12个欠发达县进一步形成合力，全面加强与帮扶方互访对接，积极促进帮扶方力量与欠发达县域进行产业对接，通过招商引资、合作开发等方式，引入外部资金和管理经验。

3. 以产业重点推进项目落实

凉山州要求托底性帮扶县每年每县提出1~2个产业作为重点指导支持产业，每个产业明确5项需省级部门（单位）、帮扶方重点指导支持的具体事项。5个事项要聚焦到产业基础设施补短板、市场主体培育、产品质量提升、优质品牌打造、市场规模扩大上，全面挖掘帮扶方助力产业发展的各类优势资源，并细化为资金、人才、市场、技术、管理等帮扶措施。

（三）资金落实：明确目标、强化支撑

《十条措施》规定每年单独安排欠发达县域托底性财力补助资金10亿元。金融监管部门引导金融机构探索推出一批适合当地特色产业发展的金融产品，支持发行绿色债券、乡村振兴专项债券等新型债券，引导其把有限的资金投放到最紧要的地方。政企各帮扶力量依据产业项目需要，及时落实对欠发达县域的资金支持，形成齐帮共扶的生动局面。

1. 省级财政加大转移支付力度

甘孜州自2023年以来，已累计对接落实帮扶资金近8.74亿元，额外争取了其他援助资金480万元，实施援助项目205个。其中省帮扶资金2.6亿元，根据规定，以市（州）为单位组织实施托底性帮扶项目情况，原则上配套项目资金总额不低于省级财政帮扶支持资金的10%。目前相关程序正在进行。[①]

2. 整合各类涉农资金，提高资金使用效率

凉山州整合省下达的专项资金、地方配套资金以及各帮扶方的资金投入，提高资金使用效率。

3. 引导和激励社会资本进入

泸州市规划投入先发带后发结对帮扶项目资金3500万元，集中力量办大事难事，其中1000万元用于通威项目220千伏输变电站工程，700万元用于特色产业提升和山水片区乡村振兴示范带建设。金控集团投入1.01亿元，

---

① 资料来源：课题组根据调研数据整理得出。

与苍溪县共建1.51亿元的托底帮扶股权投资基金，助力其乡村产业发展、清洁能源利用；为苍溪国有平台公司提供5000万元信用融资担保。

4. 降低融资成本，扩大融资规模

广元市剑阁县加强债券申报，推动项目建设。广元市剑阁县发行专项债券1.04亿元、一般债券1.98亿元，用于金剑工业园区基础设施建设、禾丰水库、粮食仓储物流园区等项目。2024年第二批专项债券将用于大蜀道剑门关旅游基础设施建设、县人民医院门诊住院综合楼建设等项目。①

5. 积极争取对口支援资金

苍溪县加强衔接资金项目建设管理，严格按照"村申报、乡审核、部门审查、县级审定"项目入库程序，强化项目储备。按照"县级统管、乡镇监管、村级直管、群众监督"的原则，严格落实项目资产后续管理责任，形成项目资产"分级管理、逐级负责、共同监管"格局。针对42个重点帮扶村，按照"1+42"构架编制重点村五年实施方案，投入衔接资金用于重点帮扶村项目建设，加快补齐短板弱项。

（四）人才帮扶：培育助力，发展共赢

紧紧围绕全省区域协调发展的最大短板，托底性帮扶协调整合政企多方力量，构建先富地区、央企国企与欠发达县域之间持续稳定的人才互派及传帮带机制，确保加快追赶和跨越发展的效率。

1. 以"人才整合"形成帮扶合力

充分整合省内外人才资源。一是深化中央单位定点帮扶、浙川东西部协作和对口支援。二是增强省内结对帮扶、省直部门定点帮扶和在川国企的人才帮扶力度。三是引导民营企业、商协会与欠发达县域结对共兴。四是通过省外定点帮扶、省内多点结对共同发力。

2. 以"人才交流"夯实人才基础

帮扶单位积极选派优秀干部和专业技术人员到欠发达县域挂职锻炼或开展技术指导；同时，从欠发达县域选拔优秀干部到省直部门和发达地区

---

① 资料来源：课题组根据调研数据整理得出。

学习锻炼，提升干部队伍整体素质。将帮扶双方互派挂职交流提升常态化。

3. 以"人才共建"提升人才质量

立足增强县域造血功能，围绕晶硅光伏和猕猴桃、雪梨产业，协调四川大学、电子科大等省内高校建立苍溪县"硅基材料人才培育基地"，协调川农大、省农科院等高校、科研院所为苍溪县提供红心猕猴桃、雪梨产业科研人才支撑。选派赴杭州跟班学习专技人才16名，入选"天府峨眉计划"1人、"天府青城计划"3人、省第十四批学术带头人2人。

4. 以"人才支撑"增强发展能力

一方面各帮扶单位积极选派工作人员及时到受扶地挂职，将先进的管理理念和帮扶单位的资源带来，提升当地的管理能力和水平；另一方面积极培育当地的劳动技能，增强致富本领，提振发展信心。建立"帮扶夜校"，对当地劳动力进行针对性技能培训，为产业发展培养更多的"专业技工"和经营管理人才，推动当地就业结构从以第一产业为主，逐步转向第二、第三产业，进一步提高就业质量和收入水平，汇聚长期持续稳定发展的强大力量。

二、39个欠发达县域托底性帮扶措施落实工作的成效概览

《十条措施》自2023年下半年正式落实以来，按照省委、省政府的决策部署，39个县都建立健全协调联动、高效运作的工作推进机制，各地工作专班集结帮扶资源、厘清帮扶需求、做实帮扶任务，最大限度凝聚帮扶合力，目前在特色产业培育、公共服务提升、人才队伍建设和发展潜力等方面都初步显露出良好的发展势头。

（一）产业培育特色明显

39个县域弱就弱在产业上，抓发展、抓帮扶关键是抓产业。由于各县资源禀赋并不相同，所以在确定产业发展方面，都制定出符合自身发展的产业政策，通过大力发展农牧业，做好"土特产"文章，科学有序开发特色资源、建设特色园区等，夯实县域产业发展根基和内生发展动力。

1. 培育和壮大特色产业

甘孜州立足自身资源禀赋和产业优势，对照特色产业发展现状、发展预期进行认真研究、精准研判，优选推荐国家级甘孜牦牛产业集群、青稞产业、藏香猪产业、酿酒葡萄产业、巴吉通青稞精酿啤酒及青稞延伸加工产品等上报省级，作为2024年度省级重点培育产业产品。同时，积极创建省星级现代农业园区，加强龙头企业结对合作，分级培育农业产业化企业，确保到2026年每个欠发达县域都至少拥有一个州级农业产业化龙头企业。甘孜州炉霍县拥有天然草场面积478.58万亩，畜牧业主要以罗宗片区为重点，按照州委、州政府打造"有机之州"暨牦牛产业集群建设规划，积极推进特色牦牛产业集群、酪蛋白深加工园区、牧繁农育示范场、万亩人工饲草基地等重点项目建设。炉霍县现已成功创建省级三星园区1个（炉霍县"青稞+蔬菜"现代农业园区）、州级三星园区1个（炉霍县牦牛现代农业园区）、县级园区2个（炉霍县绵羊现代农业园区、炉霍县中蜂现代农业园区）。

巴中市4个欠发达县域与帮扶单位合作共建产业园区12个，招引落户企业63家；巴中临港产业园、宜南食品产业园、平昌工业产业发展平台、通江新能源新材料产业园加快建设，自贡—平昌经开区食品产业园、内江—通江山地高校茶旅融合产业园均已建成投产。2023年，巴中市4个欠发达县（区）GDP平均增长6%，四季度县域经济高质量发展运行监测全省排名较一季度平均提升56位，其中恩阳区提升105位、南江县提升72位，均进入全省前100名，通江县提升44位，平昌县提升5位；2024年一季度，4个县（区）GDP平均增长7%，增速高于全省6.1%的平均增速。①

达州万源市将黑鸡产业确定为"欠发达县域2024年重点指导支持产业"，抢抓托底性帮扶机遇，2024年旧院黑鸡园区成功创建成省级三星级现代农业园区，正在辐射带动全域养殖旧院黑鸡。目前，园区旧院黑鸡存栏53.47万羽、出栏109.23万羽，总产值29566.14万元，园区农村人均收入

---

① 资料来源：课题组根据调研数据整理得出。

2.2183万元，比全市农村人均收入高出28.3%，旧院黑鸡现代农业园区联农带农成效明显。①

阿坝州结合自身实际和发展所需，聚焦能源、农畜、文旅产业，科学谋划光伏、金川雪梨、阿坝青稞、壤塘非遗工坊（藏香、藏药浴、唐卡）、黑水AAAA级景区和雅克夏国家森林公园等产业12个，涉及资金5.1亿元，明确2024年需重点指导支持产业具体事项57项，做深做实"土特产"文章，推动产业融合发展。

2. 加强产业园区建设

通过建设和完善工业园区、农业园区等，引导企业入驻，形成产业集群，促进产业升级和规模化发展。甘孜州炉霍县做亮"飞地"蔬菜产业。创新构建"村域合作、土地集中、各村飞地、龙头经营、入股分红"产业合作机制，整合产业扶贫基金、对口援建资金等，固化形成村集体资产，建成飞地智能蔬菜大棚300余个。同时，积极推进粮经复合基地建设，建成青稞暨蔬菜保供基地5000亩，"青稞+蔬菜"现代农业园区被评定为省三星级园区。积极推行粮经统筹、种养循环等复合种植模式，主导种植青稞、马铃薯、春油菜等作物，围绕"延伸粮食产业链、提升价值链、打造供应链"发力。绵阳市三台县建设三台·红原·温州飞地产业园，总规划占地面积1000亩，建筑面积66万平方米。已建设标准化厂房6万平方米，招引入驻企业15户并已全部投产运营。②

3. 发挥龙头企业带动作用

引进和培育龙头企业，发挥其在产业链中的引领作用，带动上下游中小企业发展，增强产业链、供应链的稳定性和竞争力。巴中市平昌县依托小角楼、江口醇推进白酒产业。推进小角楼白酒产业园扩能项目、江口醇白酒产业园二期项目建设，构建"1+3"白酒发展格局（白酒产业办公室，原粮种植、酿酒投入、销售企业）和"2+5+N"县域白酒发展矩阵（江口醇、小角楼、岳家翰林、响滩露臣、白衣酱酒、驷马川昌、板庙封香，面上N

---

①② 资料来源：课题组根据调研数据整理得出。

个小微酒企），培育壮大白酒产业集群。[①] 平昌县还抓好巴山肉牛产业。突出优种源，利用浙川东西部协作资源，浙江省永康市帮助引进雅拉德荣公司投资50亿元，实施肉牛全产业链项目，建成全国最大"海福特"核心育种场，实现本土化选育巴山肉牛。突出扩规模，实施"十百千万"（十头以上养牛大户1万户、百头以上养牛社200个、千头以上养牛村100个、万头以上养牛镇10个）和"藏牛于户"肉牛发展工程，力争2024年肉牛存出栏超20万头。突出强加工，自贡市、永康市与平昌县共同发力引进广州炬马公司投资10亿元实施肉牛产业融合发展项目，建设肉牛养殖基地、一体化肉牛屠宰生产线及牛肉加工厂。突出塑品牌，培育牛公馆等10余个牛肉特色企业，建成牛肉美食街1条，稳定增加就业300余人。[②]

4. 积极打造品牌建设

打造区域公共品牌和企业品牌，提升产品知名度和市场影响力，拓宽销售渠道，增加产品附加值。五粮液集团公司帮扶干部带领合作社团队，联系专业机构对产品从"土壤、水源到餐桌"全程抽样检测，最终获得理塘首个国家绿色食品认证，产品知名度大幅提升。同时，集团充分发挥自身平台优势，联合盒马（中国）有限公司共同打造全国首个有机藏香菇盒马村，香菇基地的产品将依托盒马村全链路数字化农产品供应链体系优势，成为"数字赋能乡村振兴"的新标杆。目前，盒马村香菇销售额近300万元。四川能投以科技为项目赋能，把清华控股旗下由中国工程院院士程京领衔的博奥生物分子本草技术研发团队引入产业园，围绕中医药分子本草关键核心技术开展产品研发，推动建设"凉山高原艾草分子本草数据库"，与国家卫生健康委科学技术研究所、中国医学科学院药用植物研究所等共建省部级艾草中医药研发工程技术中心，以科研技术为产业加持赋能，深挖高原艾草的医用、药用价值，提升产业附加值和竞争力，促进普格县"土特产"品牌向价值链中高端迈进。

---

①② 资料来源：课题组根据调研数据整理得出。

5. 努力拓宽产品销售渠道

通过"以购代捐""以买代帮"等消费帮扶模式，帮助欠发达县域的产品拓展市场，增加农民收入。港投集团利用集团"通道+枢纽+科技+贸易+产业"现代物流贸易运行体系和全球物贸服务平台优势，参与建设青川县综合物流园区，构建县乡村三级物流体系，畅通货物出山"公铁联运"通道，项目建成后铁路年货运吞吐量可达1000万吨，有效解决川陕甘接合部县域物流运输问题，"筑巢引凤"为企业招引添动力。阿坝州积极谋划搭建农特产品展销平台、非遗文化产业发展平台、雪梨现代农业园区、小微产业园区等合作平台6个，涉及资金2.8亿元，明确2024年平台建设具体事项18项，用好"粤来越好"供应链、"三峡e购"、832全国扶贫产品采购等平台，促进资源要素双向流动，不断提升开发合作水平。[①]

（二）公共服务持续提升

托底帮扶重在产业、利在民生。依托一揽子托底帮扶政策，39个欠发达县域加快补齐县域功能品质提升最短板。目前，39个县域的基础设施、教育、医疗卫生、就业等条件，都在持续改善和提升。

1. 加强基础设施，提升居民生活福祉

首先，甘孜州对12个欠发达重点县进行考核，在规范运行城镇污水处理设施和城乡垃圾无害化处理设施方面给予资金和技术支持。其次，持续优化城乡生活垃圾收集专业基地建设。建成后，建成区的污水处理率需要达到58%，生活垃圾文化处理需要达到86%。最后，持续开展安全整治，将排查所有纳入的重点地方，包括综合改造和农房抗震改造，对安全保障进行动态管理。此外，实施深入推进中心镇建设安全保障活动的培训。结合长江、黄河生态环境保护修复驻点跟踪研究、"千名专家进万企"等行动，组织专家加强对12个欠发达县域生态环境治理技术帮扶力度，持续提供高质量生态环境科技服务。对欠发达县域大气、水、土壤、固体废物污染治理和保护修复开展科研课题研究。积极引导欠发达县域规范开展碳汇项目

---

① 资料来源：课题组根据调研数据整理得出。

储备和开发,支持参加全国温室气体自愿减排市场交易。加强科技成果转化,指导欠发达县域运用新技术、新工艺、新模式解决环境问题。

2. 实施结对帮扶,提升教育质量

泸州市龙马潭区结对帮扶凉山州普格县,充分发挥龙马潭区在人才、学科、教研等方面的优势,选派优秀校长、骨干教师,参与普格县中学、普格县民族初级中学、荞窝镇中心校的教学和管理。其中,荞窝镇中心校由龙马潭教资力量全面托管,集中发展特色素质教育,校园环境得到明显改善,教育教学水平从全县末端到获教学质量二等奖,实现质的飞跃。国能大渡河流域水电开发有限公司坚持"软件+硬件"相结合,打造教育帮扶新模式。投入920万元在株木树、则木河小学成立教育专项奖励基金,解决了优秀教师"留不住、教不好"问题,有力推动凉山州义务教育事业优质均衡发展。帮扶方在巴中市平昌县积极开展教育人才帮扶,平昌职中、平昌二中出口质量不断提升。2023年平昌二中一本上线54人,上线率为5.14%,较2022年增长1.06%;二本上线432人,上线率41.14%,较2022年增长19.72%。[①]

3. 夯实基层医疗卫生机构的服务能力水平

泸州市龙马潭区在医疗方面,一是做好医疗卫生系统"传、帮、带"。帮助普格县疾控中心、普格县人民医院等卫生医疗单位,在设备更新完善、医疗远程诊断等方面取得实质性进展,助力普格县人民医院打造三级乙等综合医院。投入50万元在普格5个乡镇投放5台急救转运车。二是在医疗服务上,牵头整合泸州医疗帮扶队伍,开展健康巡诊义诊8次、健康讲座4次,惠及彝区群众10000余人次。广元市苍溪县协调川北医学院达成校地合作框架协议,协调西南医科大学与苍溪签订4年合作协议,从医疗帮扶、人才培养、科学科研、人才推荐等方面提升苍溪县医疗服务水平。

4. 拓宽就业渠道,增加稳定收入

泸州市龙马潭区进一步完善就业帮扶机制,结合技能培训、精准识别、

---

① 资料来源:课题组根据调研数据整理得出。

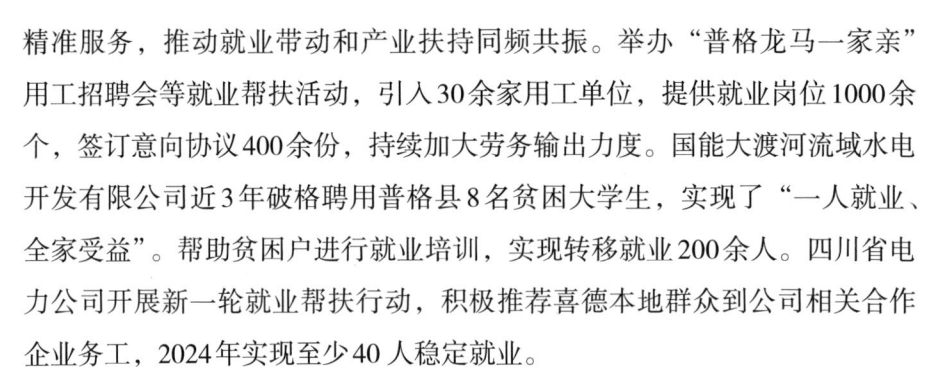

精准服务，推动就业带动和产业扶持同频共振。举办"普格龙马一家亲"用工招聘会等就业帮扶活动，引入30余家用工单位，提供就业岗位1000余个，签订意向协议400余份，持续加大劳务输出力度。国能大渡河流域水电开发有限公司近3年破格聘用普格县8名贫困大学生，实现了"一人就业、全家受益"。帮助贫困户进行就业培训，实现转移就业200余人。四川省电力公司开展新一轮就业帮扶行动，积极推荐喜德本地群众到公司相关合作企业务工，2024年实现至少40人稳定就业。

（三）人才队伍稳步发展

通过省内结对、省外协作帮扶人才互派方式，当地人才队伍得到锻炼提升，受扶地老百姓的生产技能得到显著提高。甘孜州积极开展结对帮扶活动，1017名帮扶干部人才与3582户群众联谊结对，开展三教活动90余次。结对帮扶5354名本地干部，开展培训1.6万余次。全方位考察选派人员，精准匹配锻炼岗位，精准选派300余名具有培养潜力的青年人才赴外学习专业技能、增强实用本领。绵阳市建立绵阳—青川人才交流机制，两地选派干部开展挂职、顶岗锻炼、短期培训等人才培育工作，互派干部47名，帮助青川县培育本土人才，培训青川县乡村振兴骨干人才31人次。

阿坝州黑水县通过帮扶多方提升本地教育人才队伍水平。紧紧揪住彭州—黑水、浙江—黑水对口帮扶关系，坚持"请进来与走出去"并重，积极搭建双向交流平台，引进帮扶方15名教育专业人才"扎根"黑水，开展"传、帮、带、教"造血式帮扶，建立师徒结对关系30对，团队带团队关系5队，梯次派遣45名本土教育从业者赴浙江、彭州挂职锻炼和学习进修，本土教师综合水平和精神面貌不断提升。

（四）发展潜力日渐增强

开展托底性帮扶工作虽然还不到一年的时间，各地的项目还在稳步推进中，但是从已经实施的项目来看，发展潜力日渐增强。

凉山州充分发挥四川能投在产业链孵化、市场营销、科技创新等方面的优势，推动农业"接二连三"，加快普格县培育具有凉山特色的高原艾草品牌，打造省级星级现代农业产业园区。目前已建成1.5万平方米的生产厂区，2023年底，全县艾草种植规模预计达1.5万亩，参与农户650余户，户均增收约1.2万元；核心种植区固定用工120余人，季节性用工超8000人次，劳务费共计90余万元。① "十四五"末，将建成5万亩艾草种植规模，每亩年均收入2500元至3000元、较当前水平增加1500元以上。目前精油、艾炷、艾条、艾绒等生产车间全部投产，开发乡村振兴联名产品"熊猫周末"，相关产品纳入了国家卫生健康委数字医学与家庭医生服务销售渠道。

四川省电力公司为凉山州争取优惠电量，2024年向喜德县分配政策性电量1.13亿千瓦·时，较去年增加3220万千瓦·时，预估可为喜德县内企业节约用电成本超1000万元；它还将支持凉山州特色农产品销售的丽火公司注册地由西昌迁址至喜德，入驻喜德电商孵化园区，目前已完成工商登记变更、人员入驻。②

三、39个欠发达县域托底性帮扶措施落实工作的基本经验

自托底性帮扶工作开展以来，工作稳步推进，成效初步显现，总结起来，有以下几点经验启示。

（一）整体谋划，提高帮扶精准性

省委、省政府锚定以人民为中心的价值观，以"3+7"的主要指标和支撑指标统筹托底性帮扶整体工程，聚焦提高人民生产生活的"发展总体水平、居民生活水平、产业发展水平、环境质量水平"，体现帮扶的"精准"性。用人均地区生产总值、全体居民人均可支配收入、财政自给率3项主要指标综合测算"精准纳入"，"城镇/农村居民人均可支配收入增速、已脱贫人口收入增长率、常住人口城镇化率、污水垃圾处理率、农村户用卫生厕所普及率、新增企业户数占企业总数的比重、集中式饮用水水源水质达标率"作为7项支撑指标，3项主要指标+7项支撑指标全达标实现"精准摆脱"，充分体现帮扶工作的托底、兜底价值。每年进行评价考核，划定"摆脱"与"基本摆脱"的阶段性工作成果。

---

①② 资料来源：课题组根据调研数据整理得出。

（二）高位推动，实现帮扶系统性

省委、省政府高位部署"5+10+6+6+5"的工作体系、39个欠发达县域分别制订2024—2027年经济社会发展行动计划，"一把手"高位推动的工作体系和欠发达县域细化部署的行动计划，有力保障了帮扶工作开展的系统性。

"一把手"高位推动，有力保障托底性帮扶工作有序推进、资源有效衔接、信息充分共享。欠发达县域托底性帮扶作为一项系统工程，由省委、省政府高位推动，建立省级协调机制、县级工作推进机制、39个欠发达县域经济社会发展考核评价机制、省直部门联系帮扶机制、《十条措施》落实机制等"五项机制"，形成全省联动的工作格局，确保政策逐级传导和有效落实。省级协调机制按照"3+7"十项指标对39个欠发达县域经济社会发展情况进行评价衡量，有力推动帮扶政策落地实施。帮扶方与被帮扶方围绕项目清单、产业清单、平台清单、帮扶清单、防返贫清单、《十条措施》任务清单这"六张清单"定目标、推落实、逐一销号，确保帮扶扎实推进。以"六字工作法"有序推进项目围绕产业、产业围绕市场、市场围绕企业、企业围绕质量、质量围绕规模的"五个围绕"工作思路，系统保障帮扶工作有力有序开展。

炉霍县构建了"县级统筹、齐抓共管、部门乡镇主抓、全员参与"的"1+24+15+35+N"的齐抓共管有效衔接责任体系，形成统一指挥、统一领导、统一部署、全面推进的责任机制。盯紧基层一线压实帮扶责任。坚持"纵向到底、横向到边"全覆盖帮扶，开展新一轮驻村帮扶工作，持续支持111个村发展。

（三）一县一策，确保帮扶常态化

一县一策、接力帮扶充分体现托底性帮扶工程的常态化。一县一策既体现托底性帮扶政策的揽总性，又充分尊重欠发达县域的差异性，发挥其主观能动性。一揽子支持政策涵盖财政转移支付、产业项目培育、民生设施建设等内容，省级协调机制24家成员单位分别出台专项支持政策。在产业发展方面，根据各县域的资源禀赋和产业基础，制定了符合实际的产业发展策略，避免了产业发展的同质化竞争，促进了特色产业的差异化发展。同时，整合多支帮扶队伍，加大对欠发达县域的人才帮扶培育力度。

巴中市出台2024年为企业办事14条措施，印发托底性帮扶工作政策汇编和工作问答，开设《主播说政策》栏目，多渠道做好托底性帮扶政策宣传，营造关注支持欠发达县域的浓厚氛围；聚焦4个欠发达县（区）产业产品发展情况、短板弱项、发展预期等"产业图谱"要素，出台金融服务实体经济等13个方面128条措施，择优推荐了通江银耳和平昌白酒2个特色产业产品，省经信厅支持平昌县2个白酒产业扩能、改造项目纳入全省重点工业和技术改造名单；并围绕农业产业培育、特色资源开发、文旅产业融合等方面，指导县（区）与帮扶单位共同谋划"短特经、见效快"项目149个，86个项目开工建设，农特产品营销平台等16个项目竣工投用。

紧紧围绕"全省区域协调发展的最大短板，推动欠发达县域加快追赶、跨越发展，确保在现代化建设征程上不掉队、赶得上"这个核心目标，托底性帮扶整合省级定点帮扶、东西部协作、省内结对帮扶、在川央企、省内国有企业五支帮扶力量着力补齐39个欠发达县域突出短板，解决动力不足问题。

1. 充分动员国企、社会组织等多方力量参与其中

国有企业在帮扶工作中扮演了重要角色，在基础设施建设、产业发展和民生改善等领域发挥关键作用，通过国企的牵头或参与，有效解决县域发展中的产业瓶颈问题，推动县域经济的跨越式发展。

中铁二局结对帮扶通江县，聚焦建筑产业，采取"央企带县属国企发展模式"，提升县属国企通江县粮食建筑工程有限公司和力迅城投公司企业效能。同时，充分挖掘通江县人力资源优势，帮扶组建专业劳务施工队伍，打造通江劳务品牌，帮助通江县企业逐步实现走出去战略。将上述两家公司的一级建造取证纳入中铁二局职业资格考试培训范围，目前已有12名粮建司学员、16名力迅公司学员、3名嘉佑公司学员[①]参加中铁二局一级建造师线

---

① 资料来源：课题组根据调研资料整理。

上培训网络课程学习，参加涵盖项目管理、工程经济、法规、公路、市政、建筑和水利水电等专业的考试。在教育产业上，在人才就业和人才培训两个方面做好对通江县人才帮扶工作。根据中铁二局人才招聘计划，招录符合条件的通江籍大学生10名到中铁二局就业，培训建筑技术（产业）工人100名成批次到中铁二局项目工地或其他就业渠道务工。[①]

2. 接力帮扶模式

通过建立发达地区与欠发达县域之间的长期合作关系，确保帮扶效果的持续性和稳定性，形成相互促进、共同发展的良好态势。

锦江区在对炉霍县进行正常的人、财、物、消费帮扶之外，通过众筹的方式，积极发动锦江区企业家到炉霍县指导支持村集体经济和产业发展，担任荣誉村长。目前已有37名企业家担任荣誉村长，到位荣誉村长补助资金1100万余元。[②] 通过选聘博士名誉村长，让"智力"插上翅膀，跨越区域限定，释放"智囊效应"，助力乡村振兴、产业发展。道孚县以社会帮扶为后备队，通过对接工商联、卫健、民政等相关部门，推动中华慈善总会、四川服装商会、四川电子商务协会等社会组织参与线上乡村振兴，2023年已经争取到超过30万元的帮扶资金。

喜德县密切对接省应急管理厅、宁波市海曙区、德阳市什邡市、国网四川省电力公司、川煤集团五支帮扶力量，围绕当前喜德县发展所需，以"分类合作＋组团投入＋合力攻坚"为思路，明确"四项清单"，涉及特色产业发展、基础设施建设、民生保障与服务等方面。固定专班工作人员进行集中办公，适时开展督导督查工作，全力掌握重点工作任务推进落实动态和每个月工作推进目标。坚持用好工作专班联席会议机制，确保日常工作调度、对接工作调度、问题诉求办理等各项具体工作任务有单位承接、有专人负责。

（四）锁定目标，增强项目落地性

根据省委、省政府的"六张清单"工作机制，欠发达县域扎实落实拆解

---

①② 资料来源：课题组根据调研资料整理。

目标、达标一个销号一个，稳步推进帮扶工作落到实处。首先，为确保帮扶工作的精准有效，采用清单制明确列出各项帮扶任务和目标，确保每项工作都有清晰的指引和标准。其次，将帮扶工作的责任落实到具体的部门和个人，确保每项任务都有专人负责，每个环节都不遗漏。最后，完成一项任务后及时销号，确保所有工作按计划推进，同时便于追踪和评估帮扶工作的进展。

广元市苍溪县聚焦产业发展、民生建设、人才培育、市场拓展、劳务协作等重点领域，制定了《苍溪县2024年"1+1"结对帮扶资金项目建设清单》。甘孜州发布了《州级2024年重点工作任务清单》，具体任务涉及州发展改革委等17个州级部门、涵盖97项重点任务；12个欠发达县分别制定了《2024年度托底性帮扶工作要点》。德格县电力保障工作正在开展清产核资，并积极协调推进然青贡110千伏项目；稻城县皮洛遗址保护利用项目已取得批复，正加快开展土地报件、水保报告编制工作。巴中市4县（区）将责任清单与考核激励相结合。4个县（区）专项工作组分项牵头，将年度需要支持事项逐一分解落实到部门、落实到责任人，逐项跟踪推动，纳入产业、项目、平台建设、帮扶方重点工作任务"四项清单"的8个产业、19个项目、4个平台共189项指导支持事项均有效推进。同时，为加强托底性帮扶工作过程管控和成效考评，实行"周跟踪、月调度、季监测、年考核"，明确将帮扶工作实绩作为领导干部选拔任用、评先评优的重要参考，建立起正向、负向积分考评体系，并加大考核激励，对在全省欠发达县域年度考核中进入秦巴山区片区前3名的县（区），市级层面给予300万元奖励，激发干事创业的干劲和决心。①

（五）数智赋能，提升帮扶高效性

数智技术赋能帮扶资源的整合与配置，以更高效、精准的方式支持欠发达地区的发展。依托数智技术，搭建欠发达县域共享优质教育医疗资源的渠道。借助远程教育、在线课程等现代技术手段，打破地域限制，为欠发达地区的学生提供更广泛的学习资源和机会；通过智能手机等移动终端，

---

① 资料来源：课题组根据调研资料整理。

为学生提供课后辅导和个性化学习路径推荐。全面推进"互联网＋医疗健康",基本建成覆盖全州的"5G＋医疗健康"行业专网,成功打造甘孜州远程阅片中心,加力推进检验检查结果调阅互认。通过这类远程医疗会诊、在线健康咨询等方式,让欠发达县域的居民能够享受到更加便捷、高质高效的医疗服务。

国企助力普格共享优质教育资源。国能大渡河流域水电开发有限公司坚持"软件＋硬件"相结合,打造教育帮扶新模式。全资建设普格县株木树小学、螺髻山镇则木河小学、普基镇红军树小学3所学校,对标成都一流小学教学设施配置,硬件设施成为全县小学样板,确保3个乡镇适龄儿童实现就近入学,受益学生近2000名。目前,3所小学均已跻身普格县一类学校。在株木树小学引进网络在线教育,通过"空中课堂"将优质的教学资源输送到株木树小学,投运1年时间毕业班位列全县综合前三。2022年再次投入500万元网络在线教育专项资金,覆盖全县40个班;2023年则木河小学毕业班语文统考综合得分位列全县二类学校第一。国企通过利用数字化技术赋能欠发达县域教育帮扶,有效助力提升欠发达县域教育发展质量,提高基本公共服务的均衡性与可及性。[①]

四、39个欠发达县域托底性帮扶措施落实工作的问题与对策建议

在调研中课题组发现《十条措施》落实中还存在以下主要堵点卡点问题。

(一)主要问题

1. 帮扶力量多元,资源统筹难度大

就目前存在的托底性帮扶力量来看,呈现多元化现象。帮扶力量包括浙川东西部协作和对口支援、省内"1+1"结对帮扶、省直部门定点帮扶、在川央企和地方国有企业帮扶、"工商联机关＋商会＋民企"三方联动

---

① 资料来源:课题组根据调研资料整理。

"2+2"结对机制等资源和力量。虽然帮扶力量越多欠发达地区获得的帮扶资源就越丰富,但同时也造成了管理上的混乱和协调困难。

(1)各种帮扶资源的统筹规划不够

帮扶措施与土地政策、产业政策、人才政策、金融政策等不兼容,县域各部门之间缺乏有效的沟通协调机制,资金、项目、人才等资源未能实现最优配置,造成资源利用效率低或浪费。其中,最值得关注的问题是帮扶政策与当地土地政策不协调导致的用地矛盾突出。工业发展用地需求、产业园区建设用地需求、道路交通设计最优路线用地需求与耕地保护、生态环境保护红线存在冲突。一方面,受生态功能区保护和基本农田保护的限制,受托县只能从事第一产业、第三产业等相关业务,产业发展方式单一、产业附加值较低;另一方面,产业政策与生态保护政策之间可能存在冲突,如某些产业发展可能会破坏当地生态环境,造成生态保护区与项目建设用地之间存在矛盾。如何在保护生态的前提下进行合理开发,是一个需要平衡的难题。

甘孜州生态红线面积大,导致在县域经济发展过程中,12个欠发达县域有些要素保障不到位,项目无法落地,制约县域经济的发展。以炉霍县为例,其生态红线面积高达全县面积的74%,项目用地面积少,造成项目落地难、产业发展受限。[①]

平昌县作为典型的"四类地区",区位劣势明显,交通基础薄弱,外向通道布局不优、互联互通深度不够,交通运输支撑县域经济发展作用有限。当前除国家或省级重点项目在用地保障方面给予了政策支持,普通省道建设或重要农村公路改造提升难以保障用地,部分项目不可避免占用基本农田,现行政策与项目落地之间的冲突客观存在。

同样地,广元市苍溪县完善县域路网的项目在实施过程中,也存在需占用基本农田、河湖管理线、一级饮用水水源保护区、水产种植资源保护区等敏感区域的情况,这些敏感区域的论证专题审批层级都在省上,县上

---

① 资料来源:课题组赴甘孜州调研整理所得。

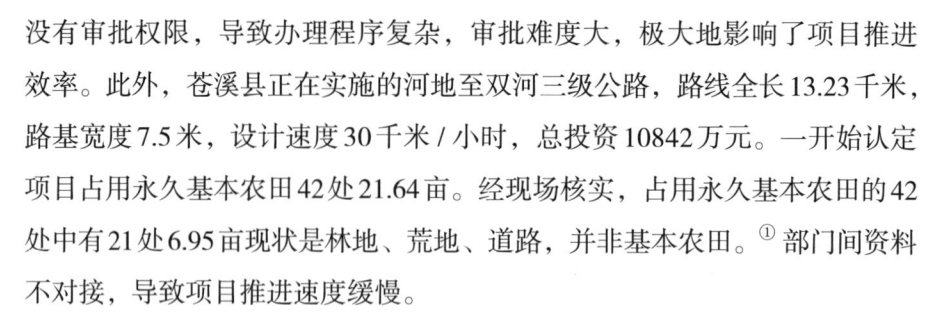

没有审批权限，导致办理程序复杂，审批难度大，极大地影响了项目推进效率。此外，苍溪县正在实施的河地至双河三级公路，路线全长13.23千米，路基宽度7.5米，设计速度30千米/小时，总投资10842万元。一开始认定项目占用永久基本农田42处21.64亩。经现场核实，占用永久基本农田的42处中有21处6.95亩现状是林地、荒地、道路，并非基本农田。[①]部门间资料不对接，导致项目推进速度缓慢。

（2）帮扶队伍管理归口不一致

东西部协作和对口支援的人才帮扶队伍，由乡村振兴局与发展改革委共同负责；省直定点帮扶人才队伍，由副县级领导负责；组团式帮扶由多个部门共同负责。托底性帮扶的5支队伍涉及3个以上不同政府部门，对于组织部而言，帮扶队伍的统筹管理难度大。

如从凉山各县的实际帮扶力量来看，每个县都有5支队伍，从构成来看，既有省厅的部门，也有东西部协作的地方政府、省内地市县区政府、央企及地方国企，各部门虽然都充分发挥自身的优势，积极帮扶受扶地，但是存在明显的各自为政现象，对受扶地形成合力不够。如普格县的省厅帮扶部门为人力资源社会保障厅，它在就业培训、就业岗位提供上有很多得天独厚的优势，但是东西部合作的宁波市宁海县在普格也投入大量的就业培训、创业补贴干部队伍培训等，省内帮扶结对的泸州市龙马潭区同样也有开展专场招聘会等项目，导致受扶地帮扶资源效用未能实现最大化整合。

2. 发展能力不足，资金配套压力大

托底性帮扶布局的产业、项目等，除省级财政予以相应比例的支持外，均需要地方政府配套相应比例的建设资金。一方面，39个欠发达县域财政普遍困难，对于上级财政转移支付的依赖度高，自我发展能力不足，系统铺开的托底性帮扶项目需要地方配套的资金规模远远超出其负担能力，托底性帮扶铺开的项目越多，地方政府配套资金缺口就越大；另一方面，各县财政承担的法定支出责任加重，各项法定支出都保持一定的增长幅度，

---

① 资料来源：课题组赴苍溪县调研整理所得。

这种支出的快速增长与县级财政收入的增长乏力形成反差。同时本级配套、还本付息等各类刚性支出有增无减，收支缺口不断扩大，预算收支平衡难度加大。按预算安排序列兜牢"三保"、偿还债务，维持衔接资金县本级投入已不易，无财力实现衔接资金县本级投入逐年增长。

具体来说，县域交通基础设施（除高速公路）建设基本由基层县级政府履行基本公共服务保障，按照不同行政等级（国省干线和农村公路），中央和省给予定额补助，不足部分由地方政府配套，但项目实际实施的建设投资远远大于建设补助，缺额部分需要地方配套，如国省干线公路（二级或三级公路），新建每千米实际造价1800万至2500万元（改建1500万至2000万元），实际补助资金550万至800万元，剩余部分完全依靠县级财力，矛盾与压力异常严峻。

此外，目前非税收入增长主要靠盘活国有资产资源实现，但资产处置收入、矿业权出让收益具有一次性的特点，在对资产资源价值变现的同时，资产资源日趋减少；同时土地市场持续低迷，县城可供出让土地逐年递减，非税收入持续增长局面难以维持，征管面临较大压力，预算平衡面临的难度不断加大。

如凉山州越西县财政自给率为9.35%，喜德县更低，仅为6.09%。[1]巴中市平昌县的财供人员2.6万人，仅在职人员社保、工资、基础绩效、"五险两金"单位缴费部分等基本支出就高达31亿元，但本级财政收入规模较小，资金缺口较大，严重依赖上级转移支付补助资金。南江县财税底子非常薄弱，加上支柱财源匮乏，以及受持续落实减税降费政策影响，特别是对矿产、土地等资源要素依赖和消耗程度较高，导致税收增长困难。[2]

3. 产业发展受限，市场竞争后劲不足

（1）县域内项目储备不足，导致可供选择的产业发展路径有限，产业结构单一

当前农业产业虽为主导，但特色产业分布不均衡，农文旅融合发展层

---

[1] 资料来源：课题组赴凉山州各县调研整理所得。
[2] 资料来源：课题组赴巴中市各县调研整理所得。

次不高。农业园区效益不高、市场竞争力不强，转型升级难度较大，各县域独特的资源优势尚未转化为发展优势。同时，规模以上工业企业数量少、规模小，难以形成强有力的支撑，导致二产数据增长压力大，对GDP的贡献有限，发展后劲不足。

凉山州受扶县大多交通不发达，在工业发展上主要是生态功能保护区，产业发展只能依靠传统的农业和旅游康养等产业，但是由于10个县都想搞旅游和康养，而产业选择空间不大，产品的同质化问题严重，此外受交通等方面的影响，康养旅游产业在短时间内很难有新的突破。其中，越西县基础设施薄弱，至今没有过境高速公路，物流成本居高不下，工业基础薄弱，产品始终处于低端制造和初加工阶段，工业产品无亮点，市场竞争力不强。

（2）产业协同效应尚未形成

央企国企的主营业务可能与地方产业发展需求不匹配，帮扶可选择的产业余地小，央企国企的带动作用难以发挥，尚未形成有效的产业协同效应。缺乏龙头企业的引领，就会导致现有企业规模小，生产技术水平不高，精深加工不足，产品附加值低。此外，"公司+合作社+基地+农牧户"的经营模式尚未形成完整的产业链条，影响了产业的集群效应和整体竞争力。

巴中市平昌县目前以推动白酒产业和化工园建设为重点，亟待对口的省级定点帮扶部门与省内结对市对其开展专业技术指导。而中国电子科技网络信息安全有限公司为中央直接管理的军工集团，主营业务负责国家级网络信息安全，与平昌产业发展契合度不高。类似地，中建西南公司，主营业务为混凝土销售，与恩阳产业发展契合度不高，谋划合作项目较少。

（3）本地资源、政策、环境优势发挥不出

地方政策与环境未能很好地结合，导致潜在优势未能很好转化为实际的经济效益。比如企业面临的电费、税收等成本问题，影响了地方优势的发挥和企业的竞争力。凉山州的风能发电成本较低，但是大部分在凉山州的企业不能充分享受到政策优惠电价，不利于吸引大的企业落户受扶地县域。工业用地较少，缺乏有力的招商引资优惠政策，引入规模以上企业落地难，助力 GDP 增长困难。同时用地指标的不足会限制产业的发展规模及布局，进而影响潜在的投资和产业发展。

（4）同质化竞争严重

部分项目在推进过程中缺乏科学的规划、有效的市场推广和品牌建设，导致盲目投资、重复建设和本地产品难以打开外部市场，自产自销的情况加剧同质化竞争。广元市苍溪县目前的项目规划前瞻性不够。受限于市场信息、专业人才匮乏，在项目规划上存在盲目性，对市场风险、价格波动等思考得不深入。例如2020年，受猪肉价格高位不下的影响，扶持村的项目有5个村发展生猪产业，占当年所有项目村的38.46%，但由于后续受到非洲猪瘟、猪肉价格下行、饲料价格上涨等不利因素影响，5个养猪场2022年仅实现租赁收入4.1万元。①

4. 扶持下沉力度不够，专业技术能力欠缺

（1）扶持力量下沉力度不够

部分资源和帮扶项目向乡镇拓展深度不够，导致帮扶效果不均衡、帮扶触角没有到达乡镇神经末梢，如国家老旧小区改造未能辐射乡镇。巴中市通江县属革命老区，地处秦巴山区贫困地区，县城城区、城乡接合部有大量20世纪建设的沙砖房和土木结构的房屋，沙砖砌体墙特别不耐雨水侵蚀，被雨水浸泡过后会层层脱落，甚至翻砂，房屋存在严重安全隐患。经过排查及住房安全鉴定，需要对全县2068栋（县城81栋，乡镇1987栋）C、D级城镇沙砖房进行改建。其中：C级1284栋（县城10栋，乡镇1274栋）2099户，223035平方米进行维修加固；D级258栋（县城71栋，乡镇187栋）596户，64105平方米拆除重建。资金需求共47946万元。目前已争取到通江县城镇老旧小区改造专项资金6521万元，但只占总需求的13.6%，②解决从县城到乡镇的全部住房安全保障问题，面临着更大的资金缺口。

（2）实用技术培训覆盖面有限，当地人口的就业和创业能力不佳

如广元市苍溪县发展集体经济缺少"能人"。受市场经济和打工潮影

---

① 资料来源：课题组赴广元市苍溪县调研整理所得。
② 资料来源：课题组赴巴中市通江县调研整理所得。

响，农村很多有头脑、有闯劲、年富力强、懂经济的人员纷纷外出务工，目前，无论是乡镇干部还是村一级干部，真正懂经济、善于抓集体经济的人还不够多。同时，村常职干部有限，日常工作任务重、压力大，整天疲于应付，没有真正把主要心思和精力摆在发展村级集体经济上。加上受"小农"意识影响，农村干部认为发展集体经济费力不讨好、吹糠不见米、风险自己担、利益集体享，不敢担当，担心发展村级集体经济搞砸了会新增债务，怕丢选票，存在"不求有功、但求无过"的思想，在发展集体经济上存在裹足不前、畏首畏尾的情况，导致有资源条件不会利用，有集体资产经营不会经营。

5. 配套政策不完善，人才招引留用挑战多

（1）编制限制和人才配套政策不完善，导致优秀人才难以引进和留用

一方面，对于欠发达县域而言，编制数量有限，干部人才总量有限，在短期选派外出培训人员时，由于关键技术岗位人员少，甚至出现单位不同意不放人的情况；另一方面，受县域经济社会发展条件的限制，其工资收入水平、生活设施、公共服务等方面表现可能不如大城市，加上人才配套政策不完善，帮扶人才的薪酬待遇、职业发展空间等与发达地区相比较差，降低了人才的吸引力，导致县域引进人才少，待不住、留不下，优秀的人才不愿意往县城里流动。当地考上大学的青年和外出务工人员也不愿意返回家乡。另外，目前帮扶工作队伍主要是靠政治责任推动，这种模式难以长期维持。就帮扶人才队伍引进来说，由于帮扶人才属于柔性引进，并非长期驻扎，当地的人才资源不断减少，产业发展所需要的人力资源得不到保障。近年来，虽然地方政府在招聘人才时采取了一些新举措，如发放安家费、生活补贴等，但有些地方政府还没有兑现当时的承诺，难以形成有效的引才示范效应，导致后续引才的困难加剧。

托底性帮扶以干部人才互派挂职来赋能欠发达县域攻坚克难，但就双向组织保障来看，因政策规定缺失面临保障水平失衡的问题。省委组织部印发《四川省内对口帮扶干部人才选派管理办法》，对帮扶干部的组织保障作了明确规定，但未对欠发达县域选派到帮扶地的干部人才管理给予明确

规定，导致选派到帮扶地的干部人才难有归属感，容易产生心理落差。

（2）在培训和管理方面，认识不够，标准不一

首先，帮扶工作对欠发达县域的专业技术人才培训的重视程度不够，没有建立长期有效的交流学习机制。其次，受扶地普遍存在农民文化水平不高、老幼病残比例高、语言沟通不畅等问题，导致目前的各类培训效果与预期存在较大差距。最后，对帮扶队伍的管理考核标准不一致。如前所述，由于责任单位不一致，管理考核标准难以统一，待遇执行标准也就不一样，使人才帮扶难以形成有效合力。

（3）帮扶地派出的人才类型和专业与受扶地急需紧缺人才不相匹配

虽然很多县域制定了帮扶人才需求清单，如财务、工程、教育、医疗等专业技术人才，但帮扶地派出的人才类型和专业不一定能与之相匹配。如受专业限制，即使根据受扶医院的需求和受扶地加快补齐县人民医院短板的迫切愿望，但帮扶专业技术人员往往只涵盖了5~7个专业领域，存在一定程度的"单打独斗"现象，有一番本事却无法施展。整体来看，39个欠发达县域在医疗、教育等领域专业技术人才招引留用难度大、挑战多，村医群体断档风险极高。

如巴中市4个县（区）绝大部分低收入人群居住在离县城较远的偏远地区，向该群体提供医疗服务的主要是村医，但目前普遍面临村医老龄化严重、后备村医不足、返聘村医风险高、乡镇卫生院派驻村医难度大的问题，公共卫生服务、医疗等服务供给面临严峻考验。南江县基层临床医生普遍缺乏，人员缺口较大，同时工作环境条件艰苦，诊疗技能提升培训机会相对缺乏，受专业发展和业务提升空间、工资待遇等影响，年轻医务人员到基层医疗机构工作意愿不强，人才引不进、留不住的问题十分突出。

（二）对策建议

1. 深化宣传引导力度，持续提升帮扶意识

针对有些基层干部对该政策的认识，往往还停留在过往脱贫攻坚的思维上，建议加强宣传引导，促进受扶县域部分基层干部实现帮扶认识再提高，做好思维转变、经验转化。要坚持线上线下相结合，以群众喜闻乐见

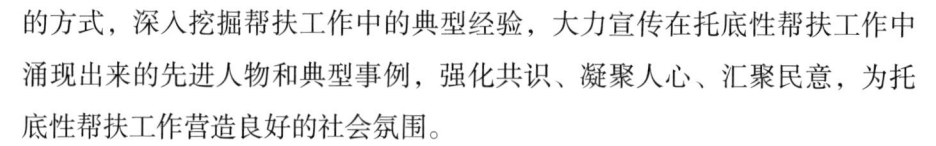

的方式，深入挖掘帮扶工作中的典型经验，大力宣传在托底性帮扶工作中涌现出来的先进人物和典型事例，强化共识、凝聚人心、汇聚民意，为托底性帮扶工作营造良好的社会氛围。

2. 紧密结合地方实际，科学调整帮扶布局

建议针对欠发达县域的具体情况，帮扶资源进一步向乡镇基层和农村村社下沉，尤其是教育、医疗、职业技能培训等领域，加强项目资金统筹整合，及时将诸如村镇道路修缮，乡镇医疗机构阵地维修重建、老化落后医疗设备更新等事项纳入托底性帮扶，提高托底性帮扶项目覆盖的全面性、人群受益的全面性。要审视帮扶政策之间的协调性。立足于欠发达县域实际情况，理顺调整诸如生态环境保护、耕地保护与适度开发之间的边界，提高产业帮扶、基础设施建设帮扶等政策的协调性。在项目建设用地保障方面存在冲突时，建议参考国家或省级重点项目，给予特殊的政策协调通道，确需占用的，可以通过补划或市县内部平衡给予调整。要加大对农业政策性保险支持力度，鼓励保险公司围绕仓储保鲜、冷链物流等产业全链条创新保险产品，为村级集体经济组织生产、营销提供服务。鼓励银行机构积极运用金融科技手段，为农村集体经济组织提供清产核资、资金支付、缴费e站、产权交易等综合金融服务，有效满足农村集体经济组织"三资"信息化管理需求。要因县制宜精准施策，避免"一刀切"，充分激发基层内生动力。要锚定省级部门专项支持政策和工业、农业、交通、水利、能源、旅游6个专项实施方案，切实推动各项帮扶政策和具体项目落地落实，将政策红利转化为县域经济发展新动能。要紧盯"十项指标"，修改完善各县行动计划，精准对接自身所需和帮扶单位所能，因地制宜细化产业发展、项目建设、基础补短、民生改善等方面的支持措施，确保供需匹配、协同高效，推动特色产业壮大发展、帮扶项目加快投产见效。要提高乡镇基层参与帮扶工作的积极性，激发基层发展的内生动力，促进可持续发展。要系统梳理农业大县产业结构及效益，避免盲目上项目，减少投入大收益小、规模大效能小的单一种植项目，充分利用多元帮扶力量的管理资源、技术资源和专家资源，依据县域项目储备及时调整优化产业布局，促进产业融合发展，增强托底性帮扶的针对性和有效性。

3. 优化沟通协作机制，高效整合帮扶资源

建议加强帮扶工作的统筹协调，建立更加紧密的纵横合作关系，提高资源对接效率，立足年度项目清单、产业清单等"五张清单"具体工作任务，落实"一周一碰头、一月一研判、一季一小结"的工作制度，推动项目建设、产业发展等重点工作落地见效。建立健全三级结对帮扶的沟通协调机制，实现帮扶资源统筹和政策协调的无缝对接。通过市（州）层面的统筹，协调市（州）内获得的帮扶资源与县域发展需求对接，提高资源和政策配置的平衡性。通过县级层面的统筹，协调县域内获得帮扶资源布局，实现县域内产业发展和乡镇村社对接的精准性。县级工作专班是托底性帮扶的枢纽，县级专班要主动对接各级帮扶力量，统筹协调中央定点帮扶、东西部协作、省内对口帮扶、组团式帮扶、托底性帮扶几支工作力量，调动工商联、无党派人士和社会各界积极参与，厘清各项帮扶需求、做实各项帮扶任务、及时反馈帮扶成效，最大限度凝聚合力推动工作，确保高质量完成托底性帮扶"十项考核指标"，运用"政策推动＋市场牵引"方式帮助招引产业项目，培育财（税）源性产业。

4. 重视人才队伍建设，强化引才育才用才机制

针对欠发达地区的特定需求，建议制订定向培养计划，吸引优秀专业技术人才到欠发达地区工作。依托国家各类人才计划，如优师计划、公费师范生定向培育等方式，加大对欠发达县域医疗、教育等领域人才的培养扶持力度。借助东西部协作和省内对口帮扶平台，选派教育、卫生、住建、文旅、农牧等领域紧缺专业人才赴帮扶地的相关部门顶岗培养，汲取先进经验，提升专业能力。制定更有吸引力的政策措施，吸引并留住外来人才在当地长期工作和生活，设立合理奖励机制，激励人才干事创业激情，实现刚性引入与柔性引进有机结合。深化帮扶人才的传帮带培作用，扩大专技人才帮扶带团队、带设备、带技术的下派范围，有效解决欠发达区县医疗设备落后、技术落后、人才支撑不足的难题。

5. 强化多方精准支持，巩固外部帮扶力量

建议减少项目审批环节和流程，充分发挥"一站式"和"只跑一次"服务机制，让好项目能够快速上马，大项目早日见效，让老百姓尽早受益。要继续强化整合好东西部协作、省内对口帮扶、托底性帮扶、"组团式"帮扶等多方力量，围绕各县资源禀赋、产业能级、品牌打造等方面，研究一批能够优化产业结构、完善产业链条、补齐基础短板、提升民生保障的项目发展，形成新的长期经济增长点。围绕特色农业全链条、特色优势资源、劳动密集型产业、全域旅游开发投建运管一体化、新业态新模式新产业五大重点招商领域，通过"政策性＋市场化"方式，引进农文旅体教融合企业入驻县域，或在县域注册成立子公司，确保每年度新增企业户数占企业总数的比重达到考核要求。

要加快落实党的二十届三中全会提出的"不得违规要求地方安排配套资金"的要求，减轻地方配套压力，避免陷入帮扶项目越多、地方负担越重的恶性循环。建议充分考虑欠发达县域实际情况降低或取消相应的地方配套比例，通过加大中央和省级财政转移支付力度，降低对县域财政的自我配套要求，缓解县级财政支出压力，适当放宽衔接资金的本级投入逐年增长要求。针对革命老区、脱贫地区、民族地区和盆周山区，建议提高均衡性转移支付、县级财力保障奖补机制奖补资金、革命老区转移支付资金、重点生态功能区转移支付等财力性补助系数，加大公共服务领域共同财政事权转移支付倾斜力度。优化欠发达县域重大公益性建设项目地方配套政策。充分考虑实际情况降低或取消民生保障地方配套。

6. 聚焦特色产业培育，激发内生发展动力

提高欠发达县域的自身造血能力，关键在于立足当地资源禀赋和发展优势，聚焦具有比较优势和可持续发展的特色产业。要精准定位产业发展方向，制定科学合理的产业发展规划，明确主导产业和特色产业，避免产业同质化竞争，实现错位发展。要使地方产业项目尽量融入帮扶方主导的产业链条，形成上下游配套，带动产业集群发展。要通过政策引导、资金扶持等方式，支持县域主导产业和特色产业发展。特别是要加大对中小微企业的支持力度，培育一批有竞争力、有发展潜力的企业。要完善合作设立飞地园区的机制，促进发达地区与欠发达县域合作共建特色产业园区，实现优势互补和利益共享。要精细项目储备，立足县域实际，聚焦"十项指标"，紧盯政策投向，充分学习借鉴其他欠发达县域"四张清单"，全面梳理各行业既有储备项目，对标"十四五"规划，放眼"十五五"规划发展，精挑细选储备一批重大项目，夯实长期县域经济发展基础。

（课题组成员：杨继荣、邱鹏飞、刘世爱、杨丽梅、何晓婷、曾瑞雪、钟晓、王全明、苟波、何欣林、李佳伦、张梦珂、李晓林、李姗、孟程辉、王世宇、杨梅、卢上飞、吉安么安耐）

后 记

经过深入研究和反复论证,《四川省委党校智库蓝皮书——四川区域协调发展实践研究》终于付梓出版。本书的编撰是四川省委党校服务省委、省政府重大战略部署,推动区域协调发展理论与实践研究的一次重要尝试。在研究过程中,我们深刻感受到区域协调发展不仅是经济发展的必然要求,更是实现高质量发展的关键路径。

四川"五区共兴"战略的提出,为全省区域协调发展指明了方向,也为本书的研究提供了坚实的理论基础和实践背景。在研究过程中,11个课题组走访调研了全省21个市(州)、85个县(市、区)的75家企业及园区等单位,举办座谈会150余场;提炼了77条亮点做法,探索了64条能借鉴可复制的经验,查找了65条推进过程中的政策堵点,还对涉及的有关重大问题进行系统梳理和超前研究,对决策实施和经济社会运行中出现的热点、难点问题提出71条对策建议,并附有超过100个翔实具体案例作为支撑。

本书的完成离不开众多专家学者、一线工作者以及相关部门领导的大力支持。其间,参与本书实际研究的人员共计428人,除了省委党校的研究人员以外,还包括44位省级部门的同志、147位市(州)级部门的同志和207位县(市、区)的同志,每个课题组均吸纳了相关市(州)、县(市、区)党校的同志参与进来,得到了各市(州)政研室、组织部、发改、经信、财政、农业农村、商务等部门的大力支持。后期,国家行政学院出版社也给予了精心指导。在此,我们向所有为本书提供

后　记

帮助的单位和个人表示衷心的感谢！

我们深知，区域协调发展是一个动态发展的课题，本书的研究成果仍有许多需要进一步完善的地方。我们期待本书能够引发更多关于四川区域协调发展的讨论和思考，为深入推动四川区域协调发展提供有益的智力支持，助力全省在新时代新征程中实现更高水平的协调发展，为全面建设社会主义现代化四川奠定坚实基础。我们相信，在四川省委、省政府的坚强领导下，在全省上下的共同努力下，四川的区域协调发展之路、中国式现代化四川新篇章的实践之路必将越走越宽广！